中华文脉
SINIC CONTEXT

从中原到中国

王战营 / 主编

中华文脉
SINIC CONTEXT
从中原到中国
王战营 / 主编

我瞻四方

百代文宗韩愈的前世今生

邢军纪 著

河南文艺出版社
·郑州·

图书在版编目(CIP)数据

我瞻四方:百代文宗韩愈的前世今生 / 邢军纪著. 郑州:河南文艺出版社,2024.9(2025.7 重印). -- (中华文脉:从中原到中国). -- ISBN 978-7-5559-1727-4

Ⅰ. K825.6

中国国家版本馆 CIP 数据核字第 20244T05G7 号

我瞻四方:百代文宗韩愈的前世今生

邢军纪 著

选题策划: 刘晨芳　孙晓璟
责任编辑: 孙晓璟
责任校对: 赵红宙
封面设计: 吴　月
责任印制: 陈少强

出版发行: 河南文艺出版社
本社地址: 郑州市郑东新区祥盛街 27 号 C 座 5 楼

经　　销: 新华书店
承印单位: 河南印之星印务有限公司
开　　本: 700 毫米 × 1000 毫米　1/16
印　　张: 32.5
字　　数: 434 000
版　　次: 2024 年 9 月第 1 版
印　　次: 2025 年 7 月第 2 次印刷
定　　价: 128.00 元

印厂地址　河南省新乡市平原示范区中原国印文创产业园 A6 号 101
邮政编码　453500　　电话　0371-55658707

目录

第一章

从洛阳到长安，波涛如怒，山岭如诉

三岁而孤，父亲于他只是一团模糊的星云。

事情发生在某年盛夏的一天。

因为事出蹊跷，便难与外人道。

匪夷所思的是，它却无端成了一个透明体，时不时盘桓在我思想的出口，阻隔着我思维的丰饶和扩展。它成了我的一块心病。我觉得很多话该说没有说，不是言犹未尽，就是词不达意，或者干脆就是犹抱琵琶半遮面，羞涩怯懦，欲言又止。眼看这个透明的东西渐渐发黄变色，我决计将其和盘托出，以解我惑，以纾我忧。

好吧，这就听我道来。

那天我走进一座墓园。

当时阳光极好，光线刀刃般锋利，使眼前景物顿时凸显出一幅黑白木刻画面。白的是明朗炫目，黑的是浓荫沉幕，大墓如丘，巍峨矗立，墓前有三通石碑明明晃晃，白光灼灼，只中间一通石碑的大字尚能辨识，余者均隐隐若梦。我端详着看不见的文字，知道上面说的都是好话——古代勒石以记者，均是生前勋著、死享哀荣之人，何况还有这半个球场大的坟茔 。

我开始注意修葺甚好的坟墓。

坟茔周围有青色砖石镶嵌成半人高的台基，如黛色的飘带裹着肚腹。坟茔有人工绿化的痕迹。下边种了一圈剑麻和尖锐的蓟属植物，再往上去，疏落斑驳，袒露着岁月真实的面貌。墓上茂密处，勃发着酸枣荆棘艾蒿蓍草等，罗织如网，密不透风；稀疏处，但见黄土獾洞，兽蹄印迹，深深浅浅，零乱抛着凄迷的眼神。墓后高处，有大树遮蔽下逸飞的浓荫，乱云如瀑，似长发覆着巨人的面额。

不知为何，我想攀缘其上，想到坟茔顶上瞭望，想去高处与人交谈。

一个人走过来，清爽如风。

他笑笑说道：“你肯定是想验证一下，站在上边，是不是能看见西南流来的黄河，看邙山那边的中条山、华山和骊山，还有长安的雁塔……”

“是的是的。我见过这段史料，想必他既然选中此地安眠，确实独具慧眼，可能箕卧之上就会与千界交游。”我笑着与那人搭讪。

那人纵身一跃，上了石墙，回首俯身伸出手来。我一借力，也跳了上去。

他的手绵绵的，凉凉的。

他拨开草丛，向上攀缘，似踏归途。

我看到了移动的光影，如在云中漫步，便紧随其后。

“节彼南山，维石岩岩。赫赫师尹，民具尔瞻。”

这是《诗经》中有关终南山的诗句，我想以诗会意，睹物思人，丰富将要发生的故事。

“驾彼四牡，四牡项领。我瞻四方，蹙蹙靡所骋……”

果然，他高吟起来，一道喑哑苍凉的声音似从地底发出，迅疾掠过我的耳际，滚雷般隆隆驶向远方。我回头张望，墓园的林木摇曳出一道裂缝，现出几张慌张的窥视人脸，那是陪同前来的朋友，我向他们摆摆手，朋友笑笑才各自隐去。

“好一个‘我瞻四方’!”

我脱口感叹。

他笑起来，侃侃而谈道：“虽说只是四个字，你的韵音却有些奇怪。我念四方为‘是房’，我瞻是‘吾战’，你却念得轻轻浊浊，颇为怪异。”

“时下音有四声，字有典规，与汉音差了千年，当然有些古怪。不过，我虽少小离乡，在外漂泊经年，但儿时土语尚能记得，说话仍有乡韵。我查过你的有关资料，你祖上曾是许都人，几代之后才落脚河阳，我们算是同乡。”我的话音里突然有了轻松的语气，甚或近似调侃。

他停下来，定睛看我，然后迟疑地说：“我的有关资料？是不是芜杂得很？说来听听，里边还有什么我不知道的？”他似乎很关切自己的名声。

这句话把我逗乐了：“你都不知道，还算什么个人资料？也难怪，史料不是档案，且收集者兴趣不同，才智有别，取舍有分，自然与真实差着成色。不过，与你诗文中写画自己的信息比对，大致有七八分相像，这就算差不离了。”

“这句‘差不离’应该是许昌话，离念成‘离儿’，就是中州古音。”

他轻快地舞动着舌头，声音贴着齿唇蛱蝶般调皮飞出。

“实际上，我欲把酒问天，还有想一睹墓主真颜的意愿。那墓顶直达苍穹，想必云深处他常出没，运气好的话，当能见着。”我怅然说道。

“这很重要吗？”

“重要。他若有图像流传下来，就会增加许多拥趸，何况现在是个读脸的时代。”

我假装认真地说。说完我就愣住了，我在与谁说话？此人与墓中人是什么关系？为什么会混为一谈？若是一个人，他的面目不就是墓主的面目吗？何故再费事寻觅？

想到这里，我便有意看他尊颜。哪知他正爬坡，只见一个硕大的屁股晃来晃去。想要去他前头，无奈荆棘密织，容不得上前观瞻。

“从面相上看，你似乎具备了见他的可能性。”

他向上攀爬，且吭哧有声。

我在后面笑他的“可能性”。

我也边吭哧边说话：“你还别说，而今作家中，对他面相深研者舍我其谁？一是我从纸质材料中见过几幅他的画像，包括这次新版高莽先生的画作，广州美院一老教授所作《早春》中他的画像，古今画作，我均看过；二是去过安徽宣城、广东、江西、湖南、湖北、河南、河北，甚至循着足迹去过昌黎、辽东，各地凡有其石刻塑像均牢记于心；三是他在诗文里常写自己，说自己身宽体胖，夏日怕热，说自己四十不到却两鬓有霜、掉牙豁齿，等等。所以我想象中的他应是个胖子，大脸方颌，高鼻深目，眉穹突出。其骨节粗大，身形甚伟，乃是北方游牧与深林狩猎中原农耕诸民族融汇相合的馈赠。他的面目或如电视剧《炊事班的故事》中的大周、《伪装者》里的明楼，及唱‘草原上升起不落的太阳’的腾格尔的混合体……

“这我就听不懂了。”他有些惶惑地说，“中原人的面貌多半来自北方，自然比南方魁伟，个头偏大。但不如南人灵秀，除我之外。”

我“呵呵”笑了。

“还真是如此。我少小去了南方，喝的是长江水，自然有几分俊秀之气，要不为何人叫秀士呢？”说完，他也哈哈大笑起来。

这就到了墓顶。尚未站稳，树上却突兀惊起几只黑鸟，喳喳鸣叫，却并不飞远，只在我们头上盘旋，似伺机袭人的样子。

我捡起一截枯树枝，在头顶上呼呼挥动，驱赶它们。

那人乐道：“若有神仙，也被你一并赶跑了。”

我且赶且笑道：“谒前本来要烧烧香的，却无人售卖，只得作罢。这又太岁头上动土，站在人家头上，蹬鼻子上脸，大不敬也，人家岂能相见？便派神鸟教训我们，这就是了。”

那人顶着树瀑，一头乱叶流云般裹着，在朗照中金碧闪亮，发散着神秘的辉光。他说：“文人不拘形迹，只讲道德文章，这不算什么。再说，阴阳两隔，诸多物事与梦契合，比如适才你我攀缘而上，实则却是颠倒了：你认为高处接云霓，我却觉泥里见乾坤，看法截然相左。知悉两界者才得完整。所以高不高，低不低，东不东，西不西，若解其中谜，须得两相宜。既然梦里飞花不是花，何不放了墓上鸦？”

那人笑着，抖落一肩斑驳。

我扔了树枝，拍拍手，弄掉了沾在手上的树胶，嗅一嗅，手上满是柏树的清香味。

“这话老辈人早说过，现在说这样话的人都不在了。”我回头向来的方向张望，有些失望地叹道。

“你是许昌什么地方人？”

“颍川商河镇，自古乃兵家要冲。”我知道他去过，所以回答得十分响亮。

“我去过的。想当年淮西平叛，那里是大将李光颜的大营。其时已很繁华，商河两岸店铺成云，南北两寨已有数千户人家。”他陷入想象道，“你是说古镇不古，是不是这样?”

说来话长，但我不想说。

我敷衍道：“当初墓地一览无余，如今四周都是树木，遮得严严实实，怎能看到园外景象？倘若想看看不见，岂不是愁煞人也?”

那人道：“古时墓地，少有院墙房舍加持，偶栽松柏，也只坟前坟后两三株，视野开阔，一览无余，于是就有登高远望的雅兴，现在平添了诸多的遮挡，看不见山河，也看不到远方，不奇怪的。”

想起他说的阴阳两隔的话，站在树的荫蔽里，三想两想，就有了开阔的意思。我若有所思道：“古之圣贤，到底有不同凡响处。”

他马上领会我要说什么了。便又笑呵呵说道：“不来不知晓，坟上能悟道。”

我点点头说：“这就是老话说的，凡人有肉眼，哲人有心眼，圣人有天眼。圣哲即使坐在枯井里，也能观天窥地，洞察万物。”

他在枝叶间走动起来，只觉风来阵阵，树叶片片掉落。我与他只隔一层纱的距离，却还是看不到他的尊容。

他似乎思考了一会儿才慢慢说道：“老子言，‘目迷五色’，人间遮蔽太多，所以才需心眼天眼。用道理诉诸众生，将真理告白天下，把义理播撒人间，这就是我瞻四方的意义。‘瞻’不仅是看，还有辨识，还有思度，还要有才华，但更重要的还要有忧郁之心，为江山社稷担忧，为苦难众生代言。这是一介文士做人的基本态度，也是我一生孜孜以求的初衷。”

我紧张起来，这不像一个普通人说的话。我有些肯定，眼前隔了一层雾似的人，可能就是墓主。我只消恳求他一声，他就会给我一个照面，只要我见到了他的尊颜，我就会惟妙惟肖地画下他真实的面容，这对中国文学史和思想史来说，毫无疑问就是创造了历史！

但是我像被人攫住了似的，心怦怦跳，手心直冒汗，却梦魇般就是说不出话来。

“你似乎有什么心事，或者说你是个功业心极强的人。”那人幽幽地说。

“被你说中了，不好听的话叫功利心，我想一睹先生的尊容。要不我不甘心。”

我顺水推舟提出要求。

那人嘶嘶笑笑说：“这就是说梦已近尾声。看过社戏没有？终场锣鼓一敲，人一亮相，大幕徐徐落下，这就该散场了。人生如戏亦如梦，曲终人散时大致相同，是不是？”

他这一说，我有些心猿意马，耳边依稀听到人声，好似朋友说说笑笑向这里走来。似梦又非，恍而惚之。我想，好像真在做梦。我着急起来，就是做梦也要抓住时机，要不以后再也见不到人了，失之交臂，悔之晚矣。

我灵机一动，故意做出无所谓的样子说：“其实我已经看过您了，就在刚刚，先生还拉我上墙呢。”

实际情况则相反，当时可能逆光的关系，或是我心不在焉，真的忽略了他的脸。

“是吗？我都忘了自己长什么样了。你说说看，看我认不认得出自己。”他的声音里也有了调侃的味道。

真是机锋处处。这又是一个桥段。人有时候是认不清自己的。事物都是在不断变化中，所谓日日新是矣，人脸如是，伍子胥一夜白头，人友不辨，可见确有认不得自己的可能性。

“您是想通过别人的描述来认识自己，是不是？这是不是‘瞻’字的又一解释，学术上叫反观或反瞻，是不是这样？”

站在坟头上说这句话时，乍一出口，顿觉脸上发烧，这叫关公门前耍大刀，是典型的痴人说梦，令人汗颜。

他似乎没注意到我的窘迫，饶有兴味说了起来：“‘瞻’字有目，这叫先看后言。昔日看人看己看世象，今日反过来世象后人也看你。圣哲立言，何能垂世？不就是能前看八百，后看千年吗？你说是‘反瞻意识’，大致也不错的。”

我附和说：“是的是的，就像人常说，这人不简单，就说他是马王爷三只眼，多了一只眼，就大了能耐，便能看透凡尘。”我拍拍额头，似乎上面真长了一只眼睛。

树丛后传来哧哧的笑声，那人定笑我语无伦次。由此也让我更加肯定。墓主四十多岁时，门牙右边就掉了一颗牙，这使他说话跑气，脸颊也不再丰腴。

此人就是我想拜见的人。

他抖着肩笑道：“我们之间的对话之所以能成立，就是我们之间已经达成默契，我们对这种形式心照不宣，但都承认它的存在。这并非梦境，亦非现实，它是梦境和现实之间的东西。或叫灵犀，或叫走神，或叫恍惚，或叫神游，但梦都比它们大一号，看来叫浅梦为佳。”

“对对，梦有多种形式，我看过《梦的解析》，是一个外国人写的。还有研究梦文化的册子若干，都说梦非梦，它是现实的投射，梦并非无迹可寻，雪泥鸿爪间勾连人生社会，它是桥，也是船，有水便可浪迹，有云便可穿越。总之，它可以帮我们认识很多未知的东西。”

我自觉话又多了。

“适才我有‘从面相上看你’之类的话，并非空穴来风。我也有你的个人资料，也知道你的来意。这也是我们所说的‘反瞻’的一部分。这也证明了我的能力。见你是我能力的一部分。所以我才与你相遇。以后我还会与你不期而遇，会在梦里或想象中多次出现，与你交集，你不会烦我吧？”他停止了说话，在树一侧静观我的反应。

“哪里哪里，在下求之不得。”我连忙作揖告白。

“现在我要告诉你的是，倘若思考与想象中出现了我们，即使碰撞再激烈，我也不会纠缠。我要嘱咐你的也只是梦里相见的纪律：既是梦里相会，便有梦的规矩，我们之间相处，要更符合梦的发展规律，使它更像是一个梦，无论如何荒谬荒诞滑稽可笑，你都不许发笑，知道吗？”

声音有些严厉。

我愣住了。不知如何应答。

“因为你一发笑，梦就会醒，知道吗？”

他循循善诱道。

我连忙说：“一切照办。但有无标准的梦境示范？我好参照执行，以防逾距。”

“这样事例何其多也！柳子厚刺柳州时，一天托梦给我，说其将死，死后会化为罗池神。无奈属下均以为笑谈。若能使众人信以为真，烦兄帮忙则个。盖为其真，方能换来香火以祈，安我灵魂。我在梦里信誓旦旦，说事情包在我身上。醒来立就一篇碑文，写好立时急送柳州官衙，恰是柳子厚驾鹤西去之时。柳府上下无不称奇。待勒石以成，详看碑文，其所述情状与现况丝丝入扣，人情世态跃然纸上，无一不精准对应。于是当地官府百姓诚惶诚恐，很快筹来款银，建祠立庙，香火祭祷，盛况延绵于今。子厚又驾云而来，梦里告白封神情景，激动得老泪横流。醒来衣袖果然湿了一片……似这样梦境，有头有尾，有因有果，完完整整，不是上佳例梦是什么？”

我听得手心冒汗，不住点头称许。

“对友人，左顾右盼，谓之同瞻，四海之内皆兄弟，情系孝悌。子厚虑及身后事，因人忠良仁厚，回赡时就资源多多，我就成了他的能量。天下事，无不千丝万缕，乍看茕茕孑立，根下却九曲百结互相勾连。墓前有棵大柏树，是下葬时所植，于今已逾千年。时下人称神树，你看树下铁栏上，密密麻麻，放了几多求卦问卜的红绸带？他们同样也‘瞻’我，把我当成资源，我身兼数职，摇身一变成了财神、文神、官神、药神、生娃的神，似乎我是万能之神。我成了太行山南端最大的求神拜佛的资源大户。”

我回过头，看到了滚滚红尘中的大树，它周身披红挂绿，张灯结彩，风一吹动，隐隐传来叮当作响的金石声。

“它在求救。”我说。

“一切都在变形，你们的时代我看不懂。”他似乎嘟囔着说，“不问苍生问鬼神，人间正义到哪里去了？我负不起这个责任。”

又一个说来话长，我不想说。

停了片刻，我打趣道：“先生违反了做梦的纪律，想惹我大叫，倘若梦醒，该是你的责任。”

他呵呵笑起来：“哈，你在这儿等着呢。好吧，我答应你的请求，让你好好看看我的脸。”

说完，他拨开树枝，笑呵呵立在斜阳中。

逆光里，一尊黑黢黢的大理石雕像出现在我的视野里。我惊呆了，大张着口说不出话来。

“吓坏了吧？给你说吧，我有一千种面目，让你看你也记不住。时间长了你就不在乎我的脸面了，你只消对你的读者说，我年轻时很好看，让他们知道我的来路，我的童年是什么样就是了——”

说完，他戏谑般伸出手刮了一下我的鼻子。

我大叫一声，后退着翻下坟墓。

醒来时，发现自己仍站在那通写有“唐韩文公墓”的碑前，倚石凝目。

揉揉睡眼，手上一股好闻的柏香味不绝缕缕，又四散飘飞……

夜色像墨一样涂抹过来，船上的白帆黑了。有水鸟的翅膀剪着亮，然后又像风一样跌落不知何处。十岁的韩愈坐在船首，在苍茫间突然想起《庄子·逍遥游》里的语句：“北冥有鱼，其名为鲲，鲲之大，不知其几千里也；化而为鸟，其名为鹏，鹏之背，不知其几千里也；怒而飞，其翼若垂天之云……”在北方山野的背景里去看这部书，思绪总会被厚重的东西所凝滞，而只有到了这般水天一色的环境，才容易追上作者灵动高远的思路。已经坐了三天三夜的船。从长安出蓝田关，然后从商州至南阳、襄阳，此后乘船于汉水，一路向东以水流的速度漫游至此。将到武昌地面了，江面变得阔大而无际，如果不是天降沉幕，真不知今夕何夕，找不到时间去哪儿了。此时正是大历十二年（777）的春天，长安城内宰相元载被皇帝诛杀，其余党悉数被鞫。韩愈的哥哥——起居舍人韩会虽不是元党核心人物，但也因之受到牵连被贬，外放为韶州刺史。从小寄养在大哥家的韩愈由是随哥嫂踏上流徙之路。

韩愈是大历三年（768）生人。父亲韩仲卿官终秘书郎，死在大历五年（770）。韩愈“三岁而孤”，大他三十岁的大哥韩会自然担起了抚养小弟的重任。从父亲死后到韩会被贬流放，韩愈已在大哥家生活了七年。现在，十岁的韩愈已读书三载，言出成文，像《庄子·逍遥游》这样的文字已能神会出处、思接千载了。

有一瞬间，韩愈恍惚了。他看见天上的星斗急促地向水面溅落，炫目的光晕映出大江辽远的轮廓。他惊骇地看见船头像如椽大笔倏地划向虚无，那些毕剥的响声传达出紫毫毛笔掠过纸张墨汁洇出天地的画面。他睁开眼睛，发现了梦境的边缘。起风了，大船像条鱼，游向远方。韩愈觉得自己就骑在鱼背上，这是条会延伸扩展的鱼，它无际无涯，只要前行，便是它生长的尺幅，因此庄子才会有“鲲之大，不知其几千里也”的喟叹。可见会动的船就是《庄子·逍遥游》里鲲鹏的原型。船的能动，非神力可为，实在是人力所致，只要勤力奋身，它不仅能动，或许还会飞，它既能游弋北海，又能扶摇万里，垂天之云般的翅膀虽是人的想象，却更像人勤力作为的印记。韩愈很惊诧自己的发现。记得在老家河阳初读《庄子》时，念至“水击三千里，抟扶摇而上者九万里”句时，觉得其气魄之大不可想象，而今一到水世界，人也想跟着澄澈，领会深远许多，可见水真乃灵物也。

“小叔，风大了，俺娘让你回舱……”

侄子老成从船舱里探出脑袋。

“快看，成子，这里的星星好大呀……”

老成被小叔吸引过来。他是韩愈二哥韩介的儿子。韩介乃一介军佐，前些年染病去世，儿子老成过继给大哥韩会。虽说二人年龄相仿，情同手足，却有叔侄之伦。

老成偎依着小叔，引颈凝望星空。

今夜星光灿烂。

江上泛舟，舟上看星，水天无隔，心爽气清。

嫂子郑夫人见叔侄二人不回，也从舱里出来，手里拿件白袷衣。

“愈弟披上，当心风凉……”

“嫂子快看，我找到自己的星宿了。”

循着指引，果见一颗星闪闪烁烁，仿佛正与人低语。

郑夫人笑起来：“凭什么是你的？我还说是成儿的呢……”

老成笑得厉害，他刚掉了门牙，说话漏风：“就是咧，俺刚才就说，它还是俺的哩……”

韩愈不慌不忙说道：“成儿生在午时，何星之有？嫂子说，俺生时三星在天，月宿南斗。人说地上一个人，天上一颗星，一切皆有定数。

你看月亮初升，三星即位，眼见到了那个时辰，而这颗星不偏不倚，正在南斗的中央，且似今夜突然显现，似在暗示我们之间的特殊关系……”

郑夫人娘家在古荥之地，钟鸣鼎食，乃公卿之家。河阳韩氏，累代官宦，诗书名世，两家也算门当户对。她生性贤淑，视韩愈及老成比己出还亲。公爹去世时，愈弟还不足三岁，生母隐去，是死是活难以知晓，她是从奶妈手中接过愈弟的。据奶妈说，老爷在世时曾说愈儿生时三星在天，月宿南斗，将来或许不同凡响。只是自己烈士暮年，难以护佑愈儿，少失怙恃，怕愈儿又是苦命之人。眼见公爹已走六七年，愈弟已是翩翩少年，见他又提旧事，心中不禁酸楚，便截住话头。

“愈弟说得有理。只是江上起风了，你看浪也涌起，快回舱里睡吧，听艄公讲，要是白天，已能望见龟蛇二山了……”

“‘云开远见汉阳城，犹是孤帆一日程。估客昼眠知浪静，舟人夜语觉潮生。……’哈，就是看到龟蛇二山，怕也要一日路程呢。”韩愈刚从大哥韩会那里看到卢纶的诗抄《晚次鄂州》，便不禁卖弄起来。

孩子毕竟才十岁，平时书读得苦，难得有这样的闲散行旅，随他疯一回吧。想到这里，郑夫人把衣服给愈弟披上，自己又复回转：“你大哥已经睡下，回舱时动静小点呀……”

早晨醒来，船已泊在黄鹤矶头。

因是中途停歇，一行人便安步当车，登临蛇山游玩。

江风习习，塔影隐隐。

韩愈和老成边跑边背诵崔颢的名诗《黄鹤楼》——

昔人已乘黄鹤去，此地空余黄鹤楼。

黄鹤一去不复返，白云千载空悠悠。

……

正在兴头，大哥韩会叫住了韩愈：“愈弟，你知道这是什么地方吗?”

“黄鹤矶头黄鹤山，黄鹤一去不复返。这是昔日某仙骑鹤小憩之地，故叫黄鹤山，当地人也叫蛇山。”

“还有呢?”

“还有崔颢在黄鹤楼上的题诗，还有李白也来过此地，当地官员慕其诗名向其索诗，他说：‘眼前有景道不得，崔颢题诗在上头。’……”

“你知道这个官员是谁吗?”

韩愈被问住了，摇摇头。

韩会眼圈红了，上前抱住韩愈，兀自流下泪来。

郑氏哭泣着说：“他就是我们的父亲呀!”

韩愈、老成被惊住了，张着口立在原地，泥塑般。

韩会从袖中拿出一纸素笺说：“这是父亲任武昌令时当地民众对他的赞誉，现碑刻就在蛇山头，咱们寻访祭拜一下，也算不虚此行了。”

黄鹤矶，蛇山头，因为古渡口和传说之故，已是商铺林立游客如织了。蛇山很小，弓身攀缘，似一鼓作气就能到顶。黄鹤楼雄踞蛇山之巅，果然气度不凡。但韩会一行无心登楼饱览美景，他们四处寻觅，终于在塔的一侧看到了一块石碑。

石碑高若盈丈，通体白色，碑首用篆文写着《武昌宰韩君去思颂碑并序》，碑文用楷书写就，琳琅灿然，工整秀美。

韩会刚颤声念出碑首几个字，便扑通一声双膝跪地。家人见状，一齐环列石碑跪下，郑夫人拿出备好的香烛纸钱，点香燃纸，全家同声哭拜起来。

等家人情绪稍微平复，韩会拿出纸笺，告诉韩愈，当年父亲从武昌卸任之后，百姓称颂，多有不舍。一个叫胡思泰的乡贤邀集当地十五名各界代表出面请来大诗人李白为其作传，勒石立碑，以表彰其圣贤之德、爱民之风。李白一向高标洁静，从不写违心之作，因他早知武昌令政声远播，且又以文名世，加上也曾受其邀游索诗，心中早把他当友人看待，因此便爽然应约，写了这篇文情并茂的人物传记。功德碑既成，堪为一时盛事。李白大笔，盛赞韩父曰："仲尼，大圣也，宰中都而四方取则；子贱，大贤也，宰单父，人到于今而思之。乃知德之休明，不在位之高下，其或继之者，得非韩君乎？"一句"德之休明，不在位之高下"，其深识洞见，便可穿越千年，而此睿思是从韩氏身践力行始得，犹如寒夜之火，光被史册。于是韩君碑不胫而走，名闻遐迩，吸引诸多士人名流甚至庶人贩夫也前来观瞻膜拜，成为蛇山一景。此抄件是吏部考功司员外郎苏大人考课武昌时收集的民声，因碑文既是名家美文，又是治下百姓心声，这正是考功司课考官员的具报内容，便从碑上抄写下来，回京向朝廷报告汇入吏部档馆后，便把草稿赠给了传主后代、同朝为官的起居舍人韩会。

韩会在朝职官为起居舍人，官秩五品。官虽不大，但位置重要。起居舍人主要负责皇帝起居制度、百官对皇帝的朝拜觐见以及礼仪规范和皇室祭祀活动等，因常周旋于皇帝身边，接近权力中心，可谓朝内瞩目。"鸡鸣紫陌曙光寒，莺啭皇州春色阑。金阙晓钟开万户，玉阶仙仗拥千官。花迎剑佩星初落，柳拂旌旗露未干。独有凤凰池上客，《阳春》一曲和皆难。"正如岑参写百官早朝诗中言，那在"玉阶仙仗拥千官"队伍前统一朝拜口令者就应是起居舍人。因了这样的关系，起居舍人肯定要有"凤凰池上客"般的仪容，还要有"《阳春》一曲和皆难"的学养才是。而韩会正是这样的人。史料上说，韩会不仅长相俊秀，且"以道德文章伏一世"。当吏部考功司外考苏大人将李白之文带回朝中，立时引起满朝热赞，而代宗朝刚经安史之乱，亟须地方官忠君爱民之典范，以对四方施以影响，再图振兴。韩仲卿若不是不久谢世，或会受到朝廷大用。但这件事对韩家来说，毕竟是光耀门庭的事情，因此韩会几番向苏大人谢恩，终得这一纸馈赠。虽是流放之路，他也没忘带在身边，思忖途中若能找到黄鹤矶头韩君碑，追思一番，也是对自己人生坐标的一次光照和对韩氏一门清正贤明的表彰。

现在，这个时机终于来了。

于是，他拿出起居舍人在大明宫统令早朝的姿态，在蛇山之巅，对着滚滚长江，朗声念起李白撰写的《武昌宰韩君去思颂碑并序》来：

仲尼，大圣也，宰中都而四方取则；子贱，大贤也，宰单父，人到于今而思之。乃知德之休明，不在位之高下，其或继之者，得非韩君乎？君名仲卿，南阳人也。昔延陵知晋国之政，必分于韩。献子虽不能遏屠岸之诛，存孤嗣赵，太史公称天下阴德也。其贤才罗生，列侯十世，不亦宜哉！七代祖茂，后魏尚书令、安定王。五代祖钧，金部尚书。曾祖晙，银青光禄大夫、雅州刺史。祖泰，曹州司马。考睿素，朝散大夫、桂州都督府长史。分茅纳言，剖符佐郡，奕叶明德，休有烈光。君乃长史之元子也。妣有吴钱氏。及长史即世，夫人早孀，弘圣善之规，成名四子，文伯、孟轲二母之俦欤！少卿，当涂县丞，感慨重诺，死节于义。云卿，文章冠世，拜监察御史，朝廷呼为子房。绅卿，尉高邮，才名振耀，幼负美誉。

君自潞州铜鞮尉调补武昌令，未下车，人惧之；既下车，人悦之。惠如春风，三月大化。奸吏束手，豪宗侧目。有爨玉者，三江之巨横。白额且去，清琴高张。兼操刀永兴，二邑同化。时凿齿磨牙而两京，宋城易子而炊骨。吴楚转输，苍生熬然，而此邦晏如，襁负云集。居未二载，户口三倍其初。铜铁曾青，未择地而出。大冶鼓铸，如天降神。既烹且烁，数盈万亿，公私其赖之。官绝请托之求，吏无丝毫之犯。

本道采访大使皇甫公侁闻而贤之，擢佐輶轩，多所弘益。尚书右丞崔公禹，称之于朝。相国崔公涣，特奏授鄱阳令，兼摄数县。所谓投刃而皆虚，为其政而则理成，去若始至，人多怀恩。新宰王公名庭璘，岩然太华，浼然洪河。含章可贞，干蛊有立。接武比德，弦歌连声。……

韩会高亢激越的诵颂声盖过了江水奔流的滚滚涛音……

其不凡的仪态和风姿吸引了许多游人驻足。

听说十几年前韩武昌的后人来了，当地士绅乡民纷纷前来慰问，有的捉来鸡鸭，有的挑来米酒，路边小贩则送来鱼丸豆皮糯米麻团……

从没见过这等江南小吃的韩愈和老成立时现出孩童本相，斯文不在，手抓怀揣，当即你一口我一口吃将起来……

由于有了糯米麻团，对于韩愈来说，此后的旅程就变得丰盈和饱满起来。

这种卵状的食物，握在手里，有一种充足的质感。在焦黄润泽的表面，芝麻星星点点散落其上，宛若山水的布局。面相的可人自不必说，单说内里的层叠曲折，五味杂陈，总有让人始料不及的好：刚以为是玫瑰丝桂花糖馅儿料，下一个咬下去，或就是腊汁鸡豚味了。从小生长在北方的韩愈，对于五谷杂粮特别是对麦菽大豆类饭食的敬意已经完成，它们表达直接，内容和形式一目了然，即便官宦人家的饭食也是如此，只不过相比普通人家，稍显精细而已。这种地域变迁带来的系列冲击，除了水，就是食物了，而且南方食物的多姿多彩，让小韩愈喜不自胜，他有些喜欢江南了。

他把书卷放在一边了。

手里的麻团晶莹闪亮。

船舷外，是洞庭。“夏水欲满君山青。山为樽，水为沼”，我为大鱼任逍遥。那些纸上的洞庭和现实的洞庭无法重合，韩愈不管它了。他想起大哥韩会在父亲碑前的模样，又一次陷入沉醉般的遐想。第一次以双膝跪地的姿态去膜拜一块石头时，韩愈并没有将之和父亲联系在一起。

三岁而孤，父亲于他只是一团模糊的星云，或曾孺慕以爱，但迅刻以往，了无印痕，有至亲之感，却遥不可及。而与大哥韩会的亲，则是朝夕相处触手可摸。但在那一刻，当“武昌宰韩君去思颂——”几个字从大哥口中朗声诵出时，首先最受震撼的是距大哥一步之遥的韩愈。韩愈当时正被石碑上的篆字所吸引，这种飘逸朴茂的线条如此丰赡优美，它怎会牵动人的恸哭和欢笑呢？透明的蝶羽和黄鹂的足痕放到纸上为什么会失去林木而成就人的梦境呢？然而，大哥的声音改变了遐想的方向。大哥的语调是一个音节一个音节像弹拨乐器奏出来的。大哥声情并茂，大哥字正腔圆。韩愈惊愕地发现，这个身着素色长衣面形瘦削的人因为进入角色而变得不复相同，或者说正在变形。武昌的阳光像橙色涂料爬向他宽阔的额头，像尘埃一样的颗粒堆集成另外的色相。除了他们韩氏特有的大脑门儿外，他的脸、鼻子、嘴巴、三绺长髯，都因他的激情和仪式感而重新排列组合，成了一个陌生的人。韩愈不由得想起披着曙色在大明宫主持早朝的另一个韩会。文化会改变一个人，职业也会改变一个人。如果不是由父亲的光荣引发激情，被罢黜的起居舍人，绝不会给家人提供这样的机会。大哥仰起下巴对着太阳，用声音和美文唤醒着云空中永在的父亲，他的声音高亢明亮，充满感情，让人着迷。就这样，父亲从石碑上走下来了。

但只有韩愈一个人看见了。

许多年后，韩愈绘声绘色地给家人谈起父亲，谈他的行止、嗜好、形象，甚至一些不为人知的细微动作，比如不经意间的鼻翼抽动，喉咙里总有咝咝的声音，间或从鼻腔里发出“吭”的一声响亮，等等，让听的人为之色变。郑夫人知道公爹有多年的咽喉症，她曾服侍他吃过多服草药。问题是，他活着时，不到三岁的弟弟如何能对父亲有这样细微的观察和了解？每当弟弟谈到这些时，她都会心惊肉跳地问：你怎么知道的？爹走时，你才三岁呀……韩愈正色道：不对，是十岁，是大哥让我十岁时又见到了父亲……

父亲还以文名世。他的文名和他的政声就像两只翅膀，迎风振展，势若长云。柳子厚曾有文《龙成录》，就记述了一则愈父韩仲卿的文学故事：韩仲卿走在洛水之滨，见柳絮如披，河水涣涣，心甚惊奇。莫不是进入了一位诗人曾描述过的诗意之中？诗人是谁呢？感觉极熟，然却怎么也忆不起来。正蹙眉思考间，忽见一乌帽少年，目若朗星，唇红齿白，仿若天外飞来。少年向他躬身叩拜说：吾有文集在建邺李氏处，闻韩公文名，特求专找此书并恭请为之作序。仲卿见少年诚恳，便一口应诺。就在这时，他突然想起了此人就是《洛神赋》的作者。那人见状称谢而去，走不几步，又复转身说：对了，吾乃曹子建是也，吾在阴间谢公！仲卿大惊，醒来原是一梦。不几日，韩仲卿果然在建邺得子建文集十卷，甚觉大异，立践诺为该书作序，如锦上添花，世人皆赞。

由是，足见父亲知行并举文武双修，乃人中之龙。

而大哥也如是。他与当时名士卢东美、张正则、崔造交友，世称“四夔”，且是“四夔”之首。古书上说，夔为乐官，龙为谏官，所谓夔龙，乃朝官之谓也。而《新唐书》中《崔造传》和李肇《唐国史补》中谈起“四夔”，均言韩会与三人交友，为之夔头，居上元，好言当世事，皆自谓王佐才，“韩会与名辈号为四夔，会为夔头，而善歌妙绝”。在沉闷肃穆的朝仪氛围里，韩会等不只会谏言抨击时政，间或还能高歌一曲博来众人欢颜。不仅如此，韩会还善古文，与多位名家游，曾被萧颖士、李华所重，所作《文衡》，可谓名扬天下。柳子厚在《先君石表阴先友记》中记述：“韩会，昌黎人，善清言，有文章，名最高。然以故多谤。至起居郎，贬官……”

自武昌祭碑后，对父亲和大哥的认知，似如登临高山，愈高愈显其伟其妙其美。

韩愈的视线再次回到麻团身上时，船舱内已有些溽热。韩愈对南方的认识只限于书册，但是身体发肤尚未经验。与同龄的孩童比较，相对成熟自不必说，就是身架也显得高些壮些。他长就一副北方人的身架，于是他的皮囊就对炎热气候格外敏感，虽有江风扑面，但仍汗水涔涔，顷刻间湿透了青色绸衣。大哥又在舱里躺下了。从襄阳上船他就总是睡觉，要不就是沉默。沮丧写在他的脸上挥之不去。武昌祭碑，仿佛耗尽了他的全部能量，父亲的光焰似乎并没照亮他的心境，他躺在燃烧过的灰烬里，比死灰更像死灰。

口诵碑文的后程，韩会似乎是向天呼喊的，韩愈清晰无比地看到大哥眼里含着泪水，他像是在向天申辩，又像是据理抗争，他似乎陷入一团怨恨之中。元载案构罪的大臣不知凡几，多是贪占弄权，罪状昭著，独有韩会含糊混沌，列在案尾。故对韩会被贬，史料多有“以故多谤”之说。韩愈从大哥的眼睛深处看到了他对家族荣誉的向往，对个人道德名声修为的看重。他虽然伶牙俐齿艺文双全，但他正直坦荡，不会曲意阴附，因之总被人妒，加上他爱抨击时政谏刺朝廷，也可能引上不快，或许因言获罪。依照唐律，韩会当以罪臣的身份在规定的时间即刻上路，而不能像通常外放官员那样有“装束假”。唐代《假宁令》规定，外授职官，将视距离远近给以相应装束假，“其一千里内者四十日，二千里内者五十日，三千里内者六十日，四千里内者七十日，过八千里者八十日”，而韶州以唐律正在岭南流放地以内，当在八千里以外，正常外放须享受八十天的装束假日。然而，韩会前一天还在大明宫对着檀板与金樽，后一天就突然获罪外放，而且在极短的时间就令其携家离京。这种天上地下的落差，对韩愈和老成这样的孩子来说体会不深，但对韩会那样的“凤凰池上客”来说——常沐春风里，突加罪臣身，状如丧家犬，流徙千万里——其精神和身体的打击之大可想而知！

多年之后，当韩愈也以罪臣之身在流刑路上辗转复辗转时，关于儿时的这段经历，常常嵌入他的脑际，他才真正明了大哥当年之痛，可谓彻入心骨。

在船过汨罗的时候，大哥的叹息声冲淡了韩愈吃糯米麻团的兴趣，他吃不下去了，随手给了老成。老成不喜吃，又给了家丁秦儿，秦儿是个壮小伙子，似乎看也没看就把糯米麻团扔下水去。

两个孩子愣住了。

“还是两个读书人呢，知道这是什么地界吗？”

“是湘江吗？不对，咪涞江？曲江？”老成快言快语瞎猜一通。

“呀，是汨罗江，屈原的汨罗江！”韩愈跳了起来，把布袋里的糯米团子悉数倾出，撒于江中。然后，双膝跪下，大声喊道：

帝高阳之苗裔兮，朕皇考曰伯庸。

摄提贞于孟陬兮，唯庚寅吾以降。

……

喊声惊起了韩会，他疾步出舱，惺忪的眼睛现出光彩，他受到了感染。“屈原放逐，乃赋《离骚》”，不屈不挠，始有《天问》。他问韩愈和老成道：“屈原怎么死的，你们知晓吗？”

“自沉而死。”韩愈想，史料有记，岂能有错？

“就是自杀。”老成快人快语。

韩会蹙眉沉吟道：“我看不见得。”

老成仰脸看着爹爹说：“何以见得呢？”

韩会顺口诵道：“‘吾令羲和弭节兮，望崦嵫而勿迫。路曼曼其修远兮，吾将上下而求索。饮余马于咸池兮，总余辔乎扶桑。折若木以拂日兮，聊逍遥以相羊。’此段何解？”

韩愈认真答道：“屈子说人生之意义在求索与追寻也。”

韩会颔首：“甚是。此乃《离骚》之要义。但若求索无成，追寻无果，人生无奈又该如何呢？”

“那就一死了之呗！”老成笑道。

韩会弹了他脑门儿一指头：“身体发肤，受之父母，养于天地，焉敢轻死？”

韩愈受到触动，静等哥哥教诲。

韩会又诵：“灵氛既告余以吉占兮，历吉日乎吾将行。折琼枝以为羞兮，精琼靡以为粻。为余驾飞龙兮，杂瑶象以为车。何离心之可同兮，吾将远逝以自疏。”

老成急切问道：“何意耶?”

“屈子说，此处不与，我将远离。自疏的风景同样壮美而且迷人。这是《离骚》的又一意义。进亦可喜，退无骚心，屈子岂能自投汨罗？再说又无遗书传世，落水时又无人证，怎能断定他就是自沉?”

“那他是怎么死的?”老成蒙了。

“或许是不小心失足而死吧！”韩会笑道。

船上一干人也都笑起来。

韩会从愈弟手中接过仅剩的几个麻团，向最远最深的江中掷去。

起来吧！屈老夫子，左徒大人，学生有礼了！

漫江飘荡着他咏诵《离骚》的声音——

不抚壮而弃秽兮，何不改乎此度？
乘骐骥以驰骋兮，来吾道夫先路！
……

大历十四年（779）春天，韩会在韶州任上病逝，时年四十二岁。是年秋，经朝廷恩准，归葬河阳故里。

韩愈已经十二岁了。

秋天的时候，大哥韩会归葬于老家河阳古尹村（今河南孟州市赵和乡苏庄村）北山坡上。从此，这里就成了韩愈的又一个“家”。从韩府到墓地，大约有半里许，渐次向上，如临如登。墓北眺望，但窥太行，向南逡巡，可见黄河。北靠大山，南临大河，这样阔大的气象走进书页，就成了风水学里的上佳之地。而实际情形如是。据典籍言，韩氏先祖世居颍川（今许昌一带），早在汉代便袭任官职，到七代祖韩茂一代，更为后魏尚书令安定桓王。从七代祖韩茂起，韩氏一门便迁居河阳，叶落归根时，便将魂魄安放这里。当韩会入土时，其家族亡人生前多是衮衮锦官名士贤达，半山之上，柏桧森森，墓园已是蔚为大观了。

天气晴好的时候，韩愈爱在这里读书或者玩耍。

他爱坐在大哥墓边，学着他的腔调吟咏诗经辞章。

从出生到死亡，这就是一生。韩愈无法揣度大哥苍茫深邃的一生，但大哥晚近的岁月，韩愈却点滴入心，时常萦怀。大哥死前还在喝药，那种深褐色的汁液缓缓流入他的口腔，全家人都为之轻舒一口气的时候，那些药汁却呈扇面喷洒在洁白的帷帐上，深深浅浅的绛褐画面里，一簇怒放的梅花逆势而来。大哥惊诧地看着自己的作品，直到眼中的光焰渐渐熄灭。扶柩北上的时候，韩愈眼里尽是大哥的鲜血梅花。

> 万里衡阳雁，今年又北归。
> 双双瞻客上，一一背人飞。
> 云里相呼疾，沙边自宿稀。
> 系书元浪语，愁寂故山薇。

这首杜甫的《归雁》，就是这次泣血之旅的真实写照。

现在，大哥的墓地开遍殷红色的花朵，韩愈叫不出名字，但他知道，这是大哥魂魄的底色。

从墓园向西南遥望，目光泅过黄河，翻越黛色的山峦，山那边，就是东都洛阳。从洛阳出发，沿着黄河逆流而上，再翻一些大山，再过一些土塬，就到了大唐的京都长安了。

从洛阳到长安，波涛如怒，山岭如诉，此间是帝国舞台的中心。特别是长安，更是天下聚精会神处。韩愈或许是长大的缘故，尽管日日读书忙，却会不期然放下书卷，时时忆长安了。

或许是出生地的关系，对长安的亲近，于韩愈来说似乎是与生俱来。三岁之后，韩愈随兄嫂辗转于河阳和洛阳之间，六岁后又随兄嫂来到长安，直到十岁离开。这段时光，长安于他已是丝缕铭心了。韩愈清楚地记得兄嫂的府邸在长安城内的东门附近，向西一箭之地就是集市，商铺酒肆，市声喧哗。趴在后院的大枣树上，往北瞭望，可以看见大明宫巍峨的身影，长安城内最大的鸽群总在它的上空盘旋，从进贡的鸽哨中传来异域的梵唱，仿佛有十万佛徒在云中吟诵佛经。每有佳节，城内街道上的树木便披上锦缎流苏，夜晚插上火把，人们通宵达旦日夜笙歌。那些街道上的树木一边就有四排，通常最后两排为榆树和槐树，前面两排为樱桃和石榴。四月和八月，樱桃和石榴成熟的时候，不知何故，东区这段路上的果子总不见人采撷。一次，韩愈大着胆子摘了一只硕大的石榴，回来和成儿分享，郑夫人见了说，这是老家荥阳有名的河阴石榴，是地方作为贡品移植京城的。长安乃首善之区，皇上既用天下嘉木装点市容，又凭此威仪让四海臣服，因此只能观赏，不能采摘。你们没看到街上巡游的金吾卫吗？

如今，那些石榴树也老了吗？

韩愈知道，书读得越多，距长安就越近。书卷如砖石，只能靠它来铺就去长安的路。于是，韩愈稚嫩的声音再次在墓园响亮起来……

然而，事与愿违。

现实中，韩愈距长安的路不但没有缩短，反而越来越漫长了。

大历十四年（779）五月，代宗李豫病死，是年太子李适即位，史称唐德宗。建中二年（781），成德节度使陇西郡王李宝臣卒，其子李惟岳请袭父职，未获允准，遂与魏博节度使田悦、淄青节度使李正义联结起兵犯上。三人相继被名将马燧平定后，又有朱滔、王武俊、田悦、李纳、李希烈相继叛反，世称“五王”之乱。

你方唱罢我登场，唯有百姓遭祸殃。

河阳三年，犹如鱼潜水底，鸟入深林。韩愈虽说三岁而孤，命所不辰，但毕竟从父至兄，均是朝廷命官，在官宦人家辗转，虽说不是锦衣玉食，但衣食总是无忧的。然兄长一死，家里再没有佑护福荫，只靠嫂子郑夫人支撑门庭，落难的色彩总是挥之不去。按照唐律，五品以上的官员，应有随从五人，其俸禄由国家支付。而大哥一死，随从抽去，回乡只有秦儿自愿跟随。但到了河阳，经此战乱，竟也被官府强行征去。家中佃户累世力田，但经数次兵灾，精壮多“他乡复行役，驻马别孤坟”，也只剩老弱妇孺，“近泪无干土，低空有断云”。偌大的韩府，连一个看家护院的丁男也没有，眼看日子一天比一天艰难了。此时，韩愈已是十四五岁的半大小伙，家里的诸多事务嫂子已跟他商议，甚至需要他出头办理了。就像生活在水底的鱼，因为接近底层，不知不觉就被苦水渐渐泡大了。

已是建中三年（782），局势仍不明晰。讨伐叛军的旗帜和叛军的旗帜在河阳不断变换，久而久之，在百姓心中竟没有了向背。兴，百姓苦；亡，百姓苦。不管是朝廷的军队还是叛军的军队，来了都是一样抓丁、抢粮、放火、杀人。郑夫人领着韩愈和成儿，还有一干家仆，只得三天二晌去往北边的大山里躲兵，有时一去就是好多天。

韩愈虽然年纪小，看法却与众不同。他是坚定的正统派。对待“五王”，他认为均是乱臣贼子，势必除恶务尽。而官军的每一个胜利，都会使他手舞足蹈。

但是，因为一个人的归来，使韩愈全家不得不离开河阳，走上了逃难之路。

一天夜里，已过子时，一串急促的敲门声惊醒了韩愈和家人。韩愈披衣掌灯，发现来人竟是一年前被征的秦儿。

秦儿是逃回来的。

秦儿原是作为拱卫皇室的士兵被征召的。到了长安，被编在神策军的宿卫营里。正是战争时期，神策军的主力已被调到东线，新征的士兵多数没有战斗力，只能执行巡逻和警卫的任务。听说叛军李希烈的军队已经攻陷了汝州，东都洛阳眼看不保，德宗皇帝急召泾原节度使姚令言率军东进驰援。正值初冬，偏偏赶上第一场雪，因为行色匆匆，将士们走时仅穿单衣。铁甲长戟，雪马冰河，食不果腹。泾原子弟路过京城长安，原以为德宗皇帝会杀猪宰羊犒赏三军，谁知德宗皇帝竟不让泾原兵入城。大队人马冒雪绕过长安，走到城东十里许时，德宗才派大臣前来犒赏将士们，抬来的饭食菜肴竟是发了霉的小米和寡淡的菜汤。泾原兵士大怒，纷纷将饭菜倾倒于地，士兵们指天斥道："吾辈弃父母妻子，将死于难，而食不得饱，安能以草命捍白刃耶！国家琼林、大盈，宝货堆积，不取此以自活，何往耶?"

众人激愤，势若雷火。有兵士复回京城，竟一拥而随，连节度使姚令言也劝阻不了。德宗闻知泾原兵变，急令从内库取出二十车金银珠宝赏赐泾兵，哪知此时已迟。本来应该勤王的兵士，此刻成了比"五王"还恐怖的颠覆者，其目标直指皇宫，而且比预料的危机更迅猛，更可怕。

德宗急令神策军前去接敌，哪知根本没有战斗力的新兵们一战即溃。站在大明宫含元殿的德宗已经听到叛军们喧嚣的声音，知道局面已经无法挽救，只得率太子、安乐公主和少数嫔妃从宫门北面仓皇出逃。

泾原乱兵占据了大明宫，兵们大呼："天子已出，宜入自求富！"乱兵和城中百姓一同冲进宫中，抢掠珍宝，通宵达旦。

这就是史上所说的"泾师之变"。

秦儿就是被乱军击溃时逃出城的。他自小孤儿，没有去处，感念韩家对他至亲，因此又一路寻来。秦儿说，皇帝出逃，京城沦陷，时局动荡，不知何时方能安定，请主家早早备荒为善。

郑夫人兀自流泪说，看来中原已无宁日了。

韩愈听秦儿这般说，心中也一片茫然。

虑之良久，郑夫人决意南下。“五王”之乱，祸及江北；“泾师之变”，殃及两京，看来河阳再也放不下一张平静的书桌了。愈弟和成儿正值读书求学年龄，遭此兵乱，倘学书不成，稍有差池，那将有负亡夫。韩会临死前曾对她说，若有不测，请速北归。韩家清正，无产无财，只有刚拓好的《武昌宰韩君去思颂碑并序》可传家。愈弟不凡，日后必能如父辈所愿，光耀门庭。事关韩门希望，所嘱甚重。韩家为官，多在江南流连，兄父曾在任上置有房产几处，不如借此躲避，南下江左。

建中四年（783）冬天，临近春节的时候，十六岁的韩愈随着郑夫人和另外的几户官宦人家来到江南宣城。

韩愈与成儿是在爆竹声中坐在书桌前的。这是贞元元年（785）的春节。噼里啪啦的爆竹带着一种富足和骄人的底气在宣城四处炸响，与烽火惊心的中原形成鲜明的反差。

据《隋书·地理志》记载，西晋之后，由于连年战乱和自然灾害，黄河流域一带的人曾大量南迁到长江流域，十年间流亡人口就有一百多万。而之后，又有多次呈潮汐状般迁徙活动，特别是唐“安史之乱”，曾引发中原大批富豪士绅移民江淮。而韩愈家的南迁江左，由于韩愈后来不断在诗书中反复记述，就成了那个时期南北融汇分合的历史佐证。

韩愈在读《左传》，成儿背诵《诗经》，他们在享受着南方安定环境下读书郎的幸福时光。成儿不想读书，至少不愿读官家规定应考的书目。他的生父曾是军佐，他也有着武人的剽悍遗风。他说走科举的路子太难了，而武举的路数特别对他的心思。他说着便放下书卷，在不大的斗室里做骑射状，“射”了一箭，又“射”了一箭。韩愈亦放下书，响应着他的虚构——他“抓”住了成儿射来的箭镞，说，自从武则天皇帝创立武举考试之后，韩家男儿应该出个武状元的。

“那好，你去和俺娘说说，俺改练武好了。”成儿认真了。

“咱祖上后魏安定王就武功盖世。在随太武帝轻袭夏都统万城时，激战中，太武帝突然堕马，夏王赫连昌率兵杀来，先祖一人斩杀十余人，逼退敌兵，将太武帝扶上自己的坐骑，徒步断后，直到圣上脱离危险。此战胜后，太武帝赞祖上曰：将军者，神勇也！咱韩氏一门，不仅能文，且累有武将勇士，族谱上多有记载，我以为和郡望有关。”

“什么郡望？”成儿不解，“听大人们说祖上不是来自颍川吗？”

“之前呢？”

“之前不是韩国新郑吗？听说韩王信也是同族？”

“再往前呢？”

成儿摇摇头。

“我从书上找到了线索。我们来自燕国，郡望来自昌黎，我们是燕国的贵族，说不定有王室血统。我们身上有骁勇善战的血，或许因为我们的先祖身上有鲜卑的成分。”韩愈说得有板有眼。

成儿听傻了。他忘了刚才要当武举的事儿。

“但是，你要弃文从武，也非易事。”韩愈又回到先前的话题，“首先，你应该通晓武考的内容：你要拉得动硬弓，你要射穿一百零五步远的目标，其力量相当于单手把一个壮汉举过头顶。二是骑射。你骑在奔跑如飞的马上，挽弓射击两个活动目标，通常是两只小鹿或野兔，距离在五十步远。三是步射。就是边走边射击固定靶标，距离五十步远。四是枪术。在校场设两个木柱，柱上各放一件甚小的器物，你手握长枪，这支枪有约两丈长，十多斤重，你骑马飞驰而来，用枪准确将其刺落。五是举重。先是要举起一段约两丈长木桶般粗细的木头各十次，然后再背起几百斤重的东西走二十步。六是身高面貌。身高六尺以上为佳，面貌端正为上。七是能言。说话要声若洪钟，口齿清楚，能令行禁止……”

“哎哟哟，别的还都罢了，只这身高须六尺，谁能管得了？”成儿有些沮丧地说，“还有骑射，在河阳还可以到黄河滩涂练马，而来宣城，全是水田山地，如何施展拳脚？看来只能读我的书了……”

韩愈见成儿又拿书卷，复又逗他：“如果咱读书不成，可去乡间学做笔做纸之法。当年秦将蒙恬发明了毛笔，江南多有效法，作坊林立，宣城产纸，天下有名。咱叔侄不妨我做笔你做纸，日后有了名堂，把生意做到河阳洛阳，或许到京城长安也未可知……”

一提到长安二字，成儿倒没什么，韩愈却被自己描摹的未来刺伤了。

他的心隐隐疼痛起来。

韩愈呀韩愈，何为愈？进取超越胜出也。字退之，何意也？《论语·先进》曰：“子曰：求也退，故进之；由也兼人，故退之。”这是孔子对后退和前进两种姿态的拿捏和把握，也是中庸之道之一种。但目的并不真是“退之”，而是以退为进，进退有据，互为表里，稳中求胜。

可是，眼下一退再退，已经“去京三千里”了，何时回长安呢？

韩愈陷入深深的焦虑中……

冬去春来，桃花开了。

江南士绅名流有游春的习俗。韩愈老成让秦儿跟着，各骑一匹小毛驴，背上干粮腊肉水具，布袋里备好便于旅行的笔墨纸砚，先去敬亭山，再去五泉洞，最后又去桃花潭看桃花。这个时候，李白早已见过汪伦，喝过他家酿的老酒，赏过了他说的十里桃花。在桃花渡口，李白的诗句被人抄在酒肆茶楼有回廊的墙壁上，引来妇孺吟诵：

> 李白乘舟将欲行，忽闻岸上踏歌声。
> 桃花潭水深千尺，不及汪伦送我情。

韩愈看遍了此地的桃花后，才觉得天下桃花一样红。他顺着花瓣深深浅浅的脉络，最终看到的是自己年轻的眼睛。要找的桃花是不存在的。他承认在看宣州桃花之前，开放于心的是李白的桃花，是纸质的桃花，那种浓烈的灿烂，像精灵一样会跳跃，会舞蹈。而眼前的桃花，厚大肥胖，太老实，与李白的桃花相比，难为桃花。

成儿的眼睛充满天真。实际上，文化也是一种毒。但成儿天生对这种毒有排斥反应。他的眼睛澄澈明亮，他眼中的桃花没有污染。他数着桃花瓣儿，口中喃喃，如风拂蒹葭，宛如禅语。好大一棵桃，好红一朵花，好绿一片叶，好美一幅画。这是老成凝视一株桃花后的如是说，简洁，质朴，直达事物的中心。自有文字以来，最早的诗歌里多如老成这样的直接状物。《桃夭》就写："桃之夭夭，灼灼其华。"《苕之华》也言"苕之华，芸其黄矣""苕之华，其叶青青"。这些不施脂粉的乡间小调，透见物理的纹路，显现出自然的光泽。

韩愈注视着入禅的成儿，成儿注视着桃花，桃花映红着两个年轻人的笑靥，桃花渡口响起优美的古歌，岸上一些少男少女踏歌而来。唐代多节假。官方公布的节日就有二十八个，平均半个月就会遇到一个节日。韩愈和老成今天遇上的是三月三，上巳节。于是桃花渡口成了一个炫目的亮点。

韩愈当即拿出纸笔文具，就着桃花水，提笔把成儿的口占抄录下来：

> 桃之夭夭，灼灼其霞。
> 其霞灿灿，红白相间。
> 桃之云云，灼灼其蓁。
> 其蓁浩浩，丹青若引。
> ……

甫一落笔，竟被一白衣人夺去，跳上一家泊在水边的大船上吟唱起来——

桃之夭夭咿呀呀，
灼灼其霞嗨啦啦……

渡口在桃花潭西南的位置。岸与水的距离有两丈多的落差，那些船参差卧在水边，从高处往下看，宛若舞台在水中央。

几个书生模样的人旋转起舞，把白衣人围住。似乎没有特别的动作，只是用足踩出节奏，脚步时而向前或者向后，每每有规定的步履，并且可以左右位移，不断变换队形。上身前倾或者后仰，晃动或摇摆，用手掌在关键处击出相应的节拍。而那个被围在中间的人，此时是真正的中心，他大声咏唱的诗文，牵动关联舞者昂扬或低回的表情。由于他延长的音节和声调的装饰，把原本直白的文本处理得风生水起，引起喝彩连连。

韩愈在岸上看得真切，依稀记得众人之舞似是古书上说的尧步舞。但此舞因年代久远，似已失传，今在江左之地发现，真让人大开眼界。看来比桃花潭深的不仅仅是汪伦情，还有当地深藏的人文底蕴。另外，韩愈还有一个重大发现，歌者和舞者好像同出一门，他们配合默契，俯仰皆是，似这样的活动，可能经常为之。想到这里，韩愈突然觉得自己和这些人好像有所关联。这个念头颇为奇怪，韩愈细想了想，还是在白衣人身上找到了缘由。他刚才咏唱时的助词“咿呀呀”“嗨啦啦”里似有中原乡音，没准儿此人也从中原来，而且听口音，距河阳很近。他断定。

岸上人学起了尧步舞，唱着桃花歌。有一些俊俏男女把兰花插在发际，把花束扔在河里，开始用兰花蘸水向身上泼洒。自从王羲之的兰亭会乘着他的书法不翼而飞君临天下后，像他那样饮酒作诗分曹射覆的游戏玩乐便走进宫廷和民间，这个节日似乎成了文人墨客士绅名流的狂欢节。用兰花和桃花水洗浴掉经冬积郁的秽气和霉头，以此希冀好运，重新书写新的一年，似乎也成了上巳节的主题段落。这个像春天一样的理由鼓噪着人们，下河的人被欢乐裹挟着，纷纷跳下水里。

韩愈正看得出神，似觉有人推搡，脚下一滑，竟也跌跌撞撞跑入水中。成儿大喜，立即跟着跳下，从水里捞起一把兰花，就着水甩向韩愈。

叔侄二人立时混战起来。

“呼呼嘿嘿呜呜呀呀……”

不知不觉，韩愈靠近了水边的大船。船上众人也哄笑着趴在船头观赏。

正玩得尽兴，忽有人在背后用乡音大喊：“二位可是怀州人氏?”

韩愈回头，发现说话者正是那个白衣人。

怀州（今河南济源）在太行山南侧，正是韩愈在河阳为韩会守丧时北望之地。因相距不远，所以口音相近。韩愈有文《送李愿归盘谷序》，开篇说：“太行之阳有盘谷。盘谷之间，泉甘而土肥，草木丛茂，居民鲜少。或曰：‘谓其环两山之间，故曰盘。’或曰：‘是谷也，宅幽而势阻，隐者之所盘旋。’友人李愿居之。”这个李愿，就是韩愈在桃花渡口相识的白衣人。

李愿正在此地求学。凭着他的导引，韩愈投师古文大家梁肃、李华及窦牟门下，开始读书著文，孜孜以求。“仆始年十六七时，未知人事，读圣人之书”，“学之二十余年也，始者非三代两汉之书不敢观，非圣人之志不敢存”。对于这段读书经历，韩愈在《祭窦司业文》中追忆道：“我之获见，实自童蒙。既爱既劝，在麻之蓬。自视雏鷇，望君飞鸿。四十余年，事如梦中。”

韩愈求学，留下诸多佳话。

之一：诗书为肴。

吃饭时，韩愈也是手不释卷的。饭菜端上来了，摆在书案上，因为早有各种版本的线装书和砚墨笔纸占了位置，于是那些饭菜便只能见缝插针了。韩愈的食欲应该是不错的，从各种留存下来的图像资料看，他骨骼发达、体态丰腴，十六七岁时，正是狼吞虎咽的时候。但似乎常有引人入胜的诗文，让他不能专心吃饭。于是他总干些让老成笑掉大牙的事情：一次吃饭时，他把墨嚼掉了一块，说，江南春天有佳肴，墨鱼新韭豆豉烧，为何只有墨鱼而独少韭菜耶？往往是饭吃完了，诗文当菜吃了，那些真正的菜肴却完好如初。

老成爱吃农家送来的咸鸭蛋，准确说爱吃里边油亮通红的蛋黄，每次他先拣了吃，而把蛋清留下来。埋头书本的韩愈并不留意，每次仍只吃蛋清。一次，郑夫人来了，老成不好意思专挑蛋黄，便把蛋清吃了，独留蛋黄给了小叔。到韩愈吃时，他惊呼：蛋黄何其香也！弄得老成一脸通红。

老成将小叔以诗书为肴的种种行状记以录之，常在家中发表，逗得家人一片欢赞。

其有《马鞭子》以录。

在韶州时，一段时间，韩愈读书懈怠了，总爱溜出去上山，且一玩就是一天。一次，韩会骑马公干，正好路遇韩愈。韩会让韩愈上马，扬鞭一抽，只听两耳风声，马立时疾驰如飞。韩会问：马为何迅跑？韩愈想了想说：怕马鞭子！韩会说，人若马，鞭若命，迟缓懈怠落伍者总挨打……韩愈聪慧，知道兄长用心，羞愧不已。他认真辨视着马鞭子，见它结实精巧，编织经心，是综合拧劲、缠劲、韧劲、心劲而成。此乃命的外部具象。求学如是，须用诸种心力才能达成，才能掌握运命。韩愈自此发愤，以期改变自己的命运。他在《县斋有怀》诗里写自己求学时的进取姿态：“少小尚奇伟，平生足悲咤。犹嫌子夏儒，肯学樊迟稼。事业窥皋稷，文章蔑曹谢。”《旧唐书》卷一六〇《韩愈传》说他：“愈自以孤子，幼刻苦学儒，不俟奖励。”而之后他在《进学解》里的名言“业精于勤，荒于嬉，行成于思，毁于随”，正是他自己学习态度的总结。学生赞他曰：“先生口不绝吟于六艺之文，手不停披于百家之编，纪事者必提其要，纂言者必钩其玄，贪多务得，细大不捐。焚膏油以继晷，恒兀兀以穷年。先生之业可谓勤矣。”

这一天，韩愈和李愿、李观等学友同游一处叫晋公山的地方。此地群山环抱，泉溪星罗，幽林茂竹。秀木掩映处，竟有数处庙宇楼榭在云深处。据说这是前朝一个位列公卿的显贵人物的退隐之地，后来又梵唱鹤唳，为让心更加清静，就有了佛道之人在此地修建庙观。

李愿左右环视后，兴趣盎然。他立在古松下粲然笑道：此地太像我的老家了，如果是一篇文章，我就要告它抄袭怀州盘谷也。

大家哄笑不止。

这时，只见山下腾起尘埃，林间传来鸣锣。不知又是何地官宦人家要来进香了。

李观说：朝叩富儿门，暮随肥马尘。现在改成，朝问如来佛，暮来三清观了，所向不同，却路径一样，都是求荣华富贵罢了。

李愿说：我们读书何为也？

李观笑道：圣人言，学而优则仕。仕则如山下客，同为逐名追利是也，可谓一丘之貉也！

李愿正色道：此吾所鄙也！

韩愈说：我年十八九，壮气起胸中。金榜题名时，光宗耀祖日。所来何卑耶？

李愿说：求仕光明坦途，天下皆知也。达者利泽施人，名传当世，坐于朝中，可辅佐皇帝令行天下；出则旌旗飘飘，弓箭在腰，武夫开道，从者成群。喜有赏赐，福禄多多，错或不纠，风险不致。有妻妾成群，美女若云，长袖善舞，粉白黛绿，争妍取怜。若这样，何乐不为耶？问题是，为了求仕，要伺候于公卿之门，奔走于晋身之途，有时足将进而趑趄，口将言而嗫嚅，处污秽而不羞，人不像人，鬼不像鬼，没有人形，失去人格，若这样做官，宁肯不为，吾回盘谷做隐士去也……

诸友被李愿的话深深触动，纷纷称是。

李愿又说：人各有志，各不相扰，或说人生有命，富贵在天。我不愿如此失格，所以就难做官人。我向往在野生活，穷居而野处，无事可以攀山越岩，登高而望远，坐茂树以终日，濯清泉以自洁。采于山，美可茹，钓于水，鲜可食。起居无时，自然醒来。不求有功，但求无过；不求有乐，但求无忧。可以置礼不顾，无拘无束，理乱不知，国事不问，我行我素。诸位可以选择做官，且愈大愈好，而我，却想做各位治下的天下第一逸民也……

又是一片笑声。

几个书生，不烧香火不拜佛，悠哉乐哉闲如鹤。玩玩闹闹，辰光就飘过去了。

晋公山回来，韩愈很受触动。李愿，高士也。他的一番话，韩愈似乎从来没想过。这是人生的另一个版本。他从小就受家庭学而优则仕的思想影响，大哥韩会临死前还指着思颂碑期望他光宗耀祖。嫂子郑夫人也常抚其背哭泣着说，我们韩家一门就剩你们叔侄二人了，你们是韩家的希望呀，一定要刻苦读书，将来以求闻达！尽管李愿的话对韩愈有所吸引，但他还是知道，自己的未来在长安。

唐德宗贞元二年（786）秋天，韩愈告别家人，西去长安，以求功名。

第二章

我年十八九，壮气起胸中。青青水中蒲，下有一双鱼。春风得意马蹄疾，一日看尽长安花

我找到了那棵树。

不是一棵，而是两棵。

摘一枚柏叶，一嗅，正是手上清香出处。

友人打趣道："赠人玫瑰，手有余香，韩公清正，改送柏叶。古人有言：山中人兮芳杜若，饮石泉兮荫松柏。这是最好的见面礼，珍惜吧，哥们儿！"

古柏高大巍峨，一棵树能占半亩地。我想起先生的话，这些除了不是他亲手所植，其他皆有可能，也就是说，他很可能生前就参与了自己墓地的设计。

合抱之木有铁栏围着，铁栏上挂有写着文字说明的牌子：唐柏双奇。

此说成名于清朝乾隆年间，是韩园的镇园之宝。它漫历了唐、宋、元、明、清等朝代，已有一千二百多年的历史。虽历经沧桑，几遭劫难，仍婀娜多姿，风采卓荦，笑迎八方宾朋，挺拔苍翠，傲然屹立，勇护文公忠魂。

千百年来，它吸纳天地之灵气、日月之光辉、山河之精髓、文公之才智，屡显神威，惠及乡里，已成为人们心目中的神树。尤其是二十世纪八十年代以来，八方宾朋慕名前来向其祈子求孙者、祈福消灾者、祈学选校者、祈年增寿者、祈官晋级者、祈缘择偶者，络绎不绝，遍及各方。据说所求之事，事事灵验；所祈之愿，件件遂心。久而久之，还愿之物，琳琅满目，声名远播，香火日盛。"唐柏双奇"越发神奇。

为了证明所言不虚，铁栏杆上挂满锦旗旌表，树上挂满还愿的灯笼，云蒸霞蔚，满目辉煌。

我忍俊不禁，转到树后僻处掩口窃笑起来。

先生出现了，四下看看，不无揶揄道："这下你可有话说了，是不是看我笑话？"

"岂敢岂敢！这是个喧宾夺主的时代，拜金为命的时代，这些劳什子权当是先生的兼职，或把它当作一项副业好了。不仅受人香火，还能挣个碎银零花钱，使自己的腰包鼓起来，何乐而不为？"说完，我捂着肚子笑得蹲在了地上。

想他英雄一世，自命不凡，活着高格清许，挞神鞭佛，正义凛然，死后却不断被人错爱，做违心之事，干不堪之活，正好与活着的意愿相左，任人驱使，好可怜，好无奈。

我同情地说："大人物都躲不过新时代，不管多大来头。若去孔庙看一看，让圣人兼职月老的帖子比求学的还多。想想比你还老的老头尚且如此，还有什么不能释然的呢？"

见我如此说，先生一跳蹲在横长的树枝上，盘腿坐了下来。这样，他可以隐身树丛，直抵我的胸口，与我零距离交谈。外人看到只是一抹绿云和一个傻乎乎的人。

他叹气道："果然是这样，你们都错怪了我。"他张着手臂，袖筒滑到了腋下，如大鸟的双翼张开做飞翔状。

"庸俗于我是个中性词。有人讥我功名勋业心太重，大凡说这类话的人，我向来不屑一顾。"说到这里他停了下来，幽幽看我，似乎我是那个说他坏话的人。

我忙摆手否认说："我可没说老爷子的不是。求全责备者是说过，说您进取逞强，发奋功名，当官心切，有失高格……”见他眼中光闪，我便知趣打住。

他愤愤不平道：“有人生来就在高处，自然讥刺泥淖里挣扎的人。你若有青云之志，腾起时自带飞尘。初时为了活命，仅顾眼前饱腹；继而挣脱饥馑，便向高处奋勇。你用力越勤，其状愈伏，庸平无异众生；升跃越猛，泥沙越沉，更如罗生俗门。你若青云直上，全是人间值得；你若不做，遂了他们意，成了草芥，他们连看也不会看你一眼。”

我点头说：“如今亦是。刚在手机上看到一句附和你语境的话：倘若你是一条狗，你的日子不被狗毛覆盖，你就不懂得生活。”

他以手加额道：“妙，妙哉！”说完立马又问：“这是哪位哲人说的？倘有闲，可往拜访。”

我道：“芸芸众生而已，常有金句怡情，逗人开心。”

他竖起大拇哥赞道：“这就是我迁就庸俗的意义。那些求我助力、求我助其升学、求我助其发财的人，多是下层人士，与我当年境况相仿，有求于我，也只是从我这里汲取精神营养，以获自信力量。举手之劳，为何不成人之美？若说人愚，太不厚道。虽说我年少时全赖勤力所成，但亦少不得精神支柱。有幸千年仍享祭祀，作用于千家万户，且多是正道沧桑，少有祸人害事，这亦是人之幸事！而受我服务之人众，得了便宜，人逢喜事精神爽，便会充满人间爱意，即如尔所言，哪怕对人说一句好话，做一件好事，亦是人间值得。人人如此，就是神州子民尽舜尧了，你说是不是？”

“是的。”我附声笑答，“子民改为百姓为好。”

“所谓高贵者愚，卑贱者智，就是这个道理。道并非都生长在顶端，有时偏偏在土里，甚或在溺溷。庄子曰：道在蝼蚁瓦砾屎尿。诚矣。”

我立马掏出手机，高声读给他听：“一日，小儿问：为何说上厕所，不说下厕所？一时语塞。偶翻杂书，言清末李鸿章搞洋务运动，引进西式武器。一幕僚给李讲火炮射击原理，说到抛物线，几经解释，李仍一头雾水。幕僚急中生智道：中堂大人，您入厕撒尿去吧，我在那里给您老人家示范。李依言而行，当场淋漓，来了一出‘水龙吟’。幕僚指着尿道解释说，瞧，这就是抛物线！李顿悟道：圣人早有遗训，道在溷厕，诚不欺矣！”

先生眼睛亮道：“甚是贴切！这手机好生了得！从外观看，就像过去的半截子竹筒，这是不是新式竹筒？在上边早备好文案若干，以应不时之需，是也不是？”

老人家把我逗乐了，解释手机非我专业，只得敷衍说：“大体如是。因我也有教职，常有授课任务，这上边多存的是讲义讲稿及问答解释等。比如刚才谈先生身后兼职诸事，若有学生在课堂上将其现象提出，我就要将其概括、定义当场给予学术解释。令人无奈的是，今日大学各项规定，统一教材统一教案，花拳绣腿充斥杏坛，同一个问题，给本科生讲述叫‘反看’，在研究生那里就叫‘反瞻’，在博士生那里就谈‘反噬’，意思大体一样，话多话少有别。给低年级讲‘古代’，给高年级讲‘现代’，给研究生讲‘后现代’。总之是东方不亮西方亮，外国人站在高山上，你若不讲拉奥孔，就像没有穿衣裳。”

先生眼里的光芒渐渐弱了。

他正色道："若在大唐，我这个四门博士大学祭酒，定会撤去尔等的校序。我们泱泱大国，五千年文化，何时成了仰人鼻息的末流？"

我忙解嘲道："不是所有人都如先生那样自信自爱。您消消气，您一正襟危坐，突然让我想起意大利人卡尔维诺。他有一部著名的小说《树上的男爵》，与您老人家此时的处境十分相像。"

先生垂下了眼睑，口中嘟囔道："又糊弄老朽来了，难道此刻他也在树上吗？"

"他比先生厉害。先生是偶然在树上，人家是生活在树上。"

先生来了兴趣，扬眉问道："如此执拗，倒也可爱。只是这样执拗的人，必为大树所累，他死在树上没？"

"没有。他乘了气球去了天上。"

"那就是死了。用我们的话说就是活了。他活在人们的铭记中。只是，他著书立说没？"

"写了一部关于建在树上的国家宪法草案。更多的是关于脱离地面后的观察心得。比如说'谁想看清尘世就应当同它保持必要的距离'，于是他就总待在树上；比如说'只有在树上，才会更热爱大地'……"我见他半天没睁眼睛，就悄悄缄了口。

他闭目笑道："说下去。用我们的话与之对应，闭眼就是睁眼，树上就是树下，这是我们的阴阳说。"

我接着说："这背后反映着一种精神追求，他想用智力重新建构一种秩序，以一种特立独行的生活方式去颠覆以往的生活经验……"

"我晓得。这是似中国古代隐士生活的一种类型，但西方这些人更有野心和危险。古代隐士归隐山水，有人生活在云崖，有人生活在林泉，有人采薇而食，有人打鱼为生，多是特立独行，绝少重复别人经验，尤其重要的是，他们无一例外是妙处难与君说，个个讳莫如深。有人食苍虫，有人饮鹿血，有人御风行，五花八门，不一而足，但都是打死也不外说。钩沉者均是他者——徒儿呀亲友呀，徒唤奈何。而外国人则正相反，把想象的生活写出来惑人，自己不做却想法让别人做。这个卡尔维什么诺就是这样，我相信他自己不会在树上超过一天！他把自己的想法记录下来，用自己的智慧卖钱，假言以智慧掌控生活。这在某一点上或有可取之处，也有不落俗套之机巧。可这些劳什子在西方是没什么人听的，他只能利用西方的高位优势加于东方，这叫‘己所不欲，专施于人’，这就是侵略性。圣哲有言，管己者为圣，管他者为魔。魔害人众，自然比淫巧奇技危害更大。尔言用智取胜，以利人类，怎不想人类原本就在树上，曾茹毛饮血，好不容易下到地面，刀耕火种，自始方开创文明纪元。而卡氏却又让人回归树上，这不是赤裸裸的反人类文明是什么？这不是开智，而是反智，是一种愚蠢到家的倒退文化。这状况恰如西医治病，假若患者头痛，他们只考虑颈上人头，片面而不得要领。而中医却全身考量，由表及里，由上到下。两相比较，中国文化自然丰盈而厚重。”

老头当年在皇家学院当过院长，又在高教部当过长官，授课教徒规化学科是他的强项。即便如此，我还是被他吓到了。

“老夫子英雄不减当年，只是我不明白，您的书袋里，何以有西方文化的资料？是不是您的‘瞻’里过去就有这方面的经历?”我诚恳问道。

“哪有什么经历？如今前来求神者什么人没有？不光有学生、家长，还有专家教授，连哭诉都用英语，还是十足的伦敦腔。话题无所不有，连论文的题目都要找我商量，烦死了！”

一席话说得我哑口无言。

受西方思想影响的人都爱追索“身后”，他的“身后”是什么？

我的学生卢冶在北大读博时写了一本书《倒视镜》。所谓倒视镜直义就是汽车为观察身后所装的反光镜。发现倒视镜意义的就是卡尔维诺。他在读意大利诗人蒙塔莱的一首诗时指出，生物体前端的眼睛，将世界等同于“前视野”，而相应的一个未知的领域，一个非世界的虚空领域，位于观察者的背后，亦可假称之为“后视野”。生物在移动和静止时，会超验虚构出类似圆形球体的镜像，一望即知是否安全。因为安全是生物们活着的根本前提。这个球体视镜究竟存在不存在，在动物那里很难得到实证。而人类拥有了倒视镜，就从理论上给出了这种假想的证据：倒视镜会分享这种球体镜像的全部好处。观视者作为运动主体，他并不在镜中寻找自我镜像，他关注更多的则是“身后”。他虽然注视前方，而倒视镜则会提供背后视野，他只消眄视就能全方位感知，如安了复眼般那样会“我瞻四方”。

卡尔维诺是这一现象的发现者，虽然仅限于汽车时代——暗喻工业社会，但作为这一时代的文学家，或者是实验理论的探索先驱，他的智慧和创新精神令人钦佩。

而眼前的这个人，则是思想和文化领域从理论到实践的超级实验家。

生前，他在“前视野”里叱咤风云，死后，又在“后视野”的未知世界里，持续在各个历史阶段发挥着自己的作用——

一个封建文人能对现代西方思想说三道四，且雄辩滔滔，这种情状谁敢说他文化落后？谁能说他缺少文化自信？

思考让我们缄默。

暮色里，我们俩相对无言。

从魏晋始，中原士人南渡的过往就像一封封书简安放在史书里。现在，韩愈正逆水而上，把西去长安的水路回溯温习，从诗文里觅得路径，成就了一次水上壮游。

从宣城北上，经当涂，在月夜里打捞李白遗留在这里的诗篇，那时诗人的后代还没脱去江油带来的素衣，浓重的四川口音在诵诗中不时闪烁太白的遗韵。吃着江边的烤鱼，喝着土酒，十九岁的韩愈陡然觉得太白如执其手，呼出的气息芝兰般包围着自己，成长的感觉像植物般拔节，他听到了咔吧咔吧的声音。船过扬州，不见杨花，只见秋蓬。往北打望，岸边滩涂，蒹葭互生，芦花放白，蓬状如腾。因此，韩愈以诗记之：“我年十八九，壮气起胸中。作书献云阙，辞家逐秋蓬。……”从泗水向西北而去，逆水的船只宛如一声晚唱滑落在水的慢板之中，星光月色印在船帆桨橹之上，汉家故事一幕幕在云空中上演。过了徐州，径直向西，就是汴河黄河，韩愈能从水流的音律中辨认出故乡的景色，他的梦开始变得安静和舒展，中原大地的辽阔给了他难以言说的归属感。从汴河西去，有多条河流纵横，涡河济河颍河伊河黄河，庞大的水系织成网络，可以供客船多重选择。船到中牟境内，有渡口曰“官渡”，此乃曹孟德大破袁绍军之地。韩愈自幼喜欢军事，对兵书战史多有涉猎，下船小憩，只见红日浮水，蓼白苇黄，茫茫四野，地老天荒。韩愈站在古渡口，竟有些怅然，这平淡无奇的面貌，曹孟德竟能书写出如此阔大的战争奇观，韩愈不得不慨叹一番。从郑县境内穿越向北，走过传说中的楚河汉界，这道从黄河引出的一抹细流，在东南与通惠河相遇，也是从郑到古荥的便捷通道。船过古荥不久，著名的汜水关就出现在面前。从南岸到北岸，驶向孟津渡口，直线距离似可目视，便是韩愈的河阳老家。

河阳人一直认为孟津有两处：一处在河之南，一处在河之北。而河之北的孟津才是真正的“孟津”，其正确的解释应为“盟津”，谓周武王在此会诸侯盟誓伐纣故。此处还是北魏史上著名的“河阴之变”发生地。南北朝北魏武泰元年（528）春天，悍将尔朱荣以“清君侧”为名，举兵进逼洛阳，虏胡太后与幼主及百官于此地，先将胡太后与幼主元钊在这里沉入河中，继而又纵兵大开杀戒，使丞相、司空及王公贵族三千余人同时遇难。遭此巨祸，北魏王朝的气数消失殆尽。河阳正处黄河古渡，历来为兵家纵横之地，它就像天然的跳板，从塞外或幽州冀州青州相州的南下之旅翻越太行后，多在这里集结休整再跃马黄河，或觊觎洛阳，或虎视关中。

韩愈的返乡之旅有些伤感。他那由诸多往事滋养的乡情受到现实的无情狙击：由于多年战乱，河阳已不复旧识。

在故里仅几日，韩愈便告别族人，踏上西去长安的路径。

河阳之西，有山曰中条山。黄河自北而南，从晋陕两地间穿过，在华山山脉遇阻，始向东去。中条山位于黄河左岸，东西绵延三百余里，南北百里，翻越中条山，方能问津晋陕。韩愈带着新找的书童，骑着毛驴，衣囊里多了一些刚凑的盘缠，荆筐里装着食物和水，青衣秀巾，芒鞋竹杖，虽然是风餐露宿，却一路昂扬，以求学的意态跋涉在大山的凹凸里。山中有高士，高士名阳城，韩愈的数肩风雨几番劳顿实为他而来。

古之游学，一记山川形胜自然地理，二写民情风俗手工百科，三述历史故事人物传记，四录实地对比田野调查。学问的获得并不仅仅在庠序学校或纸质的文字堆里。从中条山西去不远的韩城人司马迁，就是游学治史的榜样。他曾游历考察汉治诸地凡十八年，凡进入他笔端的史料人物，他都要到现场比对核考几番，因此才有《史记》之万丈光焰。韩愈学习有心，他是那种勤奋又心灵的人。前番坐船回乡，是典型的“游习”，轻舟侧畔，名胜历历，真如马上观花，只是勾连所学，拿出来晾晒一番。情状犹如书法之行草，潇洒有余，而用心不足。而此番徒步行走，脚踏实地，可用目泳手感碑阙塔丛，用心抚摸河山细节，如书法之楷书。学者只有把二者结合，才能广益锐进学业丰沛。韩愈正是如此，他手记目拾，一刻不闲，把个中条山当成了大课堂。而韩愈访阳城，主要缘于阳城的盛名，这是一个名冠朝野的人物，一是他学问深厚博学多才，二是他的隐者之名。这两点韩愈都极感兴趣。一个将要去长安以谋功名的学子，却无端访问一个归隐之人，就像一个人尚未进取就考虑末路，这对一个只有十九岁的后生来说多少有些怪异，但也足见韩愈见识的与众不同。

阳城已经五十多岁了，从外貌看只是一个瘦小枯干的老叟，一把花白的胡子，总用手对人梳理成锐利的中锋，或凌空飞舞，或沉郁低啸。在草庐黄泥的背景下，一棵逆势而来的古松盘旋成他的座椅，脚下碧草如丝，耳边飞泉淙淙。前来就学的人络绎成队，他打坐在树荫里，宛若坐诊看病的老郎中。

一番答问自此开始：

足下何人？

河阳韩退之是也。

你退之，我隐之。

理相近，人相亲。

何烦足下劳顿，相问于相仿之人？

敢问先生，生虽愚昧，然“少小尚奇伟，平生足悲咤。犹嫌子夏儒，肯学樊迟稼。事业窥皋稷，文章蔑曹谢”。此番进取意，先生超晚生。何故退结网，不去江上行？

人生如书，有人蓄势为锋利，有人蓄势为内敛，撇捺点画，随心所书，美丑自许，世评莫顾，这就是了。

毫无疑问，阳城先生有一颗强大的心。当地官员李泌慕其贤名，数荐朝廷，阳城坚辞不受。后来，李泌官拜宰相，言之德宗，再召拜其为右谏议大夫。不久，阳城又辞官归隐。中条山，因有阳城，才显得巍峨不群。

访问归去，站在中条山上，十九岁的韩愈面西而立，朗声吟诵着新写的诗作《条山苍》：

条山苍，河水黄。

浪波沄沄去，松柏在高冈。

这就到了长安。

在西大街贡院附近挑了一家客栈住下，和书童在街上吃了一顿羊肉泡馍，便就此作别，让小子牵着毛驴回河阳复命。见书童消失在长安东街的拐弯处，韩愈有些怅然若失。他去了一趟儿时住过的东街，在自家的门前徘徊许久。德宗一朝，历经兵乱，几次累及长安，因之破败的委顿之气也沾染了新换主人的门庭。紧闭的朱漆大门斑驳成条状长缕，用手一摸，竟扑簌簌掉下粉末。从门缝里张望，院落里长满荒草，残阳斜照，白白黄黄，有一种末日气象。韩愈不敢探问，回身来到大街，想起儿时偷摘石榴的趣事，便又手指口念，在一排树丛里，找到了那棵石榴树。

石榴树枝丫光秃，根部皴裂，虬髯披飞，昏暗的背景里，宛若一位老者蹲伏在岁月里。韩愈快步上前，亲抚其干，口中喃喃，不禁湿了双眼。偌大的长安，和他有关联的也就这株老石榴树了。

临别宣州，嫂母曾交给韩愈一幅亲友图，以备不时之需。在亲友图的终端，可资凭仗的最大依靠，能支持他考取功名并给予生活保障者，就是堂兄韩弇。韩愈祖父有四子，长子仲卿，次子少卿，三子云卿，四子绅卿。韩弇就是三叔云卿的次子。韩弇官拜朔方节度掌书记、秘书省校书郎、监察御史。韩愈去中条山访阳城时，也曾想顺道拜访时在河中马燧府上任职的堂兄，谁知不巧，偏遇马燧换防西移，韩弇也随大军到了与吐蕃军对垒的前线。

投亲不遇，无友可访，韩愈倍感孤单。想想自己的漂萍身世，能与自己有点儿关系的唯一念想就是这株老石榴树了。所幸的是，老石榴树还在，到了春天，它仍会一树葱茏，榴花似火。想起火红的石榴花，韩愈心里有些温暖了。石榴树乃西亚树种，由张骞出使西域时带回。石榴原来叫安石榴，西晋潘岳曾作《安石榴赋》而名扬天下。《齐民要术》云："凡植榴者，须安僵石枯骨于根下，即花实繁茂。则安石榴名义或取于此。"如此想来，初来乍到的韩愈，即使举目无亲，能有安石榴尚在守望着他稚嫩的记忆，这就是温暖和希望。单从字面上理解，安石榴三个字也无比吉祥和妥帖，它似乎给了韩愈一个暗示：你大可放心安适地留在长安……

回到客栈，韩愈有感而发，遂作诗《出门》以记：

长安百万家，出门无所之。

岂敢尚幽独，与世实参差。
古人虽已死，书上有遗辞。
开卷读且想，千载若相期。
出门各有道，我道方未夷。
且于此中息，天命不吾欺。

天命不欺，希望不失。困顿着又祈望着，苦读着又瞻望着，这就是贞元二年（786）冬天韩愈的大致情状。

大试临近，考生们渐渐坐不住了。

唐代自高宗一朝，科举制度已基本定型并得以完善。但这种开科取士的方略从来也没有断绝帝国另一门荫入仕的路径。按大唐律令，皇亲、国戚、尚主、爵位、散品、职事品、勋品，都享有门荫特权，并以亲疏、品级、类别分成若干层次，酌情分享其特权。门阀士族子弟经过铨选和简试，会轻易获得一官半职，这与科举取士以血汗为代价的竞争形成鲜明对比。另外，唐代尚有荐举制度，文武百官有向上级乃至中央荐举人才的义务，这是历朝搜罗人才选拔官吏的一种重要方式，唐朝如是。但门荫入仕的官员起点很低，名声又没开科取士那样响亮，于是一些高门子弟宁可放弃门荫入仕的路线而纷纷挤向科举之路。他们会把祖辈累积的种种资源和人际关系引进科场，更有可能把贪腐之风刮向科场。

由于制度上的罅隙，唐代科举的人为因素仍起很大作用，公开荐举、私相嘱请、社会舆论、权贵干预等都会影响甚至决定着科场取向。它是隋唐以来在科考制度下涌动的潜流，它如此强大，以至几乎没人会无视它的存在。许多士子会在考试前通过温卷、干谒的方式，向有决定性影响的朝臣权贵献纳自己的作品，以求获得赏识而被推重。这是一个即使皇帝在场也可以从容不迫的时刻，清者自清，浊者自浊，有人如伯乐与马，有人会借此贪墨。

韩愈生在官宦人家，当然知道被人推举的重要性。但他仍不为所动。因为他无力去托人温卷和干谒。从未独立生活过的韩愈，虽然命运多舛，但仍生在富贵人家，在嫂母郑夫人的操持料理下，他并没遭过多大的生活磨难。只是长兄逝世经年，又几经迁徙，家底渐渐耗尽，到了他踏上西来之路，所带的钱已为数不多。而更多的指望则寄托在族人和叔兄的周济上。在后两处全然落空的情况下，韩愈的生活品质顿时下降，而且飞快地陷于落魄的境况。

如果一个人到了落魄的地步，首先是物质生活的绝望。这个世界上再没有人会平白给你一枚铜钱，因为缺了这枚钱，你就会少了一碗温热的白米饭。因为没有这碗白米饭下肚，饥饿就会像小老鼠一样咬噬着你的心。如果是一顿饭没吃，或许会忍，但你想起日子比树叶还稠这句话，在比树叶还稠的日子里，你每天都在挨饿，让小老鼠无时无刻不在咬噬你的心，难道你不绝望？唐代冬天的长安最难熬，家家房檐下挂着尺把长的冰凌，冻裂的瓦当成片坠落，积雪盈尺铺在街心，上面印满冻死的飞鸟和真正的老鼠尸体。你无钱去买南山的木炭，只能蜷缩在被窝儿里。到了不得不出门的日子，你穿着南方过冬的棉袍，而在北方人看来却像夹衣那样单薄，朔风吹彻，你会浑身战栗哆嗦，就像一个胸无点墨的人那样语无伦次。你的自尊心又是一个小老鼠在咬噬你——物质生活的绝望必定影响一个人的精神层面，气宇轩昂的人必定是吃饱肚子的人；而一个饥肠辘辘的人，怎样从容地正确表达自己的思想？你是一个连吃饭穿衣都成问题的人，你怎样去托人温卷？你怎样去干谒？

因此韩愈不为所动。

韩愈不为所动的另外一个原因就是强大的自信。他想起“天命不吾欺”这句话，仍然如阳春在怀。十九岁的韩愈还有少不更事的一面，虽然囊中羞涩，但自认胸有成竹。他不信邪。十三年的苦读将会换来金玉满堂十万莲花。他想。

唐贞元三年（787）秋天，时隔五年的科场考试在长安西街贡院如期举行。来年春天，韩愈在贡院金榜名单上没有发现自己的名字。

唐贞元四年（788）春天，在韩愈的记忆里，无疑是最暗淡的季节。科场失利之后，韩愈以为就是世界的末日。等他好不容易从末日里走出，已是春天的末尾时节。而在这个末尾的晚些时候，一个噩耗传来：堂兄韩弇于平凉会盟时被吐蕃杀害。

德宗一朝，可谓内忧外患。内地几经战乱，到韩愈走出宣州时，硝烟才刚刚消散。马燧的平叛大军最后消灭了盘踞在河中府的李怀光部，于是就原地驻扎下来。韩愈的堂兄韩弇作为朝廷的派员随军出使，也一直跟随在马燧的帐下。但到贞元二年（786）八月，西部吐蕃又连连犯境，德宗急令马燧大军火速驰援，这才有了韩愈在河中府访堂兄不遇的一幕。

德宗上一朝是代宗。代宗朝宦官乱政，曾给德宗留下极坏的印象。到了德宗时代，他初始是抑宦重臣的，但经过藩镇之乱和泾师之变之后，他又对掌握兵权的将领产生疑惧和不信任的心理，于是便不断向各路大军派驻朝官以做监军和督察，实际上是做他的耳目。韩弇官至监察御史，因早期曾做马燧的幕僚，加上德宗对马燧在平叛时的忠诚特别激赏，于是就让韩弇再次跟随旧主，也是一种让马燧放心的表示。

李怀光本来是泾师之变中的有功之臣，他在德宗皇帝被朱泚叛军围城时率部救援，理应受到皇帝的召见和旌表，由于奸相卢杞的挑拨和德宗的猜忌，反而把他推到了叛军的一方。贞元元年（785）八月，德宗命马燧、浑瑊、骆元光三路大军讨伐李怀光，李怀光击败了浑瑊等部，却被马燧打得大败。马燧接连收复了绛州、闻喜、万泉、虞乡、永乐、猗氏、陶城等地，将李怀光的主力消灭大部，使其龟缩在河中府一带。此役相持近一年，春夏又遇旱灾和蝗灾，谷价上涨，斗米数千，朝臣多数主张赦免李怀光，双方罢战。只有大将李晟和马燧坚决主张歼灭顽敌，马燧还向德宗立下军令状，保证一个月内拿下河中府。是役，马燧单骑徒手来到河中府的前沿长春宫，劝说守将保持中立，然后又率军绕过长春宫直扑河中府，攻破西城，李怀光看大势已去，自缢而死，叛军纷纷投降。此战使马燧名扬天下，成为德宗朝的名将之花。

贞元二年（786）八月，吐蕃犯境，于是马燧部紧急驰援，与李晟兵合而击之，将吐蕃攻陷的石州、河曲等六州悉数收复。吐蕃主帅尚结赞便使大将论颊热礼谒马燧，请两国结盟和好，言之恳切，尤为感深。马燧便荐论颊热入朝，盛言请盟，可以保信。于是德宗允准会盟于平凉。贞元三年（787）五月，唐以侍中浑瑊为会盟使，兵部尚书崔汉衡为副使，领判官韩弇等六十余人，率兵两万赴平凉与吐蕃会盟。对于会盟，李晟的意见与马燧相左，言戎狄无信，不如击之。见德宗允准会盟，特使行前乃告诫说务必防范不可大意。而德宗求和心切，言勿自我猜疑而阻碍戎狄热情，于是会盟队伍全然以礼仪为上不加兵备。会盟之日，尚结赞与浑瑊约定，各以甲士三千列于盟坛左右，余之着常服随各自使者到坛下就座。浑瑊乃唐名将，勇力过人，其按约进入盟坛幕内，刚解下甲胄，换上盟会礼服，就听见吐蕃战鼓齐鸣，数万大军漫山而至，知道大事不好，急忙从幕后仓皇而出，见一吐蕃骑兵呼啸而至，便劈手将其拽于马下，然后上马疾奔，伏鬃入其衔，驰十余里衔方及马口，背后追兵云合，敌矢如雨，竟未伤及，直到入唐营乃免。而余之会盟唐军则被杀或擒，无人幸免，韩弇就是在这次的平凉劫盟事件中被吐蕃杀害的。

此次平凉劫盟，实乃吐蕃专为除掉李晟、浑瑊和马燧而设的一项计谋。吐蕃主帅尚结赞曾言，唐之良将，仅李晟、浑瑊、马燧而已，以计去之，唐可取矣。他们利用德宗怕起战端求和心切的心理，先从马燧下手，以会盟为由，使其作保，先离间李晟与马燧，待会盟时诛杀浑瑊，使马燧获罪，丢其兵权。这个计谋虽然因浑瑊的逃出而打了折扣，但却大部实现了尚结赞的目的，唐军损失惨重，边境多州又重陷敌手，马燧因此被罢兵权，奉诏回京晏居。

盼了多日的堂兄竟如此结局，这对韩愈可谓晴天霹雳！

韩氏一门，多忠良贤臣。父辈已作古，至愈一代，诸兄相继故去，至亲者仅有韩弇而已。韩愈实望堂兄会在京城掖助自己，没想堂兄却又抛家舍业远使平凉，且马革裹尸为国捐躯。在某种意义上，只身京城的韩愈，曾把堂兄韩弇当成自己的精神支柱。如今支柱顿失，大厦顿倾，韩愈痛不欲生，悲愤不已。

一首《烽火》映照了他此时的心情：

登高望烽火，谁谓塞尘飞？
王城富且乐，曷不事光辉？
勿言日已暮，相见恐行稀。
愿君熟念此，秉烛夜中归。
我歌宁自感？乃独泪沾衣。

即使悲号泣喊，堂兄也再不会秉烛夜归了。长安照样东风夜放花千树，宝马雕车香满路，人们会很快忘掉这件事。而堂兄家里撇下的弱妻幼女，还在无望地为他留着一盏残灯。亲人们对他的思念，如一首挽歌在天地间回响着为他招魂。每每念此，韩愈总不禁“乃独泪沾衣”，很长一段时间，韩愈不敢登高西顾，不敢凝眸烽火，堂兄之死成了他心中永远的痛。

韩愈已满二十岁。之前，他是一介书生，对社会的认知，从文字世界获得的居多。进京科选，韩愈对之的预想多是金榜题名时，衣锦还乡中。高头大马，胸缀花红，戴冠饰冕，这些传说中的盛誉，有时会闪过他的句读间隙，或在段落里跳跃。但他对名落孙山后的考量，却微乎其微，甚至没有。到长安后，他结交一些士子文友，如李平、孟郊、李观、陈羽、欧阳詹、薛公达、冯宿、侯继、李绛、崔群、裴度等，每个士子都向他展示了自己的生活画面和生命奇观，他们与自己以往的生活如此不同。比如：薛公达，官宦世家，其性直刚简质，与世不常。薛公达武艺高强，长于骑射。某日，校场比赛射箭，赏金多多，但因靶比平常远出，满场将校竟无人射中。薛公达见状请射，允准后连射三箭，箭箭中的。射完掷弓大笑，如入无人之境。此景惹恼军帅，竟赏金不与。韩愈喜其服仁食义，便与之交厚。李观文笔秀丽优雅，韩愈慕之，常与之研为文之道。李观年十八岁来长安，春试未取，然誓不返乡，决心穷居京师，读书著文，以求后成。也有性格敦厚内外双修，韩愈不及者，如崔群。韩愈脾性偏躁，喜怒形于色，有失沉稳，便向崔群学。另有陈羽等人，已是多年在京漂泊，志在科场，别无所求，韩愈识其人时，他已三败科选，仍矢志不移。他们多是寒门子弟，通过科选致仕是他们的唯一出路。他们以出色的禀赋和过人的才华出现在韩愈的文章中，呈献出不朽的青铜般的光泽。而韩愈正是在与之交往中，才洞悉了以往幻想烟云下生活的本来面目，看清了社会底层的质地，也知晓了人生的艰难。这些经历对他日后的为人为官为文都产生了重大影响。滞留长安十年，也是韩愈人生的又一个大学。而与诸友的交往，也为韩愈后科场时代提供了一个可资借鉴的范本，那就是“混”在长安，和诸友抱团取暖，过“西漂”生活，读书研文，蓄势待发，迎接下一个开科取士的日子，争取榜上有名！

初夏时节，长安城满眼青葱。韩愈的脸也有些青葱了。每天与李观崔群薛公达穷约陋巷，食之粥汤且过午不食，夜半书余还能观赏箪食瓢饮带给大家的生理变化，穷极无悲，反生乐事，可谓乐天知命也。然毕竟生活无着，肚里空空，脸上就呈现出植物的表情。李观笑韩愈说，兄长脸都绿了，不似我，却如蓝。便把案上砚台拂拭几净，揣其怀中言，此乃名砚，可去宫市易手，那里有达官贵者知其价格，待换得银两，你我去酒肆饱餐一顿，把颜色换回来如何？韩愈不允，说文房四宝乃文人之命，须臾不得离身，如军士手中之戈，离则死。李观说，弟用兄之砚是矣，或你白昼，或我夜谈，砚非血肉躯，日夜皆可用也。韩愈坚不允准。韩愈说，我有佩玉，实为家传，尚可换得几日食用，且等我去。

于是就在市中疾走。

正待进一家当铺，忽听大街人声鼓噪，有兵甲喊：北平王爷回府，行人回避！当街人流立时分为两脉。韩愈忙把佩玉重新系好，也探看究竟。刚探头，就见有甲兵执械当街林立，东边马蹄声紧，一彪人马簇拥着一位全身披挂的老将军向这方缓缓走来，两厢人流中有人向来者拊掌致礼，有人折柳掷花，表达敬意。韩愈立时眼睛一亮，这不是日思夜想的马燧将军吗？自从堂兄死后，堂嫂曾告诉韩愈，韩家世代与马府交厚，若有急可投其门下。韩愈曾去马府两次，均被门人挡下。今天将军犹如天降，真如上天赐予，机会岂能错过？便分开众人，用足力气，硬是从甲兵身后冲出，叩拜于马燧马下。兵士见状，急忙驱赶韩愈，却被将军制止。

“韩弇稚弟韩愈叩见大将军！”

“可是仲卿幼子韩愈？”

“正是。”

这就来到了马燧府上。

马燧对韩愈说，他早年在潞州节度使李抱玉门下时，曾与韩父相知甚深。那时韩父也在此地任职，虽然仅有几年时间，但因是颍川老乡，且又常在一起吟诗唱和，切磋文章，故情如手足。潞州一别，马燧去赵城任县尉，韩仲卿去武昌当县宰。之后，在韩父引荐下，马燧又结识了韩云卿……韩弇后来就做了他的幕僚。

说到韩弇，老将军神情黯然，就把话打住。

用膳前，马燧特意给夫人介绍说，这位就是当年常到家来的仲卿兄的幼子韩愈。并唤来两位公子与韩愈相见。长子马汇，次子马畅，皆有功名。

午饭时，马燧说，科场如战场，九死一生。我如你年纪，也是熟读经史子集，本应走进科场，但当时边地正是胡马暗雪山时，便想大丈夫当建功于时代，以济四海，安能区区为一儒哉！于是就弃文从武了。现在想来，也是人各有命罢了。但我打仗凡四十年，战阵上百余，每仗之前，却总以饮酒咏诗为能。比如，我在范阳事光禄卿贾循，安禄山反，我们欲断安贼后路，这时就有骆宾王诗闪现："不求生入塞，唯当死报君。"贾循被杀，我脱身走西山，这时口念"不学燕丹客，空歌易水寒"，我早晚要兴兵击杀叛贼。执戈西北行，就有"倚剑对风尘，慨然思卫霍"句，即使身陷重围，也能平静低吟太白诗："百战沙场碎铁衣，城南已合数重围。突营射杀呼延将，独领残兵千骑归。"镇守北疆，独对瀚漠，有时也不期然怀疑自己，岑参的诗便油然而出："万事不可料，叹君在军中。读书破万卷，何事来从戎？……十年只一命，万里如飘蓬。容鬓老胡尘，衣裘脆边风。……"大历十年（775）始，从河阳三城兵乱始，至"五王""二帝"之乱，我如李白诗所写："试借君王玉马鞭，指挥戎虏坐琼筵。南风一扫胡尘净，西入长安到日边。"偏爱边塞诗战地诗，而诸边塞诗人中又独爱王昌龄《出塞》诗："秦时明月汉时关，万里长征人未还。但使龙城飞将在，不教胡马度阴山。"我认为这诗也是写马某的，它概括了我此生的使命和价值。王昌龄早年去过潞州和并州，并在此地开始了他的边塞之行。几十年后，我又步其后尘来到潞州，似乎是为了触探他目光的深度。在潞州，有一段时间，我怀疑自己是否改错了行，我那样迷恋诗文，我的从军之路如王昌龄般对战争生活的积累，但等有朝一日还如诗人般一鸣惊人。就在这时我偶然遇到了你的父亲，他的文名我早有耳闻，他对我的诗作评价甚高，他劝我不必懊恼，大丈夫当以社稷为重，能一战功成留青史，不必为三年偶一得、一吟泪花流叹惜。但诗文是我的底色，儒将是我的特点，不要丢掉这个爱好而已。作为一身兼二事者，我又对岑参和高适的诗进行过系统研究和整辑。这二人年龄不同出身各异，经历却出奇一致，都是二十岁时求仕不致，然后从军，在幕府任掌书记，因为熟悉军旅，我能从他们的诗作中找到治军胜战的路径，比如岑参诗：“……马走碎石中，四蹄皆血流。万里奉王事，一身无所求。也知塞垣苦，岂为妻子谋？……”高适诗：“汉家能用武，开拓穷异域。戍卒厌糠核，降胡饱衣食。关亭试一望，吾欲涕沾臆。……”不去漠北，不入朔方，焉知碎石如刃马蹄崩血？大军转战，辎重粮秣全凭马匹，我就令部下给马穿上“鞋套”，因之战事从不延误；将军多思君，兵士认衣食，阶层不一，想法各异。因为我深知士兵，所以我的将官从不亏待士兵，绝没有克扣军饷打骂士兵者，他们既然丰衣足食，何苦去降胡呢？我的兵士有逃跑者，绝没有降胡者，多战死者，少被虏者。此乃马家军的获胜秘籍。这就是我从咏战诗篇中得来的好处！你的兄长韩弇其实就是为了我这个爱好而一直跟着我，当年他投奔我门下，我喜其才华，便为他申署了掌书记一职。多年来，他还负责文案及整理我写的诗文。我曾让他将我的百首拙诗辑为一册，可惜的是，从河中移师西北，幕府全部搬迁，在平凉劫盟时，你兄被杀，大营被袭，马某平生所作不知所终，大概是随你兄长而去了……

韩愈倾听，钦敬复钦敬。

初时，韩愈见午膳如此丰盛，还惦记着饥肠辘辘的李观兄弟。但渐渐他忘了为何而来。马燧将韩愈引领到了一处胜境，巍然如嵩岳，浩然如河洛，柔美如杏花春雨。北平王府本来就是一处仙苑所在，马燧更是人中之龙，他的文武兼修，他的儒雅风度，更是让韩愈折服。听他一席话，胜读十年书。

饭后，马燧说，我和你韩氏一门也算世交，把你安顿好是我的责任。你就在此住下。我食邑三千户，这样一个家，足供你衣食无忧。你尽管好好读书，闲时也可与小儿马畅相谈一下艺文，他善弄丝管，通音律，也爱诗赋，或许你俩会成为好友。

便把韩愈托于马畅，让他带韩愈在府内转转，之后在西院择一静处住下。

北平王府原是一位国公的府邸，阔蓄烟霞，远可走马，雕梁画栋自不必说，单有一座杏林，可谓占尽风光。其杏据说从波斯传来，早于别的花期，怒放时连天拥雪，逶迤成天山远景，唐太宗时，曾吸引长孙皇后来此观赏。待麦熟季节，杏儿随风熏出腮红，宛若美人敷丹，层染枝头。当新麦既成，场光地净时，正是杏儿的成熟期。此杏又酸又甜，长相若梅，故曰梅杏，因太宗和长孙皇后每每光顾，临幸于此，也称御杏。如今，斯人已去，杏林尚在，由于传说的浸润，这片已长百余年的杏林宛若仙界宝典，成为当朝的一道盛誉。德宗鉴于马燧对于本朝的巨大贡献，亲赠马燧《宸扆》《台衡》二铭，加之府上这片御林，被人称之为“三生有幸”。

近距离观看杏林，韩愈想，长孙皇后竟迷恋如此，这种又酸又甜的东西，它的魔力究竟在哪儿呢？

晚上，韩愈抽空回了一趟西郊的黄泥胡同，给李观带去了一盒美食，算是对他午饭延误的补偿，也算是给诸友的一个告别。

已是贞元六年（790），韩愈才品尝到了爱情的滋味。

清明时节，韩愈回河阳祭扫韩家老坟，回京路过洛阳时，遵马燧之命去拜见一位叫唐充的官人。马燧说，唐充是缑城主簿，过去我在怀州、郑州任上曾跟随过我。人很笃正诚厚，可以信赖。他的岳父是河南府法曹参军卢贻大人，乃范阳卢氏，五姓七家之旺族。我在范阳时就知道卢贻的大名。前些时收到唐充一封信函，言及家遭变故，其说甚悲，你代我去他府上慰问一下，将事情原委了解清楚，若有不公之事，我好出面干预。说着把一封信交给韩愈。

循址找去，就在城东禄米巷，唐充早候在门前。唐充见王爷特差人慰问，不禁大恸。韩愈慌忙问其缘故，原来卢贻已经故去多日。说其因由，只为府尹公干为私，岳父强谏，便被府尹去职。哪知岳父刚烈，回来数日不食，竟呕血而卒。韩愈听得心惊，世上竟有如此不折之人，好生敬慕，便备下恤礼若干，与唐充夫妇同到卢府祭奠。

卢府悲戚哀甚，听说王府来人，全家重孝丧服出面相迎。卢夫人姓苗，上党人氏，其叔乃代宗朝韩国公。长女嫁于唐充，家中尚有一子一女。韩愈拜于堂前牌位，竟悲切失声。路上草就悼言，虽无纸墨，然铭刻于心。韩愈有感而发，情意至深。一个与上司并无私恨之人，却为官事民生，呕心沥胆，宁折不屈，誓不苟生，实为奇伟之人。初悲为之道，后念韩家如故人，就有了心痛至极的联系，就像失去了至亲，便全然不是礼节性的吊孝，而是如失考妣的哀恸。

见韩愈如此痛彻，卢家又哭作一团，像一家人般无间。还是唐充劝住韩愈，扶起坐于堂前。韩愈仍涕泪交流，抽泣不已。卢夫人见状，忙吩咐小女拿来巾帕伺于韩愈左右。韩愈接过，三拂三叠，与小女泪眼相视，恍若认识经年。

小女年方十六，窈窕淑美，见韩愈风度翩翩感情真挚，手措往返间便有了些许柔情。待后来，即使转入正常客叙，小女仍愿立在韩愈身后端茶换盏不离左右。

茶叙间韩愈说：“王爷让晚生将令尊事原委厘清，没想余陷太深，只顾宣泄，失礼了，请多包涵。”说完便向大家躬身施礼。

卢夫人忙还礼说：“多谢韩生抚慰，也深知斯人之痛。”

又问：“足下双亲尚在否?”

唐充忙说：“还未给岳母禀陈，退之弟双亲早已故去，目下孑然一身。”

卢夫人合掌叹息。

唐充看了一眼小妹说：“王爷信上嘱余为退之、小妹提亲一事，因当下正在忌日，本不便说起。只是想想女大当嫁，亦是卢家一喜。不妨先把此事点题，如果退之、小妹愿意，也好之后择日成婚。”

韩愈吃惊，王爷并未当面提及此事。但以老人的行事风格，他是持重谨慎之人，示人以亲也如春风徐来，让人心内温暖。又见小妹美好，且出身名门，便立时向卢夫人跪拜：“小生遵从王爷吩咐，热望夫人成全。”

小妹也红脸相允。

卢夫人看看韩愈和小女，也端的是郎才女貌十分般配，便连忙示意唐充拉起韩愈，口中忙不迭地说：“好，好……”

韩愈大喜，解下佩玉双手递给小妹说：“退之匆忙，但不能少礼。这佩玉乃祖上传下的物什，送给小姐，权当定情之物吧。”

小妹羞怯接过，竟不知说什么。韩愈从小妹手里抽出刚才为他揩面的丝帕说：“这就算你的还礼了。”说着收入袖内，做宝贝状。

一家人这才眉目间有了生气，气氛活跃了起来。

韩愈在卢府住了三日方走。去京之日，小妹一直送韩愈到东花坛驿站，见他骑上王爷家将特意为他准备的快马，直到马队腾起蔽天烟尘，神龙不见首尾时，方洒泪回府。

两个月后，韩愈和卢小妹在洛阳完婚。北平王府特派马畅参加婚礼，除带了一份重礼外，又挑选了九九八十一只御杏，作为特别礼物送到了喜筵上，为婚礼增色不少。洞房花烛夜，韩愈亲手挑了一枚又大又鲜的梅杏送入小妹口中，小妹乖巧，惊呼：“好酸好酸。”便把半枚杏肉送入韩愈口中。韩愈匆忙接住，直觉甜香绵软，口中嗫嚅道：“哪酸哪酸?”便又把余杏复还小妹口中辨识。两人相拥良久，小妹才道：“这回甜了……”

结婚后，韩愈偕新娘专程回了一趟宣城，拜见嫂母郑夫人和乳母李氏。小妹甚得郑夫人和乳母喜爱，见到郑夫人，她干脆把嫂字去掉，直呼母亲，而喊乳母则叫娘亲。这两位非凡的女性，在她们辛劳悲苦的一生中，只有韩愈夫妇的出现，算是给予过她们短暂的慰藉和为人母的幸福。只是佳期如梦，仅仅一个月后，因要备考功名，韩愈和小妹不得不告别二老，再次返京。

回京时，再次从水路西进，路过郑州，想起当朝淳德长者，时任滑州刺史、义成军节度使的著名地理学家贾耽，便投书一封，向他披露了自己守儒传道行古尚文的志向：

上贾滑州书

愈儒服者，不敢用他术干进。又惟古执贽之礼，窃整顿旧所著文一十五章，以为贽，而喻所以然之意于此曰：丰山上有钟焉，人所不可至，霜既降，则铿然鸣。盖气之感，非自鸣也。

愈年二十有三，读书学文十五年，言行不敢戾于古人，愚固泯泯不能自计。周流四方，无所适归。伏惟阁下昭融古之典义，含和发英，作唐德元；简弃诡说，保任皇极。是宜小子刻心悚慕，又焉得不感而鸣哉！徒以献策阙下，方勤行役，且有负薪之疾，不得稽首轩阶，遂拜书家仆，待命于郑之逆旅。伏以小子之文，可见于十五章之内；小子之志，可见于此书。与之进，敢不勉；与之退，敢不从。进退之际，实惟阁下裁之。

贾耽字敦诗，沧州南皮（今河北南皮）人，明经出身。虽说明经不如进士显赫，但这并不妨碍贾耽的擢升，从贝州临清县尉干起，到出任汾州刺史，又召回京师任鸿胪卿，其速度要比别的官员快许多，不仅“政绩茂异”，且“检身厉行”，受人称许。韩愈投书时，贾已名声远播，且已是五秩左右的地方军政长官。韩愈投书，显然有推荐自己的本意，也有引其关注的因素。还有一种可能，韩愈对名臣大儒的追慕心理。他羡慕如马燧贾耽样的经国治世之人杰，一如今日的追风少年。

或是因韩愈没有功名，或是这封经人传达的信札根本没有送到贾耽的案头，总之，在现有的历史资料中，关于此次投书，竟没得到贾耽的任何回响。即使投书不久，贾耽升任宰相，前后长达十三年，这样长的时段，也从没见其提起过韩愈投书的只言片语。

把小妹送到洛阳卢府后，韩愈回到长安，继续他的求仕之路。

难耐相思之苦，韩愈写了《青青水中蒲》三首。这种角色互换或视角换位的写法，给他平素铁岩冷山般的个人形象平添了一笔动人的玫瑰色谱：

青青水中蒲，下有一双鱼。
君今上陇去，我在与谁居？

青青水中蒲，长在水中居。
寄语浮萍草，相随我不如。

青青水中蒲，叶短不出水。
妇人不下堂，行子在万里。

转眼到了贞元七年（791）秋天，西京长安又一次云蒸霞蔚，士子云集，准备迎接即将到来的科举大考。

这一天，韩愈约李观、李绛、崔群、陈羽等人去拜见昔日的老师，现已晋京任补阙的梁肃。众人将近年所写的诗文抄写辑录成卷，送老师点评。梁肃名如其人，平时不苟言笑，肃然静穆，令人敬畏。见众人尺牍堆积，便信手拈来展读，甫几页，便颔首，又几页，眼含笑。又抽别册，凝神处，则笑逐颜开。

梁肃说道："诸位面目各异，却神色相合。这几年，退之无退，与往昔比，进之何止百尺？且又常常把梁某的蠡言四处流布，影响各位君子，老生得罪了！"

说完向各位拱手施礼，又一一点评众人的诗文。

看得出，梁肃十分欣赏这些风华正茂的才俊。

自魏晋南北朝以来，骈文充斥文坛，偶言俪句，排比铺陈，极尽浮华之事。先秦两汉那种古朴厚重和淳直率真的文风渐渐淡远。自唐以来，一些有识之士已经以自己的文学实践自觉或不自觉地进行了抵制，如傅奕写作力图绕过典故成语，尽量接近口语；而陈子昂则以自然生命为师，以创新为美，提倡回到古文写作的原旨和原点。肃代两朝，有元德秀、元结、萧颖士、独狐及、李华等力倡古文；德宗朝又有韩会、萧存、梁肃倡写古文最力。但文坛沿袭风盛，且形成惯性，墨守旧例就可换来锦衣玉食，文坛绝大多数士子还是一成不变，仅仅零星人物实难改变文坛气候。因此，梁肃们的内心是孤独和愤懑的。今有韩愈来，如风徐徐吹。梁肃一下子感觉到后生可畏，后生可敬！这是一支大有可为的生力军，或许依靠他们，将来能一洗百年的文坛旧尘，让缕缕新风吹进来！

除了韩愈外，梁肃还详细询问了李观等人的籍贯、家庭、就学及文学主张，并且一一在他们的书卷上进行了标注。之后，梁肃又笑眯眯地告诉大家，今年科考，知贡举大人是兵部侍郎陆贽，而另两个助考官就是郎中王础和他本人。

陆贽史称“中唐名相”，据《旧唐书》本传载：“年十八登进士第，以博学宏词登科，先授华州郑县尉……又以书判拔萃，选授渭南县主簿，迁监察御史。”德宗在东宫时就素知其名，曾召为翰林学士，在贞元八年（792），被召为中书侍郎、门下同平章事，登上相位。陆贽创造了唐史上诸多“杰出奖”。唐代科选，分目繁多，一般分制科和常科，制科不分时段，多为天子所设，或战或急，不拘一格，时间难以固定。而士子们多选常科。常科又分进士和明经两考。明经被人鄙视，进士被人拥戴。《唐摭言》上说：“进士科始于隋大业中，盛于贞观、永徽之际。缙绅虽位极人臣，不由进士者，终不为美，以致岁贡常不减八九百人。其推重谓之‘白衣公卿’，又曰‘一品白衫’；其艰难谓之‘三十老明经，五十少进士’。”可见进士考之难，难于上青天，但陆贽十八岁即考取进士，这是其杰出一。考取进士，若不考取吏部的“博学宏词”科，依然处于待业状态，就像今日之大学毕业生，虽然有了文凭，但只是获得了名号，若不考公务员或进就业单位，因没落在实处，仍是社会的闲散人员。虽有名却无事，无事干则无功，无功则无禄。禄，《诗经·大雅·假乐》说“受禄于天”,《诗经·小雅·瞻彼洛矣》郑玄笺:“爵命为福,赏赐为禄。”《周礼·天官·大宰》说:“禄,若今月俸也。”一如今天之工资。若无工资,何以养己养家?但“博学宏词”比进士还难考,然而,陆贽再一次力拔头筹,这是杰出之二。吏部还有书判拔萃科,难度更高,但陆贽仍一鼓而就,照样拿下,这是杰出之三。建中四年(783),德宗召之为翰林学士,是年二十九岁,可谓唐史上该任的年轻之最,这是杰出之四。三十九岁拜相,更列全唐年轻宰相之冠,这是杰出之五。而历史上的陆贽为官清明颇有政声,史称名相。由他担纲取仕,贞元七年(791)的秋天似乎格外明媚。

韩愈谨记马燧的话:科场如战场。虽然有梁肃的欣赏,但韩愈不敢大意,从二十岁考到二十五岁,已经三试不中,如今,他已经没有勇气再不中了。对之前的求仕之路,他总结道:“仆始年十六七时,未知人事,读圣人之书,以为人之仕者,皆为人耳,非有利乎己也。及年二十时,苦家贫,衣食不足,谋于所亲,然后知仕之不唯为人耳。及来京师,见有举进士者,人多贵之,仆诚乐之,就求其术,或出礼部所试赋诗策等以相示,仆以为可无学而能,因诣州县求举。有司者好恶出于其心,四举而后有成,亦未即得仕。”吃一堑,长一智,韩愈不得不改弦更张,重新规划自己的科选之路。《云麓漫钞》写道:“唐之举人,先借当世显人以姓名达之主司,然后以所业投献。逾数日又投,谓之温卷。如《幽怪录》《传奇》等皆是也。盖此等文备众体,可以见史才、诗笔、议论。至进士多以诗为贽,今有唐诗数百种行于世者,是也。”由此可见,行卷和干谒已默然成规。于是韩愈就不遗余力地将自己的诗文抄写辑卷、辑册,不仅送给陆贽和王础,还送给诸多当朝显要,以求引荐——

为人求荐书

某闻木在山,马在肆,遇之而不顾者,虽日累千万人,未为不材与下乘也。及至匠石过之而不睨，伯乐遇之而不顾，然后知其非栋梁之材、超逸之足也。以某在公之宇下非一日，而又辱居姻娅之后，是生于匠石之园，长于伯乐之厩者也。于是而不得知，假有见知者千万人，亦何足云。今幸赖天子每岁诏公卿大夫贡士，若某等比咸得以荐闻，是以冒进其说，以累于执事，亦不自量已。然执事其知某如何哉？昔人有鬻马不售于市者，知伯乐之善相也，从而求之，伯乐一顾，价增三倍。某与其事颇相类，是故终始言之耳。某再拜。

应科目时与人书

月、日，愈再拜：天池之滨，大江之濆，曰有怪物焉，盖非常鳞凡介之品汇匹俦也。其得水，变化风雨，上下于天不难也；其不及水，盖寻常尺寸之间耳。无高山大陵、旷途、绝险为之关隔也。然其穷涸不能自致乎水，为獱獭之笑者，盖十八九矣。如有力者，哀其穷而运转之，盖一举手、一投足之劳也。然是物也，负其异于众也，且曰：烂死于沙泥，吾宁乐之；若俯首帖耳，摇尾而乞怜者，非我之志也。是以有力者遇之，熟视之若无睹也。其死其生，固不可知也。今又有有力者当其前矣，聊试仰首一鸣号焉，庸讵知有力者不哀其穷，而忘一举手、一投足之劳，而转之清波乎？其哀之，命也；其不哀之，命也；知其在命，而且鸣号之者，亦命也。愈今者，实有类于是。是以忘其疏愚之罪，而有是说焉。阁下其亦怜察之。

韩愈自比怪物，虽匍匐在地，求“有力者”翻转扶携，以改变烂在泥沙滩涂的命运，然言之切而声不悲，虽是池中物，却有凌云志，且充满自信，不卑不亢。

诸事完备，韩愈走进了贞元七年（791）秋日的贡院考场。这一次韩愈如愿以偿，在贞元八年（792）春天的金榜里，荣登进士第。

唐初诗人宋之问诗曰：

芙蓉秦地沼，卢橘汉家园。
谷转斜盘径，川回曲抱原。
风来花自舞，春入鸟能言。
侍宴瑶池夕，归途笳吹繁。

曲江侍宴，也称“杏园宴”，是自太宗朝沿袭下来的成制。这一天，贞元八年（792）的新科进士应制来到曲江池畔，接受德宗皇帝的酺请。

秦汉时期，曲江一带就被皇家看中，几道黄土梁如侧峰逸笔，在几代人的目光中浸润，渐成格调，从终南山散逸的古柯奇木，深深浅浅环绕着曲江和皇室的想象力，形成了汉家的宜春宫和隋代的芙蓉园。有唐一代，太宗在芙蓉园的基础上加以修葺，成为长安重要的游乐场所。此后数代皇帝都在此地倾尽心力，先后兴建了慈恩寺、青龙寺、乐游园，等等，还从南山引来义峪水注入曲江，疏浚了汉武泉，扩大了曲江水面，在芙蓉园内兴建了紫云楼、彩霞亭、临水亭、蓬莱山，等等。

大酺前，进士们先到慈恩寺前的大雁塔下题名，由工匠勒石刻于碑上，以流芳百世。

芙蓉园是皇家御园，非皇室人员禁入其内。园内的芙蓉池，时人亦称“凤凰池”，岑参所写“独有凤凰池上客，阳春一曲和皆难”就指此处。民间把“鱼跃龙门”喻为科考成功，而真正的龙门实际上就是凤凰池边的紫云楼。历代皇帝宴请进士们的御宴都在紫云楼进行。登上紫云楼，这就是说，一介士子自此可以平步青云了。安史之乱，紫云楼毁于战火，于是御宴便改在蓬莱山进行。

德宗皇帝是个和善的人，说话时的神情像是要询问对方什么问题。他听完礼官“唱籍”宣新科进士们晋拜后，就把进士的名单拿在手上，一一对号入座。新科进士有贾棱、陈羽、欧阳詹、李观、冯宿、王涯、张季友、齐孝若、刘遵古、许季同、侯继、穆赞、韩愈、李绛、温商、庾承宣、员结、胡谅、崔群、邢册、裴光辅、万玽、李博共二十三人。陆贽、梁肃和王础等环侍高宗两侧，随时应答皇上的问话。

看起来，德宗对陆贽主持的春试大考是比较满意的。他眉毛稀疏，像两缕轻烟飘过鬓角；眉穹深陷，鼻翼的轮廓硬朗而分明。

轮到韩愈了，德宗放下名状，眯着眼打量着跪拜的韩愈说：“你就是河阳的韩愈吗?”说着从梁肃手里接过他的试卷。

“正是。”

“……始漠漠而霜积，渐微微而浪生。岂不以德协于坎，同类则感，形藏在空，气应则通。鹤鸣在阴之理不谬，虎啸于谷之义可崇。足以验圣贤之无党，知天地之至公。……”德宗拈起三绺长髯，朗声诵来，不禁颔首连连。见德宗称道，陆贽趋前说：“韩愈实为梁肃大人之功。梁肃举荐八人，全部高中。”

梁肃忙深揖施礼：“岂敢掠美，陆大人和微臣同是韩愈的座主。这二十三人都经陆大人一一细作深耕，乃有今天之大观，实为我大唐之幸事，陛下圣德所辉映……”

德宗闻之大喜：“好，今天是鹤鸣于天，虎啸于谷，风云际会，诸位请开怀畅饮吧……”

韩愈的脑袋有些晕。蓬莱山一侧庞大的皇家乐团正在演奏《高昌乐》，胡琴刚被引进不久，这种像人用鼻腔共鸣的声音奇怪地奔突在丝竹之上，就像一个女人在歌唱。舞女们穿着西域女装，蛮腰长袖，翩翩若仙。韩愈摇摇头，乐声并不乱耳，只是恍如踏梦。高昌被灭，然而乐曲却流传到敌国，并在宫廷演奏，且被命名为“高昌乐”。而乐手几经更新，早已不知曲义，只能平添些金石的轰鸣而已。德宗朝刚从战乱中恢复过来，钦点此曲，实为激励大唐帝国的自信。宴会上，共上了五十八道菜，杏园宴据说袭于宫内烧尾宴的菜单，其中不常见的有：白龙月霍、凤凰胎、乳酿鱼、雪婴儿、仙人脔、蒸腊熊、云梦肉，等等，当然，韩愈印象最深的还是烧尾鱼。此鱼乃龙门鲤，据史料载：洛阳龙门附近有一条涧，叫鲤鱼涧，涧内多鲤鱼。鲤鱼每年在固定的时间逆流而上来到龙门，然后争相跳跃，以跃过龙门为胜，胜者为龙，败者仍为鱼。而鱼化龙者，尽管身首皆似真龙，然尾部仍呈鱼状，于是天帝会在鱼跃龙门的瞬间降云施雨，迎接鱼龙，使云彩在其尾部燃起天火，熊熊天火会把鱼龙的尾巴烧掉，与真龙毫无二致，这时它就可以驾云而去。李白诗曰：“黄河三尺鲤，本在孟津居。点额不成龙，归来伴凡鱼。……”说的似乎就是龙门鲤的故事。而所谓烧尾宴，多为金榜题名官阶晋升者而设，寓意为从此便可告别昨天化龙升天。

这道菜上来时，韩愈果然看见鱼的尾巴不见了。

新科进士中，韩愈与多半人相熟，有的已成莫逆之交。等烧尾鱼上来时，御宴已近尾声，德宗和一些大臣已经离席，到凤凰池边观看焰火去了。场面顿时活跃起来。陈羽夹起一块鱼肉给韩愈说：“此鱼孟津居，烧尾化为龙。退之兄，快吃下去，看看你的尾巴掉了没有?”韩愈一口吃下去，突然惊呼：“原本无有尾，瞬间初长成。哎呀，鱼尾巴长我身上啦!”

众人大笑。

焰火升起来了，映红了曲江夜空，也映红了一群青年才俊的脸。

贞元八年（792）的进士考，成为唐代科考史上的一次经典范例。二十三名进士，多数成为朝中干臣和地方官吏，崔群、李绛曾膺宰相位，李观、韩愈叱咤文坛。这一届之选，时称“龙虎榜”。

第三章

凄凄天地秋，凛凛军马令。陌上草径，或许是当年潘岳走过的地方。与此同时，他的第一个儿子也呱呱坠地

我手上的柏香早已消弭。

因忙于应付学校招生，竟有数日与老先生失联。

这一天，按计划是招考最后一天。

我们是个自命不凡的学校。因为出过文学上的大人物，便有些睥睨天下。教育部巡视组破例莅临学校，说要帮助我们总结经验，怎样在招生时严把质量关，以获得更多的尖子生，培养出更多的世界文学奖获得者，使学校真正成为世界一流大学。

为不负韶华不负卿，学校领导连续数天关门研究，对招生的每个环节层层设计研判把关，直到认为万无一失时才作罢。

我们考试走的是艺术生的路子，分一试二试三试。三试就是三关，关关重兵把守，狂轰滥炸，若考生走到三试，就说明该生有一定实力，离录取也就隔着小半步的距离，一蹴就能上去，只要考试无碍，就会金榜题名。

考试进行到最后，就差一名便大功告成时，作为主考官的我，已经昏昏欲睡。前面因着力太大，神经绷得太紧，执行力和控制力都超负荷，致使考场如戏场，兵来将挡，水来土掩，云山雾罩，龙飞凤舞，场面颇为好看。见曙光已现，任务将完，我便有些飘飘然。那些官员也流露出满意的神情，戏未终场，吉庆的锣鼓家伙已擎手中。

上上下下都松了一口气。

正在这时，最后一名出现了。

我只得重打精神，正襟危坐，端着架子问道："几号考生?"

"57 号。老师好!"考生朗朗答道。

我把此人前两场的考试成绩找出来看，一试：九十四分。二试：九十一分。总分前三。又看个人简历，山西运城人，照片上，一个身穿咖啡色短袖衫的精干小伙对着我笑。

我也笑起来。

听见我笑，考场上像有石头扔进来，全场立时鸦雀无声。

考官正确的表情应该是零度。一试二试均为文字考试，考生名字在试卷上封好，以防判卷时有人作弊。唯有三试时能见考生真颜，名副其实后，即席问答。即使有人内应，也会面无表情，唯恐外人看出端倪。因此，肃穆谨严才是考场的日常。

而今考场传出笑声，事出反常，于是人们的眼睛齐刷刷对准了我。

那个考生也茫然呆坐，眼神空洞地看着台上的考官们。

我无比温柔地说："实际上，培养作家，知识储备只是一个方面，还要有出色的记忆力。我本人就有特殊的记忆力，年轻时，即是萍水相逢，不管是万头攒动的火车站，还是杳无人迹的大山里，只要我对相遇的人感兴趣，对其能注视超过一分钟，我就会把他记下来，储存在大脑里。几十年后，若再见此人，我会飞快地从记忆库里把他翻拣出来，并能指出相遇的地点和时间。"

我这毫无头绪的话，说得大家一头雾水。只有眼前的考生脸色一点点褪去红润，开始苍白。

我继续侃侃而谈：

“这个考生大概猜到了我要说的话。对了，去年的这个时候，我在这个考场见过你，并给了三试的最高分，但你因前两试所累而落榜。”

考场上顿时开了锅。

我们学校的招生简章赫然写着：只招应届生。

这就是说，这名考生将被取消资格，无缘大学。

考场气氛立时逆转，官员和领导们面面相觑。

一粒老鼠屎坏了一锅汤，但老鼠屎是谁呢？

很显然，这是个不同寻常的考生。能将往届生变成应届生，绝非普通家庭可比，家人手要足够长，才能够着诸多单位：学校、教育局、高招办，等等，可谓手眼通天。而高校方，能将往届生的历史抹掉，使其畅通无阻顺利通关至三试，其作俑者也绝非普通师资可比。从57号考生身上，可以看到当前教育界的真实图景——浊浪翻滚。

考场两侧的看客席开始交头接耳，大家都在看这出戏如何收场。

我的脑袋开始清醒，依考场规矩，主考官开始提问。虽然此生的未来已有答案，但考试程序尚未结束。

我看了看脸已成为一张白纸的考生，先喝了一口水，润了润嗓子，沙哑着嗓音道：

“57号考生，请注意我的提问。”

“好的。”

考生干咳了一下，微凸的喉结迟缓地滑动着，试图让自己镇静下来。

“听好。去年二试文学鉴评时曾出过一首署名阿坚的诗，你能给大家背出印象最深的几句吗?”

“阳光只抵达河流的表面
只抵达上面的水
它无法再往下
它缺乏石头的重量……”

“好啦，请你复述一下你当时的评论。”

“我评论道，这是一条悲伤的河流。阳光与水，犹如永难抵达对岸的伤感行旅，它暗示了人类与环境严酷的对立关系。阳光因为缺乏重量而累世飘浮，对于底层河床的改变吁求来说，它有多辉煌就有多黑暗，它有多光荣就有多可耻。”

“知道去年三试时我为何让你重解该诗的意思吗?”

“当时我感觉到了。因为二试之后，好多考生议论，多数将这首诗解读成赞美阳光克服困难一路向前高歌猛进的正面颂歌，还说首先要考虑政治因素，我当时就知道自己二试的分数不会太高。”

“既然如此，为何还要煞费苦心冒险报考这里呢?”

“心有不甘。另外还想来对考官们说一句话。”

“什么话?”

“这里需要给老师们道歉。本来我已经解决了无学可上的问题。我家经济条件比较好，父亲是一家上市公司的老板，今年打算送我去英国留学。我同意，但要求家里必须让我再考一次这所学校，所以，我是故意添乱来了。我不是赌气，也不是想证明什么，我只想临走时奉送学校一句话。”

说到这里他恰到好处地停了下来，沉静的目光洒遍考场，然后大声说道：不正之风可怕，但比不正之风更可怕的是育人者失去判断力！

这下轮到考官们脸白了，包括我。

“阿坚的诗里还写道：

可靠的实体
介入事物
从来不停留在表层
要么把对方击碎
要么一沉到底”

五十七号考生鞠了一个躬，消失在人们的视线里。余下的我们，被他击中的我们，如一地碎片斑驳在考场里……

我突然想起了什么。眼见考生背影将逝，我大喊着“五十七、五十七”追了出去。

在楼道拐角处我追上了他，拍拍他的肩说道：“五十七号，你先别走……”

他缓缓回过头，诡异地笑了。

我定睛一看，哪是什么五十七号，原来是老先生冲着我直乐！

老先生哈哈大笑道：“五十七，五十七，以我的寿龄为号，亏你小子想得出！再说啦，招生如科考，这么大的事我能不来吗？”

狂欢几天后，韩愈突然觉得若有所失。

失去了什么呢？韩愈想起了“点额不成龙，归来伴凡鱼”的诗句，自己只顾与“烧了尾巴”的进士伙伴们嬉戏玩耍，却忘却了还有一帮跳龙门不成、摔得鼻青脸肿“归来伴凡鱼”的落第士子。

孟郊就是其中之一。

孟郊字东野，湖州武康（今浙江德清）人。“少隐嵩山，性耿介少谐合”，四十岁骑驴入京赶考，与韩愈相识于长安。孟郊比韩愈年长二十岁，早有诗名，比如他的《游子吟》：“慈母手中线，游子身上衣。临行密密缝，意恐迟迟归。谁言寸草心，报得三春晖。”据说长安妇孺在街肆闾巷当谣曲歌唱时曾被德宗听到，德宗不禁动容。德宗生母沈氏，开元末以良家子选入宫中，玄宗赐予时为广平郡王的代宗为妃，天宝元年（742）生德宗。安禄山叛军攻陷潼关时，玄宗只带了少数皇室成员西逃，沈氏随宫中嫔妃被叛军俘获，自此与儿子德宗生离。德宗时年已经十四岁，他与母亲分别时，母亲正在给他缝制一件春衣，未及试穿就被神策军簇拥上马，母亲哭喊的声音多年来一直响彻德宗耳中。后来代宗一度攻进洛阳时，曾找到了沈氏，因来不及送转长安，就暂时安置在洛阳行宫，哪知史思明叛军又攻占洛阳，再次将沈氏掳走，从此再也杳无音信。德宗即位后，曾差人四处寻母，于是一朝尽是唤母声。对一些假冒母亲者，德宗怕堵塞言语，也不追究治罪。甚至高力士养子的女儿也被当成沈氏接进宫中，后来还是养子出面说明，才将其用牛车接回。德宗思母心切，因此听到《游子吟》，便会想到失散的母亲，虽然贵为天子，但仍难免生离悲苦，不能奉养母亲，便会泪水涟涟。

韩愈与孟郊能成为至交，似乎也因相同的命运。

孟郊少小失父，母亲含辛茹苦把他养大。孟郊为报母恩，为母亲写了《游子吟》，天下传诵。

韩愈慕其高洁，便与之交。韩愈曾这样写孟郊：“孟生江海士，古貌又古心。尝读古人书，谓言古犹今。作诗三百首，窅默咸池音。骑驴到京国，欲和熏风琴。……”这幅肖像勾勒出孟郊的大致轮廓，已经是大唐时代了，孟郊似乎还穿着尧舜年代的麻衣，披发跣足，甚至连木屐也不穿。他言必称古人，诸如五情好恶四体安稳世事苦乐都以古为鉴，动不动就说“古犹今”如何如何。他是个有追求的人，他以古为道，虽然清贫，却心怀天下。且才华横溢，作诗三百首，篇篇有盛名。这样一个清风明月般的人物，韩愈把他看得很重很重，然而他却命运不济，总为庙堂所轻。

孟郊在贞元八年（792）的进士考中失利了。

孟郊原本无所欲求，他的人生不像韩愈那样，似乎就是为仕而生。他追求古朴高标，内心纯正，他认为清贫正是这些追求的骨骼，他陶醉其中。但他的母亲却不这么看，她认为儿子的前程在京城。她手捻的线有多长，对儿子的希冀就有多远。孟郊四十多岁才来京城应考，在当时的京城，他似乎就是一个天外来客。

韩愈在长安西郊的一处农舍找到了孟郊，邀请他去大雁塔下看新立的进士碑。

孟郊欣然答应。当孟郊显出很浓的兴致时，韩愈想：看来孟兄这条鱼没有受伤呀。

二人来到大雁塔下，新科进士碑已经矗好，碑前人头攒动。孟郊先发现了韩愈的名字，便指着韩愈大嚷大叫起来。韩愈身穿蓝色锦袍，头发用簪巾绾得端整，显得与众不同。见众人围拢过来，韩愈有些不自在，就赶快挤出人群。

“孟兄笑我……”

“金榜题名墨上新，今年依旧去年春。花间每被红妆问，何事重来只一人？”孟郊笑得直不起腰来。

二人转到玄奘译的《般若波罗蜜多心经》前站下，孟郊吟诵道：“……色不异空，空不异色，色即是空，空即是色，受想行识，亦复如是。舍利子，是诸法空相，不生不灭，不垢不净，不增不减。是故空中无色，无受想行识，无眼耳鼻舌身意，无色声香味触法……”

韩愈见孟郊眼睛里腾起莲花，身披霞光，便知道他动了感情。人呀，多么矛盾，又多么无奈。韩愈本来怕孟郊沮丧，想激发他的进取之心，没想孟郊有足够强大的定力，但同时又无比矛盾……这种复杂的心情一直笼罩着他们的前程，两人都觉得有许多话要说，但又难以出口，仿佛一说话就是错，于是索性就不说话，直到两人揖别。

不久，孟郊欲归，李观、韩愈均写诗以记友情。韩愈荐其去谒拜马燧的故旧徐州节度使张建封，使张也能接济生活无着的孟东野。于是他便写了《孟生诗》这首诗。诗中推举孟郊：“……异质忌处群，孤芳难寄林。谁怜松桂性，竞爱桃李阴。……既获则思返，无为久滞淫。卞和试三献，期子在秋砧。”期待孟郊再回京城参加秋试大考。

东野深为感动，也写《答韩愈李观别因献张徐州》以谢：“富别愁在颜，贫别愁销骨。懒磨旧铜镜，畏见新白发。古树春无花，子规啼有血。离弦不堪听，一听四五绝。世途非一险，俗虑有千结。有客步大方，驱车独迷辙。故人韩与李，逸翰双皎洁。哀我摧折归，赠词纵横设。……”

贞元十二年（796），孟郊终于考中进士，这一年，他四十六岁。孟郊留下了表达进士及第后狂喜心情的千古名句：“昔日龌龊不足夸，今朝放荡思无涯。春风得意马蹄疾，一日看尽长安花。”

是年秋，韩愈参加了吏部的博学宏词科考试。

贞元九年（793），再次参加吏部的贤良方正科考试。

贞元十年（794），第三次参加吏部的博学宏词科考试。

三试卒无成，韩愈颇伤情。吏部科考，比之进士考，官场潜规则干扰的因素更大。宋代洪迈《容斋续笔》“贞元制科”条里就披露贞元十年考中的前六名中，邪正不一，玉石杂糅。裴度、崔群乃堂正录取，而皇甫镈则“以聚敛贿赂亦居之”，因此，裴度和崔群均上书对皇甫镈的录用提出质疑，裴度甚至“耻其同列，表求自退”，不愿与之为伍。裴度与崔群都是韩愈的至交，他们一同参加吏部科考，相信他们对当时的黑暗了解更清楚。而韩愈的三次失利，也似乎印证了其被黑暗吞噬的可能性。

“一举首登龙虎榜，十年身到凤凰池。”曲江芙蓉园内有凤凰池，唐人亦称中书省为“凤凰池”，这就是说，若想从进士到中央部门，其间还有很长的一段路要走。但这条路委实太艰难、太屈辱、太不堪了，韩愈不想再走下去了。

贞元十年（794）夏，韩愈回河阳省墓，不期然正遇扶柩北归的老成，原来是嫂母郑夫人去世了！嫂母恩如天高，实指望自己十年奔波，能赢来一官半禄奉养嫂母，谁知竟徒有虚名，却总无端使嫂母在贫病交加中牵挂以致病殁。韩愈在郑夫人墓前长跪不起，涕泪交零中为嫂母献上他亲写的祭文：

> 维年月日。愈谨于逆旅，备时羞之奠，再拜顿首，敢昭祭于六嫂荥阳郑氏夫人之灵。
>
> 呜呼！天祸我家，降集百殃。我生不辰，三岁而孤。蒙幼未知，鞠我者兄；在死而生，实维嫂恩。
>
> 未龀一年，兄宦王官，提携负任，去洛居秦。念寒而衣，念饥而飧；疾疹水火，无灾及身。劬劳闵闵，保此愚庸。年方及纪，荐及凶屯。兄罹谗口，承命远迁；穷荒海隅，夭阏百年。万里故乡，幼孤在前；相顾不归，泣血号天。微嫂之力，化为夷蛮。水浮陆

走，丹旐翩然；至诚感神，返葬中原。既克返葬，遭时艰难；百口偕行，避地江渍。春秋霜露，荐敬蘋蘩；以享韩氏之祖考，曰：此韩氏之门。视余犹子，诲化谆谆。

爰来京师，年在成人；屡贡于王，名乃有闻。念兹顿顽，非训曷因；感伤怀归，陨涕熏心。苟容躁进，不顾其躬；禄仕而还，以为家荣。奔走乞假，东西北南；孰云此来，乃睹灵车！有志弗及，长负殷勤。呜呼哀哉！

昔在韶州之行，受命于元兄，曰："尔幼养于嫂，丧服必以期！"今其敢忘？天实临之！呜呼哀哉，日月有时；归合茔封，终天永辞。绝而复苏，伏惟尚飨！

韩愈谨记兄之嘱托，依唐制在河阳为嫂母服丧五个月。直到期满，韩愈才为仕进，于是年冬又回到长安。

眼见吏部科考不成，韩愈只得修书一封，给当时的三个宰相，求其帮助，希望能找份工作，以解燃眉之急。韩愈此时早从北平王府搬出来，三年浪虚名，没有基本的生活保证，又一次处在饥寒交迫的原点，他只得躬身求命。这三个宰相或许就是造成他目前困境的人，既然后人有资料证实皇甫镈是因行贿而中的，那就说明他们或许就是收受贿赂者。对待这样的权贵，韩愈已经没有拂袖而去的自尊了，他只得采取人在屋檐下、不得不低头的做法，去求一杯羹。

第一次上宰相书在正月二十七。

第二次上宰相书在二月十六。

第三次上宰相书在三月十六。

三书皆无果。这种不置一词的风格，颇像几年前韩愈投书贾耽时的冷遇。而事实正是如此，三宰相之中有一个正是贾耽。他于贞元八年（792）升迁至宰相。如果算上几年前的投书，贾耽应该是接受韩愈书最多的权贵。遗憾的是，贾耽对韩愈上书的反应，还是连一个字的批复也没有。追究起来，贾耽似乎在各方面都无大错，人很勤政，经常在家里还接受人民群众来信来访，又很清廉，他不可能接受皇甫镈的贿赂。同时，他也颇有才华，是颇负盛名的地理学家和礼仪专家。以他的水准，虽然他是明经出身，但他通过韩愈的四次投书，应该能掂量出韩愈的实际价值。那么，他为何会如此冷待韩愈呢？我们只能从性格上去找原因，大概贾耽是个讷言轻文的人，他见不惯文人那种大呼小叫的做派，即使深沉如韩愈，他仍然视为轻浮，因此他对韩愈的求助，一律以不理睬处置。或许贾耽是靠自己打拼上来的人，他没有受过人恩惠，因此他体会不到施人滴水、救人于渴甚至于命的滋味。这就是说，他至少是个心肠很硬的人，他不善良。从来没人谴责过为官不善的问题，因为他不犯法。

不管是何因由，韩愈成了一个倒霉的人。

在他无助的时候，还是昔日的朋友给了他些许温暖。崔立之和侯继相继致书韩愈，鼓励他勤学再进不必懈怠。韩愈各复《答崔立之书》和《答侯继书》以谢。韩愈在《答侯继书》里表示：“……仆少好学问，自五经之外，百氏之书，未有闻而不求、得而不观者。然其所志，惟在其意义所归。至于礼乐之名数，阴阳土地星辰方药之书，未尝一得其门户。虽今之仕进者，不要此道，然古之人未有不通此而能为大贤君子者。仆虽庸愚，每读书，辄用自愧。今幸不为时所用，无朝夕役役之劳，将试学焉，力不足而后止。犹将愈于汲汲于时俗之所争，既不得而怨天尤人者，此吾今之志也。惧足下以吾退归，因谓我不复能自强不息，故因书奉晓。冀足下知吾之退，未始不为进，而众人之进，未始不为退也。……”其中可以得知，韩愈读书，浩荡广博，重在意义，重在领会，重在融合，重在所用。学为进仕，但又不仅仅为进仕。他之所以如此，是因为心中有道，是“道”的需要。因此，道与仕相比，道的分量要比仕的分量还重，取仕是为了玉成心中之“道”。为了心中的“道”，他认为可以一时后退，这种“退”有时较之一些人的“进”还要快些。看，韩愈很早就玩起了辩证法。此话的重点还在于：一个人要有“道”的精神高地，还要有自强不息百折不挠的意志。另外，还可以看出韩愈是个很怪的人。他已经落魄如此，崔立之和侯继已是官位在身的人，人家好言慰问，而他却说“众人之进，未始不为退”之类的酸话，岂不连带了侯、崔之好友？由此也可看出韩愈倔强和孤傲的性格特征。

有时愁绪袭来，韩愈也会到娱乐场所去消遣一番。唐代盛行一种叫“弹棋”的游戏，在文人圈里更为流行，遍及长安各种馆堂会所。王建在《宫词》里写道：“弹棋玉指两参差，背局临虚斗著危。先打角头红子落，上三金字半边垂。”柳子厚似乎是弹棋方面的顶尖高手，他曾在《弹棋序》中介绍过弹棋对弈的玩法。大意是弹棋共有棋子二十四枚，一半为红色，一半为黑色。红与黑相互攻守，以攻占对方营垒为胜，颇似今天的跳棋。唐代宫中似这种弹棋、围棋、双陆棋（双陆者，投琼以行十二棋，各行六棋，故谓之双陆）特别盛行，上自皇帝皇后，下至宫女，无不喜爱。武则天就特别爱玩双陆棋，且每玩必以钱物为赌注。相传她曾让狄仁杰与自己的男宠张昌宗对弈，赌注乃已紫袍官衣和张之毛裘。最后狄仁杰赢了张昌宗的毛裘，出宫后狄仁杰随手赏给了家奴。既然皇家如此，赌博之风便盛行起来。这一天，韩愈就遇上了一个叫独孤申叔的年轻人，二人玩弹棋玩得兴起，独孤申叔便把家藏的一幅名画押了出去。独孤申叔才十九岁，也是才华过人，不久即考中进士，贞元十五年（799）又考取博学宏词科，录为秘书省校书郎。对弈的结果，独孤输掉了名画。

韩愈对这幅画十分珍爱，随时把它带在身边。一天，韩愈回到河阳，在旅店里偶遇几个客人，席间喝酒时便把这幅画拿出来以供谈资。这是幅反映军旅行伍生活及各种动物的长卷画作，其人物有士卒军将官吏百姓戏伶匠人妇孺翁婆百者之多，个个形象生动传神；牛马驴驼狐兔犬羊鹿几百只，无不精准；还有树木花卉豪车美服兵器食物瓶罐盂筐水壶酒具屋宇帐篷，大千世界均各具其妙，既有阎立本宫廷画派之谨严宏阔，又有吴道子灵动飞扬之潇洒。画之作者却不详，但论题材之恢宏阔大，表现力之强，其功力不在阎吴之下。韩愈之所以带在身边，也有寻访行家弄清作者究竟是谁的意思。昏黄跳跃的烛光下，韩愈徐徐抖动着自己的藏宝，犹如一幅灵异的世界在人们眼前晃动。

“哎哟，真乃神品，宛若梦中所见！”

“韩兄所言极是，此作百金不换，若献朝堂，或能加官晋爵吧！”

只有赵侍御沉默不语，良久，竟自泪下。众人不解，一时沉寂。

赵侍御已是耄耋之年。所谓侍御，乃朝廷专门负责举劾非法、督察郡县、奉使出外执行特殊任务的官员。如今，他年事已高，已退休至颍川老家。他颤巍着走至画前，抚摩画作，如见亲人。

见众人不解，他说出了一串数字，使酒间人大惊。

“前组共有人物一百零五人，中组人物共一百七十三人。后组动物各种凡一百六十三，仅马匹类就有肥大者九匹。马群中又分上等好马和普通马匹，有想摆脱束缚的，有狂奔的，有过水的、跳跃的、翘着头的、回头看的，有引颈长鸣的，有卧着不动的，有慢慢走动的，有站立不动的，有正在吃草的，有正在饮水的，有解溲的，有上坡的，有下坡的，有身痒在树上磨蹭的，有喷鼻的，有闻味的，有高兴而相互嬉戏的，有发怒而互相踢咬的，有被人骑着的，有狂跑的，有慢跑的，有驮着服饰器物的，有驮着野兔狐狸的。马的活动状态总共有二十七类，大大小小各样面貌共八十三匹马，没有一匹马是雷同的。器具凡二百五十一种……”

有好事者当场数来，果然不差分毫。众人越发诧异。

赵侍御说：“这幅画的作者叫阎毗，是阎立本的父亲。当年，因身为侍御，能接触国藏的画本，我曾借出来临摹过。因为人物众多画面复杂，加上我又经常下去巡视，时断时续，完全临下来需要三年时间。我与吴道子是同乡，他是我的太姥爷一辈。从小乡邻见我善画，都夸我是小吴道子。我亦立志丹青，希冀能当一个大画家，才觉没白过一生。但因画业无名，不能光宗耀祖，被逼无奈，只得弃艺从文，以进士及第，又考博学宏词，方成朝官。然我一生钟情绘事，闲暇时仍不断习画。所以，我有幸能摹国手，欣喜异常。三年来，每将临，必沐浴，燃香烛，施以礼。为专心绘事，三年不与妻行周公之礼。因为全心致此，我能记住此画的所有细枝末节，我甚至能告诉你们第一组里那个哺乳少妇发髻上的玉饰有几种颜色，上边的暗花是什么形状；我还可以告诉你们这二十三匹骆驼前蹄和后蹄的不同画法，甚至能告诉你们这幅画的前世今生……”

韩愈听得心急，他已确信赵侍御正是自己要寻找的人。至少他比自己懂这幅画。他忙不迭地问道：“这幅画是原作还是仿本？画中蕴意何在？”

赵侍御平复了许多，他的眼睛里流露出感激之情：“先谢谢退之贤弟，在我有生之年还能瞻其风采。再睹其画，实乃三生有幸。”

赵侍御说，全部临摹完毕，他将原作交与宫中内库以存。为证明原璧，特将自己的仿品示以库官，不想被库官惊为神作，可以乱真。一时宣扬，满朝皆知，连玄宗帝也知道了，便把仿本要去观赏，颇为赞评。而三年费时，却不全意朝事，又被时宰恶议，以致多年不曾升迁，直到终老。此画乃太宗朝西征吐谷浑、高昌时，太宗命画师随军采风，画师便实录战事归来之一角，不期然画出后，被太宗大加赞赏，说是宣扬了大唐赫赫国威，在万国朝贺时曾挂在殿侧以供观摩。赵侍御又说，二十年前，我去南方巡察，不想在途中丢失此画，而原作在“安史之乱”后也不知所终……现在细细观赏，我已经没有能力分清这是真品还是仿品了，岁月流逝，梦里寻踪，常常萦怀，彼此交融，已经浑然一体。老翁求退之贤弟割爱一年两载，我已无力临摹了，我将重金请当朝名家摹好再归还与你。有了此画，老翁也不枉此生了……

韩愈见赵侍御泪又涌出，十分感动：我爱此画如珍宝，他爱此画如生命。此事若不见侍御，日后或许换百金，或许留儿孙，或许换高爵。虽然真赝难分，但有国手水准无疑，时下又兴晋朝之风，用它纾解一时之困，也许能当大用。但今日有此因缘，赵侍御已见平生所爱，岂能忘怀此画？一个人本来有所爱事业，因迁就浮生，不得已而做官，原本就很痛苦，而偶得所爱然却得而复失，是苦上加苦。如今有机会成全他的一生，用此物换来他的幸福感，何乐而不为呢？

于是就决然相赠。

此事后来被韩愈追记在《画记》一文里。韩愈在文章后写道："……明年，出京师，至河阳。与二三客论画品格，因出而观之。座有赵侍御者，君子人也，见之戚然，若有感然。少而进曰：'噫！余之手摹也。亡之且二十年矣。余少时常有志乎兹事，得国本，绝人事而摹得之，游闽中而丧焉。居闲处独，时往来余怀也。以其始为之劳而夙好之笃也。今虽遇之，力不能为已，且命工人存其大都焉。'余既甚爱之，又感赵君之事，因以赠之，而记其人物之形状与数，而时观之，以自释焉。"

在自己极度艰困时，却以百金之物，赠予一个素昧平生的人，以成全他的人生。韩愈者，君子也！

韩愈却把困厄的人生留给了自己。

贞元十一年（795）五月二日，韩愈告别长安东去。从十九岁到二十九岁，转瞬十年过去，竟然一无所获，韩愈只得"排国门而东出兮，慨余行之舒舒"。

舒舒便是徐徐，且走且惆怅。二日出发，至潼关，七日再走，其间竟盘旋了五天时间。到了河阴之地，山势渐至平坦，西高东低的大道，被迎面而来的河风吹起覆面的长发，眉眼也有了灵活的意象。不想到了人多处，却被一彪车马所喝止，听口音似乎正是河阳老乡。

"让开让开！小心鸟笼！"

车上，提笼的人不可一世，后面的官员更是倨傲。

两只鸟笼里，一只白鹦鹉正梳理自己的羽毛，一只白八哥正翻着白眼看韩愈。

行人听说是给朝廷进贡的特使，纷纷散开，侧目而立。

韩愈的心情立时又变坏了。他对鸟类并无成见，且平心而论还有些喜欢，何况还是通体洁白甚为稀见的鸟。他是被这种公然以贡礼为傲，人不如鸟的现实所激怒。

德宗即位之初，曾纠正了历来存在的元日、冬至、端午、生日等让各地官员在常赋之外另行贡献的弊政，并把一些违例进献的礼品财物全部充为地方税款。一次，他差宦官邵光超赐李希烈旌节，李希烈依旧制赠以奴仆、马匹和绸缎。此事被德宗知道后，龙颜大怒，重杖邵六十大板，并将其流放边地。于是出使在外的宦官，纷纷将所获钱物弃于山谷。从此朝中一片干净。但是，随着岁月更迭，德宗朝似乎又回到了前朝的旧路，而且愈演愈烈。地方官竟然以献贡为荣，挖空心思投其所好。上有所好，下必甚焉。而眼前这两只鸟，它并没有道德智谋，亦不会教化惠人，只因为有着不常见的羽毛，就得到皇上的赏赐宠爱，采擢荐进，光耀世人。而当朝不多有这样的“鸟人”吗？想自己孜孜读圣人书，约六经之旨成文，抑邪与正，辨时俗之所惑，居穷守约，亦不悖于教化。而自己这样的人才在长安却被当朝抛之如敝屣，视之如草芥，反倒不如二鸟，这是多么可悲可叹的现实呀！

于是写《感二鸟赋》以刺。

回到洛阳家中，虽然两手空空，但青青水中蒲，下面总算有一双鱼了。从贞元十一年（795）五月到贞元十二年（796）七月，韩愈与卢小妹过了一段甜蜜而又快乐的日子。

贞元十二年（796）秋天，汴州（开封）宣武军节度使李万荣病死。

汴州地处中原腹心，唐时乃屯兵重镇。大历以来，这里多次因将帅易帜或节度更迭而发生兵乱，十万虎狼之师常常制造惊天动静，让德宗胆战。

李万荣原是汴州节度使刘玄佐手下的将官，刘玄佐死，其子士宁代之。因士宁不恤民情引民以愤，被李万荣起兵逐之。李万荣节度不到一年，部下韩惟清、张彦琳又反，双方对峙数年。其间，李万荣突然中风，被部将邓惟恭送至京师，不治而死。

德宗见李万荣死，可以借机控制汴州的武装力量，便任命心腹大臣东都留守董晋兼任汴州宣武军节度使，任命汝州刺史陆长源为宣武军行军司马，共赴汴州上任。

然而，汴州的乱局并没因朝廷的任命而停止，这个火药桶随时有可能爆燃。急如星火的赴任，或许就是匆匆引爆的火星。

按照唐制，节度使赴任之前，要有一套自己的人马班底，唐时称为幕府。节度使相当于现在的省部级大员，统领军政事务，这个班底相当于省委办公厅和省军区司令部合并的机构，所征人员，必须具备一定的资质，还要申报中央批准。具报通过，就是国家的正式编制，幕府成员就此存入吏部档案，记录仕途履历。董晋任东都留守之前曾在京都出任宰相，对韩愈的文名早有耳闻，并且由于他的进士身份，于是就派人去征召韩愈，任命他为观察推官，相当于节度使手下的副官，副官是军人身份，为了能军地两用，朝廷又任命他秘书省校书郎的职务，属于正九品官衔。

韩愈欣然应召。

二十九岁的韩愈从此走上了仕途。

孟郊时在洛阳，见好友偌大的年纪穿上了军装，感觉欣喜又颇感怪异。有诗为证：

送韩愈从军

志士感恩起，变衣非变性。
亲宾改旧观，童仆生新敬。
坐作群书吟，行为孤剑咏。
始知出处心，不失平生正。
凄凄天地秋，凛凛军马令。
驿尘时一飞，物色极四静。
王师既不战，庙略在无竞。
王粲有所依，元瑜初应命。
一章喻檄明，百万心气定。
今朝旌鼓前，笑别丈夫盛。

韩愈一身戎装，与幕僚刘宗经、韦弘景三骑护卫着董晋单车向汴州进发。走前，有人劝董晋且慢东行，当年玄佐死时，德宗命吴凑代之，赴任走到巩县，闻听汴州兵乱，抽身而退。现在汴州情势比以前更险，还是观望一些时日再去不迟。董晋说：我既受命，万死不辞，岂能畏惧不进？于是决然赴任。今见韩愈文士武行，亦勇敢相随，不禁心动。一行凛然向东，竟然连护卫队伍也没带。

这是一次危险的行旅。

及郑州，原定接应的人马没有出现。郑州地方官吏劝阻董晋，能否停留片刻，等接人卫队来后再走不迟。董晋不允，又走。至圃田，夜已将至，一行人和衣而卧，韩愈以卫士姿态彻夜守卫。待天亮，有从汴州来者，说情势甚危，只有外逃者，岂能送死耶？问及何危，言大军将动，雾霭里甲光剑影。一行人又走，午间在中牟停食。已有人从汴城出逃者，说亲听鼓角齐鸣，喊声雷动，恐已经刀兵相接了。大家面面相觑，若此时进城，岂不是飞蛾扑火？一时不知如何是好。董晋扶剑而起，说："汴州皆料我不敢来，我偏来，制我之策尚未想好，所以速来为上，亦最安全。倘若迟疑不进，时日既久再至，彼会以为长想应对之策，何有信任可言？便会激发不测，走！”此时，只见前方尘土飞扬，马嘶人响，一彪人马飞驰而至，原来是汴州方面接应的卫队赶来。众人不禁相互致意，更佩服董晋的胆略和智慧。

这就到了汴州任上。

董晋任上勤勉善政，颇有政声，不到一年就修建了东西水门工程。落成之际，朝廷派员及驻汴文武官将、四方乡绅皆来致贺，黎民百姓更是自发庆祝，场面十分感人。董晋命韩愈留意各节，写文以记。此会刚过，韩愈便援笔立就，写出《汴州东西水门记并序》，力赞董晋惠民勤理汴州之丰绩。董晋识文，见此文别致，以汴水从锁到疏，从拒到用，引出水门之功，且又与时事相合，所赞也自然妥帖水到渠成，是纪实类文体的一个尝试。董晋大喜，便将此文四处示人，夸奖韩愈。

是年，董晋还让韩愈主持了汴州的贡生选拔考试。韩愈才是九品推官，而且朝廷的正式任命尚未下来，让一个没有资质的三十一岁年轻人主持全地区的贡生选拔，足见董晋对韩愈的信任。而韩愈也确实让人刮目相看，他出的诗题和议论题完全可以与京师进士考的试题相媲美。诗题《反舌无声诗》，议论有六题，其中之二曰：“问：古之人有云：夏之政尚忠，殷之政尚敬，而周之政尚文；是三者相循环终始，若五行之与四时焉。原其所以为心，皆非故立殊而求异也，各适于时，救其弊而已矣。夏、殷之书存者可见矣，至周之典籍咸在。考其文章，其所尚若不相远然，焉所谓三者之异云乎？抑其道深微，不可究欤？将其词隐而难知也？不然，则是说为谬矣。周之后，秦、汉、蜀、吴、魏、晋之兴与霸，亦有尚乎无也？观其所为，其亦有意云尔。循环之说安在？吾子其无所隐焉！”

自汉以来，儒学渐盛，至唐已成朝廷主旋律，韩愈尊儒卫道，人以为不越雷池，实际上却不尽然。他崇尚继承，但反对拘泥保守，更重视创新发展。儒家认为，社会是依夏、商、周这样的忠、敬、文的时代精神往复循环的，变化亦如四时季节，呈现轮回的特征，而不会有质的变化。韩愈却不以为然，他认为夏商周政治取向不同，实则因时代的需要不同，只有承认时代不同，才能切中时弊，而社会正是以不断变化的态势向前发展的。夏、商、周三代的典籍尚在，均可以证明此说不谬……他让考生讨论这个观点。韩愈之说殊为大胆，可谓超越了那个时代一般士子的思想，也向后人展示了韩愈锐意向新的一面。

贡生选拔成果甚大，首荐张籍，一举高中进士。

韩愈初入仕途，情绪高涨，每天侍立董晋左右，可谓忠于职守。只是董晋已近迟暮，心态保守，以稳求成。汴城内的几方势力，由于董晋的公卿地位和怀柔政策，也暂时舒缓下来。于是汴州城暂时处于一种相对平静的态势。

正是这段平静的汴州岁月，给了韩愈一个以文会友的机会。

贞元十二年（796）深秋，李翱从徐州来到汴州，与韩愈结识。李翱，字习之，祖籍陇西（今甘肃），官宦世家。时家陈州，客居吴中。李翱崇儒好古，慕韩愈文名，遂求教于汴。李翱有文记述："贞元十二，兄佐汴州。我游自徐，始得兄交。视我无能，待予以友。讲文析道，为益之厚。二十九年，不知其久。"李翱小韩愈六岁，先如师生，又成至友，后来又成了亲戚——韩弇的女儿嫁给了他，于是李翱又成了韩愈的侄女婿。李翱于贞元十四年（798）考中进士，是韩愈古文运动的中坚力量。

贞元十三年（797）春末，孟郊自湖州来，在故旧陆长源帐下任闲职，而多为与韩愈聚首。孟郊此时已中进士，春风得意过后，又回到湖州奉母。孟郊虽以诗名，终不能肥马轻裘，又得进士，仍无禄米，家人仍在贫困之中。他常有诗写穷饿悲苦："食荠肠亦苦，强歌声无欢。出门即有碍，谁谓天地宽？"到汴州，有了陆长源的接济，说是委以闲职，实是给孟郊一个温饱的所在而已。孟郊在乡野盖了新舍曰"青罗居"："岂误旧羁旅，变为新闲安。二顷有余食，三农行可观。"这个汴州乡间的新农户，更多的时间飞扬着诗人们吟咏的声音。

是年秋，经孟郊介绍，诗人张籍投师韩愈门下。韩愈后来在《此日足可惜一首赠张籍》诗里记录了二人相识时的情状：

此日足可惜，此酒不可尝。
舍酒去相语，共分一日光。
念昔未知子，孟君自南方。
自矜有所得，言子有文章。
我名属相府，欲往不得行。
思之不可见，百端在中肠。
维时月魄死，冬日朝在房。
驱驰公事退，闻子适及城。
命车载之至，引坐于中堂。
开怀听其说，往往副所望。
……

张籍，字文昌，祖籍吴郡，因幼居和州，又称和州人。要论年龄，似比韩愈还长两岁。贞元六年（790），先与孟郊以诗交友，后由孟郊引荐至汴。从韩愈此诗得知，张籍从南方来，韩愈因身在相府，出入不便，终于在某天将张籍用车拉到公干处相见云云。

史上多有把孟郊、张籍与李翱归为韩门弟子，或因其三人都是在与韩愈结交后相继考中进士之故：孟郊于贞元十二年（796）中进士，李翱于贞元十四年（798）中进士第一名，张籍于贞元十五年（799）中进士。从现存的史料看，三人在中进士前都有韩愈鼓励劝进的痕迹，还有非常具体的辅练训方。孟郊自不必说，他少游湖山闲居嵩洛多年，闲云野鹤般的性情，原本与取仕毫不相干，盖因与韩愈交友，才渐至正途。而张籍也有十年游历生活，北到幽燕，南下湖广，西到川蜀，东至浙江，因之放浪江海，只为诗国，而不做仕途之想。十年返乡，不知家将何以往：“江皋三月时，花发石楠枝。归客应无数，春山自不知。独行愁道远，回信畏家移。杨柳东南渡，茫茫欲问谁？”回乡野居，贫病袭身，埋首饮愁，不知今夕何夕：“贫贱易为适，荒郊亦安居。端坐无余思，弥乐古人书。秋田多良苗，野水多游鱼。我无耒与网，安得充廪厨？寒天白日短，檐下暖我躯。四肢暂宽柔，中肠郁不舒。多病减志气，为客足忧虞。况复苦节晚，览景独踟蹰。”就在他陷入困窘迷茫的时候，新科进士孟郊为张籍带来了一缕生机。此时的孟郊，仍是孟郊形，却换了陌生人的神：春风得意处，不觉色飞扬。言之优则仕，大谈儒道长。今有韩退之，可以共遐想。此去汴州城，新天日月光。孟郊似韩愈附体，所思所想所行竟如当年韩愈对他一般，对张籍引而导之，于是张籍被说动，就此北上，来到汴州。韩愈接洽张籍之后，二人一见如故，便留其馆舍，如对李翱的帮扶那样，展开“一帮一”的辅导进士考活动：“譬彼植园木，有根易为长。留之不遣去，馆置城西旁。”韩愈当年赶考费心劳神遍寻考官无门可应，如今考官却把考生迎入家中，这种得天独厚，自然会收到很好的效果：“州家举进士，选试谬所当。驰辞对我策，章句何炜煌。”张籍以汴州贡生第一名的资格去长安参试，顺利考中进士，正如张籍所言：“公领试士司，首荐到上京。一来遂登科，不见苦贡场。”苦贡场一如我们现在高考的黑色七月，但这些苦楚，因韩愈这个老师的导引，张籍一概没有遇到。张籍之幸，幸在韩愈也。而李翱如是登顶，也因有韩愈故。

除了进士考的教辅之外，韩愈的核心地位主要还是“道”的感召。韩愈虽比孟郊小十七岁，又比张籍小两岁，但正如他在《师说》所言：“生乎吾前，其闻道也，固先乎吾，吾从而师之；生乎吾后，其闻道也，亦先乎吾，吾从而师之。吾师道也，夫庸知其年之先后生于吾乎？是故无贵无贱，无长无少，道之所存，师之所存也。”从这个角度讲，韩愈的尊儒卫道角色是少小就建立的，诸多史料典籍均能证明，闻道守道卫道的清醒意识是孟张李诸人无可比拟的。

从文学角度而言，韩与孟诗张诗差可比拟，是互相学习的关系，而孟张李向韩学文则是明晰的事实。从古文运动担当的角色而论，韩愈的领袖地位不可动摇，而作为骨干力量的孟张们，也是韩的铁心拥趸。在对文学的贡献和对后世的影响方面，韩愈更是一骑绝尘，令人难望项背。如是等等，后人多把孟张等人列为韩门弟子，其说有据，言之成理。但他们之间更多的，是亦师亦友的关系。

青罗居在汴州城西七八里光景，从相府骑马，若征用卫戍营的汗血马，只需一刻钟的工夫。这些天，四个人在一起的时光越来越多了。韩愈虽勤于幕府，但几个月来，董公多病，及至近来，竟被德宗知悉，两番派御医来汴，但似乎并没有好转的迹象。因无公干，韩愈便乘暑期，多与好友们相聚青罗。

汴州西去，紧傍中牟地界，境内地势平坦河流纵横，实乃膏腴之地。据说美男子潘安就是中牟人。而青罗居遍植桑果，林木葱郁，又有水塘灌濯，可钓鲂鲤，可看闲云，对文人来讲，应该是一个赏心悦目的去处。

孟郊手植的瓜果下来了，几个人坐在瓜庵外，品尝新摘的甜瓜。韩愈拿了一枚白瓜，握其手中，顶部温热，底部发凉。仆人从塘里打来一桶水，但没人去洗。

韩愈说：“陌上草径，或许是当年潘岳走过的地方，怎么只见瓜果，不见美人耶？”

潘岳字安仁，民间称潘安。潘安貌美，少年出游，丽车华服，陌上女子争相往车上掷瓜献果，常满载而归。

张籍笑翻，说：“若我是女人，偏不给呢？”

孟郊也笑道：“若你是瓜，就会给的。”

张籍不笑了，有些奇怪：“为什么？”

李翱大笑起来："因为你是傻瓜!"

众人笑作一团，引得仆人也傻笑起来。

韩愈又说："以瓜为题，我们四人作赋，一人一句，旨义贯联，片刻而成，如何?"众人曰善。

韩愈起首道："青罗一隅，热风节暮。"

孟郊紧接至主题："玲珑于藤，流美远布。"

李翱立就："姹紫嫣黄，斑斓犹著。"

张籍的视点又不一样："丰细不一，圆方各殊。"

韩愈快念："掐枝压蘖，浇灌作畴。"

孟郊点头道："赤日催熟，伏天发藻。"

李翱道："秋风吹彻，含兰吮甘。"

张籍想想说："累累硕硕，素肌丹瓤。"

韩愈又道："辛劳力耕，唯我孟兄。"

孟郊道："瓜熟蒂落，款待诸生。"

李翱道："古不可追，差可夭夭。"

张籍收尾道："不学潘安，以色代劳。"

四人的笑声抖落了天幕上的星星。这一夜，又无眠。

他们谈论更多的还是诗。唐朝就是诗的国度。那时节，李白杜甫诗仙与诗圣的名分还没定下，天空霞光万道，他们还只是其中一束而已。张籍说，李白的诗名与杜甫的推重有很大关系，他有名有姓直写李白的诗就有六首，还有九首关而涉之。他说杜诗写："白也诗无敌，飘然思不群。清新庾开府，俊逸鲍参军。"好像这些诗人只是他身上的一根肋骨而已。而他说"李白一斗诗百篇，长安市上酒家眠。天子呼来不上船，自称臣是酒中仙"，这更像是宣传他的广告语，于是"诗仙"李白一下子就四海皆知了。李翱说，还是中原人厚道，好像李白写杜甫的诗就没那么多。孟郊说，杜子美赠李太白一个"仙"字，足可传诵千年。画人画魂，格物观心，也足见杜甫眼力了。

韩愈对李白杜甫的感情比他们三人都深且复杂些，李白称赞父亲的碑文他至今能一字不漏地念给大家，而杜甫的故里如果没有南山阻隔，似乎目视可及。他诗中的乡音外人很难如他神会心领。他说李白杜甫的诗可谓前无古人后无来者。但二人又有不同，李诗轻盈灵秀，可在天上飞翔；杜诗沉郁磅礴，重似三山五岳。因此可一谓“诗仙”，一谓“诗圣”也。李诗如云霓雨露滋润众生，杜诗如血脉骨骼柱其人间，天地不可或缺，日月不可替代，并没有先后之分厚薄之让……

青罗居，时任汴州司马的陆长源也来光顾过。他在《酬孟十二新居见寄》中写道：“因随白云意，偶逐青罗居。青罗分蒙密，四序无惨舒。……”青罗居——这个爬满藤萝的农舍，在汴州幕府的几年里，满载着韩愈和他的友人们最美好的青春记忆。

贞元十五年（799）春初，董晋终于不治。

临死前他嘱咐家人说，我死后，必须三日成殓，然后速归故里埋葬，全家一并西归。董晋对一直守在他身边的韩愈心怀感激，拉其手说，余事拜托，此地非久留之地。说话时已如闻隔世之音。

韩愈心中惊悚，董公料断如神，此前已早领教。

他回到家中，对妻子小妹说，我要扶柩西去，送董公归葬，这几日你暂且在家守候，估计董公一死，汴州或许有乱，你要格外小心。小妹又有五六月身孕，女儿才刚两岁，见事情紧急，诺诺应允。

大殓之日，新任汴州刺史陆长源宣读了韩愈草就的祭文。董公有德，立言有情。董公的魂魄飘飞在韩愈的文字里，至今仍闪烁着生命的光彩……

韩愈的祭文里有这样一段话：“公来自中，天子所倚；公今不归，谁佐天子？公既来止，东人以完；公既殁矣，人谁与安？……”

一种均衡似被打破，一种不安的气息正在逼近。

大祭之后，董家阖府以迁，翌日便扶柩离汴，韩愈随之。

三年前，韩愈三人护卫着董公的轩车去赴任；三年后，变成了韩愈护送董公的灵车回故里，人生莫测，让人扼腕。

车到偃师，暮色苍茫，一行人便在驿站住下。刚及掌灯，忽听窗外人喧马嘶，急忙出来，竟是汴州幕府禁军的一个都头，一身血污，几个侍卫亦如是。都头认得韩愈，立时泣不成声，说今日汴州兵变，乱军已杀害陆长源全家，另有孟叔度、丘颖等新任官员也悉数被杀。乱兵残暴，竟把这些官员大卸数段分而食之。他和几个侍卫冒死冲出去长安报信，在这里换马，没想到与推官相遇……

见都头一彪人马又冲进夜色，留下韩愈呆立路口。董晋家人闻讯相拥而泣，庆幸死者救了全家。而韩愈则心如乱麻，再也难以入睡。都头说，幕府人家是乱兵袭击的主要对象，而韩愈家人的死活却不知晓。

是晚，韩愈彻夜未眠。他后来在《此日足可惜一首赠张籍》里追述了当时的情景："暮宿偃师西，徒展转在床。夜闻汴州乱，绕壁行彷徨。我时留妻子，仓卒不及将。相见不复期，零落甘所丁。娇女未绝乳，念之不能忘。忽如在我所，耳若闻啼声。中途安得返，一日不可更。"

第二天，一行人继续西行，直到把董公的灵柩平安送至他的故里——河中府虞乡万里村。

这时传来消息，说小妹与孩子有惊无恙，和一些幕府家眷逃难东去彭城了。

与董公家人作别，韩愈匆匆东归。暮时路过家乡时，受到河阳三城节度使李元淳款待。李元淳并不知汴州遭变，碍于旧谊，韩愈又盛情难却，只得硬着头皮应付："日西入军门，羸马颠且僵。主人愿少留，延入陈壶觞。卑贱不敢辞，忽忽心如狂。饮食岂知味，丝竹徒轰轰。平明脱身去，决若惊凫翔。"

天亮揖别后，韩愈策马东去，黄昏来到汜水渡口的北岸。"黄昏次汜水，欲过无舟航。号呼久乃至，夜济十里黄。中流上滩潭，沙水不可详。惊波暗合沓，星宿争翻芒。"夜半到汜水，在旅店住下，天亮又继续赶路，一天就穿越荥阳新郑地界。此后又是水陆兼程，绕过汴城，自尉氏至睢阳，再至孔子故里夏邑，然后翻越芒砀山，从永城至濉溪，经过近十天的不舍昼夜，终于到达淮北符离集——妻子小妹的暂栖之地。

正是油菜花灿烂的时候，空气中流动着江南的味道。布谷声声中，一户农家打开了柴扉，门内，小妹抱着女儿出现了，门外，韩愈衣衫褴褛，面色黧黑，胡须绕颈。他动情地伸出双手拥抱妻女，全家人含泪抱在了一起……

劫后追忆汴州事，韩愈不由得泪湿沾襟。

董公世事洞明，他一定知道汴州要乱，因此当他西去之时，他才会交代家人务必在官祭之后迅速离汴。古人讲究盖棺论定，只有官祭完结，才是他一生绚丽演出的谢幕。他知道自己去日无多，本可称病回乡，死在家中，但他却选择了死在治所，用当今的话叫死在工作岗位上。这是一个态度，或叫姿态。这是对德宗皇帝无限信任的一种回报，一种忠君意识的至高体现。德宗任用董晋，可以说是知人善任。去汴当年冬，董晋与监军俱文珍就粉碎了邓惟恭和相里重晏的反叛阴谋，不费一兵一卒，就将一场惊天事件扼杀于摇篮。若是别人，或许又会扯起连天战云，而董公却从容处置，不需丁点成本，这对战乱之后惧兵之祸的德宗该是多么大的安慰！董晋与宦官俱文珍配合默契，因此在欢送俱文珍回京时曾让韩愈作诗以送。节度使与监军从来就形同冰火，是互相掣肘的关系，但董晋却能将这一矛盾关系转化为利用和协作关系。“十三年春，将如京师，相国陇西公饮饯于青门之外，谓功德皆可歌之也，命其属咸作诗以铺绎之。”董晋“命”韩愈颂扬俱文珍“功德”，或许就是协调这种关系的一个手段。董公看重韩愈，实际上并没有加其官爵，但作为馈赠，董公在关键时刻，却一语成谶，救了韩愈一条性命。而和韩愈同来的幕僚和官员，几乎全部丧命于这场兵乱之中：“汴州城门朝不开，天狗堕地声如雷。健儿争夸杀留后，连屋累栋烧成灰。诸侯咫尺不能救，孤士何者自兴哀。”而那个帮助孟郊盖青罗居的陆长源则死得更惨，就在接到朝廷的任命为汴州的第一行政长官的当天，妻儿老小和他同时死在乱军刀下。

兵乱之后，朝廷又派俱文珍和宋州节度使刘全谅平叛，汴州又重新恢复了平静。

谁也没有想到这样的结果，一场风暴竟把他一家刮到了江淮之地。

覆巢之下，也有完卵。感谢董公护佑之恩！每念至此，韩愈不禁面西遥拜。

坐在春阳里，沏一壶茶，回想一个月的来去，韩愈觉得他的生活开始比书本精彩了。

所幸的还有他的朋友们。他们都没受汴州兵乱的影响。李翱最早去了长安，张籍也于去年冬离开汴州，孟郊最后也离开了青罗居，他的梦在远方。记得临别时韩愈赋诗送别：“昔年因读李白杜甫诗，长恨二人不相从。吾与东野生并世，如何复蹑二子踪？东野不得官，白首夸龙钟。韩子稍奸黠，自惭青蒿倚长松。低头拜东野，愿得终始如駏蛩。东野不回头，有如寸莛撞巨钟。我愿身为云，东野变为龙。四方上下逐东野，虽有离别无由逢。”

四方上下逐友朋，虽有离别无由逢。你们在哪儿呢？

有消息传来，张籍将至，韩愈喜不自胜，立时骑马到河边上船相迎。“别离未为久，辛苦多所经。对食每不饱，共言无倦听。连延三十日，晨坐达五更。”在离乱的日子里，有友人和诗的慰藉，胜过一切。此时，张籍在韩愈心里已不是学生的位置，而是患难之交了。张籍重情，且狷直率真。在汴受韩愈掖助，为了表示感谢，他离汴后给韩愈写了两封信，对韩愈提出三点意见：一是夸夸其谈，喜占上风；二是弹棋赌博，炫能逞技；三是排斥佛老，空论无益，应该著书立说。张籍对韩的预期放在了古之圣贤的位置上，其言也切，其责也苛。韩愈感动非常，说张籍信若“脱然若沈疴去体，洒然若执热者之濯清风也”。他复信说，赌棋原以为比酒色之惑有益，看来应该依你坚决杜绝。至于议论好胜，应该看所谈何事，他通常是为复兴儒学而争，这不是屑小之事，而是原则问题，这是为“道”而争。佛与老庄影响甚大，已经深入生活肌理，因此与之辩，皆是细小微芒，但也不能坐视不管，任其发展。他谈及著书事说：复兴儒学，以自己的年龄学识地位，不足与圣贤比，著书立说“请待五六十然后为之”。但在此之前，宣传、流布、争论都是我复兴儒教的一部分呀，孔子去郑蔡，不就是为了宣扬儒学吗？我的志向你张籍应该知道的：“天不欲使兹人有知乎？则吾之命不可期。如使兹人有知乎，非我其谁哉？其行道，其为书，其化今，其传后，必有在矣！”韩愈默认张籍对他的预期，他也认为，复兴儒学的重担，已经历史性地落在自己肩上了。正是为此，韩愈才无比珍视友人们的情义。

从青罗居到稻草庐，清贫如水，家徒四壁，但里边清谈的人却目光如炬，心怀天下。

几个月后，韩愈被徐州泗濠节度使张建封召入幕府，任节度使观察推官、太常寺协律郎，属正八品官衔。与此同时，他的第一个儿子也呱呱落地，因居地之缘，小名曰“符”，大名曰“昶”。

第四章

复转回身，见燕子楼幽幽矗立在繁华中。『不知戎事』，这是张建封对韩愈的判断。一截木头怎样回到驿馆的，连韩愈自己也不清楚

公元796年秋，韩愈以九品观察推官的身份，成为大唐东都留守董晋的幕僚。某天，风闻汴州即将发生兵乱，董晋匆匆找来韩愈与另外两个幕僚，一行四骑匆匆去汴州赴任。

这是一次危险的赴任之旅。

之所以这样说，盖因汴州常乱。去年就有血染大营之事。赴任者走至巩县，听说汴州已乱，便拨马而回。今日之事与去年何其相似乃尔，但董晋却执意前往。

董晋是德宗朝有名的贤臣，深得皇上信任。汴州居天下之中，汴州稳，则天下安。身负重任的董晋给韩愈上的第一课不是学问和才华，而是在腥风血雨中逆风而行的赴难画面。

在遴选幕僚时，董晋在当朝新晋进士名单里选中了韩愈。韩愈斯时二十九岁，已颇有文名。董晋将观察推官的职务交给了他，用现在的话说，就是为身为大军区司令的自己找了个贴身副官。观察推官不仅要能文，还要会武，因此，韩愈随行的那天，只有他身着戎装。还因事发突然，董晋出发时，竟然连警卫部队也没带，于是，此行的侍卫任务就毫无疑问地落在了韩愈肩上。

这就是韩愈进入职场第一天的真实情状。

即使满腹经纶，即使学富五车，上天也会给你始料不及的考验——不是生，就是死。

本人二十九岁时，多次与史料上韩愈的这一天相遇。那时我在郑州炮院当兵，单位在柳林、圃田一带有农场，每年夏秋两季，都要帮农场收麦割稻，少则几天，多则半月。劳动之余，夜对星辰时，光临此地的历史人物常与我不期而遇。

按顺序排列，第一个人物当是列子。

列子之名，今人多不知晓，但在古代，却是个家喻户晓的人物。列子大名列御寇，有《列子》八卷传世，其《列子·汤问》篇里，“愚公移山”“夸父追日”“杞人忧天”等故事至今仍脍炙人口。在熟读“老三篇”的历史语境中，当我知道圃田就是列子的家乡时，那份深刻的如执其手的灵魂认同感便油然而生。那一片田连阡陌平整如画的土地呀，竟然诞生出那样奇伟的历史人物，这本身就是上天令人惊叹的杰作！

列子另一个让人想入非非的本事就是会御风而行。

《述异记》言，列子常在立春日乘风而游八荒，立秋日便反归“风穴”，风至则草木皆生，去则草木皆落。《吕氏春秋》说，“子列子贵虚”。虚就是“空”，将身体灵肉沉重者修炼如无物，洁白如练，若如此，当然会“飘然而行，逍遥自在”。庄子对这位前辈更是羡慕有加，赞曰“泠然善也，旬有五日而返”。一次飞行，长达十五日，庄生大概化身蝴蝶，才能追上前辈与其云中漫步，因而才有如此具体的时空记录。

总之，列子出在我目视可及的土地上，斯时足可陶醉也。

而第二个出现的历史人物，当然是韩愈。不过，我与之相遇时，与在圃田劳作时已过去经年。

史料有记，韩愈进入职场的第一个夜晚，就是宿于圃田。当董晋四人疾行至柳林一带时，迎面已经出现逃难的人流，韩愈于马上询问，回答说兵乱已起。请示董晋，董晋仍决意前行。再往前走，到了圃田，官路上已塞满伤兵难民，车辚辚，马萧萧，呼爹喊娘声啕啕，乱哄哄滔滔潮涌向郑州方向，薄暮里，冲天狼烟已与天边黑云相接，不祥之气席卷而来。再问，说叛军已控制行营，汴州或已经陷落。

不能再往前走了，韩愈向董晋建议，夜宿圃田，待明日探听到汴州消息后再说。董晋应允。于是，一行便就近下榻于荒村野店。韩愈充当卫士，仗剑立于董晋房前，不敢有半点懈怠。

子夜时分，韩愈突见一道黑影电光般直击而来，韩愈闪身，挥剑向黑影刺去，不料却被黑衣人振手一拨，只觉手臂酸麻，“当啷”一声宝剑掉于尘埃。韩愈刚要大喊，却被那人点了穴位，一团乱麻似的东西结结实实塞在喉咙，只得眼睁睁让人摆布。

“不要怕，我是列御寇。”那人压低声音，指指屋内道，“董晋贤者也，不要惊扰他，我是为你而来。”

一听说是列子，韩愈半信半疑。

列子笑道：“掐指一算，有当朝文曲星莅临故园，岂能不来迎迓？只是星移斗转，延误点时间，迟来为歉！”说着，解了韩愈的穴道，又把宝剑捡起，这才拱手相敬，行了一个礼。

韩愈忙还礼：“久闻前辈大名，常在书页句读中神交，今日得见，韩愈三生有幸！”

列子听听屋内动静，说：

“我瞻四方，董大人可安卧无妨。借此辰光，我带你到圃田乡间走一走，准让你大饱眼福，不虚此行。”

说着，就着清冷月光，手中拂尘一甩，眼前便如莲花铺路，火树银花照彻。

列子与韩愈便披月走出店外。

韩愈恍若踏梦，却只觉好笑，念道：“乌帽拂尘青骡粟，紫衣将炙绯衣走。”

没走几步，便有乐声传来，寻声而去，进入一个院落，方知是一所乐器作坊。作坊里摆放着各种乐器，高大如箜篌，拳石如埙笛，排箫唢呐丝竹金缶，应有尽有。其中一人正抡斧斫削一截圆木，俄顷，一只大钟模样的乐器出现在人们视野。

列子回头介绍道：“这是一种击打乐器，叫鐻。在金石声中起休止抑扬之用。而今，有这样手艺的人已经不多了。”

列子说完，又问那人道：“请问师傅，你是用何法术制成鐻的，竟如此精美绝伦？”

那人抿嘴一乐说：“在咱们圃田，只有您列翁一个神明，在您老人家面前，我等只是雕虫小技罢了。”

韩愈上前拿起钟鐻细看，见其通体光洁，宛如活物一般，全然不见斧凿之痕。他不由赞叹说：“此物乃生出来一般，仅是辛劳技艺，不会有这般成就。敢问师傅有何秘诀？”

那人谦逊道：“小人只是个匠人罢了。若说诀窍，似乎只有一些零碎的心得。”

列子笑说：“要的就是这些零碎！点点滴滴都是心里的油，贵若珍宝！你好好教教我这个客人，他刚入职场，特来请教，你就来个竹筒倒豆子，但说无妨！”说着，顺手拉过一条木凳，让匠人坐了。自己和韩愈垂手站立，做倾听状。

匠人拱手谢过，喝口陶壶里的槐叶茶，咳嗽两声，开口聊了起来——

我每次接活儿，先要盘足我的精神，不敢有半点损耗。这就是一定要斋戒修省，保持内心的安静，不受外界干扰。斋戒之法，就是列翁所传，即见素抱朴，清心寡欲是也。斋戒到第三天，心里不再想事功获赏的念头；斋戒到第五天，已将别人对自己的巧拙褒贬驱赶殆尽，在心里没了一点位置；斋戒到第七天，连自己的四肢形体五脏六腑都忘得一干二净，整个世界清明澄澈空空如也，独有技巧在一片虚无中兀然矗立，且不断强大。这时我便来到山林，静静观察树木的天性，开始我的神游之旅。这是如寻相好的爱之旅。首先是要相互对眼。我看中了它，它应有所感。对我的中意，它会有女人被男人拥抱入怀的战栗和发抖。它不是无动于衷，死木头一截。它对爱意的感觉，就是它将来作为鐻的基础，没有它的赠予，怎会有灵性般的生机和神通？当我与选中的大树相互定情之时，就是自然与人和合，古称“以天合天”的时候，也是钟鐻即将孕育的过程。此时，我已能清晰地看到鐻在大树里的样貌，一如婴儿在母亲肚子里安睡的图形。

到这个时候，我就知道可以开始了。

我的斧劈凿琢只是如郢人削泥，看似猛烈狠险，实际准确无比。即使鼻尖上的泥薄如蝉翼，我抡圆了斧头砍下去，鼻子也会毫发无伤，那些泥会剥削净尽。我的眼睛里似乎还有眼睛，能看到别人看不到的东西，耳朵里还有耳朵，能听到树木内部的声音。更多的时候，是这样的眼睛和耳朵在起作用，是它们指挥着我的行动，这就是手眼通天的时刻。当这一时刻优雅降临又圆满结束时，一个完美的钟镰就诞生了……

匠人说完，倏然不见。

然而，韩愈手上依然有只钟镰，只是瞬间小了许多，颜色也变成金黄。突兀变化让人始料不及，韩愈觉得钟镰在剧烈抖动，忙双手按住才渐渐归于平静。

韩愈一时惊诧不已。

列子笑说："这叫一物两用，大镰当乐器，小镰当饰物。这个小玩意叫金镰，王族人家每有争伐之事，常佩之挂之，有驱鬼避邪壮胆助勇之效。待秦汉之后，它的形状渐变为兽魔，与铁甲铜镜镶嵌一起，原来形状便渐渐消失了……"

韩愈拂在胸前比画着，听说这已成了老物件，颇觉珍重，忙问："这是乡亲赠礼，殊为可珍，只不过我乃一介文人，赠镰于我，其意若何?"

列子说："其意均在钟镰中。你先思忖着，咱们边走边聊。"说着，把韩愈手中的钟镰用丝绳缠好，与剑匣一起别在腰间，"从此后，你的肝胆将直冲牛斗啦!"

韩愈会意，挺胸兜肚走了两步，颔首道："果然有睥睨天下之感，今夜之前，似还为升米斗酒踌躇，受了大师点拨，虽尚未领会真意，但也颇长精神，似乎有豪气溢满胸间，开始英气侧漏也!"说完，仰天哈哈大笑起来。笑声的力道甚大，如箭镞般射向空中，头顶上的云彩四散开来，月亮更加皎洁。

正说着，只见迎面慌张走来一个书生模样的人，见到列子便作揖道："列翁先师，救救吾父!"说着跪在尘埃呜呜痛哭起来。

列子忙上前打问：

“这不是庆儿家的新科吗？是汝父让尔找吾吗？快起快起！”说着拂尘一扬，将新科拉了起来。

新科挥泪说：“您老人家委实难找。父亲嘱告说，列翁或化云霓，或成霜露，若要寻觅，须得鸡啼晓晨，或在夜半月白，斯时站在村中十字路口，虔心等待就成。”

列子点头：

“庆儿知我也。想当年写‘杞人忧天’时，就是你提供的资料。”

韩愈当然读过这则故事，不由好笑说：“敢情庆儿就是那个忧天的杞人？”

新科垂首说：“若是那人就好了，就不会犯病了。”

此话引得列子一愣，忙询问道：“庆儿得的什么病？”

“一直到死，也没弄明白，大概是郁症，乡亲们在他活着的时候都说他‘郁’着啦。”

这又使列子始料不及。

一篇文章把人写死，无论如何不能算好事。列子沉默良久，不解道：“仔细回想一遍，我在文章里并没写对不起他的事。他原是南边三十里尉氏人，他有个亲戚乃杞县人氏，离他家有五里地。亲戚家境殷实，但其子却常常无端阴郁，忧天虑地，唯恐天崩地坠，终日惶恐，睡卧不宁。人眼看不行了，于是亲戚找上门来求庆儿相帮疏导，因他熟读经卷，且见多识广，加上又是亲戚，理应责无旁贷。庆儿是个热心人，便应允下来，三说两说，竟将表弟说通了，‘郁’病说好就好了。回来后，汝将此事当笑话说给我听，我当即写了一篇东西，将这个故事取名‘杞人忧天’收入书册。”

说完，他皱着眉头又问道：“真是因我的文章而死的吗？在我的文章里，他只是个‘治病’的人，是个正面人物，想不通他为何被文章所累。”

新科见列翁疑惑，张着手解释说：“文章传出后，方圆百里的儒生学人都来问罪，找列翁找不到，便找父亲代之。他们罚罪的理由有两点：其一，父亲给出的理由完全是列御寇的虚空说，日月星辰，不过是会发光的气体而已，即使掉下来，也不会伤害人。这是睁眼说瞎话，天上夜夜有流星访问，白天时有陨石飞来，那个是气体？怎么是虚空？陨石能把地上砸个窟窿，砸你头上试试，还能说不会伤害人吗？其二，儒生找了杞人相问，杞人道：我的忧虑，一是地上天，天下地；二是王者天，王者土。所以这才是完整的‘杞人忧天’，不仅仅是忧自然，还忧天下之天，庙堂之天，这也是读书人与白丁的根本区别。也是读书人的职责所在。但在列翁的文章里，后一种忧虑全然删去了。所以他们说他应该知耻而死。”

韩愈听得心惊，忙问：“果真因此而死吗？”

新科点头曰是。

列翁垂下了头，显然他也受到了触动。

他声音低沉地说：“我知道错在何处了。不过，庆儿既已死去，为什么还能让你找我，再说，即使找到了我，又有何用呢？于他再无裨益了！”

新科道：“父亲还是相信您。他说，只要找到了您，您能在他坟头说上一句话，那些缠他的大鬼小鬼就会烟消云散，他的心结就会放下，他就可以在天上自由翱翔了。”说着，两行清泪潸然而下。

列翁沉吟道："这样也好，新科，备好烛纸香表，我去坟上与汝父聊上一聊，走吧，新科！"

三人便就着如水月光向村外走去。

走不多时，便见一棵枯柳下立着孤零零的一座坟茔。

新科跪下磕头，燃烛烧香后哀哀说道："父亲大人在上，依您吩咐，我等了八百年终于等到了列翁先师，这就让他老人家给您说句话，您就安生好了。"

列子趋步过来，在庆儿坟前先垂首默哀，然后缓缓开言道："庆儿吾徒，为师先给你道声歉。当年你无错，是老师有错。你用为师所授宣夜说解人之惑，功莫大焉，用此说救人，善莫大焉！因此，虽已历过千年之限，为师仍然坚持此说，也仍然说庆儿是我最优秀的学生！至于有人说流星与陨石之议，与宇宙虚空相比，仍是粉尘草芥也，瑕不掩瑜，可以忽略也。而为师的错处在只言道而不言人也。作文时忽略了文人之根本，忧患意识对社稷民生大过天也！这就是为师之过，所以我向你沉痛检讨，杞人忧天，不是庸人自扰，而是睿智聪明也！"说完，朝庆儿坟头缓缓三鞠躬。

新科连忙过来扶住列翁："谢谢先师，父亲得您真言，往生有幸，从此可以无忧也！"说着，又跪下冲着列翁叩头。

韩愈看得眼热，泪水盈眶，点滴落襟。

"叹为观止，叹为观止啊！"

他不由得连声叹息。

突然醒来，韩愈发现自己倚门而卧，宝剑在臂弯寒光闪烁。列子和新科均倏忽不见，却见对面一个人影朦朦胧胧向他走来。

不用问，这个人就是我。

先生见我出现，有些恼火：

“谁让你这个时候出现的？我正思忖怎样回答列子之问，已琢磨出一二，正往肯綮处走，似已摸索到三了，好，早不来，晚不来，偏偏这个时候你来了，让老夫一下又忘到爪哇国了！回答不了列子之问，你让我的老脸往哪儿搁？”

他气恼地把脸一扭，不愿理我。

我忙赔笑说：“我就是怕您出事，所以才来叮嘱您一句。”

他愣了一愣，不解道：“正常学者问答，能出什么事？”

“您老在文坛乃泰山北斗，众人皆知，但您的个性太强，说话从不留余地，后辈人说起这点，言您一味争强好胜，以至于常陷口舌，因小失大，使人生浪费了很多时间。”

我有点故意激他。

“是谁这样胡诌？简直是胡说八道！你能说出他的名字吗？说不出就是你在瞎说！”

他跺着脚指着我的鼻子吵。

“我忘了是谁说的了。等我想起来再给您说好不？我来是想给您一个建议，人贵直，文贵曲，列子之问可不必直白回答。”

我又把话拉回正题。

见我执拗，他默默想了一会儿说：

“为什么？”

“您想，以列翁之智，似也难逃时间之咎，可见文章不一定追求百世不朽。”

他抬眼瞄瞄，没有表态。

我接着说道：“一个钟鐻，可成百说。有人说奇技淫巧，可以立身；有人说术业有专攻，凡术务微精；有人说做事须专注，注意力集中，方能会神；有人说心诚则灵，用心谋事事可成矣；有人说谋事在人，成事在天；有人说顺其自然，以天合天，方能成功；有人说天助力，神通灵，手眼通天事才成；有人说，胆气冲牛斗，勇冠三军首，气壮山河新，天下任我走，等等。仁见仁，智见智，庸人见的是木橛子，挂上墙可放菜篮子。总之，还包括您的职场第一课，所以全面衡量，还是不说为妙，让人自己去悟好了……”

我的机巧让先生懵懂。

他迟疑了一会儿，轻声问道：“现在的文人是不是都这样乖巧？”

我点点头：

“多数都这样，考虑问题全面得像领导干部。”

“好吧，我成全你们，不做列子问答了。”先生说完叹了一口气。

正在这时，只听一声鸡啼，圃田的天边现出一缕鱼肚白。

先生急忙向我作别，立马恢复肃穆之态，回到了历史叙事的语境里……

韩愈有些认不出他了。

徐州城中燕子楼。韩愈与幕府一干人等了半个时辰，方见节度使张建封姗姗而来。张建封身披紫金披风，里边却是一身短打行装。贞元八年（792）夏天，韩愈去马燧府上辞行时，马燧设宴庆祝韩愈进士及第，恰逢张建封去拜谒马燧，二人便由此相识。张建封是马燧旧部，武将出身，与马燧可谓生死之交，情同手足。席间张韩一搭话，方知是河阳老乡，张建封见韩愈英俊儒雅，谈吐不凡，十分欣赏，便相约后会。汴州兵乱，小妹先期到符离，也是张建封的周济。转眼七年过去，乍一相见，韩愈有些认不出他了。

甫一落座，张建封就粗喉大嗓地说："退之老弟受惊了。今日为兄为你一来压惊，二来接风，三来贺喜。祝贺退之弟喜得贵子！诸位为韩推官干杯！"

丝竹轰鸣，女声悠扬。帷幕徐徐拉开，竟然有十多个妙龄少女的乐队环列，中有一美人怀抱琵琶缓缓而歌：

青青水中蒲，下有一双鱼。
君今上陇去，我在与谁居？

青青水中蒲，长在水中居。
寄语浮萍草，相随我不如。

青青水中蒲，叶短不出水。

妇人不下堂，行子在万里。

胡女妙歌，春心美人，韩愈眼睛湿润了，泪水在眼眶里闪动。难为建封大人如此用心，让人为之动情。

韩愈拱手说："谢大人提携，晚生也有诗以歌。"说着便从袖中拿出诗笺，递于堂上。

胡女又唱起来：

利剑光耿耿，
佩之使我无邪心。
故人念我寡徒侣，
持用赠我比知音……

许是第三代胡女了吧，她已经没有西域的口音。只是肤色更加白皙，如贝在幽暗处闪亮。美女唱出了情感，诗句如火，灼出另外的况味。她的知音是谁呢？

张建封与李元淳都是河阳太平乡人，李元淳比张建封小四岁，二人乡居不过一箭之遥。张建封十六岁从军，李元淳也是十六岁从戎。张建封跟着马燧南征北战，李元淳跟着平北节度使尚衡东征西伐，二人都因战功卓著擢升将军。现在，一个是徐州泗濠节度使，一个是河阳三城节度使，均为朝廷重臣。二人又都特别礼贤下士，尤其对文人墨客极为看重。之前韩愈只要回河阳，李元淳总是设宴款待。几月前，韩愈汴州乱时仓促路过河阳，李元淳闻报仍诚意置席，挽留韩愈，弄得韩愈不得不"平明脱身去，决若惊凫翔"，逃跑般离去。论年龄，他们都是长辈，要比韩愈大三十岁；论官衔，都是俸禄三千户的封疆大吏，而韩愈则是基层文官，二者不可相比。但张建封亦如李元淳，对韩愈非常礼遇，着实令人感动。韩愈想，或许还有更重要的缘由：他们都是看重乡情的人。

李希烈反叛兵掠汝州威胁东都洛阳时，李元淳部与泾师部队奉命南北夹击，以减缓东都压力。谁知恰逢泾师兵变，长安自顾不暇，东都也岌岌可危，只剩李元淳部独力支撑局面。于是李希烈就全力猛攻李元淳，眼看就要不支时，张建封派去自己最精锐的一万二千“私兵”，从李希烈背后杀来，打得李希烈措手不及，慌忙退却。老乡见老乡，两眼泪汪汪，李元淳不忘老乡的援手之恩，在他打败李希烈主力之后，特意来徐州答谢张建封，据说送黄金万两以赠河阳私兵。

韩愈又说道：“这次回乡，得见李大人，言及为阁下修建生祠事，学生拍手赞成。李大人嘱我为大人撰写碑文，学生自然义不容辞。大人乃河阳骄傲，理当旌表，受乡里春秋祀之。”

张建封喜不自胜：“元淳吾弟也，小时候常带他玩耍。几年前元淳邀我，席间见一琵琶女甚美，我便开玩笑说，此女乃我随北平王爷战吐谷浑时所得，她的父母及姐姐被流矢射死，她在母亲身下得以幸免。发现她时，却见她怀里抱着一把琵琶。班师回朝时，我忙于军务，把她交于军士看顾，谁知半道上却把她丢了……元淳当即叫一班乐伎停下，把琵琶女唤来说，还不快磕头谢恩，你的恩人领你来了。就这样，她们全都跟着过来了……”

韩愈生疑：“她真是你当年救过的小女孩？”

张建封哈哈大笑道：“我瞎说的呗！”

席上乐曲突然停止，但见美人款款而至，向韩愈施礼道：“韩推官在上，妾身有礼了。你看看这把琵琶如何？”

韩愈见美人兀自下堂，又见张建封笑而颔首，便明白了许多。接过琵琶一看，比通常的琵琶要小一些，腰身延至上端要长许多，四弦四轸，铜柄梨槽，下端一部分蒙有蟒皮。韩愈翻过来一看，突出的棱背上竟刻有一行汉字：浑不似如吾。韩愈听说过浑不似也叫火不思，是王昭君出塞后所造，胡人曰：“王昭君，琵琶伤，胡人仿，浑不像……”

韩愈突然想起，浑不像就是浑不似，浑不似如吾……该不是王昭君本人吧？他看见胡女清澈明亮的眸子闪过一缕忧伤，不禁怦然心动，他迟疑地问道："这把琵琶是……"

胡女含泪说："这是我们家祖传的乐器。"

张建封有些微醺。他脚步踉跄地走到胡女跟前，一把将其揽在怀里说："她叫燕燕，这座楼就是以她的名字起的……"

人世间，该有多少隐幽处？从漠北到西域，辗转了几多草场，涉过几多河流，翻过几多山峰，是被人掳去还是胜出，是汉人还是胡人，怕是这个美人也难释解了。只有这把刻有汉字的浑不似，犹如览阅古今的隐者，拨之为响，传达着曲曲折折的人间故事……

似有诸多话要问胡女，但终于没问。

张建封向韩愈拱手，说是今天有重要的赛事，青州司马率领马球队来了，他要亲自上场。说着就在美人们的簇拥下离席而去。

韩愈起身相送至楼下，目送其出市。复转回身，见燕子楼幽幽矗立在繁华中，满身玉翠珠光点点，宛若胡女的几分神色……

韩愈突然意识到，自己或许喝多了……

秋日朗照。韩愈应邀观看马球比赛。

军营一隅，林木环侧。球场三面短墙，高约马腿。球场四围铺设层叠高阶以便官佐观看，场外遍插彩旗。球场一侧竖两根木柱，柱间置一木板，板中间挖一孔形为门，门上有丝麻为网。比赛时，分为红黑两队，球衣、马匹、冠冕皆一色，以示分别。一队四骑，两队八骑，两侧均有裁判乘马相向审视有无犯规动作。开球后，双方球员手持球杖，杖长数尺，顶端弯曲如偃月状，多用铁铜包之。球如鹅卵，两队共争一球，以先击入网中为胜。球场平整如镜，多用河中澄泥加糯米细罗筛过三遍，方铺设而成，平时少有尘土，若有重大比赛，甚至用丝帛拂其地面。

韩愈与幕僚们刚在高阶坐定，便听一声锣响，早已准备好的红黑两队便冲决盘旋一处，只见黑中有红，红中有黑，奔跑跳跃闪转腾挪，竟有千种变化百样姿态。韩愈忙问身边一录事：“在节度使身边的红衣后生是谁?”录事似乎有眼疾，看了半天道：“他身手了得，能在空中运球连击数十下，将对方吸引过来，又巧传张大人，给他创造机会进球，此人端的厉害……可他是谁呢？看不真切也！”

马球又叫波罗球，据说源于波斯。唐代马球极盛，几乎伴随全唐史。皇室贵族，军将勋爵，士绅富民，似乎都喜欢这项活动。这项运动且具有深刻的泛政治化影响，皇室可以扬其威，军队可以炫其武。唐太宗喜欢马球，因此技来自西域，胡人便争献之，以讨太宗封赏。李隆基还是临淄王时，一次吐蕃马球高手来访，李隆基与嗣虢王李邕、驸马杨慎交、武延秀四人与其比赛，李隆基左冲右突，神出鬼没，竟如入无人之境，最后以绝对优势胜出。此次比赛博得满朝喝彩，为他以后顺利登上皇位加分不少。唐末，皇室受朱全忠胁迫东迁洛阳，唐昭宗也没忘了带“击球供奉”等马球队与之同行。马球对抗激烈，且暗藏各种凶险，因此，也有夺命算计在马球场上实施。安史之乱时，常山太守王俌欲降，诸将就乘他打球时撞其坠马，然后纵马践踏至死。

这时，比赛进入白热化。红方黑方各进一球。黑方乃青州来访的马球队，双方此前大比分战平，今天是决胜战。张建封虽已六十多岁，然体魄魁伟，身手矫健。许是多年骑射历经战阵之故，特别在盘马交错短兵相接时头脑冷静，球到杖到，球上下翻飞，如粘在杖上一般。加上白面少年灵活机敏，球技出神入化，屡屡施以仙手，把场上观众弄得如痴如醉，呼喊连天。关键时刻，张建封接过球来纵马直扑球门，黑方一骑迎面截击，另两骑一前一后上来夹击，一杖欲击张建封杖杆，一杖顺势来抢马球。哪知张建封闪过杖杆，仍径直向前，待右侧留出空当，却把球拨向白地，白面少年飞骑赶来，手到球出，一记流星追月，正中球门。

场上顷刻欢声雷动。

双方在马上向观者施礼。此时白面少年摘去冠巾，一头瀑布似的秀发流泻下来，不是别人，原来是胡女燕燕！

当夜，韩愈赋诗一首以记：

汴泗交流赠张仆射

汴泗交流郡城角，筑场千步平如削。
短垣三面缭逶迤，击鼓腾腾树赤旗。
新雨朝凉未见日，公早结束来何为？
分曹决胜约前定，百马攒蹄近相映。
球惊杖奋合且离，红牛缨绂黄金羁。
侧身转臂着马腹，霹雳应手神珠驰。
超遥散漫两闲暇，挥霍纷纭争变化。
发难得巧意气粗，欢声四合壮士呼。
此诚习战非为剧，岂若安坐行良图？
当今忠臣不可得，公马莫走须杀贼！

与董晋的老成持重相比，张建封要洒脱许多。许是武官出身，他的行事风格简洁明快，从不拖泥带水。倘若你接触他一日，便会摸清他的脾气秉性，若弄清他的“家底”，似乎不需考虑时间上的成本。而董晋，接触三年，韩愈也很难料定一件事情上他是何态度，他不会让部下掌握自己。但这样性格的人却对皇帝忠心不贰。张建封的一切爱好似乎都和他的军人身份有着联系，比如打马球、打猎、斗鸡、投壶等等，都和军事有关。比如韩愈写张建封打猎：“将军欲以巧伏人，盘马弯弓惜不发。地形渐窄观者多，雉惊弓满劲箭加。”真如一场伏击战的感觉。至于养蓄乐伎女伶，唐律有定，以他这种身份，似乎也谈不上骄奢淫逸，实为场面上的应酬而已。但对胡女燕燕，他似乎不是一般的主人和小妾的关系，他们之间好像有很深的爱情。

韩愈对儿女情长似乎没有白乐天敏感。白乐天以后也去过徐州燕子楼，说是“余为校书郎时，游徐泗间，张尚书宴余。酒酣，出盼盼以佐欢，欢甚。余因赠诗云：醉娇胜不得，风袅牡丹花。尽欢而去。尔后绝不相闻，迨兹仅一纪矣”。多年之后，一友来访，带来《燕子楼诗》三首，说是盼盼所作，词甚婉丽。此人在徐州幕府多年，说张建封故后，盼盼幽居燕子楼十多年，心如枯井水，波澜誓不起，为张建封守节。盼盼有诗曰：“楼上残灯伴晓霜，独眠人起合欢床。相思一夜情多少，地角天涯未是长。”又云：“北邙松柏锁愁烟，燕子楼中思悄然。自埋剑履歌尘散，红袖香销一十年。”白乐天和之云：“满窗明月满帘霜，被冷灯残拂卧床。燕子楼中霜月夜，秋来只为一人长。”据说盼盼得白居易诗后，怏怏旬日，不食而卒。

韩愈比白居易大四岁，且因白生于新郑，若比乡邻，素有来往。韩愈得《燕子楼诗》后，不禁扼腕叹息。白乐天何以能写出《长恨歌》，仅此诗就能证明他的情感丰沛，心思葱菁，胜己一筹。自己虽感而有觉，看出燕燕对张建封一往情深，且身在现场，却不能洞悉这背后的感人故事。但韩愈也有颇多疑惑：白乐天写的是张建封和燕燕吗？燕子楼主原是燕燕，何时变为盼盼？是张建封故后改名还是白居易故意把真名隐去？另外，白乐天贞元十九年（803）才进吏部拔萃科入仕，而此时张建封已死去三年，乐天何以与其宴饮？如果是和张建封的儿子张愔相友，却说他的墓葬在东洛，而张建封是河阳人，他的墓就在虢村东北隅，与李元淳墓遥遥相望，不足二里。即使是张建封的儿孙，河阳祖地，也不可能贸然更改。这是虚构，还是循影创作？韩愈也大大地迷惑了。

这些都是后话。

而当时韩愈心神专注的不是儿女情长，是所谓经国治军的大事。

他仍然认为打马球对军队无益，对军马有损：“远者三四年，近者一二年，无全马矣。”且常游戏的马，只会旋转盘绕，忘却直线奔驰，貌似战马，实际上已无此能了。另外，打球还伤人致残枉费物时等，因之再次提出批评意见《上张仆射第二书》给张建封，恳请取消这项运动。

张建封很认真地赋诗一首《酬韩校书愈打球歌》给予解释：“儒生疑我新发狂，武夫爱我生雄光。杖移鬃底拂尾后，星从月下流中场。人不约，心自一。马不鞭，蹄自疾。凡情莫辨捷中能，拙自翻惊巧时失。韩生讶我为斯艺，劝我徐驱作安计。不知戎事竟何成，且愧吾人一言惠。”

这是张建封颇有深意的一首诗。

韩愈以一介书生，如果在三十岁左右就能阅尽一方诸侯的心底世界，似乎有些轻看唐代高端的官场政治。对于韩愈的率真与无邪，张建封是很欣赏的，他能从马球背后窥见不利因素若干，而且敢于犯颜直谏，以下言上，这是需要勇气的。这是他心怀天下、不苟且私利的表现。但作为一个年轻人，他太单纯，又太犀利，这对他的未来仕途是不利的。作为一个文学家，如果对一件事物不能悉数洞见，难免会隔靴搔痒不得要领。作为政治家和军事家，如果不能掌握事物的全面，那就会招来失败或者死亡。此诗作为书面语，他只能就马球谈马球，从表面的优劣说起：“进若习熟，则无危堕之忧，避能便捷，则免激射之虞，小何伤于面目，大何累于形躯者哉?”就是说伤人之事一般不会发生。而作为军人，在无战情况下，打马球是最好的练兵方法，骑马打球，速度、力量、体魄、意志、战术，无不涉及，正因为它有训练功能，军营各级特设“打球士曹”，马球场地遍及营盘。至于说伤马或废马说，更是书生之言，马之伤，不是因为奔跑或盘旋，而在于久蓄槽头空马肥，跑不动的马才是真正的残马废马。汉时刘邦和三国刘备，都有过见自己股肥体胖是因少骑马的检讨，那就是说，只要和马亲近，就是军人还有斗志的证明。而这些优长，是韩愈难以体味的。

更深的一层话语还在后面。

“武夫爱我生雄光”，一方诸侯，特别是武将，身体强壮体格骄人会给自己以信心，更重要的是能服众。因此，不断地“秀肌肉”是最古老也最有效的管理手段。怎样秀？打马球就是张建封向部下示强的最好方式。一是因为场面宏大，观者如云，一场秀下来，全营几乎无人不晓。二是上有好焉，下必效之，既有投其所好之利，又能因势利导，何乐而不为？

接下来就是“夜半无人私语时”的隐秘老乡话语了。这是全诗最关键处：“凡情莫辨捷中能，拙自翻惊巧时失。”看似谈的是球道，实际谈的是人道和政道。张建封主政徐州到韩愈来，已经十一年了，人说这时正是他轻车熟路好马快刀的人生顺境，就像打马球时他得一好球，只要快马轻骑纵身一投就万事大吉。实际上，越是这个时候，越存在着“巧时失”的极大风险。张建封主政徐州十一年里，至少经过两次大的战乱和多次地方兵变，其祸主要是藩镇作乱与中央皇权分庭抗礼之故。德宗对地方诸侯的猜疑之心和防范意识不断升级，凡有重镇，必有监军。所谓监军，就是皇帝身边外派的宦官，作为耳目以便监视该镇的动静。德宗后期只信宦官而不信臣了。因为判断系统受到宦官的控制，许多正常的东西就会变得不正常，被宦官构陷或迫害的事件时有发生。比如：你领兵训练，动刀动枪，或许就会被汇报有不臣之心；你正常往来出访，就会被汇报阴谋串通，心怀不测。稍有不慎，就会人头落地罪加九族，一生就此完结，盖棺时还会累及后代。实际上，张建封的打马球、玩斗鸡及声色犬马，都有“表演”性质。若让皇帝放心，不是你的呕心沥血卧薪尝胆苦心经营壮志凌云，最好的表现就是你的无所作为，沉溺于这个体制下充分品味皇权下分配的幸福感。就像当年韩熙载那样，只为美女，只为美食，只为喜乐，只为艺文，只有这样，他或许才会生存下去。而所有这些吃喝玩乐加在一起就构成了官场政治的重要内容。而这些表演，也可以说相当悲壮。从史料上看，张建封和李元淳都是六十六岁死亡，而且都是“急疾”，这就是说，前一日还可能驰骋在马球场上，后一日就突然死亡。这是另一种形式的鞠躬尽瘁，因此，他们都受到了皇帝的表彰，李元淳后代食邑三千户，张建封儿子仍掌徐州许多年。即使是现在，他们的子孙后代仍生活在孟州市太平乡一隅。这就是当年作为唐代忠臣良将的政治经济学，也可以说他们的目光穿透了千年……

而这种复杂，是韩愈所不具备的。

虽说张建封下的是明棋，但韩愈却下不过他。

因此，张建封说韩愈“不知戎事竟何成，且愧吾人一言惠”。他对韩愈的期望甚高，希望他今后格物做事要全面看问题。身为乡党和经世老臣，他的内心深处对韩愈有着善良的期许，希望他将来有更大的成就……

“不知戎事”，这是张建封对韩愈的判断。

世间不知戎事者不知凡几，但张建封唯对韩愈说，如果不知军，你是成不了事体的。这是何等的看重，又是何样的期待，更是多么的睿智。在这样的希冀中，张建封对韩愈的要求也就格外严厉。你要想知道梨子的滋味，你就要亲自尝尝，或者干脆变成一只梨子。韩愈作为幕府人员，必须要按幕府的规矩去要求。所谓幕府，原本是军队征战时驻扎野外帐内幕帷里指挥人员的称谓，后来沿用下来，也把地方军政大员的官署称为幕府，因了这样的缘故，幕府就有半军事化的要求，具体到徐州幕府，特别是张建封这样武将出身的幕主，或许军事化的要求就更严苛。

韩愈是散漫惯了的。当幕府主管行政事务的小吏向其宣布规章和一日作息制度时，韩愈只得诺诺而遵。若是别人，这些规矩或不当回事儿，但韩愈内心却苦不堪言。比如每日上班，规定时间“寅而入，尽辰而退，申而入，终酉而退”，这就是说，每天凌晨三四点就要入幕，这时间和长安早朝的时间是一致的；每晚七点离府，回时已月上东山。另外，“非有疾病事故，辄不许出”，这是从古到今军营管理的一般要求。

凡此种种，“小吏持院中故事节目十余事来示愈”，使韩愈烦不胜烦。韩愈多年读书习文，养成朝花夕拾晨咏夜读随兴而至的风格，像风一样不受节制，忽然入彀，竟有千般不适、万般无奈之感。无奈之下，韩愈只得上书张建封，求其根据自己的实际情况，取消若干规定，免其晨入夜归。他说：“……凡执事之择于愈者，非为其能晨入夜归也，必将有以取之，苟有以取之，虽不晨入而夜归，其所取者犹在也。下之事上，不一其事；上之使下，不一其事。量力而任之，度才而处之；其听不能，不强使为。是故为下者不获罪于上，为上者不得怨于下矣。”

韩愈在徐州幕府，所有的不快和郁闷，大抵均由此而来。

这或是张建封的刻意安排，你韩愈要知梨子的滋味，不仅要亲口尝尝，最好把自己变成一只梨子。但是，韩愈不是一般的梨子，如果让他接受一只梨子的命运，他会心有不甘。这似乎是文人的通病，自古而然。陶渊明宁可采菊东篱，也不愿折身官场，因之太息曰：“我岂能为五斗米，折腰向乡里小儿！”于是辞官归隐。高适曾在《封丘作》一诗里写道：“我本渔樵孟诸野，一生自是悠悠者。乍可狂歌草泽中，宁堪作吏风尘下。只言小邑无所为，公门百事皆有期。拜迎官长心欲碎，鞭挞黎庶令人悲……”孟东野后来任溧阳尉时，因不习惯公职生活，每天仍放迹林泉，徘徊山野，因之公务多废。县宰只得另以假尉代之。而诸多文人正是不愿为五斗米折腰，才选择辞官归去。

折腰是一种姿态，主要是官场行状。其中，官场礼仪和各种规矩是造成文人们敬而远之退而避之的重要原因。官场礼仪繁多等级森严，仅跪拜礼就可分为“稽首”“顿首”“空首”“振动”“吉拜”“凶拜”“奇拜”“褒拜”“膜拜”等等。即使平常，小见大、下晋上，就要行“趋礼”，就是小步快跑的意思。在这方面，孔夫子为后人留下了标准式样。一次，孔子应鲁国国君之召去接待外宾，只见他神色庄重，不但拱手弯腰，而且“趋进，翼如也”，就是碎步趋进，像张着翅膀的鸟一样。见鲁君如是，又“趋进，翼如也”。这些礼仪规范就是让人明尊卑、知贵贱，但其主旨仍与军队的纪律一样，让人驯顺和服从。

如果按照张建封的价值观，倘若韩愈如他，或者比他更出类拔萃，那就必须从一个合格的幕僚做起，模范遵守幕府的规章制度，由此完成“知戎事”的任务，然后再向更高的目标攀越。但韩愈却不是张建封。他所原有的散漫并不想去除，他很想让张建封知道，文人的散漫实际上也是一种态度和姿态。比如孔子的学生曾点言：“暮春者，春服既成，冠者五六人，童子六七人，浴乎沂，风乎舞雩，咏而归。”就是说，暮春里，穿着袷衣，和几个成年人及一帮少年，在沂水边游泳，到祭天的高台上吹吹风，然后唱着歌回家。孔子喟然叹曰：这也是我的追求呀！比如嵇康散漫到，死前只关心一支曲子的传承，而富贵荣华乃至死生都轻如浮云。还有饮者刘伶裸体示官说：我以天地为房，以屋为裤，诸位何以跑进我裤子里？他哪有上尊下卑的观念？更有诗仙李白谒见官员时称己为“海上钓鳌客”。官员问：先生钓巨鳌，以何物为线？李白答：以风浪逸其情，乾坤纵其志，以虹霓为丝，明月为钩。官员又问：以何物为饵？李白又答：以天下无义气丈夫为饵。官员悚然。杜甫曾在免去县尉一职时写了《官定后戏赠》一首诗：“不作河西尉，凄凉为折腰。老夫怕趋走，率府且逍遥。”文人的散漫和淡然是滋养浩然之气和文人风骨的重要条件，因此，韩愈的坚持和争执，反映了他内心固守的价值观念和尚文心理。

日子就这样一天天过去。

张建封让他苦恼和忧虑，但张建封更让他成长和坚韧。

有一天，张建封对韩愈说，你代表幕府去京师朝正去吧，对幕府来说，每年赴京向皇上祝贺新岁，汇报一年情况，是幕府大事中的大事。贡品已经备完，奏章要你完成。另外，你在我这里磨砺已久，此番进京，也是你个人转进的一次机会。去吧，年轻人！

这就到了贞元十五年（799）冬天里的长安。

作为地方官员，第一次出使京城，且要觐见皇上，面呈贡礼奏章，口述政事，对韩愈来说，压力可谓大矣。临朝的头天晚上，韩愈几乎一夜未眠。

欧阳詹为伴好友，与韩愈同住驿馆。欧阳詹说："金殿空阔，甚冷，若念奏章，长跪无时，倘膝下冻僵，乍而不起，有失大雅，或有失礼之态。"于是依例而行，两人找来布带，慌乱在韩愈腿上缠来绕去，初时没有经验，不是紧就是松，等弄妥当，已过子时。欧阳詹说，把带子解开再睡不迟。韩愈不依，怕再绑会起周章，就和衣而睡，哪想带着一层东西睡觉，总心神不宁，辗转反侧，竟传丑时钟响。韩愈见欧阳詹已呼呼睡去，怕寅时钟自己睡过，误了早朝，索性就点了蜡烛，在床榻上看起奏章来了。奏章看过数遍，似乎已能随口背诵，这时，谯楼上寅时的钟声便悠悠飘荡过来了。

踩着月光，韩愈萧瑟着候在地方官队伍的后面。礼官说，早朝之后，才是各镇节度使臣的觐报。韩愈这才发现，这个队伍中，似自己这个八品文官者几乎没有，多是节度使本人来朝。韩愈惶惑起来，觉得张建封对自己委实太信任了。另外，也说明他有些倚老卖老了。地方官难得有机会见到皇上老子，而每年的岁贺朝贡给他们提供了表现机会，有时上了特殊的贡赋，或是说了得体的巧对，或者凑巧碰上了皇上好心情，皇恩浩荡的春风就会吹到他的身上。德宗与前已今非昔比，他也乖巧许多。经过几次血光洗朝，他与各路藩镇互相妥协了。他早已开始纳贡受赋了。他知道而今来者，多是献忠表演，他也学会了抬手不打送礼人，因此他多呈笑纳之态，也不苛责，且多有封赏。当下是各路镇主最无风险也最有所获的时机，但张建封本人却没有来，偏让一个区区八品来朝，真有些折煞自己了。

见残月照见自己服色如黑，这深青色混在绯紫之间，真有夺目之效，于是韩愈不由得更加萧瑟起来。

早朝的朝拜谁都要参加的。大明宫外，只听一片踢踏之声。天气太冷，月色如冰，暗影处零乱纷沓，似乎在催促起居舍人早点侍奉皇上上朝。

韩愈仿佛听到了大哥韩会的呼喊，在纷乱的脚步声中如涟漪般荡开。这一声喊，使韩愈热泪盈眶。三跪九叩，山呼万岁，韩愈是流着泪完成的。他之前已多次练习，今天终于派上了用场。他的动作非常规范，又充满深情。

轮到韩愈觐见了，他果真“趋进，翼如也”了一回。可能是两只手张扬得太厉害，两条腿又绑得太厚，上下很不协调，这就出现了表演的痕迹，但他神色是庄严和神圣的。看到他这样的做派，在场的大臣均忍俊不禁，但又不敢放肆，都在心里憋着，觉得韩愈的食古不化，给他们出了一道考验耐力的题。

但是德宗笑了。看得出来，德宗也是忍了许久，但又不能不笑。这一笑，引来众臣的附和，于是大殿里笑声一片。

德宗笑出了眼泪，身边的太监忙着为他拭脸。大殿也不肃静了，颇像剧场内看喜剧的情绪。刚听韩愈的奏章开首，德宗就打断了他的话：“你就是贞元八年（792）进士韩愈吧，我看过你的文章，很好的呀。你们的礼单我看过了，难为你们了，你们的情况监军已向我汇报了，退下吧！”

韩愈诺诺而退。

没想准备许久的觐见，竟在瞬间完成。但韩愈仍出了一身大汗。特别是那膝下，因蓄汗过多，在殿外被风一吹，成了木质属性，连路都走不成了。

韩愈又想起孔子见鲁君趋进如飞的情景，觉得是下半身拖累了自己。沮丧的心情传导全身，整个人成了一截木头。

一截木头怎样回到驿馆的，连韩愈自己也不清楚。

第五章

如是者三，韩愈只得再次怏怏而归。于是就端坐一侧，形如泥塑，且心里装着一条条鱼。但韩愈知道，盘谷是用来书写和回忆的

先生再次出现在他的文本里。

这是济源的盘谷寺。

寺内有御碑亭，碑刻乾隆皇帝手书《送李愿归盘谷序》及步韵长歌七百句，时称为“歌盘合契”。

此乃乾隆58岁时所作，其诗其书均属上乘。

我作围观状，念盘谷序曰：“大丈夫不遇于时者之所为也，我则行之。伺候于公卿之门，奔走于形势之途；足将进而趑趄，口将言而嗫嚅；处秽污而不羞，触刑辟而诛戮，侥幸于万一，老死而后止者，其于为人，贤不肖何如也？”

话音刚落，先生突然于碑中现身，俯视笑道：“此文妙语多多，为何偏摘此句耶？是不是戳中后生要害，不期然说于神灵求之宽解？”

我反唇相讥说：“先生所言三种人，而今，第一种人不来；第二种人声将不闻音将杳；唯有第三种人络绎不绝，堪称历代之最。所以此文可以称为卖官鬻爵索引书好啦！”

先生正色道：“历代君王贤臣莫不激赞此文，尤其清帝乾隆更甚，口诵心追，沐手焚香，将此文一字不漏书丹于碑，勒石为颂，难道圣哲们不知其好吗？”

“我当然知道其好！此文是您三十三岁时所作，贞元年中，当地县令崔淡便令人刻石于道旁，其后书曰：昌黎韩愈，知名士也。后世宋人欧阳修于《集古录跋尾》卷八专推介此文，说当时先生虽人微年轻，未成宗师，然文章已名重天下，足以为傲也。与欧阳同代之苏东坡有《跋韩退之送李愿序》一文言：“欧阳文忠公常谓晋无文章，惟陶渊明《归去来》一篇而已。余亦谓唐无文章，惟韩退之《送李愿归盘谷》一篇而已。平生愿效作此一篇，每执笔辄罢，因自笑曰：不若且放，教退之独步。明人文徵明八十四岁时曾画盘谷图书盘谷序，文图并茂，天下流芳。更有以盘谷之名，冠于村镇乡社，落户至江南湖广，以文形胜福泽乡里，此乃始自先生。清人尊此文者更甚，竟至连皇帝老儿也来凑热闹，乾隆为考据此文此地，亲派河南巡抚阿思哈专事察证，历时数月，南来北往，舆图影谱，几番比对，最后才确定此地乃李愿归处。我并未说此文不好。但不得不承认，而今，李愿的影响力越来越小了，归隐者已成绝响。而求官做官的队伍越来越大，似乎如滚滚洪流，冲击着盘谷文中千年流泻的潺潺清流。这也是现实呀！”

先生辩道：“虽如此，也不能说此文乃求官之典籍吧？李愿者，拒腐蚀，真隐士，清风明月也。用你们的话说就是正能量、正面人。历朝历代引人颂慕。为何现在不时兴了？”

我说：“时兴不时兴，先生与我在寺内一观即知。”

先生道：“秀才不出门，便知天下事，胡为跑来跑去？”

我故意激道：“所以说，不时兴的第一个原因，就是因先生势利而起。”

先生呵呵笑起来：“谁会相信？”

“因为是皇帝手书，你就陶醉其中，喜不自胜。看来历朝历代，文人都有这臭毛病，第一等乐事，君王旌表，皇恩浩荡。若书家是旁人，先生还会恋恋不舍吗?”

先生从御碑里飘然而出：“前面带路。想你初来乍到本寺，会有什么新鲜玩意让我开眼？说我陶醉此碑，折煞人也。单说书法，大唐一代，书法已凌绝顶，后人无法攀越。这乾隆书法若在斯时，怕是难出县序，我能恋恋吗？我是念他一番好心诚意，所以才替他站台，以示捧场罢了。你这一说，我还真想离开。走吧!”

说着，反倒推搡我向寺深处走。

盘谷寺位于济源北15公里处，始建于北魏太和三年(479)。该寺依山而建，由南向北拾阶而上。寺内四进院落，建筑多是清代遗风。

可以想见，当年乾隆如此神往盘谷，巡抚阿思哈岂不心领神会？虽然此公政声平平，但在揣摩朝廷心意上却不让他人，于是，盘谷寺便有了一个脱胎换骨的大手术。

盘谷寺始于北魏，它比韩愈的文章早几百年，可见当初立寺并不是因文而起，而是地地道道的佛家寺院。韩文雄起后，盘谷天下有名，寺亦沾光，但佛家的份额仍占着大头。明代时，该寺已出落为晋冀豫三省之大寺气象。明洪武年间，有古峰和尚住持该寺，一时香火盛大，寺院重修时耗资甚巨，称之为“十方大盘谷寺”。寺内辟有接官厅、秋叶池、大雄宝殿、钟鼓楼、东西厢房、老母殿、砖塔、摩崖题记等等，颇为壮观。斗转星移，江山易帜，轮到了一个主政河南的巡抚来审视寺院改建，寺院理所当然要有浓烈的“主流意识”。于是，所有建筑在形制上“去明化”就摆在首要位置。大雄宝殿的梁柱楹联立柱多呈原色，淡雅素朴，而今全抹上了鲜艳的朱漆，火红亮眼；原来青砖灰瓦白屏粉墙，现在金兽碧瓦五彩缤纷，气派非凡。阿思哈知道，重要的改变不仅是外貌，而是内质的变脸或变性，也就是寺庙“精神建设”的加强和补项，关于这一点，阿思哈的设计可谓“灵魂出窍”。

俗话说，有粉涂在脸上，好话说到当面。寺院山门就是寺院的脸。阿思哈灵机一动，在门脸前着人建了一座亭子，名为“御碑亭”。碑上一面刻乾隆手书《送李愿归盘谷序》，另一面乃乾隆步韩愈韵之七言诗。这样，一方面彰显皇上褒奖文章道德天恩浩荡，另一方面是君王加持宗教佛家八面风光。此设计犹如画龙之点睛，往生者忽又得灵魂，盘谷寺顿时高格超迈起来。尤其当乾隆将这里敕封为“名山胜迹”时，一时间，盘谷寺立刻从北方丘林中脱颖而出，雄峙天下。

这期间，乾隆自然忘不了阿思哈的“勘索”之功。

据乾隆《济源盘谷考证》一文透露，乾隆对韩愈《送李愿归盘谷序》一文情有独钟，常凭栏晓诵临月夜读，并依文生义，依义生怀，发思古之幽情，按文中所指，于河北蓟县地界找到了盘山，找到了盘谷。这个独特的发现使乾隆喜不自胜，一是盘山之秀丽，超出他的想象，二是此举提升了他的学习自信，做学问就是要这样认真，而盘山就是他向天下士林树立的读书做学问的标杆，在他的《游盘山记》里，他的这种美好心情像花一样绽放着。于是他常常巡幸盘山，在他帝王生涯之初的十多年里，竟先后登临32次之多。史料有记，乾隆痴迷盘山，亲绘巨幅盘山图，亲笔题咏三十余处，钤有御印多多。此画仿元代倪赞画法，与传统界画结合，层次丰富，秀润苍郁，数处寺院亭阁毫发翊翊，如真如照，十分精到。馆阁寺院均用文字标注，分别是“天成”“少林”“千相”“中盘”“万松”“盘谷”“云罩”等，而乾隆多次下榻的静寄山庄更在此画中间位置，金碧辉煌，云蒸霞蔚，宛若仙境。史料有记，乾隆每巡盘山，必有诗作问世，前后题咏170l首。而每次诗成，均令工匠勒石为记，一块刻石竟耗银五百八十二两七钱一分九厘之多。因此，盘山终年凿石镌击声不绝于耳，满山雕石绣木琳琅满目。乾隆对自己的诗作十分在意，又十分自得。一次，他在山上游玩时，见行宫石壁上的题诗褪色于石，顿时勃然大怒，立即传旨将所有负责承办监造的官员都交内务府议罪，并命御书处官员自带干粮来盘山返工。

那些刻在石壁石块上的诗作，多是乾隆学韩文的心得体会：“题诗每举韩李事，连篇累牍填书箱。”看，乾隆把盘山弄成了学习的课堂，处处洒满了韩文的印记。

就连乾隆的《游盘山记》，犹如相声贯口似的开头：“连太行，拱神京，放碣石，距沧溟，走蓟野，枕长城，是为盘山……”也会在韩文里找到似曾相识的句式：“采于山，美可茹；钓于水，鲜可食；起居无时，惟适之安……”可以说，乾隆学韩文可谓到家。

可以说，蓟州盘山，是一座充满乾隆自信汁液的盘山。

当阿思哈突兀接到圣旨，命他实地勘察济源盘山是否乃韩愈文中的盘谷时，心思缜密的他，不会不知道乾隆已经错爱蓟州盘山二十余年，早已把此盘山当作彼盘山，庙堂常谓君子一言驷马难追，将错就错指鹿为马之事历代君王大有人在，不可胜数，以维皇威，完全可以找来蓟州盘山就是韩文盘山的“证据”。

但是，阿思哈没有这样做。

结果，阿思哈踏踏实实来到济源，不仅找到了李愿墓，还找到了韩诗文中提到的燕川、枋口、天井、白水等地名，且在盘谷中发现了历代文人墨客题咏韩文赞美盘谷寄情山水的诗篇，其中就有李商隐的《登乐游原》“夕阳无限好，只是近黄昏”一诗。

这就坐实了济源盘谷就是韩愈文中的盘谷。

乾隆得报，亲写《济源盘谷考证》曰：

读书所以明理、修身、制事也。陶渊明好读书而不求甚解，余以为在渊明则可，在他人则不可，彼其高尚避世，理有所不必明，身有所不屑修，事有所不足制，故可耳。若予之读书，凡涉疑必求解其疑而后已，此或有合于韩昌黎解惑之说乎。昌黎之《送李愿归盘谷序》也，其事本在济原，只以盘山亦有盘谷，而太行山实为天下之脊，西南发昆仑，东北走辽海，盘山亦在太行之阳也，故予向居田盘，每假借用之，而昌黎诗中所云：燕川方口。又雅合田盘之境，然无以证其实，终属疑似，且不知济源之果有盘谷否也，因命豫抚阿思哈亲至其地访焉。至则若谷若寺，若李愿之居，若韩愈之文之刻于石者，一一详绘以进，于是憬然悟曰：盘谷实在济源而不在田盘，予向之假借用之者，误也。岂惟予误，蒋溥等之辑《盘山志》二三其说，而未归一是者，非不明于学，则有所面从，亦误也。夫古人事迹，亦何系于今时而有如适所云者，则予不惟憬然悟而且惕然惧矣。予故曰陶渊明之不求甚解，在彼则可，在他人则不可，而在为人君者，益不可。因书其事，命于济源田盘摩崖两泐之。乾隆已丑年（1769）仲夏月中御制并书。

乾隆御书《济源盘谷考证》刻于寺后的千尺崖上，与寺前御碑亭遥遥相对，讲述了一个完整的帝王力学求知实事求是的美好故事。

我与先生从寺前转到寺后，在明代的五层砖塔下对着斜阳下的峰峦发呆。看过乾隆的盘谷考证后，或许我和先生都被乾隆和阿思哈的求是精神所击中，各自念拳经——检索着自己相形见绌的丑陋学风。

山风徐徐，送来一些叽叽喳喳的游客话语——

啧啧，这是罪己诏耶，公开承认自己的错误，刊石为记，引以为训，真是明君哪！

乾隆不愧为盛世之帝，原因找到了，这就是求是精神。他为什么要写盘谷考证？其深意在使天下臣工像他一样养成实事求是的习惯呀！

有错就改，有错必纠，善莫大焉；此善须从源头找，善源就是乾隆帝！

……

听着这些颂词，我苦笑着对先生说："老人家，您的盘谷文在哪儿？您歌哭的李愿在哪儿？您在本寺的份额在哪儿？"

先生仰起头不说话，银白长髯似乎要横立起来，像锐利的中锋刺向斜阳，他拒绝回答。

正在这时，一阵吵闹声从砖塔处传来。我与先生对视了一下，爱看热闹的我俩会心一笑，立马屁颠屁颠向塔跑去。

砖塔似正修缮，下半部用木板隔断围了起来，我俩好不容易找到入处，见有布帘子挂在门口，蓝色底子上绣着二龙戏珠的图案。

吵闹声就是从这里一波一波传出去的。

我掀起帘子，先生迈着四方步踱了进去。

当我跟进之后，立时头发竖了起来，挨着木架坐了一圈民夫模样的人，有男有女，全是清人服装。他们目光呆滞，正围观两个官员模样的人打架。

或是注意力集中之故，现场竟没人发现两个不速之客的到来。

于是我俩悄悄入席，作如是观。

近些年，清宫戏日盛，尤其是与乾隆挨上边的故事，影视剧竟以几十集、上百集去赶潮，弄得普天之下尽是“顶戴花翎舞翩跹，主子奴才尽开颜”的口水剧，乾隆若地下有知，不知该怎样感谢实施“扬州十日”“嘉定三屠”的先王们之过人韬略。

演出开始了，却没见摄制者。

一个头戴红顶子的官员正掌掴七品官员。

红顶子怒吼道：“让尔把塔顶换成天坛祈年殿的圆顶，为何蓄意犯逆?”

七品官员辩解道：“巡抚大人！我是营造司郎中，我当然知道该怎样改造此塔！我可以负责地告诉大人，您那种换换帽子就是新改的做法行不通!”

“啪!”又是结实的一记大嘴巴。

“为什么?”巡抚大人吼道。

“如果大人是营造司郎中，就可以改。而小的则万万不能改。”

“啪!”

“为什么?”

“大人想没想过，您昔年在刑部也曾任郎中，因上奏兵训书而擢升，后又屡奏屡迁，虽皇上对您的奏折毁誉参半，却并不影响您的前程。您从刑部郎中擢升巡抚大员也就十年之数，而这正是小的在营造司守职的年月。这个职位是小的全家的饭碗，小的和大人不一样。所以卑职不敢。”

“啪！”

“此塔乃砖石结构，天坛祈年殿乃木质结构，虽说远观如帽，但下边需用柱枋才能承接。而今的砖石塔上，是断然无法与之连接的。即使勉强将之安放，也无法固定，若天风一刮，大雨倾注，原来的塔体也会倾圮，若皇上巡幸至此，发现此塔如此潦倒敷衍，追查下来，便会治罪臣下，甚或有杀头之祸……所以小的不敢！”

“啪！”

“狗奴才！敢辩口逞能，就不怕本抚拿汝治罪？”

“小的因蓟县盘山营造不力，故贬来此地配合寺院整建，望大人看在小人曾在北盘山修葺七十二寺十三宝塔馆舍千间，将要退休的可怜汉官的薄面上，饶小人一命，奴才将感恩不尽。”

言讫，七品官跪地大哭起来。

巡抚扬起的手凝在半空，默想良久，终于放了下来。他望望塔顶，仍为未达目的而愤怒，一跺脚，钻入塔内地宫而去……

跪在地上的七品官独白似的念道：

北盘山，南盘山，

盘盘都有一道弯。

北也弯，南也弯，

弯来弯去成了旋。

北也旋，南也旋，

旋来旋去成盘山……

独白念完，七品官拭泪垂手，也默默走入地宫……

众人星散忙碌，原来他们是真的承包修缮砖塔的工程队。

走出木栅，感觉天亮了许多。

我恨意未消，“呸”了一口道：“阿思哈什么东西！为什么打人？”

老先生在山坡上箕踞而坐，打量着斜阳下的盘谷，良久，方侃侃道——

乾隆的《济源盘谷考证》从读书说起，俺也从读书做学问开篇。本人《送李愿归盘谷序》开头第一句即“太行之阳有盘谷”，普通人弄懂这句话，不会超过一刻钟，而好读书爱求解的乾隆却用了28年的辰光。也正因28年的错爱，他在北盘山修建了72座寺庙，13座宝塔，行宫山庄十数有余。临幸田盘32次，驻跸156天。每到盘山必有诗，诗成必有御刻石。满山雕木玉玲珑，楼台箫笙金有声。这天上宫阙似的北盘山，是金山银山民脂民膏铺就，哪有半点我写的盘山，李愿的盘谷，还有他那清风明月般生活的影子？

文理与事理分离，应该是读书者一大弊端。此弊一也。

或许是经济变故，或是战端突起，怕奢华引坏影响，对皇权不利，于是以读书求是之名，找来阿思哈玉成此事，且一石二鸟，既消弭了不利影响，以免祸起萧墙，又在南盘山铸起文治丰碑，此乃瞒天过海之术，君子不为也。此乃二弊也。

我附言道："甚是。"

老先生笑笑又继续道——

再回到那句"太行之阳有盘谷"上，乾隆为何跳过这句话？难道天下童稚都知太行乃华夏之脊的地理常识，身为大清皇帝竟不知？这就要追索另一个问题：他的童蒙教育来自华夏夷族的偏狭执念。他们的肉身虽是华夏之主，但灵魂上不是，他们虽然冀望灵与肉都能和合，成为万邦之主，但文化上却无法做到。世界上，唯有文化才是通往天国之路的唯一桥梁。所以，先天不足的乾隆很可能就在常识上存在缺陷，他眼里虽有万里河山，但心里没有，或者说骨子里没有。因为从根本上说，民族性格、民族精神、民族魂魄，它们的载体都在内里，血管里或骨子里，而乾隆骨子里满是祖宗遗传给他的偏狭，所以，他不可能成为华夏历史上卓尔不凡的一代圣君。

乾隆一朝，其主流文化实行的是奴才文化。注意，它不是汉唐以往的儒家文化。儒家文化讲究君君臣臣、父父子子，讲究仁义礼智信恕忠孝悌，它对每个人——不管是君王还是臣民，都有实质性的契约关系和约束力。特别自孟子的"民贵君轻"之亲民思想立世以来，一些朝代的君臣关系甚至一度出现其乐融融的家族式图景。自元朝宫闱发明奴仆文化之后，明代朱元璋便借来将其发展为暴虐文化。而有清一代，特别是乾隆，是对满汉之分看得最重，对臣节要求最高，对自己期许最大，因之也是推行奴才文化最盛最烈之人。他把朝中官员分为两拨。一拨就是阿思哈这样的满人，正黄旗，祖上乃是清兵入关时不足三万人的直系血亲，这与他算是一伙的，是正册。而余下的汉臣则是又一伙，是入另册的。

对阿思哈这样的八旗子弟，思想教育则用儒家文化。乾隆要求他们的，儒家思想里什么都有，不必劳师动众，动手编纂，这叫拿来主义。而对汉臣，则是实施奴才教育。汉臣自小就熟读儒家经典，修身齐家功课足备，底色已经打好，重要的是教他们服从。

什么是奴才？奴才即奴仆，是主人的财产，直观来说，金银财宝房产地产，以及牛马羊犬，等等。

对了，奴才犹如主子的一条狗。

对一条狗讲什么君君臣臣父父子子？

这样，就会省去作为君王的种种束缚，凸显事物的本质属性。

只要驯服、听话、忠心即是。

此处的忠，是动物的忠，不是儒家的“忠”，不需要成本，即面对忠臣君王的正面回馈。

雍正乾隆两朝，汉臣做得最成功者当数张廷玉。他在雍正去世时被命为辅政大臣，死后配享太庙。整个清朝两百余年，获此殊荣者汉臣唯他一人。然而，就是这个年秩八十已经接旨退休的三朝老臣，接旨后因染疴由儿子代为去宫中谢恩，被乾隆抓住小辫子，自此不断遭受戏谑，退休故里后仍惨遭抄家，褫夺配享太庙之誉，最后战战兢兢病死家中。

张廷玉尚且如此，别的汉臣的境况就可想而知。而作为乾隆盛世光环下的文化色调，表面璀璨华美，实际上是阴冷戚然的地狱光谱。历史在乾隆这样偏狭冷酷的帝王之鞭驱使下，怎能会有光明的前程？有的也只是他左右逢源的小算计——诸如盘山张冠李戴的成功。

为此，他选中了阿思哈。

阿思哈很好地完成了他的预谋，把北盘山的奢华换个帽子放在南盘山上，就像他企图在砖塔顶上安放祈年殿的圆顶帽子那样。

这个张冠李戴工程为乾隆增色不少——直到现在，仍有人将他的这份学习态度上升到“求是”精神上去吹捧，去颂扬。

而阿思哈也如愿以偿。他在河南巡抚的任上前后盘踞一十六年，几次遭人举报受贿贪墨，均有惊无险；在江西、广东巡抚任上，政声平平，乾隆也怒其不争，甚至将其外放新疆，但他不久又官复原职，平安晋至二品勋爵。

这也是七品汉官何以提心吊胆的原因。满官可以错，汉官不可错。满官错了可以改，汉官错了要杀头。以砖塔改建为例，阿思哈可以异想天开，将天坛祈年殿上的“帽子”放到砖塔顶上，七品官却不敢这样做。明人建祈年殿，上边的圆帽子有多种说法，说那其实是元人的冠冕，有克敌以祭的意思。而今，七品官以技术搪塞了阿思哈。即使能将帽子放到砖塔上，若乾隆哪天巡幸来此，发现砖塔戴了个圆帽子，谁能保证乾隆一准只向好处想？若不能，那就必然会杀头祸族，所以他担待不起。

战战兢兢，苟活一生。七品官的遭遇就是乾隆朝政治生态的典型写照。

观此盘谷后序，让人感慨良多，如果文化真有先进落后之分的话，乾隆朝所奉行的奴才文化，应是世界上最落后的文化。但是，为什么现在有这么多人热捧它？

难道这也是我盘谷文的错?

老先生的诘问像山风吹拂山冈，只是没有什么人听得到……

贞元十六年（800）春末，韩愈与张建封辞别，携家人回到洛阳。

回之前，韩愈在符离集为李翱与韩弇之女举办了婚礼。李翱高中后在朝任职，他的家在陈留，距符离集有一两日路程。虽出身世家，但几经变迁，家境甚贫。韩弇卒后其女多由韩愈照料，于是便由韩愈出面，完成了二人的百年之好。另收生徒张彻，颇富才华，经韩愈介绍，也与韩愈在汴的堂兄之女成婚。此两桩婚事，都经韩愈玉成。加上又喜添贵子，尽管仕途失意，但家事还算圆满。此番西回，韩愈心情可谓好坏参半：半是阴天半是晴。

回到洛阳，不及一月，就闻听了张建封逝世的消息。

韩愈在家中设了张公的灵位，一连数天祭拜，以表达对他的尊崇与哀思。

去年岁末的长安朝正，等于又给韩愈上了一课。当上早朝的大臣队伍匆匆走过的时候，残月冷照，韩愈看到了排在队前的现任宰相郑余庆及大臣贾耽卢迈和吏部侍郎裴延龄等人惨白的脸。贾耽甚至还回头瞄了自己一眼。而公正刚直的陆贽和新来的阳城却被排挤在外，不见了踪影。与几年前相比，似乎一切都没有变。似这样的格局，韩愈若要转进京城，自己就丧失了底气。

好友国子监助教欧阳詹为举荐韩愈任四门学博士，曾上书祭酒大人，未果；又率学生多人跪请阙下，仍未果。

如是者三，韩愈只得再次怏怏而归。路上，眼见饥民遍地，而蔡州又乱，忧国忧民又忧己，回后作诗《归彭城》，算是对这次长安之行的一个小结。与不久前为觐见皇帝而写的奏章比，溢美之词变成了悲苦之声，虽说还达不到剥皮为纸、刺血为墨、以髓为水、折骨为笔那样的境界，但总算达到了一个新的高度：

天下兵又动，太平竟何时？
讦谟者谁子？无乃失所宜。
前年关中旱，闾井多死饥。
去岁东郡水，生民为流尸。
上天不虚应，祸福各有随。
我欲进短策，无由至彤墀。
刳肝以为纸，沥血以书辞。
上言陈尧舜，下言引龙夔。
言词多感激，文字少葳蕤。
一读已自怪，再寻良自疑。
食芹虽云美，献御固已痴。
缄封在骨髓，耿耿空自奇。
昨者到京城，屡陪高车驰。
周行多俊异，议论无瑕疵。
见待颇异礼，未能去毛皮。
到口不敢吐，徐徐俟其巇。
归来戎马间，惊顾似羁雌。
连日或不语，终朝见相欺。
乘间辄骑马，茫茫诣空陂。
遇酒即酩酊，君知我为谁？

君知我为谁？偌大徐州，知音者几？唯张建封也。

张公一去，韩愈觉得世上又少了一个懂他的人，因此，心甚悲痛。

这一天，为了转换一下心情，韩愈约了几位好友去钓鱼。

洛阳多水。东汉傅毅《东都赋》说洛阳“被昆仑之洪流，据伊洛之双川，挟成皋之岩阻，扶二崤之崇山”，描摹出了洛阳的大致地形。所说的昆仑之水，就是城北的黄河，城内尚有伊、洛、瀍、涧四水纵横其中。洛河源于陕西省华山南麓洛南县，全长近千里，其水较他水先温，故称温水。洛河自西南流入洛阳，横穿市区流向东北，至偃师流入黄河。

韩愈一行骑马出城沿着洛河向东北而去，原以为野外会比城内水势浩渺，没想适逢关中大旱，洛宁受到牵累，洛水越往北走，反倒状若游丝。同游的李景兴和尉迟汾早已失去雅兴，觅一树荫下品茗去了，只剩韩愈和侯喜兴致不减，循着水迹往下游而去。

韩愈想起了曹植，想起了洛神，也想起了父亲。因为这种联想，也因为这种虚拟的关系，就觉得和洛水特别亲近。只是河水浅仅盈尺，已经盛不下那么饱满的故事，那些徘徊在这条河流里的主角，都去哪儿了呢？

侯喜是个单纯而又快乐的人，他的观点非常新鲜。他说河水去了，而水里的东西是走不了的。就像住户，大房子换成了小房子，你要动手去找东西，岂不是更方便了吗？

于是就拣了一处水宽的河面垂钓起来。

大概深约车辙宽若轩车吧，似乎鱼竿都不能伸直。但是由于侯喜的话，一条虚拟的河流在眼前流淌，他们仍充满激情地期待鱼儿们快快上钩。

河里果然热闹非凡。

水草露出头了，成为河床的森林。一群一群的蝌蚪游来游去，水蛭小鱼在其间徜徉，蛤蟆在其间上下攀爬，水面上涟漪星罗，果然如侯喜所言，东西都集中在这“小房子”里了。

鱼钩沉入水中，韩愈想，如果没有水草遮蔽，怕是能看见河底了，那么鱼在哪儿?

侯喜说，不要说话，鱼在你心里，心里有，才会有。要是你自己都认为没鱼，那我们所来何为?

于是就端坐一侧，形如泥塑，且心里装着一条条鱼。

韩愈也想，钓鱼须有鱼在心，若心无鱼，姜太公岂能用直钩钓鱼?此话颇有道理。但姜太公钓鱼，其获并不在鱼而在渔，你侯喜可曾想过?

“……我为侯生不能已，盘针擘粒投泥滓。晡时坚坐到黄昏，手倦目劳方一起。暂动还休未可期，虾行蛭渡似皆疑。举竿引线忽有得，一寸才分鳞与鬐。是日侯生与韩子，良久叹息相看悲。……”

韩愈后来在《赠侯喜》诗里描述了两个坚信有鱼的人钓鱼时的情状。纸质上的韩愈和侯喜都在希望中坚守，水面上的蛭行虾游，每个动静都会牵动他们的神经，这使二人不敢站立不敢走动，连伸伸腰踢踢腿都不能，唯恐吓走要来的大鱼。时间在一分一秒中流向他们的身后，虚无中的鱼和神仙即将纷至沓来。然而，鱼终于钓上来了，却与期望中的鱼大相径庭，仅仅一寸长的幼鱼而已。而此时天已薄暮，从吃完饭的申时，到现在苍茫时节，已然过去两个时辰，两个人不愿再给那些大鱼机会了，就叹息着站起来，开始收拾渔具。

侯喜说：“你愿不愿跳进河里?”

韩愈愣住了。

“为什么?”

“为了那些鱼。”

“哪些鱼? 你心里的鱼吗?”

要命的是侯喜竟然点了点头。

韩愈把头上的草帽摘下来，拍打着濡湿的丝衫，说：“去你的鸟鱼。我只知道它们在水里，在远方的大水里，知道吗？大鱼岂会在这烂泥淖一样的地方？”

侯喜是个猴，他眨巴着眼睛说：“何谓鱼龙？俺老父说过，汛雨会飞升，久旱会地遁。你别看河涸，地底下还有一条河流呢，它们会循迹而去……”

韩愈对侯喜刮目相看了。侯喜老父也是做官的人，因仕途不顺，弃官而归。侯喜少小便耒耜力耕，余暇时苦读，是个自强不息的人，而且充满乡野智性。自己看到的是直观的表层，眼前的沮洳一如自己求仕的窘境，半世遑遑，不知辛苦为何，于是认为只是水深水浅地域远近不能予取之故，岂知人的坚忍和智性就是深不可测的水，隐入山野林泉也是水。

侯喜说：“如果咱跳下河去，没准儿会从泥里捉住正潜入河底的大鱼哩。它们相信自己会飞翔，土遁就是飞翔的另一种姿态……”

韩愈心里有些透亮了，嘴上就多了机巧：“照你这样说来，我们来钓鱼，不知谁在钓我们。或者可以这样说，我在钓鱼，鱼也在钓我……”

正在绕舌，就见李景兴和尉迟汾二骑飘然而来。李景兴低首向二人身后寻找，连声说鱼呢鱼呢。尉迟汾说，晚上住在惠林寺，下边有一家酒馆，把你们钓的鱼煮了吃好了……

韩愈笑起来说：“依侯喜言，我们都是鱼。夜宿佛寺，还是不要杀生了吧……”

是夜，韩愈四人住洛北惠林寺。住持久闻韩愈文名，恳请墨宝，韩愈提笔写道：韩愈李景兴侯喜尉迟汾，贞元十七年（801）七月二十二日，鱼于温洛，宿此而归。昌黎韩愈书。翌晨又作《山石》一首为记：“山石荦确行径微，黄昏到寺蝙蝠飞。升堂坐阶新雨足，芭蕉叶大栀子肥。僧言古壁佛画好，以火来照所见稀。铺床拂席置羹饭，疏粝亦足饱我饥。夜深静卧百虫绝，清月出岭光入扉。天明独去无道路，出入高下穷烟霏。山红涧碧纷烂漫，时见松枥皆十围。当流赤足踏涧石，水声激激风吹衣。人生如此自可乐，岂必局束为人鞿。嗟哉吾党二三子，安得至老不更归。”

顾随先生在《驼庵讲坛录》中曾盛赞韩愈《山石》诗，说只“芭蕉叶大栀子肥”一句，便是“唐宋诗转变之枢纽”也。先生言，中国诗原是女性特点，阴柔、优美、妩媚。这种女性面貌至六朝盛极，到杜甫时方有些变化，但“能自杜甫看出者少，至韩愈则甚为明显”，诗开始变得阳刚壮美，女性易为男性。韩愈诗移风易俗，功莫大焉。而且韩诗还扩展了阳刚书写意义上的范畴，由高山大川移至往者称之为阴性的柔软植物“芭蕉叶大栀子肥”，竟写得如此雄强磅礴，这在唐代诗人中当如一骑绝尘，因此说此句变一代诗风亦不为过。

另有“山石荦确行径微”句，韩愈用了“荦确”二字，而不是“磊磊”或“嶙峋”。从字面上比较，“荦确”比“嶙峋”等更显阳性，也由此看出韩公的锤炼功夫。刘勰《文心雕龙》谓：“锤字坚而难移，结响而不滞。”如此句者，“除杜甫之外，成功者唐之韩退之，宋之王安石、黄山谷及江西诗派诸大诗人。而自韩以下，皆能做到上句，不能做到下句”。

第二天，一行欲归，侯喜欲罢不能，说就此回返，未免扫兴。韩愈说你心中有鱼，何谓扫兴？侯喜机敏，说你又不是鱼，怎知我兴致？

一句话提醒大家，何不如韩愈说“君欲钓鱼须远去”，咱们去看大水如何？

李景兴说道：“兴致所来，是由《庄子·秋水》所致，秋水也，澄澈也，透明也，洁净也。天下第一静水乃颍水也。颍水源头在阳城，阳城不远处有箕山，相传尧时许由隐之。尧派人找到许由，让他出来做官，许由觉得污了自己的耳朵，就来到颍河边洗耳。正洗间，牧人问其故，许由答之。不想牧人恼怒，说你在上游洗耳，我的牛在下游喝水，脏了我的牛口怎成？颍水清洌，天下第一，你还是到别处洗耳吧！我等之人，应有箕颍之思，咱们还是看颍水去吧！”

尉迟汾说，那就把嵩山少林寺中岳庙一并看了吧！

阳城在少林寺东侧，距洛骑马约一天路程，众人掐指算算，需将近三日方能回返，又觉委实远了。

侯喜就提议去看“河图”“洛书”去。

众人曰善，这样当天便可返回。

沿着洛河蜿蜒而行，到古孟津一带，洛河有一条支流曰图河，全长三四十里，流经村落都与河图有关，比如卦沟村、负图村、上河图村、下河图村等，至会盟镇后注入黄河。而河的对岸，就是韩愈的老家河阳。

洛阳也多山，南有龙门山、万安山，东南有嵩山，西南有周山，北部有邙山。洛阳平原就在这众山簇拥拱卫之中。

韩愈一行在邙山里穿行，时而在山野疾驰，时而在河边徐行。古人有言，生在苏杭，葬在北邙。此地系黄土高原余脉，有普天之下最丰厚的优质黄土，因此多是达官名流帝王将相身后选择的最好归处。诗人王建曰：“北邙山上少闲土，尽是洛阳人旧墓。洛阳人家归葬多，堆着黄金无买处。”韩愈拾陂而游，竟如翻阅书卷之感。偌大的邙山，或许是世界上最大的墓葬群。一举手，一投足，尽是前人旧识，仿佛从书页里走出来，好让一行人图文对照一般。

侯喜见了这些墓葬，又来了兴头。他说时光如水，在世就是河流，去世就是陆地，如今不见时光，尽显各自的归处。人如梦，更如鱼。因此庄子曰死生命也，生不足喜，死不足悲。梦无来去，不好掩埋，而人如鱼，死后遁之，实人之墓冢也。

说话间便见贾谊墓和狄仁杰墓同时出现在视野里。这两个不相干的人，在韩愈等人的目光里，似正缓缓从墓穴里坐起，彼此互相注视和打着招呼。

贾谊是洛阳人，狄仁杰生在河阳。一个是西汉政治家、文学家，一个是唐之名相。生前二人不能交集，死后却相邻如宾，世代相伴。在侯喜眼中，都成了鱼。

争论由此开始。

“邙山厚土，厥乎若墓，善恶一穴，忠奸同顾，人生修持，看来糊涂。”尉迟口占一诗，用马鞭横扫原上说，汉帝十数，有良有莠，既有刘秀，又有灵帝。刘秀神武英明，才有“强项令”董宣这样的刚正清廉大臣。董宣当刘秀皇姐湖阳公主之面，拦截杖杀其不法恶奴，被刘秀召入宫中，下诏杖杀，董宣不服，乃大声指斥光武有法不依，何以治天下？然后以头触柱，血流满面。刘秀见其大义凛然，兀自改口，让其给姐姐道歉。谁知董宣宁死不屈，御从强按头颅仍不低首，刘秀只得又改口笑说：好一个强项令！就此作罢。董宣七十四岁死于任上，只一床破被覆其遗体，家中仅存大麦数斛、残车一部。如今这英主明臣均被邙上黄土掩埋。而灵帝荒淫无度，也史上无右。他十二岁登基，三十三岁死亡。就是他下令宫中嫔妃全部穿开裆裤，好随时供他淫乐。这等昏君，死后同享一抔黄土。这邙山无情无性，来者笑纳，吞忍自适，一视同仁。鱼如此，土亦如鱼。看来生无义，死亦无义，天地无义，活着自然无义……

李景兴忙插话道：“庄子虽然散淡，却并无一切无义之说。学生说他死后他们要厚葬他，不然，他的遗体会被乌鸦叼完的。他说人死何必厚葬，埋到土里被蚂蚁吃，和抛尸荒野被乌鸦吃，难道不一样吗？何必从乌鸦口中夺来再让蚂蚁吃呢？”

韩愈也补充说：“庄子是说‘道’与死亡相比，‘道’重要。‘道’无色无味，既不会腐烂又不会死亡，还不怕乌鸦叼蚂蚁咬。因之‘道’是天地之气，人间正道也……”说到这里，韩愈心有所动。之前他对庄子的作态和作为是不以为然的。

侯喜听得逗乐，便说："我言时光如水，古人曾有论者，后来议之皆以此为据，可依也，可查也。而你说土亦如鱼，似无典出。请问何谓土？息壤也，天之地也，阳之阴也，从无听说地为鱼者，阴如鱼者。"

尉迟汾马上拱手说："领教了。此去十数里即是洛水入黄处，一半青水，一半黄水，太极图盖出此处。你看看是不是阴如鱼，阳也如鱼。我由此说，不仅邙山如鱼，土地如鱼，全宇宙都似鱼，难道错了不成？"

洛阳本是八面来风之地，黄老佛儒诸子百家无不风染，更有玄学在洛阳大盛，韩愈在此地久了，竟不像先前认真，他笑笑说："回到正题上吧，到了前面村子，咱们寻寻古迹去吧！"

这就来到一个叫下河图村的地方。

或是下游之故，或是距黄河入口不远的原因，这里与昨日钓鱼的河水相比，果然浩渺了一些。但毕竟是大旱之年，昏黄的水还是薄薄的一层，像绑在河床上的一层绸衣，连波浪也翻不起来，更遑论大鱼了。

侯喜很神秘地对众人说："我总算知道这里为什么出河图了！"

"为什么？"众人不解。

侯喜指着一处干涸的地方，那里因为太阳的光顾，已经龟裂如鳞。他不屑地说："你们看吧，那上边什么图案都有，碰巧了，还有楔形鸟篆呢。古人说龙马从黄河浮出，背负河图；神龟从洛河浮出，背负洛书。而且说是'雒书'，雒与洛通，所谓雒，古书上说它是一种鸟，可能河图上的图形是鸟喙爪印之形。不过古书说，此鸟昼伏夜出，眼大如铃，光芒射人。那么，是谁在夜间记录下这些鸟的作为呢？"

韩愈笑着打趣道："伏羲看到了，古书说得很明白。圣人与普通人眼睛似乎不太一样，他能看到那只鸟汛期接天，变化为龙凤，旱天可地遁，到九泉去找地下河流，鸟也变鱼，鱼也会变鸟，而且都会变化为龙……"

众人哈哈大笑。笑声飞扬，惊起沙鸥一片。

在河里看不出名堂，众人来到当地一座寺庙，曰龙马负图寺，寺里有两通石碑，分别刻有河图和洛书的详细图示。河图上有锥形圆点五十五个，排列成一、三、五、七、九为天数，二、四、六、八、十为地数，天数累加是二十五，地数累加为三十，两数之和为五十五。河图中的天数是奇、是阳，地数是偶、是阴，阴阳相辅，又衍生为上下左右中与火水木金土相对应，而金木水火土几种物质基本形态的生成与流转，与人间万物的孕育生成紧密相连。由此定义，一二三四五为生数，六七八九十为成数，从而得出五行相生之理、天地生成之道。圣人由此引出八卦，笼罩天下万物。

韩愈看得如痴如醉，侯喜、李景兴、尉迟汾亦如是。远古先民的伟大智慧征服了他们，原来戏谑的态度变得诚惶诚恐。

又看了洛书，更是惶恐。六十五字洛书，排列组合为宇宙图式，犹如一座座迷宫，把他们引入幽远迷离的幻影世界，不知今夕何夕……

直到暮色将至，一行人仍在洛书设置的迷宫里不知归处……

在洛阳闲居，夜读春秋昼写赋，闲来无事斗射覆，日子倒也适意。这一天，李愿突然来访，言及在长安飘荡数载，也想科考争胜，谋得功名，以赢官声，好光宗耀祖。无奈深见侯门勋阙之后，突又觉得好生无趣，这些大丈夫“坐于庙朝，进退百官而佐天子出令；其在外则树旗旄，罗弓矢，武夫前呵，从者塞途，供给之人各执其物，夹道而疾驰；喜有赏，怒有刑，才畯满前，道古今而誉盛德，入耳而不烦；曲眉丰颊，清声而便体，秀外而惠中，飘轻裾，翳长袖，粉白黛绿者，列屋而闲居，妒宠而负恃，争妍而取怜”，当这些高官的一生能在我等的话语里概括出来，活在众人阅读的书卷里，该是多么的不幸，你没有觉得他们像是一些玩偶在游戏吗？他们按照设定的路线出场，按照规定的情节演戏，又按既定的台词在说话，最后又按各自的宿命去终场，这样的一生何其悲哉！吾愿如陶令，不谋五斗米，自此归去矣！

经几年官场历练，又经几次浮沉，更有这些失意沮丧中的湖山陶冶，韩愈已强大不少，他不再脆弱。他曾与一干好友游历过整个汴徐淮宋齐鲁的山川大泽，在苦县拜谒过老子故里，在宋国见过庄子梦中的蝴蝶，在齐鲁曾与孔孟心会，在微山见过微子手书，在圃田背诵过列子的“愚公移山”，等等，伴随着湖光山色，醉人处往往是这些哲人圣贤的身影，韩愈追随其后，就像蛱蝶丰盈了自己的翅膀。

他不再按自己的意志要求朋友。

于是就亲送李愿归盘谷。

洛阳至济源盘谷约三两天的路程，沿洛水至孟津古渡，越过黄河，经河阳修武，再往北走，就是太行山南麓，盘谷就在其间。

至河阳虢村，韩愈特地准备了祭品，在张建封的墓前痛哭了一回，又到李元淳墓前磕了三个头，然后策马东去修武。回望张李墓冢，在青青田畴里毅然矗立，一抹山冈飘绕其后，竟有送友之态。一缕可亲可敬的情愫油然而生。于韩愈来说，曾几何时，他们如江之航标路之塔阙，忠臣良将的榜样如刻如镂。现在，他们或许在另一个世界正凝视着自己呢……

路过修武，与云台山擦肩而过。李愿说，你没看见吗？“竹林七贤”的竹林正在闲置，久没有嵇康和阮籍那样的人去吟啸了，竹林不再是竹林了。

韩愈说我看见像阮籍的人赤条条出现在草庐里，正裸身而锻，为他抽风箱的似乎是刘伶呢，也赤膊箕踞，好看得很呢。那些乡民何尝不是贤者？裸体御风者，乡野一景也，不是士大夫所创，野老之遗风也。

说说笑笑，盘谷到了。

盘谷在太行之阳，在大山的万仞中翡翠般璀璨。盘谷是个地名，亦是个山村，但更是山的一部分。

李愿归来，融入山野，也成了山的一部分。

韩愈拜见了李愿的父母，看望了他的妻小和家人。李家在当地是个富绅，家中佃农竟有十数之多，且有两名来自岭南的女子做家务，让韩愈不禁愕然。李愿的房舍也颇出韩愈意外，竟有三进院子，头进院子竟是乌头门，就像长安城内一些府第的派头。李愿一大家子分住在前面的二进院子，头进院子是三合院，二进院子是四合院。第三进院子是李愿家的精华，因为它顺着山势，把半个山坡给围了进来，里边竟是大半个盘谷！这才是李愿的唐朝！

在韩愈看来，李愿选择归隐，实际上是选择了另一种生活方式。这是与官场相反的一种生活："盘之中，维子之宫；盘之土，维子之稼；盘之泉，可濯可沿；盘之阻，谁争子所？窈而深，廓其有容；缭而曲，如往而复。嗟盘之乐兮，乐且无央；虎豹远迹兮，蛟龙遁藏；鬼神守护兮，呵禁不祥。饮则食兮寿而康，无不足兮奚所望！膏吾车兮秣吾马，从子于盘兮，终吾生以徜徉！"

盘谷是个美丽的地方。李愿向韩愈曾经表述过的隐士生活，韩愈经过山野调查得到了证实。这幅美妙绝伦的图画历来是中国文人最为心仪的理想标本。当韩愈用文字表述后，它实际上又成了另外一个盘谷。

韩愈曾经像一个山水画家那样，认真审视过眼前的盘谷，审视过盘谷的巨石、古树、飞瀑、流泉以及草庐和田园，以及生活于其间的那些人，那些鸡犬牛羊，审视过盘谷身后的大山与峰峦，还有伴随巍巍青山肩头的云霞岚烟。不管从哪一部位去看盘谷，它都是那样纯美，那样安静，就像长在心里一样。

但韩愈却深深知道，盘谷是用来书写和回忆的，他不属于这里。他或许用它来疗伤，或许用它来铭记，但自己却无论如何也难融入其间……

宋人洪迈在《容斋随笔》卷一里以"韩欧文语"为题，说欧阳修之《醉翁亭记》多从韩愈《盘谷序》借鉴而来，"大抵化韩语也。然'钓于水，鲜可食'与'临溪而渔，溪深而鱼肥'，'采于山'与'山肴前陈'之句，烦简功夫，则有不侔矣"。

就是说，依前例，若论删繁就简，珠玑可数；或是繁简有依，张弛有度，以形成文字的节奏、对应美，欧文不及韩文。

无独有偶。钱锺书先生曾把韩愈《听颖师弹琴》与白居易的《琵琶行》两者进行过平行比较，说白诗中描写音乐的名句“大弦嘈嘈如急雨，小弦切切如私语。嘈嘈切切错杂弹，大珠小珠落玉盘。间关莺语花底滑，幽咽泉流冰下滩”等，只是把各种事物发出的声音——雨声、私语声、珠落玉盘声、间关鸟声、幽咽水声来比方琵琶声。从听觉到听觉，虽繁复驳杂，场面阔远，但终无惊奇与感人心神处。钱锺书先生说：“韩愈《听颖师弹琴》诗里的描写……那才是‘心想形状如此’，‘听声类形’……把听觉转化为视觉了。‘跻攀分寸不可上，失势一落千丈强’，这两句可以和‘上如抗，下如坠’印证，也许不但指听觉通于视觉，而且指听觉通于肌肉运动觉：随着声音的上下高低，身体里起一种‘抗’‘坠’‘板’‘落’的感觉。”（钱锺书《通感》载《文学评论》1962 年 1 期）。

周振甫先生在《诗词例话》里由是写道：“……从听觉引起人的视觉、触觉，也就是音乐不光使人感到悦耳，‘声入心通’，引起人的感情，所以会通于视觉和触觉，这样写，不光写出音乐之美，也写出音乐感动人的力量，写出音乐的作用。……《通感》里把白居易写音乐，跟韩愈的写音乐来对比，这就显出韩愈写得深刻，因为韩愈写出通感来，写出音乐的‘感动人意’来。”

对于韩愈的文学成就，有诗豪之称的刘禹锡曾由衷称赞道：“高山无穷，太华削成。人文无穷，夫子挺生。鸾凤一鸣，蜩螗革音。手持文柄，高视寰海。权衡低昂，瞻我所在。三十余年，声名塞天。”

“三十余年，声名塞天”的背后，是韩愈一直“尚文”的孜孜追求。重道尚文、文道结合，用今天的话就是思想性和文学性两手抓，两手都过硬，是韩愈的一贯主张。

韩愈在《争臣论》中言：“君子居其位，则思死其官；未得位，则思修其辞以明其道，我将以明道也。”明确提出“文以明道”的创作原则，道是目的，文是手段。但不能借此而重道轻文。他提倡“本深而末茂，形大而声宏”，指出“体不备不可以为成人，辞不足不可以为成文”（《答尉迟生书》），只有文道有机统一，同时将文体改革与现实事件密切结合，“夫所谓文者，必有诸其中，是故君子慎其实”，且吮吸八朝之髓，方能振“八代之衰”。

由于韩愈很好地处理了文与道、批判与继承、扬弃与发展等关系，故而方得“声名塞天”的文学成就。

贞元十八年（802）春天，韩愈被朝廷下诏进京，任命其为国子监四门博士，官阶七品。韩愈终于在三十五岁这年，实现了他多年日夜苦思的长安梦。

第六章

四门教馆与大明宫仅一墙之隔，高大的宫殿遮蔽着东来的光线。韩愈首次将师者的职责概括为三项任务：传道、授业、解惑。把左迁流放与贬官之旅当成山水之游

我在课堂上讲课。

这是我的一亩三分地。

它是创作课的一部分。这一课是单元练习，给定的题目：观察。

我说，我的课不许用电脑，只用作业本，若有条件，最好用毛笔书写，或者像作家刘恒那样用蘸水笔写。每个人按座位顺序鱼贯走至窗前，观察三分钟，将你看到的景物写下来。建筑物描述要具体，比如窗户是方形或三角形，楼顶是檐式或平顶式，楼房的颜色是红或绿，现在时间是几点，阳光照耀的部位与楼本身的色相有何不同。马路上川流不息的声音与市声汇合的节点呈现什么样的心情。特别要加以提示的是，这是当堂作业，你若观察结束，请回到座位上马上写作，用十五分钟时间写出二百字左右的文字。写完后请接受我的提问，回答之后再转向另外的单元练习……

我在教案上预设了提问和加以引申的一些内容（因有研究生听课）：

1. 世界上有没有与眼睛同步的文字？

既然没有，你同意不同意这个断语：世界上所有文学作品都是回忆性或回溯性写作。既然是回溯性写作，就应该承认它是物质和意识结合的产物，哲学上称之为矛盾的对立统一。

2. 规定性写作的利与弊。

如何观察？我所说的“建筑物描述要具体”之类就

是规定性，规定的好处是缩小了范围，不至于海阔天空无从着笔，与此同时，也给了约束，限制了扩展。这也是主题性写作的一般特点。规定内的文字或许有利于作业，是否有利于创作，值得商榷。比如我规定描写建筑物时要具体，“窗户是方形或三角形”，其用意是让写作者的文字与人们的常识记忆产生互动，读后立时呈现准确、清晰的客观印象。而这一训练的背后，则来自西方人类学的“田野八式”的观察方法之一“扎实描记”的启发。而若做到这一点，最好的观察则要吸纳数学、物理学等科学方法，才能做到客观准确。但真的做到了，与文学作品的主旨却又背道而驰。这之间最好的契合点在哪儿？二者是不是需要对话？是不是俄国批评家米哈依尔·巴赫金所说的未完成式作品？供人思考。

3. 三分钟时间给人的启示。

观察时我给出了三分钟时间。时间长短对观察起着至关重要的作用。时间长，就意味着看得精深、准确、全面。时间短，就有可能会片面浮浅。而“时间的时间”在记忆性写作中就凸显出重大作用——关乎着失真或真实的分野，宣传式写作与经典式写作的区别。举例为证：战争年代的写出优秀战争文学作品寥若晨星，而多数优秀作品均是战后若干年才出现，这个情况告诉我们，经典是需要时间滋养的。而考察一部文学作品是否经典，其中尤为重要的一项也是时间。卡尔维诺就说，一部经典至少要经历数十年甚至上百年的时间陶洗，在大众中被阅读被传扬被滋养。而深度理解时间概念的是人类文明的生长规律。有研究世界文明史的西方学者撰文说，在宇宙内部，实际存在着能支配它生长或衰老的DNA。

这个类似人类遗传基因密码的东西以隐蔽的形式散落在世界各地，它们就是世界文明的花朵。花开花落，自有其相应的规律和周期。周期就是时间。比如，在古希腊文明时期，若把它的发生和发展比喻为一个类似山峰那样的半圆周期的话，紧靠山脚向上攀缘的是文化天才的出现，紧接着在山半腰的是叙事诗人和抒情诗人的诞生，在山顶上盘桓的则是散文家、小说家、戏剧家之类的天才，而从峰峦到山底的下坡，才会出现哲学家，如古希腊哲学家柏拉图和亚里士多德，等等，而这些哲学家的出场，往往标志着一个文明时期的结束。

由是看来，作为文化现象的优秀作家之经典作品，虽然貌似枝叶葳蕤葱茏繁复，然却冥冥中自有其发生发展的时间定数，它伏卧在这个大圆盘上，其生长的时间刻度缕缕可察。

而宣传文化仍然不容小觑。特别是战争年代或社会动荡时期，其作用往往大于经典文化。比如，一篇檄文，就能激荡千军万马；一句口号，便能反映时代本质。因此，它能调动民族精神和举国热忱，这就是宣传文化的伟大作用。而和风细雨式的经典文化，在九州风雷天地动的社会大势下，往往显得昵昵儿女语，畏首畏尾不得要领而大异其趣。

两种文化，两种作用。但都是人类的精神产品。不可顾此失彼，或褒彼贬此，应该“两手抓，两手都过硬”才是。

犹如一石击起千层浪，在课堂上，立时蝶飞燕舞，众说纷纭。一个开放的话题引来古今人物唇枪舌剑，我的课堂形成了对话“杂多”的局面。

在学员发言阶段，一个戴着高度近视眼镜的学生就这个话题引申到了王国维先生身上。他说，先生在《人间词话》里曾言，主观意识强者被称为“有我之境”，而弱的被称为“无我之境”。所谓有我之境，强调观物过程中的主体意识，并将这种主体意识投射、浸染到被观察的事物中去，使原本客观的事物带上明显的主观色彩，使作者与被观之物之间形成一种强势与弱势的关系。老师所说的建筑物观察方法就是有我之境。而无我之境，则侧重寻求作者与被观事物之间的本然契合，在弱化作者主体意识的同时，强化物性的自然呈现，从而使二者达到一种均衡的平行状态。王国维先生特别指出：“无我之境，人惟于静中得之；有我之境，于由动之静时得之。故一优美，一宏壮也。”这里所指的“静”和“动”，似乎与老师所说的优秀的战争文学作品多是战争之后诞生的结论，似乎有异曲同工般的呼应。

我在高度近视眼镜后面看到了王国维先生的面容，清癯消瘦的脸颊，花白的胡须，深邃如锁薄雾的双眼……

我笑着点头称许。

一个扎着小辫的女生沙哑着嗓子说：“此乃王国维先生所言之写景说也。”他言境界可分为造境与写境二说，所谓写境，直面景物，真描实绘也。如韩愈诗云‘江作青罗带，山如碧玉簪’即是，倘若诗家不亲临现场，不感同身受，就不会有如此精到的描写。柳子厚亦有观山诗曰：‘海畔尖山似剑芒，秋来处处割愁肠。’此也是绝妙好诗，但诗人却未必亲至现场。而苏东坡观后为之对云：‘系闷岂无罗带水，割愁还有剑芒山。’（《东坡题跋》卷二《对韩柳诗》）可以肯定说，韩愈眼中的山和柳子厚诗中的山，苏轼绝对没看过，但仍不影响他‘无我’作诗，且也能流芳千古。这就让人疑惑了，究竟什么样的观察方法最好呢？”

一个长得细细长长的如白衣秀士的小伙摇头晃脑说道：“若说命题文章常带浓厚的主观色彩，此说有待商榷。比如命题者，乃通常师尊之大人物也，他加之的主题或意旨，未必就是观察者心中所想。倘若上意唤不起下边热情，就得不到回应，按照巴赫金的对话理论，这就是回应性。若失去回应性，就不能构成对话条件，那就意味着交流的失败。具体在写作上就是：你说窗户的形状是正方形，我偏说窗户是棱柱形或干脆没有窗户，那个原本该是窗户的地方是一垛断墙……结果与真实情状就相差十万八千里。若是这样，写出的东西怎能激动人心？”

一个模样老成的学生惺忪着眼说道：“明代王阳明对着竹子观察，企图从中得知朱熹的‘格物致知’之深意。但是，一连七天，一无所得，还把自己弄病了。或许是发烧梦呓的作用，他发现了竹子后面蕴含的东西，开了悟，如得心眼，参透若‘格’物，必须回到自己的本心去查找，方能明白善恶曲直的道理。从佛学上说，这叫顿悟。而朱熹的‘格物致知’是苦修，凡事必须身体力行亲力亲为方能获得真知。王阳明认为，他摒弃了朱子那一套格物致知之法。殊不知，正是他去看了竹子，才有了后面的一切。他不知道的是，他看竹子，竹子也正看他，世界上不可知的事物犹如阴阳两隔，一小半在明处，一大半在暗处，且往往是藏起来的一方起决定作用。这个事例从侧面提醒我们，若想提高写作水平，还是让我们从观察开始吧!”

话音刚落，一个粗眉毛眼睛黑亮的学生笑道：“常言道，文无定法，或可就是说观察有多种方法，或干脆就没有方法。韩愈先生的《南山诗》，既有‘尝升崇丘望，戢戢见相凑。晴明出棱角，缕脉碎分绣。蒸岚相澒洞，表里忽通透。无风自飘簸，融液煦柔茂。横云时平凝，点点露数岫。天空浮修眉，浓绿画新就’，这是直观描写。又有‘西南雄太白，突起莫闲簉。藩都配德运，分宅占丁戊。逍遥越坤位，诋讦陷乾窦。空虚寒兢兢，风气较搜漱。朱维方烧日，阴霰纵腾糅’，这是虚位以待，内观叙述。我理解这是肉眼和心眼交相使用的范式。所以我说，设限就会受限。怎样把握分寸，全凭存乎一心……我认为，把窗户写成窗户，把墙壁写成墙壁，不要妄加限定，只要不失却本真，让物体呈现原有的纹路就好。”

我的教案里预设的几条备录显然被嘈杂的声浪盖住了。这情状既让人亢奋又让人难以控制。快下课了，我正考虑该怎样小结以结束本堂课时，只见先生突然从我身后闪将出来，以他那宽大厚实的身躯挡在我的前面，仿着我的口音（或是变成我的形象也未可知）说道：“我可以负责地告诉大家，观察是一切写作的基础。从重要意义上说，观察就是写作。用什么样的观察方法，就有什么样的写作成果。刚才有同学举韩愈的《南山诗》为例，他为什么能在生前死后得到前世后世人们的一致赞誉，首先就是得了深入观察的好处。有人观山，只在须臾之间，那不过是马上观花而已，顶多也只是半晌一天工夫，看看日出日落，体验一下风来雨走，然后便援笔一挥而就。这样的诗好坏我不予置评。我只说韩愈的观山，人家为了写南山，特意在南山脚下购置了一处房产，用现在的话就是山间别墅。这样，他观南山，就不同于一般的客游南山，只写游山的况味。他不仅可以观南山四季，游目骋怀，还可以进入山中，体味山的体温。他瞻南山，南山瞻他。站在山巅，才能‘我瞻四方’，看见‘东西两际海，巨细难悉究。山经及地志，茫昧非受授’。既看见太平洋，又看见大西洋，既看到过去，又看到未来。既在现实，又入梦境，这就是韩愈‘我瞻四方’的文本意义。韩愈如此观，谁人堪与比？人家一掷千金为观山，众里寻它谋妙谈，踏遍南山觅奇诗，仅这几点谁人可比？所以说《南山诗》才写得如此经典……我建议大家不妨再找来看看，也算是我布置的课外作业。下课！”

等学生走完，我一把推开老先生埋怨道：“您这老先生，真会吹牛！您自吹自擂说自己诗好也就罢了，为何还要说花大价钱、拼老血本才能写出好诗？您在古代是个官僚，您当然有买地买房的闲钱，亏您还没说红袖添香夜读书呢！这在而今都是犯忌讳的，您这叫拜金主义老不正经！”

老先生哈哈笑道：“你小子吃古人的醋啦，是不是？”

韩愈没有来过国子监，但他迈进国子监的三重阙之后，突然发现，他上辈子似乎就来过这里。

国子监位于皇城西北隅，一方僻静幽深处。唐时称主旨教化处为灵台。

从东门进来，抬首就是一重汉阙。这道门似乎是从汉宫里迁移过来的，上面的纹饰和古朴的面貌，透着那个时代的风尘。这似乎是一个不懂教育但特别精通建筑的人，作为隋朝设立国子寺时的收藏而放置的。中央官学正式建制始于汉武，隶于太常，称为太学，这重门似是一道纪念。二重阙就是隋代国子寺的门楣。隋文帝好儒兴学，言："建国重道，莫先于学，尊主庇民，莫先于礼。"乃设国子寺，遂命大建筑家宇文恺设计此阙。宇文恺设计了长安城的前身大兴城。二重阙上，汉阙的灵兽被海上旭日所取代，饕餮纹变成了云水纹。而现在的三重阙，却满是祥叶瑞果，从云天回到了地面，葳蕤葱郁的气象溢满其间。自唐以来，太宗改国子监与少府、将作统为三监，不再隶属礼部，而是独立的教育行政机关，下辟国子、太学、四门、书、律、算六学。韩愈迈进三重阙，感觉汉朝时自己就来过这里，不用别人引领，自己就能准确找到祭酒司业等大人的庑舍。对于自己的四门馆所的位置，他更是轻车熟路。

所谓博士，就是千年后大学的教授。何谓"四门"？原是为方便一些官员子弟就学，特在东西南北四个城门开设学馆。后来学馆合并，但名称却延续下来，称为"四门"，四门学实际上是面向六品七品中下级官员子弟的高等学府，就像后世的干部子弟学校。

韩愈到四门馆报到之后，便回洛阳去带家眷。回洛见了侯喜尉迟汾诸友，嘱其好生习文，以备科选。诸事妥当，便携家西来，并一路游玩了普救寺、华山等名胜。

西岳华山古称莲花山，因远观如莲，中间三峰如莲心，周围群山如次第开放的花瓣，宛若莲花盛开，故曰莲花。古人花与华通用，所以也叫华山。韩愈游华山后写了一首《古意》的诗，与自己的求仕之路似有联结，颇耐寻味：

太华峰头玉井莲，开花十丈藕如船。
冷比雪霜甘比蜜，一片入口沉疴痊。
我欲求之不惮远，青壁无路难夤缘。
安得长梯上摘实，下种七泽根株连。

有演义者将韩愈此行写进《国史补》一书曰：韩退之闻华山顶有玉莲，甘甜如蜜，可疗沉疴，便攀而登之。不料半山途中，只见黑云塞路，狂风怒号，似有堕石之险，便不禁大恸，草写一书从岭上投下山去。当地县宰闻报，立时派人搜救，方使韩愈脱险。后人便在韩愈投书处刻了六个大字：韩退之投书处。据说此岭至今仍是华山一个著名景点，观者如堵。

韩愈回到国子监后，便开始了他作为四门教授的教书生涯。

四门教馆与大明宫仅一墙之隔，高大的宫殿遮蔽着东来的光线。下雨天，眼见大殿屋脊上的琉璃鸱尾与云天相接，那屋脊的动物犹如活了一般。与之相比，四门教馆又低又矮，一个两进院子，犹如隔墙扔下的点心盒子，龟缩在大明宫巨大的阴影里。

院子里，一棵十围的银杏树高可参天，枝叶如盖，虬曲盘绕，其间飞出各种鸟类，传达出远古流韵。它的无边诗意和蓬勃的生命，是四门人唯一可以夸耀的亮点，也是他们宝贵的财富。

韩愈非常享受这里的生活。

国子监生活的最大特点是清贫。

同是中央文馆，四门馆的生活似乎比秘书省的校书郎要清苦些。白居易之后当了校书郎，刚来时捉襟见肘，唯恐亲戚朋友来访，因为囊中羞涩。不久这种情况就变了，“茅屋四五间，一马二仆夫。俸钱万六千，月给亦有余”。一个九品官，已经“月给亦有余”了，而韩愈此时已经是正七品，可还总是自忖不如归去：“三年国子师，肠肚习藜苋。况住洛之涯，鲂鳟可罩汕。肯效屠门嚼，久嫌弋者篡。谋拙日焦拳，活计似锄铲。男寒涩诗书，妻瘦剩腰襻。为官不事职，厥罪在欺谩。行当自劾去，渔钓老葭薍。”

事实上，韩愈并不是真的想归隐，而是总把心思放在“为官不事职，厥罪在欺谩”上。他的事业心，就是在“肠肚习藜苋”这样的穷困中日渐丰盈。文士的清贫和散漫，正是这个行当的水分和空气。

考察中唐艺文教化，何又璀璨勃兴，客观讲，“幸逢太平代，天子好文儒”，与上有好焉有极大关系。唐朝重文似有传统，唐太宗善撰诗文，唐玄宗艺文双佳，即使是武则天，其诗其书，亦均可圈可点。从中央文馆（包括秘书省、弘文馆、崇文馆及六学人员等）录用人员的数量上比对，唐玄宗时四百二十五人，为全唐朝的第一名；德宗时二百三十一人，排名第二；唐太宗时一百八十八人，列为三甲。但从连续性和持续发展来说，从玄宗到德宗、宪宗，其中央文馆的人数优势，可为全唐之冠。这或许是天子好文儒的佐证，而且连续稳定的对文化教育的关注，就好比蓄了三江之水，就是韩愈曾经希冀的那样的大水，才会养出真正的大鱼。

这是中唐文学勃兴的环境因素。

具体到韩愈个人来讲，人生逆境命运多舛，困厄总如影随形，这又是他的幸事。

由于职业关系，也由韩愈个人心性使然，被人诟病的“好为人师”和“乐于汲引”这些特点，在这里得到了有效开发，并且从实践到理论，从民间到官学，从零乱到系统，从个案到普遍，摸索出了我国教育领域较之孔孟传承更为深入细致的方方面面，创建了教书育人的不朽法典，为华夏民族在教育领域优于世界各民族之林建立了不世功勋。而“好为人师”和“乐于汲引”的另外隐情，则是韩愈内心的政治欲求，若要扭转儒学不尊佛老渐盛、人们思想日益混乱的社会风气，必须团结同仁，集合各方力量，特别是在上层建筑和思想领域形成一股能影响朝纲和朝野的政治势力，即使是开展古文运动，也必须有一支能与保守势力做斗争的强力队伍。这是韩愈不同于其他文人的政治抱负。

他是有想法的人。

韩愈的好为人师先是伴随着自己的交友活动起始的。继之是真正的招收生徒，比如在汴徐幕府时为科举做准备时的贡选，这些生徒慕名前来，投书请益。比如李翱、张籍、张彻，继而是洛阳的侯喜、尉迟汾等。还有为之作《师说》的李蟠、《答胡生书》中的胡直钧、洛阳才子李贺、范阳诗人贾岛，更有皇甫湜、李汉、沈亚之、孙樵、卢仝、刘叉等人，均受过他的汲引和提携。特别是入国子监以来，随着韩愈的声望日隆，前来投师的生徒也愈来愈多。据《唐摭言》载："贞元十八年（802），权德舆主文，陆傪员外通榜帖，韩文公荐十人于傪，其上四人，曰侯喜、侯云长、刘述古、韦纾，其次四人：张弦、尉迟汾、李绅、张俊余。而权公凡三榜，共放六人，而弦、绅、俊余不出五年内，皆捷矣。"由此可见，韩愈门下生徒含金量之高，也可见韩愈慧眼识人，自是卓尔不群。

宋书《容斋随笔》之《韩文公荐士》记述："陆傪在贞元间，时名最著，韩公敬重之。其《行难》一篇为傪作也，曰：'陆先生之贤闻于天下，是是而非非。自越州召拜祠部，京师之人日造焉。先生曰："今之用人也不详，位于朝者，吾取某与某而已，在下者多于朝，凡吾与者若干人。"'又送其刺歙州序曰：'君出刺歙州，朝廷耆旧之贤，都邑游居之良，赍咨涕洟，咸以为不当去。'则傪之以人物为己任久矣。其刺歙以十八年二月，权公放榜时，既以去国，而用其言不替，其不负公议而采人望，盖与陆宣公同。韩公与书时，方为四门博士，居百僚底，殊不以其荐为犯分。故公作《权公碑》云：'典贡士，荐士于公者，其言可信，不以其人布衣不用；即不可信，虽大官势人交言，一不以缀意。'又云：'前后考第进士，及庭所策试士，踊相蹑为宰相达官，其余布处台阁外府，凡百余人。'梁肃及傪，皆为后进领袖。一时龙门，惜其位不通显也，岂非汲引善士为当国者所忌乎？韩公又有《答刘正夫书》云：‘举进士者，于先进之门，何所不往？先进之于后辈，苟见其至，宁可以不答其意邪？来者则接之，举城士大夫，莫不皆然，而愈不幸独有接后进名。’以是观之，韩之留意人士可见也。”

韩愈教人荐人，最难能可贵处是一视同仁。他的平民化视点是他在生徒中享有威望的因由之一。在他看来，贫贱不能移其志，唯有清风养明月。他在《夜歌》里写道：“静夜有清光，闲堂仍独息。念身幸无恨，志气方自得。乐哉何所忧？所忧非我力。”入国子监后，他一反朝中拜谒权贵的惯例，只闭门读书写作，无意朝叩暮随。他在诗里写道：“学堂日无事，驱马适所愿。茫茫出门路，欲去聊自劝。还归阅书史，文字浩千万。”除了埋首穷经之外，他还集中精力写了一系列宣扬儒家学说的文章：《原道》《原性》《原毁》《原人》《原鬼》。阅读这些文章，人们会发现一个惊人的事实，中唐时代的思想混乱、佛老泛滥、朝纲松懈、军阀割据，均是儒学失位之故。因此，要以卫道的勇士之心捍卫儒学，用口诛笔伐来批判佛老思潮的泛滥。这些文章激烈如檄文，决绝如宣言。由此看出，韩愈在复兴儒学排斥异类方面，已经自觉担当起领导这一运动的旗手之任了。

笔者缺少唐代四门教学方面有关课程设置的相关资料，但人们会轻易联想到韩愈在宣扬儒学上的种种努力。他完全会把这些文章当成对学生进行思想教育的系列教材。相对于《五经正义》之类的儒家经典教材，韩愈的这些教材少了些文学性，多了现实性、针对性和战斗性。更重要的还有它的宣传性。韩愈利用职业之便，在授业解惑时，不遗余力地对生徒进行思想教育。正如他在《石鼓歌》中所言：“圣恩若许留太学，诸生讲解得切磋。观经鸿都尚填咽，坐见举国来奔波。……方今太平日无事，柄任儒术崇丘轲。”所说的“柄任儒术崇丘轲”，大可证明他会私货公用，自觉担当卫道角色。他不仅在学堂上灌输儒家思想，就是在生徒离别，学官例作送行序文时，也不忘点滴渗透，如《送何坚序》《送陈密序》等。《送陈密序》云："子之业信习矣，其容信合于礼矣；抑吾所见者外也？夫外不足于信内，子诵其文则思其义，习其仪则行其道，则将谓子君子也。……"

即使有生徒请教写作，事关古文创作之实践，韩愈亦不忘把古文运动与儒学思想结合起来，加以诱导。他将思想立意和文章面貌联系起来，首次提出根与枝的关系，倡导以根养叶，根深才能叶茂。韩愈有《答李翊书》，其中这样写道："生所谓立言者，是也；生所为者，与所期者，甚似而几矣。抑不知生之志，蕲胜于人而取于人邪？将蕲至于古之立言者邪？蕲胜于人而取于人，则固胜于人而可取于人矣。将蕲至于古之立言者，则无望其速成，无诱于势利，养其根而俟其实，加其膏而希其光。根之茂者其实遂，膏之沃者其光晔：仁义之人，其言蔼如也。"韩愈由文章联系到思想，由思想联系到做人。而做什么样的人，这就与教化联系到了一起。韩愈教书育人，并不夸夸其谈，他把自己摆进去，以自己的体会劝谕生徒们，做什么样的人呢？那就以我为准吧：

……愈之所为，不自知其至犹未也。虽然，学之二十余年矣。始者，非三代两汉之书不敢观，非圣人之志不敢存。处若忘，行若遗，俨乎其若思，茫乎其若迷。当其取于心而注于手也，惟陈言之务去，戛戛乎其难哉。其观于人，不知其非笑之为非笑也。如是者亦有年，犹不改。然后识古书之正伪，与虽正而不至焉者，昭昭然白黑分矣，而务去之，乃徐有得也。当其取于心而注于手也，汩汩然来矣。其观于人矣，笑之则以为喜，誉之则以为忧，以其犹有人之说者存也。如是者亦有年，然后浩乎其沛然矣。吾又惧其杂也，迎而距之，平心而察之，其皆醇也，然后肆焉。虽然，不可以不养也。行之乎仁义之途，游之乎《诗》《书》之源，无迷其途，无绝其源，终吾身而已矣。

气，水也；言，浮物也。水大而物之浮者，大小毕浮。气之与言犹是也，气盛，则言之短长与声之高下者皆宜。虽如是，其敢自谓几于成乎？虽几于成，其用于人也奚取焉？虽然，待用于人者，其肖于器邪，用与舍属诸人。君子则不然，处心有道，行己有方，用则施诸人，舍则传诸其徒，垂诸文而为后世法。如是者，其亦足乐乎？

……

韩愈以自己的现身说法，勾画出了一个唐代文士的标准图示，他完全符合唐高祖立国之初在《赐学官胄子诏》中设定的唐人的人才标准："自古为政，莫不以学，学则仁、义、礼、智、信五者俱备，故能为利博深。朕今欲敦本息末，崇尚儒宗，开后生之耳目，行先王之典训。"

而事实上，韩愈本人确实是个"崇尚儒宗，开后生之耳目"的那个时代的楷模。

《唐文拾遗》中有王仲舒《国子博士韩愈除都官员外郎制》一文，对韩愈从教以来全面评价道："朝议郎守国子博士分司东都上骑都尉韩愈，直亮而廉洁，博达而深厚。守经嗜学，遂探其奥；希古为文，故得其精。美宋玉之微词，尚扬雄之奇字，为己求道，暗然扬声……"

韩愈更是个深谙师道的好老师。

他认为，不管什么人，圣人草民，三教九流，没有生而知之者。既如此，任何人都面临着一个需要学而知之的过程。而在这个过程里，老师的作用显得特别重要。自孔孟以来，尊师重道和师道尊严已经深入人心，历朝历代都在遵循这个规矩和规律。但是，从魏晋南北朝以来，庠序隳散，胄子衰缺，儒学凋零，从师之风渐渐淡薄。特别是魏文帝曹丕实行九品中正制以后，士族阶级几乎垄断产生官员的通道，形成了以士族为代表的门阀制度。士族子弟，不论品德，不论智力，不需学习，仅靠特权就能承袭官职。他们不需要学习，焉会需要师尊？不要老师，焉会看重儒学？于是这种轻视庠序淡漠师道的观念和门阀制度一起被唐朝沿袭下来，虽有唐太宗后来的科举和人才培养的创新举措，但门阀制度的现实存在，和社会上思想混乱的纠结，尊师重道的传统仍然没有回归。如今，士族子弟靠承袭获得官职者，每年有几千人之多，而靠科举及第入仕者，每年仅有几十人而已，这种不合理的现实，或许就是轻师弃儒的重要因由。于是遂作千古名篇《师说》：

古之学者必有师。师者，所以传道受业解惑也。人非生而知之者，孰能无惑？惑而不从师，其为惑也，终不解矣。

生乎吾前，其闻道也固先乎吾，吾从而师之；生乎吾后，其闻道也亦先乎吾，吾从而师之。吾师道也，夫庸知其年之先后生于吾乎？是故无贵无贱，无长无少，道之所存，师之所存也。

嗟呼！师道之不传也久矣，欲人之无惑也难矣。古之圣人，其出人也远矣，犹且从师而问焉；今之众人，其下圣人也亦远矣，而耻学于师；是故圣益圣，愚益愚，圣人之所以为圣，愚人之所以为愚，其皆出于此乎？

爱其子，择师而教之。于其身也，则耻师焉，惑矣！彼童子之师，授之书而习其句读者也，非吾所谓传其道解其惑者也。句读之不知，惑之不解，或师焉，或不焉，小学而大遗，吾未见其明也。

巫医、乐师、百工之人，不耻相师；士大夫之族，曰师、曰弟子云者，则群聚而笑之。问之，则曰："彼与彼年相若也，道相似也。位卑则足羞，官盛则近谀。"呜呼！师道之不复，可知矣。巫医、乐师、百工之人，君子不齿，今其智乃反不能及，其可怪也欤！

圣人无常师，孔子师郯子、苌弘、师襄、老聃。郯子之徒，其贤不及孔子。孔子曰："三人行，则必有我师。"是故弟子不必不如师，师不必贤于弟子，闻道有先后，术业有专攻，如是而已。

李氏子蟠，年十七，好古文，六艺经传皆通习之，不拘于时，学于余。余嘉其能行古道，作《师说》以贻之。

在该文里，韩愈首次将师者的职责概括为三项任务：传道、授业、解惑。他把传道列为三项任务之首。认为儒家思想必须放在教育的第一位。作为师者，不问贵贱，无论长幼，只在于闻道先后，这是衡量师者的首要标准。他还对时下士大夫鄙视师道和以地位高低作为取师标准的风气，进行了批判。而授业则是师者的本职分内之事，精专六艺，术业有攻，绝不能滥竽充数，这是师者的起码要求。而解惑就是要回答学生提出的各种问题，这是个相当宽泛和十分阔大的范围，包括天地学问、人生百事、行为师范、思想意识等。作为师者，首先是“道之所存”的人；再者是六艺经传皆通习的人；还应该是学习型的人，“其闻道也固先乎吾，吾从而师之”；是与生徒有着新型关系的人，“弟子不必不如师，师不必贤于弟子”。

总之，这就是韩愈心中师者的理想标准。

身为学官，韩愈还把诗文创作的题材扩展到校序之内，对忠于职守的学官和好学上进的学生进行宣扬。韩愈为一个叫施士丐的太学博士写了《施先生墓志铭》：“先生年六十九，在太学者十九年。由四门助教为太学助教，由助教为博士。太学秩满当去，诸生辄拜疏乞留。或留或迁，凡十九年，不离太学。”唐人每任一官四年为约，“凡居官必四考”，然后或留或迁，而以流转居多。而这位先生因为课上得好，学生乞留，上峰允准，竟然在太学任上一口气教了十九年。这十九年固然少了迁转之苦，但也终其一业，再难铨调升迁，有默默奉献之德。而韩愈写的《太学生何蕃传》，其传主则似乎比施先生还奇特，他入太学当生竟有二十余年。这个品学兼优的何蕃，曾在泾师之乱时，面对乱军胁迫，有人提出学生们“从之”时，他“正色叱之：六馆之士不从乱!”保持了朝纲政治的坚定性。但就是这样的一个仁义之士，却因进士不举而出仕无望。因此韩愈替学生惋惜，从而立传。而《短灯檠歌》则把儒生穷读之相刻画得淋漓尽致："……太学儒生东鲁客，二十辞家来射策。夜书细字缀语言，两目眵昏头雪白。此时提携当案前，看书到晓那能眠？一朝富贵还自恣，长檠高张照珠翠。吁嗟世事无不然，墙角君看短檠弃。"

陈寅恪先生在《论韩愈》文里述其六功：一曰建立道统，论明传授之渊源；二曰直指人伦，扫除章句之烦琐；三曰排斥佛老，匡救政俗之弊害；四曰诃诋释迦，申明夷夏之大防；五曰改进文体，广收宣传之效用；六曰奖掖后进，期望学说之流传。

凡此六功，多为韩愈进国子监及文馆后所为。而诸如扫除章句改进文体等古文运动方面的推进，其高潮的生成和蔚然，也是其供职中央文馆这一特殊位置而臻为玉成的。此乃后话。

贞元十九年（803）三月，德宗下诏百官，对即将祭祖时的祖宗向序问题进行咨议。这个议题已是陈年旧事，自建中二年（781）首议以来，二十二年过去，一直悬而未决。德宗说，现在该是解决这个问题的时候了。

帝制以来，历来君王重礼仪。君王坐北面南，臣子面北而拜，已成古训。其尊卑向位最早是由伏羲氏的八卦说推演出来的。天子位于乾位，对应南方，按阴阳五行原理，南属火，火为阳。北属水，水为阴。天子坐北朝南，方可"镇阴压邪""向明而治"。而在室内，却以东向为尊。《史记·项羽本纪》里"鸿门宴"的座次："项王、项伯东向坐，亚父南向坐，沛公北向坐，张良西向侍。"由此可见，项羽骄横，自然坐西面东，置刘邦张良于屈辱地位。具体到皇家祭拜，"室中以东向为尊"就成了必须遵循的"例制"。

东汉郑玄曾写《禘祫志》，曾对天子祭祖有过详细描述：太室之中，神主的位次是太祖，东向，最尊；第二代神主位于太祖东北，即左前方，南向；第三代神主位于太祖东南，即右前方，北向，与第二代神主相对；第四代位于第二代之东，南向；第五代与第四代相对，位于第三代之东，北向，以此类推。拜者则在东边面西跪拜。太祖居中，太祖左边曰昭，右边曰穆，这就是所谓的昭穆之制。

韩愈于是作《禘祫》一文。韩愈认为，天子祭祀，事关礼制，不可为一时之宜，应遵昭穆之例，以例为准，成为定制，传为万世通法。他对以前不合礼法而只迁就拜者的几种议奏提出反驳，并对如何按昭穆之制的祖宗向序排列一一进行具体陈述，言之有据，晓之以理，循之可法。此议一出，据说与当年颜真卿奏议可谓不谋而合。颜真卿当年曾为此事提过专奏，后因战乱而被搁置。此议，虽历经年，几代参奏，二人已阴阳两隔，尚能所见略同，足可见二人秉性相仿，情志相投，学识渊深，都属忠臣良将的类型。

然而，韩愈还没从皇家祭祀的沉思中回过神来，就又遭遇了自己家族中极为悲痛的事件——侄子老成不幸病逝了！

那天，韩愈率一干生徒去南郊祭雨，回到国子监，把在祭雨现场写的《题炭谷湫祠堂》又誊抄了一遍。途中所见焦苗枯木让他心忧，便兀自坐在书斋叹气。正在这时，忽然见东南黑云过来，风掠林梢，隔壁大明宫传来一片銮铃啸响，接着大雨倾盆而下，灵台浸入一片风雨之中。远远见一个人如浮水面一般飘然而来，既无伞又无蓑，韩愈见了，喊他快来避雨，却总不见他靠近。韩愈有些急了，看不清来者面目，却觉得与其相亲，见他不来，便撑着油伞迎他，趋近一看，原来是老成！韩愈正要怪他，却突然醒来，竟是一梦。韩愈觉得奇特，便匆忙往家赶，还未至家门，便听见家人得到丧报的哭声。

韩愈与老成虽有叔侄辈分，实则情如手足，因患难与共，又非一般兄弟可比。韩愈时刻惦记着老成，在汴州幕府时，那是韩愈的释褐初始，尽管是九品官，韩愈还是把老成从宣州接来，住了将近一年。后来，韩愈还让老成回宣州把家眷接来同住，因战乱才未成行。对于韩愈来说，老成应该是他一路进取的见证和将来衣锦还乡的路标，嫂母不在了，老成就是他最亲最亲的人。如今，老成去，谁识他韩愈的过往？谁又能识得他的归途？人生彻骨的悲凉在他心中弥漫，他哭老成，也哭自己，同时也哭天下苍生。在血与泪的交流中，韩愈提笔写就了悼文中的名篇——《祭十二郎文》。

文中追忆了韩愈与老成的艰辛少年，二人就食江南伶仃孤苦，然未尝一日相离。二人两世一身，韩氏唯二人为继。西去求仕，与老成别，“以求斗斛之禄”，为使全家更好地“久相与处”。然而，这一人生困境是一盘永远的棋局，普通人都会与之相遇；但它更像是一场劫难，多少人陷于此间永难回归，可谓古难全。具体到韩愈和老成，为了这个心愿，这一切付出的代价委实太大，韩愈未老先衰，老成先他而去。人的一生为何苦难总多于幸福，残缺多于圆满，遗憾多于心愿呢？韩愈的祭文也是一部天问，他不问社稷不问庙堂，只问浮生亲情兄弟友善，只问心愿为何达而不成有因无果。相比屈原的《天问》，韩愈的设问更接近人间烟火和普通人众，更接近地面，接近人情世故，因此情真意切，是以情动人的不朽典章——

……“吾年未四十，而视茫茫，而发苍苍，而齿牙动摇。念诸父与诸兄，皆康强而早世。如吾之衰者，其能久存乎？吾不可去，汝不肯来，恐旦暮死，而汝抱无涯之戚也！”孰谓少者殁而长者存，强者夭而病者全乎！

鸣呼！其信然邪？其梦邪？其传之非其真邪？信也，吾兄之盛德而夭其嗣乎？汝之纯明而不克蒙其泽乎？少者强者而夭殁，长者衰者而存全乎？未可以为信也。梦也，传之非其真也，东野之书，耿兰之报，何为而在吾侧也？鸣呼！其信然矣！吾兄之盛德而夭其嗣矣！汝之纯明宜业其家者，不克蒙其泽矣！所谓天者诚难测，而神者诚难明矣！所谓理者不可推，而寿者不可知矣！虽然，吾自今年来，苍苍者或化而为白矣，动摇者或脱而落矣。毛血日益衰，志气日益微，几何不从汝而死也。死而有知，其几何离？其无知，悲不几时，而不悲者无穷期矣。

汝之子始十岁，吾之子始五岁。少而强者不可保，如此孩提者，又可冀其成立邪？呜呼哀哉！呜呼哀哉！汝去年书云：“比得软脚病，往往而剧。”吾曰：“是疾也，江南之人，常常有之。”未始以为忧也。呜呼！其竟以此而殒其生乎？抑别有疾而至斯乎？

汝之书，六月十七日也；东野云，汝殁以六月二日；耿兰之报无月日。盖东野之使者，不知问家人以月日；如耿兰之报，不知当言月日。东野与吾书，乃问使者，使者妄称以应之耳。其然乎？其不然乎？

今吾使建中祭汝，吊汝之孤与汝之乳母。彼有食可守以待终丧，则待终丧而取以来；如不能守以终丧，则遂取以来。其余奴婢，并令守汝丧。吾力能改葬，终葬汝于先人之兆，然后惟其所愿。

呜呼！汝病吾不知时，汝殁吾不知日；生不能相养于共居，殁不得抚汝以尽哀，敛不凭其棺，窆不临其穴。吾行负神明，而使汝夭；不孝不慈，而不得与汝相养以生、相守以死。一在天之涯，一在地之角，生而影不与吾形相依，死而魂不与吾梦相接。吾实为之，其又何尤！彼苍者天，曷其有极！自今已往，吾其无意于人世矣！当求数顷之田于伊、颍之上，以待余年，教吾子与汝子，幸其成；长吾女与汝女，待其嫁。如此而已。

呜呼，言有穷而情不可终，汝其知也邪？其不知也邪？呜呼哀哉！尚飨！

《古文评注》卷七有言：“读诸葛孔明《出师表》而不堕泪者，其人必不忠；读李令伯《陈情表》而不堕泪者，其人必不孝；读韩退之《祭十二郎文》而不堕泪者，其人必不友。”《古文观止》评曰：“情之至者，自然流为至文。读此等文，须想其一面哭一面写，字字是血，字字是泪。”清人林云铭说：“祭文中出以情至之语，以兹为最。”

而从该篇祭文中或许可以看到韩愈在改进该类文体上的努力，他少有俪言偶句铺排虚美，并将骈偶之例渐移之散体写作。在亲情类祭文中，拒绝雕刻矫诞，着眼于家长里短，从庄严雅致移为百姓视点。甚至不惜大量使用语气词感叹词。即使记录原始的无字唏嘘哭喊，也比夸饰浮华的文字更有现场感悲伤感。此等尝试，说韩愈首创，盖不为过。

贞元十九年（803）秋，韩愈四门博士二年之任已满，按例被举荐为监察御史。

韩愈踩着银杏树下的苔痕，来到了御史台。

使韩愈感到兴奋的是，御史台不仅也有一棵老银杏树，更有旧雨新知等待着他。两个老朋友，一个是蒲州柳子厚，一个是乡人刘禹锡。同为监察御史的还有张署和李方叔二人。

刘禹锡和柳子厚都是贞元九年（793）进士，之后又登博学宏词科，柳子厚授集贤殿正字，刘禹锡授太子校书。与韩愈相比，二人都是仕途通达一帆风顺。刘禹锡是洛阳人，因祖地与河阳相邻，可谓隔河相望。而刘郎的诗名早就蹈河过江，不胫而走，韩愈早在长安应考之时就与之订交。而柳与韩的交往，则完全是以文会友，相互吸引，后来柳就任中央文馆职官时，二人有过交集。和韩愈同荐为监察御史者共有十人，史料称这几人属“时同官中名最著者”，韩愈均与之交厚，而且成了终生的挚友。

唐代御史台分为三院，其中监察御史属察院，职掌“分察百僚，巡按郡县，纠视刑狱，肃整朝仪”（《唐六典》），品秩低而权限广。

韩愈从四门博士，一下子转换成朝廷的监察官员，其中有“分察百僚，巡按郡县”的任务，这就要求韩愈要有一双与众不同的眼睛。

这天，韩愈接到马燧次子马畅的邀请，到北平王府去做客。马燧于贞元十一年（795）八月去世，马畅官至鸿胪少卿，世袭旧业。马畅一直与韩愈情同手足，特别是其父丧葬期间，韩愈麻衣缟巾如事至亲，让马府上下十分感动。

韩愈与马畅对坐而饮。

“愈弟几年未来？少说五六年了吧？”

“畅兄差矣，前年还来过府上……”

“噢，你刚任四门博士时，但那次匆忙，连酒饭也未曾吃。”

“这回把上次的酒饭补了，与仁兄同醉，哈哈……”

二人推杯换盏，竟不觉已是日暮时分。韩愈乘着酒兴，便说去杏园走走，当下又是麦熟季节，热风一吹，黄杏当熟了。谁知一提杏园，马畅却沉吟不语，韩愈又问，却引出一串惊悚，让韩愈酒醒了一半。

马畅挽着韩愈，二人来到当年韩愈所住的西院，从那里另有一个门扉，可以直通杏林。然而，这道门现在已经封死，路上已经长出小树。

几年前，马畅邀宦官窦文畅来府上做客，酒足饭饱之后，适逢杏熟，便让仆人以进。窦文畅品尝后赞不绝口，临走又特向马畅要了一筐，说是如此美杏，不可独享，应献给皇上。谁知德宗一见，竟然震怒，说只听闻有此御杏，既说御杏，为何朕今方得见？窦文畅向来对功臣良将们不置好言，见皇上不悦，也不解释，借机派禁军封了杏林，并把后院全部占用，成了神策军的马场。

马畅说到这里，兀自叹息道：“前不久，又有上官给皇上进言，说是偌大王府，岂配后人私享，可收回辟为皇家祭祀场所……看来，马家不几日或许就搬出王府了。只是老爷子一世打拼，魂灵回来，竟找不到归处了……”

对着苍茫暮色，有泪堆在马畅的眼角。

一种悲凉袭上韩愈心头。世事变幻，竟不及陌上杏色。君子之泽，二世未过，已现颓势。想要安慰几句，却不知从何说起，只得咽下肚里，向马畅作别。

他在沉重里策马而去。

长安城笼罩在酒的色调里。这枚硕大的果子，结在八百里秦川的胸前。去岁今夏关东连年大旱，天也黄黄，地也黄黄，连累了京都，如提前成熟的杏子也黄黄。

他想了起来，当年他写过王府里的两只猫，名曰《猫相乳》。他记得猫的颜色也是黄色的。王府易主了，它们去哪儿呢？记得文中曾言：“夫禄位贵富，人之所大欲也。得之之难，未若持之之难也；得之于功，或失于德；得之于身，或失于子孙……”现在看，这些话犹如谶语，对照马府遭际，韩愈为自己的文字而恐惧。

想着走着，竟来到一处人家。

他有些口渴，见室内有人影，便叩其门。开门者是一个手拿工具的圬者，正领着几个小工干活儿。见韩愈官人装束，不敢怠慢，忙请其上座，又让小工端来茶水伺候。

一打听，原来圬者叫王承福，正帮一位官人整饬房子。王承福六七十岁的样子，脱下套袖工衣，竟是个利落的模样，一看就是个见过世面的人。

把小工打发走，二人喝茶聊天，竟十分投机。

许多年前，天宝之乱时，王承福还是个军卒，“持弓矢十三年”，成为指挥几百人的军官，是吃皇粮的人。韩非子言：“故明主之吏，宰相必起于州部，猛将必发于卒伍。”唐时如是，军中诸将多有如王承福的经历。像马燧、张建封当年一样，他若留在军伍，用一次次冲杀搏命，来铺就建功立业的阶梯，或许也会有他们那样的前程。但王承福没有那样做，他对人生采取了守势。他原本是长安县的一个农人，于是就解甲归田，继续当他的农夫。然而，战争使他的家业和土地丧失了，他成了一无所有的人，他只能“手镘衣食”，靠为他人涂抹房子而养活一家老小。操镘以圬，这是一门技术，他就靠涂涂抹抹，把低凹填充，把高地夷平，去粗求精，投其所好。就这样，三十多年过去，王承福不仅能养活一家人，还常时有余之，他还会接济衣食无着者。因为衣食镘出，事关饭碗，故他每次工作均诚惶诚恐，谨慎待之，从不懈怠。他自认为圬者直道而行，取力为生，虽劳无愧，多劳多得，使他处之安然，问心无愧。他自叹不如劳心者，也不是智者这块料，但他从不嫉妒他们，他认命。俗话说，有智吃智，无智吃力，各由天出。他的工作对象多是劳心者，多是权贵人家，这些人家他都认得，他常常操镘而过，犹如在繁花丛中穿行。他受雇于人，知道这些府邸的每处厅堂每个房间，他的镘具精细地在洁白的墙面掠过，身后是一个如玉的所在。但若干年过去，他再从这些人家走过，气象总不能保持往常，有的竟成废墟。

韩愈惊问其故："为何落此遭际？"

王承福惨然答曰："我也问过这个问题，与之毗邻者们言，噫，刑戮也，或者说，身既死而子孙败落了，或者说被收归官府了，等等。依我看，诸等不是在其位而怠其事，不是心有余而智不足，也不是知其不可而强为，而是丰悴无定一去一来，势无常态，富贵难守呀！基于此，我常警示自己，人应该正确认识自己，量力而行。人都是乐富贵而悲贫贱的，我亦如此。但至关重要的是要记住富贵难守之古训，做力所能及之事，不做非分之想……"

韩愈又一次惊悚了。马府也会变成废墟吗？谁能预知它的未来呢？眼前的王承福，多么清醒，多么睿智！从这方面看，许多王公大臣不及他明白，因此末了甚至不及他的人生。他是个圬者，但却通晓社会的肌理，能看透浮华背后的悲凉；他又非同一般的圬者，他是个精细的人，他的人生计划都经过自己的深思熟虑，经过入微的算计；但从另外一点看，王承福又是一个多么可怕的利己主义者呀，他和这个世界的联系是雇主和雇佣的关系，你给我钱，我给你干，这之间似乎成了买卖关系。你若要让他为他人做出点让步，或为国家做出点牺牲，他是断然不会做的。他是一个拔一毛利天下而不为的人。但王承福是个小人物，你不能阻止他清醒地为自己算计，为自己的人生规划。皇家和官家能靠得住吗？他不靠自己又靠谁呢？他靠自己的双手，靠一技之长养活自己，比那些不劳而食脑满肠肥的肉食者要强多少呀！许多王公贵族败落者多是自败而非他败，其关键的一点是利欲熏心贪欲无度，他们缺少王承福式的清醒！所以，还有谁苛求一个普通劳力者的境界呢？既如此，作为一个人，一个文人，一个朝廷的监察官，只要对王承福们加以考察和了解也就是了。

韩愈觉得不虚此行。

与一个圬者饮，似无这样的经历。以前，韩愈的身边谈笑皆鸿儒，今天倒是破例了。他和王承福对饮，了解了许多东西，明白了社会的另一个层面，更加明白了一些事理、人理和道理。

同时王承福之例也可用来警示自己的人生和为官之道。

他想他还会与此类人交流的。

于是归来后作《圬者王承福传》。

是年关中春夏大旱，秋天又下早霜，稼禾无收，税负反而加重，民怨沸腾。一首民歌唱道：

秦地城池二百年，何期如此贱田园？
一顷麦苗五石米，三间堂屋二千钱。

京都乃首善之区，然如今却乞丐遍地。长安东西向共有十四条大街，南北向有十一条大街，这些街区不仅充斥饥民，就连贯穿全城中轴线上的朱雀大街，靠近皇城的路段也出现了要饭的人群，连神策军的星锤长戟也无济于事了。

一天上朝时，韩愈见刘禹锡骑着他的小白马从雾霭里钻出来。刘禹锡因为睡眠不足，眼泡有些浮肿。但他明亮的眼睛里仍然燃烧着昨夜的激情。他曾经服侍过太子读书，并从太子处认识了常去服侍太子下棋的王叔文。这些天，他又介绍了柳子厚给王叔文认识，他们一见如故，相谈甚欢。刘禹锡早给韩愈说过要与王叔文结友这件事，因为事不凑巧，均未成行。韩愈想，禹锡的直肠子是存不住事的，他又要说去见王叔文这件事了吧？

果然——

“退之兄，昨日我和子厚兄找你，门人说你刚去刑部审理公案了。叔文兄对仁兄的才华非常欣赏，说还要把你推荐给太子呢。”

“有劳贤弟，代我感谢叔文仁兄，说退之定专去拜看他……”

浓雾里闪出一群面色枯槁衣着褴褛的饥民，向韩愈刘禹锡作揖。

刘禹锡礼貌地支开了他们，帮韩愈解了围。他用很神秘的表情凑近韩愈说：“你一定奇怪，乞食者连要饭也不会了吗？时间、地点都不对头，为什么呢？”

韩愈也觉得蹊跷：“是呀，贤弟知道个中因由吗？”

“昨晚我们还议论此事，乞者不只是要米要粮，更是要官家为民请命，现在朝政凋敝，奸人当道，不顾生民死活，大旱之年仍不减岁赋。韩愈兄，作为监察官，我们真应该下去巡察一番，把真实情况向朝廷禀报……”

“事不宜迟，早朝之后，你我结伴下去巡察如何？”韩愈感到事关重大，有些急不可耐。

“我和子厚兄已被吏部调用，要协助博学宏词科考呢。”刘禹锡不无遗憾地说。

这时，张署和李方叔从后面赶了过来。

二人闻说，也约好散朝后即刻行动。

韩愈一人一骑向长安县乡下而去。正是秋末，满目憔悴。沿路多遇饥民塞途，韩愈只得绕野而走。大约多半时辰，来到一个村庄，韩愈下马询问，却见一些农人正在伐树拆屋，惊问其故，农人们垂泪道：夏秋歉收，无粮缴纳，只得变卖后以缴官家赋税。又往里走，见一群人正忙着出殡，七零八落的白色中，草席下的一袭绿色十分抢眼。走近一看，死者竟是一个身穿官服的老人。韩愈更加惶恐了，便问其家人。死者的儿子拭泪说，他的父亲乃朔州治下的阳高县令，告老还乡后本想颐养天年，哪想家乡几年来一直旱涝不均，连年遭灾。他的父亲在任清正廉洁，回来两袖清风，没有丁毫积蓄，遭此灾年，加上岁赋日重，家里妇孺又多，竟至病饿而死。去世前，为了交税，老人嘱咐把棺材卖了，说身上的官服就是最好的棺木……韩愈听得心酸，一个县令之家尚且如此，普通农家在苛政之下如何存活？

走村串户，一片凄凉。往年此时，春麦应该播下，田里应是一片青葱了，但现在却无人耕种，人为饿殍，种田何用？《唐律》第一百七十条规定："诸部内田畴荒芜者，以十分论，一分加一等，罪止徒一年。州县各以长官为首，佐职为从。"若按律令，"不耕谓之荒，不锄谓之芜"，这等事从县到村户都要治罪打板子的，而现在，人们充耳不闻视而不见，完全置律令于度外，只有对生命完全绝望的人才会置若罔闻不管不顾。

韩愈回到京城，将所见所闻写成奏文《御史台上论天旱人饥状》：

臣伏以今年已来，京畿诸县，夏逢亢旱，秋又早霜，田种所收，十不存一。陛下恩逾慈母，仁过春阳，租赋之间，例皆蠲免。所征至少，所放至多；上恩虽弘，下困犹甚。至闻有弃子逐妻以求口食，坼屋伐树以纳税钱，寒馁道途，毙踣沟壑。有者皆已输纳，无者徒被追征。臣愚以为：此皆群臣之所未言，陛下之所未知者也。

臣窃见陛下怜念黎元，同于赤子。至或犯法当戮，犹且宽而宥之，况此无辜之人，岂有知而不救？又京师者，四方之腹心，国家之根本，其百姓实宜倍加忧恤。今瑞雪频降，来年必丰，急之则得少而人伤，缓之则事存而利远。伏乞特敕京兆府：应今年税钱及草粟等在百姓腹内，征未得者，并且停征，容至来年蚕麦，庶得少有存立。

臣至陋至愚，无所知识，受恩思效，有见辄言，无任恳款，惭惧之至。谨录奏闻，谨奏。

次日早朝，韩愈将与张署、李方叔联名的奏文上报朝廷，结果，“天子恻然，卒为幸臣所谗”，三人同时被贬，“俱为县令南方”。

韩愈被贬为阳山县令，张署被贬为临武县令，阳山乃岭南之北，临武在湘之南，因两地相距不远，于是二人便结伴南行。把左迁流放与贬官之旅当成山水之游，是当时官场中人的一种释怀方式。唐人中诸多诗文多出于陆上水上，这种今天看来颇似旅游文学的作品，其纸页实际多为血泪浸泡。

韩愈对这样的行旅似不陌生，大历十二年（777）随兄南贬，其路径与此何其相似乃尔！那时韩愈尚不更事，不知大哥何样心情，而今“中使临门遣，顷刻不得留。病妹卧床褥，分知隔明幽。悲啼乞就别，百请不颔头。弱妻抱稚子，出拜忘惭羞”。双足一踏南山，耳畔妻儿哭声顿起，岁敝寒凶，雪虐风饕，泣血之感油然而生。于是，韩会的面容再次鲜明地呈现出来，再看遗留其上的表情，这使韩愈一下子读懂了仁兄设置的所有暗码，那淡然若素的外表下，是一波又一波的锥心之痛呀！流徙贬官，无非是让臣子吃尽苦头，加以惩戒，使之俯首帖耳，不再做忤逆圣听之事，这大概就是皇帝发明此方的动机。殊不知，作为臣僚，冒死犯谏，对于一些人来说，似乎是他的宿命。韩愈求仕，千苦万辛，甚而低身隐忍，为后人清士所不齿，但凡讥刺者，均是书斋语，识见偏颇也。求仕为官，与隐士出世，只是两种生活态度，出世可以养心，为官可以养命，本无分厚薄。反正普天之下莫非王土，人在其间，绝清如伯夷叔齐，已弃世而去，余之便无超圣，只留相对的尊严和风骨。而为官之人，有人官前如鼠，而当官之后，对生民欺压凌辱，又其状如虎，这种状况，当然应该摒弃讽讥。而如韩愈者，官前如仆，甚或其状如奴，但官后为民立命，赴汤蹈火，甚而不惜丢掉项上乌纱，即使族中有例，仍前仆后继，这样状况，再计较前嫌，不仅缺少厚道，实在也是条缕不分，一塌糊涂了。

或许历史就是这样一塌糊涂吧。有人就怀疑韩愈这次被贬与王叔文、刘禹锡、柳子厚有关系——

蔡启《蔡宽夫诗话》云："退之阳山之贬，史不载所由，以其诗考之，亦为王叔文、韦执谊等所排尔。"

葛立方《韵语阳秋》云："阳山之贬，伾、文之力，而刘、柳下石为多，非为李实所谗也。"

这个疑问，似乎也来自韩愈。

那天早上的雾霭，总在他心中弥漫。还有刘禹锡那张脸。他有着一双明亮的眼睛，乌黑闪亮的头发从冠里垂下一绺，在苍白的面庞上晃动着。他在说话，没用洛阳话，用的是吴中软语，喷出的气流是那绺头发晃动的原因。事情就这么凑巧，禹锡的性格是个大男孩的样子，他是存不住事的，他和柳子厚特别是和王叔文在一起，竟然谈起关中大旱，他和子厚为什么不下去巡察呢？是不是他们借故躲开，故意诱引自己，难道这是他们设计的圈套吗？他们为什么料定我一定会直颜奏报呢？可见他们早在暗中窥伺自己许久了！还有与王叔文的关系。几番谋面不成，确实是阴差阳错，难道他由此心生芥蒂，将自己作为异己而排斥吗？刘、柳微言下石，但手握权柄者却是王叔文与韦执谊也。或许这一切布局，均是王韦所做，刘柳不过是他们手中的棋子吧。既然如此，为何又累及张署和李方叔呢？想想或许这正是权术者的可怕之处，为了不让自己察觉，故意把三人一并处理……

迷雾重重……

因此韩愈在诗中写道："……同官尽才俊，偏善柳与刘。或虑语言泄，传之落冤仇。二子不宜尔，将疑断还不。……”

在落难途中，韩愈怀疑起自己的两位好友，似乎也不是无妄之猜。谁让一切都是那样凑巧呢？但即使如此，韩愈也确认二人是无心之失，是将自己的言论传到与自己有隙的人耳中，才酿此阳山之贬的……

那么，“或虑语言泄”，确定无疑的并不是这次大旱之言，因已有明文具报。那么，还有什么言语得罪了他人呢？韩愈想来想去，突然想起，与柳刘谈论的还有宫市之议。

唐中期，宫市日炽。《旧唐书·张建封传》中有关于宫市的详细记载：“时宦者主宫中市买，谓之宫市，抑买人物，稍不如本估。末年不复行文书，置白望数十百人于两市及要闹坊曲，阅人所卖物，但称宫市，则敛手付与，真伪不复可辨，无敢问所从来及论价之高下者，率用直百钱物买人直数千物，仍索进奉门户及脚价银。人将物诣市，至有空手而归者，名为宫市，其实夺之。尝有农夫以驴驮柴，宦者市之，与绢数尺，又就索门户，仍邀驴送柴至内。农夫啼泣，以所得绢与之，不肯受，曰：‘须得尔驴。’农夫曰：‘我有父母妻子，待此而后食；今与汝柴，而不取直而归，汝尚不肯，我有死而已。’遂殴宦者。街使擒之以闻，乃黜宦者，赐农夫绢十匹。然宫市不为之改，谏官御史表疏论列，皆不听。”

张建封曾在觐见德宗时极言宫市之害，似做过详细调查，使德宗差一点儿取消宫市。因此举牵动宦官们的利益，遂指使财政官员以宫市解决千万数就业为由游说德宗，使德宗复又转意，不再提取缔之事。然宫市之害，世人皆知，白居易之名诗《卖炭翁》就是写宫市之祸的。它的主要弊病是交易不公平，破坏商业规矩，强买强拿，巧取豪夺，给老百姓造成极大危害。真正的忠义节烈之士无不激斥宫市祸国殃民，还有人为此而献出生命。

韩愈曾跟随张建封，从感情上讲，他对张的主张当然是拥戴的。而宫市确实害民，从他为民立命的为官准则上，他也不能袖手漠视，他很可能在御史台的会议上发表过取消宫市的意见，或是私下里跟柳刘二人聊过有关宫市的闲言碎语，讥讽过与此有关的大臣和宦官，而柳刘同样义愤填膺，或者写过取消宫市的文章……或许王叔文向柳刘询问过御史台众人的情况，柳刘便把当日韩愈的碎碎念开玩笑似的向王叔文说了。而王叔文内心也是反对宫市的。但他是个策略家，他给德宗或给太子，或给杜佑、李实、韦执谊言说时，是不会直接说出自己的真实想法的，而会假言代之，假人为例，把不相熟不相近的韩愈给说出来，以此试探他们的态度。这对王叔文来说，抛出韩愈，只是一个策略，一个说法，或如一个措辞，但在德宗心里，对韩愈就是一个评价；在杜佑那里，就是一个不快；在李实那里，就会引为仇视。因此，当韩愈的奏文《御史台上论天旱人饥状》呈现在他们面前时，朝廷上的蝴蝶效应就出现了：把韩愈们贬之南方——对韩愈这些人来说，就成了命运！

不论何解，韩愈现在成了贬官。

万千思绪，随江流上下沉浮。因此他写了《赴江陵途中寄三学士》这首诗。

途中，愁绪与思绪纠结，失意与诗意相偕。再过汨罗，少时唱诵屈原诗篇的情景如在眼前，而此番贬官，韩愈对屈原的理解就更加深刻。他在《湘中》诗里写道：

猿愁鱼踊水翻波，自古流传是汨罗。
蘋藻满盘无处奠，空闻渔父叩舷歌。

船到临武，韩愈与张署告别，继续南行。二日后，韩愈一行来到此次贬官之旅的终点——阳山。

此时已是贞元二十年（804）的正月下旬。

阳山地处大庾岭山脉之巅，东临韶州，西接贺州，唐属连州管辖。

韩愈曾作《送区册序》言阳山之蛮荒，之穷困，之闭塞，也可见当时韩愈心理之落差，真有云泥之别。

但韩愈就是韩愈，这似乎正是他与众不同处。似这种贬官之位，又逢刀耕火种的荒僻之地，上无趋步之折，下无盗贼之扰，那索性就放浪山水，隐入云林一回就是，有多少文士讲究官声呢？历史上以千年为记，贬抑流放之官万万千，有谁如韩愈谱写的爱民之歌至今还传唱不衰呢？

到阳山之后，韩愈做的第一件事就是健全县衙编制。按《旧唐书·职官三》载："诸州下县：令一人，从七品下。丞一人，正九品下。主簿一人，从九品上。尉一人，从九品下。录事一人，司户佐二人，史四人，帐史一人。司法佐一人，史四人。典狱六人，问事四人，白直八人，市令一人。博士一人，助教一人，学生二十人。"而阳山在韩愈未到之前，仅有小吏十数，政府完全处于瘫痪状态。韩愈到后，立即上书申报补缺，在很短的时间里就补齐了丞尉主簿司法典狱，使阳山县衙这架老旧的木车又咿咿呀呀运行起来。在古人的记载里，阳山不仅地偏荒穷，江河悍急，而且多狼虫虎豹，四季失常，"穷冬或摇扇，盛夏或重裘"。而更失常的是人们缺少法律意识，不知税赋岁贡，不知人命关天。若与人有隙，或一语不合，就会在水源或饭食里下毒，弄死人就像农民锄去杂草那样随便。而今，阳山有韩愈，山民便知有大唐。县令不仅负责教化，还负责训诫，不仅是子民父母，还是皇帝臣子。韩愈在阳山既代表皇家的根本利益，又要恪守内心爱民的准则，所以他必须恩威并用软硬兼施。他必须要让人有所约束有所戒惧，才会有所服从。因此，他也一定是内心矛盾的人，一个非常复杂的人。一方面，他要阳山子民乖乖地按岁缴纳赋税，以供帝国君主逍遥；另一方面，他还要让当地百姓休养生息和谐安康。而利用健全的县衙权威，便是韩愈在阳山这个唐代基层政权找到的平衡点。

阳山地处大山怀抱，多山乃阳山一大特点。阳山县城之北有山曰

“牧民山”，也叫“无名山”，山上怪石嶙峋荒草蔽目，所谓无名，实则无人问津而已。而韩愈和属下经过多方勘察，认为阳山若要治穷，首先要治山。俗话说临水吃水靠山吃山，利用当地自然资源，是改变“天下穷处”的唯一选择。于是韩愈令当地民众在山上遍植松柏杻栲，坡地栽上龙眼荔枝果树。那时从茂名高州来的特供马队常常路过阳山驿站，他们不仅会驮着给皇室进贡的荔枝名品“妃子笑”，有时还会受托驮来那些名品果木树苗。在山隙和谷地，韩愈令民众开垦出农田，把中原地区先进的农耕技术播洒在大山深处。虽然韩愈后来未曾见到此地“山有栲，隰有杻”“山有漆，隰有栗”，但阳山人却将这座山命名为“贤令山”，以此来纪念造福一方的韩愈。

无名山成了“贤令山”。这座山成了阳山人改天换地的标牌，一座屹立于历史深处的绿色丰碑。阳山各地纷纷仿效，穷山恶水的阳山很快变了模样。

关于韩愈在阳山务农劝耕事考，不仅有“贤令山”为据，也有韩愈诗句记述：“我为罗列陈前修，芟蒿斩蓬利锄耰。”韩愈不仅亲躬农林，还亲事渔业，韩愈诗《叉鱼》，就详细记录了他与友人和渔民共“淘鱼”的情形。

这一天，张署从临武来访韩愈。

韩愈见了张署，说：“我正在湘水边徜徉，忽觉身上凉爽，顷刻间厉风吹彻，撩起衣袖，但见皮肤成鳞状环列，似有随风而长之意。我忙遮掩衣袖，以图阻止，突然想到尚有项颈首面无可遁蔽，况风凛冽，估计早已变化，就到水边看个究竟。正欲端详时，猛见水底人面竟是张兄，诧异间，只见张兄从水底浮出，凌波蹈步，已是鱼龙之状。张兄似知我意，说：‘我早异于众人耶！’亮其项背，如鳞纹身。正欲借兄之眼视我，却被县尉吵醒，说是要去黑龙潭淘鱼。正坐在县衙纳闷儿，怎么偏偏是你我长了鳞呢？这时就听到了兄的说话声……”

就去黑龙潭淘鱼了。

张署说："退之兄，你我早已成鱼，只是尚不习惯而已。"

韩愈看看自己晒得黝黑的肩膀，身着农人的布衣，点头称是。

张署又道："既然成鱼，就要有鱼的眼睛，鱼的心肺，还要有鱼的脑袋……"

韩愈哈哈笑起来，连忙说道："汝等如鱼可以相浮沉，可以知寒暑，就别要鱼脑袋了，鱼无心力，亦无恒数，若顶个鱼脑袋，可真要相忘于江湖了……"

说笑间，一行人便到了潭边。

潭上早有渔船渔人候着，见官家来了，一个里正模样的人撑着竹筏到岸边来接众人。等韩愈们来到船上，始见数条船用绳索相连，一字排开，竟有十多丈长。水面轻烟氤氲，水下粒沙可数。韩愈们学着渔人的样子，手持鱼叉，一声鼓噪，大船便向潭心处游去。

渔人们手快，文人们还没有反应，他们的鱼叉便闪电般投进水中，再看时，一条尺把长的鱼就在船舷边翻滚起来。一个年纪大的渔人说："再往深里赶赶，就有大鱼出现。这条鱼个头还小，还是个少年娃娃呢！要叉就要叉大鱼，中鱼小鱼可以再养一些时日，让鱼儿们感念人们的好生之德吧！"

韩愈见老伯说得有理，便与之谈。韩愈询问此地打鱼，为何多用鱼叉而少用网覆。老伯答道："渔人与鱼若牧人与羊，并非单为予取，还要善养。若用网罗，网网相逼，大小俱废，赶尽杀绝，岂是君子所为？然用鱼叉，非大不取，非成不用；予用予取，加之以限；节之以约，何乐而不为呢？"韩愈闻之以叹："蛮荒之地并不蛮荒，渔人牧鱼与天子牧臣，形所异，理所通也。"再看老伯，鹤发飘飘，环眼突出，全身赤红，腿臂处银屑闪烁，仿佛鱼鳞纹体。韩愈想起前梦，不禁恍惚。老伯叹息道："久居湖野，人或为鱼鳖，早晚会变成一条鱼的……"韩愈有些悚然了，老伯就是一条鱼。只是这是一条会思想的鱼，他的言说竟比书册之言深刻多了！

此时，大船上的渔人开始高声喧哗，有人敲击着船板，岸上的人也应声相呼，山谷的回声放大了人们的呼叫，水面也不再平静。鱼儿们觉察到了危险，向潭深处逃去，鱼的密度瞬间增加，相撞的鱼像鸟一样飞出水面，视野里白光闪动，偌大的湖面宛若一群麋鹿在奔跑！

水面上飞叉交错，视野里血光四溅，一条条大鱼被捞上来了，船头上堆叠着水族们的遗愿。它们被一位叫韩愈的诗人发现，并用诗篇记录下来，成为唐人生活劳动的一个精彩的瞬间，在文字的优美中展现隽永的生命。

这是夜以继日的劳作。夜幕降临的时候，船上遍插火炬，岸上也燃起巨型火把，由于反复荡涤，大潭之水一片血红，一群群鱼族们浮上水面，仿佛在等候挑选……当大船小船全部满舱，大车小车全部满载，月照当头时到子夜，这场渔业劳作才宣告结束。

区册是番禺南海一带的人。有一天，区册听说北地阳山来了一个县学师尊，学问深博，便自驾扁舟，一路逆水而上，来到阳山求教。到了阳山，看到文告，才知所谓的师尊乃是县令韩愈。原来传话人把韩愈为建县学，而亲撰招募博士文告当成了先生招生授徒。弄清原委，区册不免踌躇，县太爷乃朝廷命官，自己一文不名，何以进见呢？于是就找了旅馆住下，再图计议。

住进旅馆，向店家打听县学事，店家一脸狐疑：“客官所为何来？是聘师还是授徒？”

区册被问糊涂了，眨眨眼说：“看我不像良家子吗？”

店家笑起来：“客官得罪。我是说要是去当先生，你年纪尚轻；若当生徒，又年岁太大。”

区册想想也是，就随口说：“我乃韩县令门生，特从南海赶来看望先生，适逢师尊不在，只得住下等候……”

店家听到这里，以手加额道：“这就奇了，已经有两个人这样说过了，你是第三人。第一个叫齐毛，连州人氏；第二个叫窦存亮，京城人，长涉几千里来此，都是一样说辞，都言是县令门徒。既然都是县令门生，想必你们相互熟知，来来来，我领你去见他们……”

这就见了齐毛和窦存亮。

于是三人就真成了韩愈的门生。

这天，韩愈领着区册一干学生去北山（牧民山）游览，拾岩而上，登临南麓。回望城郭，雉堞可数，后枕千岩，叠翠相抱，足下有泉，可掬可濯。韩愈当即赋诗《远览》：

所乐非吾独，人人共此情。
往来三伏里，试酌一泓清。

韩愈一行，说是游览，实则读书。县衙乃公干场所，传出书声琅琅，少了威严肃穆。加上南方炎夏绵长酷暑难耐，于是除却公干，韩愈更多的时间是带众生去山上读书。北山颇大，方圆十数里，东西南北，犹如不同设置。北向荒草荆棘，刚植树木。东西向怪石突兀，适合观临，却不适合相会。唯南方既有嘉木又有秀石，既有瑞草又有山泉，松荫下，凉风徐徐，可以送句读；水声潺潺，可以诵诗篇。此地大家齐声曰善。于是就成了韩愈固定的读书点。韩愈读书，与众徒难以同步，更多的时候，是听他在此讲述和清谈。岭南之贬，此时韩愈已届中年，况又任过当朝国子监四门教授，这使他在士子文人间声名显赫。而且他此时的人生使命已非常清晰，因此他更多的时间是为生徒们讲学传道。他在四门学时的系列教材“五原”再次回响在这里的山水之间：“古之欲明明德于天下者，先治其国。欲治其国者，先齐其家。欲齐其家者，先修其身。欲修其身者，先正其心。欲正其心者，先诚其意……”

清谈也是他们的主要课目。“竹林七贤”啸吟时背后有修竹，手中有麈尾，石案上有清酒，有丹药。而这里有松涛有畸石有花荫有鹤影，还有流觞曲水那样的背景。清谈的主角不仅是韩愈，还有区册、齐毛、窦存亮、刘师命等许多人……有时候，县学的博士也会带着学生来。县学在韩愈的主持下很快得以恢复，博士是从连州请来的林老先生，韩愈亲自对他进行了面试，发现他博览群书，不仅儒学了得，对老庄之说也颇晓通。不仅是晓通，而且是痴迷。韩愈犹豫了一下，还是用了他。作为县学之师，林颇胜任。但韩发现，林对老庄的兴趣似比对孔孟还大，这个倾向似乎应该加以修正。韩愈给他谈了自己的观点，也把“五原”著作给了他让其抄录。但林老先生是个有主见的人，他的思想源于老庄，也源于自然，就像北山之石，顽而固之。考虑到师尊的巨大作用，韩愈在组织读书活动时，也会把他和学生们叫来旁听，清谈时也请其参与析理论道。

这天清谈的主题是“绝圣”。

主持人是区册。他起首说禹、汤、文、武，五帝三王皆圣也。帝王者何？号也。号者，功之表也。所以表功明德，号令臣下者也。德合天地者称帝，仁义合者称王。而老子却言要绝圣，绝圣就是弃圣，就是去圣，他主张绝圣弃智、绝仁弃义、绝巧弃利，还说圣人不死，大盗不止，掊斗折衡，而民不争云云。我们今天就在这牧民山上说说绝圣去王这个观点能否立足，请诸友发表高见。

齐毛抢先发言：“老子所言绝圣，其意是绝仁义道德也。去之为取之，取之为夺之，夺之为立之，是为立自己之仁义道德也。但老子这一套，与孔夫子相比，可谓小仁义也，见识浅也，坐井而观天，曰天小也，非天小也……”

林老先生打断齐毛话头：“老子识见来自山川日月、天宇人寰，何以言小耶？何以说其坐井观天耶？”

刘师命忙过来劝解，他知道齐毛之说出自《原道》，讥刺老子识见小和“坐井观天”均出自老师之口，怕林先生语言冲撞韩愈，引起不快，忙说：“道不同，仁义道德之谓以不同理析道为主旨，而在其所谓道，非吾所谓道也。其所谓德，德其所德，非吾所谓德也……两两不同，又难两情相悦，故难以在此比较短长，不如重换命题好啦……”

韩愈听得明白，清谈以辨道析理为宗。倘若尽生徒，难得有辩友，不能依县令之势去弹压学问。生徒谈经论道，多用师尊著述，虽然正常，却阻碍双方交流。以《原道》为例，凡带情绪之言，如“坐井观天”之喻，均有以势压人之感，此类话语似不智慧。

他接过话题说道：“岭南之风，令我成熟。想起年轻时，好友张籍批评我好激辩，爱争强，现在想想都是对的。这种激辩之习又影响我的文风，不知不觉爱下定语，甚至口出恶言。想想此乃圣人不为也。辩理并不是为了占上风，而是为传道。因此，我要说，我爱儒学，我要终生热爱它，维护它，并传播它。它就像北山之上千层岩石的代表，壁立万仞，巍然屹立。这是我永世不变的观点。但千层岩属于北山，北山并非仅仅由岩石组成，还有息壤，还有水木，还有灵兽，它就像儒、道、释三家的关系。这才是完整的北山。这也是今日会友本人得到的最大的启示……”

……

齐毛后来改名为“齐敬韩”，于元和二年（807）考中进士。

自汉晋始，中原士子衣冠南渡，江南得以教化文育，江浙淮在后来的科举领域渐领风骚。但南粤一带因地远天偏，有唐一代才初有文教，但史料上关于科举大考中尚无此地人金榜题名，还是进士榜的处女地。而韩愈的阳山之旅，虽然时间不长，却填补了岭南科举的空白。

韩愈在阳山留下最多的还是为学办教的遗迹。他与学生读书清谈的地方后人辟为“读书台”。明代弘治二年（1489），阳山训导郑荣在韩愈读书台修建了门楼，并题“松桂”二字。弘治十二年（1499），连州知府曹镐刻韩愈像于石上。后又历次重修，并把韩愈像嵌于壁上，上题“松桂林岭”四字。韩愈目光洒过的驼峰形山岩下，镌刻“千岩表”三个大字，后书“退之”字号。石刻旁铭文曰：“万石之中，巍然雄尊，与岁寒君，心契无言。”另有“打字岩”上刻有韩愈手书的“鸢飞鱼跃”草书，下有“退之”两字。石刻原书在县东江边“韩公钓矶”前面，久已剥蚀不存。后清乾隆年间阳山教谕何健在民间获得此书，又重摹勒石，其跋云：“韩公大字，世罕见之，乾隆壬寅，健秉铎阳山，得四字于士人家，为之勒石。”如此，此书不胫而走，传遍全国。

许是韩愈思想沉郁处，数代之后，北山上建有北山寺，竟成儒道释三教合体之寺庙。北山有容乃大，因此才葱茏沉雄悠悠万世。寺庙内有七贤祠，供奉儒家七位贤人塑像，韩愈赫然其列。寺中有宋代大书法家米芾手书“且看山斋”四个大字。寺前有桂树一株，相传当年为韩愈手植。新中国成立之初，老桂树被大风刮倒，后人在其原地补种，现又枝披虬苍，古劲可爱。寺东有亭，额题“松桂林”，取韩愈《县斋读书》之句命之。诗曰：“出宰山水县，读书松桂林。萧条捐末事，邂逅得初心。哀狖醒俗耳，清泉洁尘襟。诗成有共赋，酒熟无孤斟。青竹时默钓，白云日幽寻。南方本多毒，北客恒惧侵。谪谴甘自守，滞留愧难任。投章类缟带，伫答逾兼金。”

韩愈在阳山留有诗文多篇，其中文章有《送区册序》：

> 阳山，天下之穷处也。陆有丘陵之险，虎豹之虞。江流悍急，横波之石，廉利侔剑戟，舟上下失势，破碎沦溺者，往往有之。县郭无居民，官无丞尉，夹江荒茅篁竹之间，小吏十余家，皆鸟言夷面。始至，言语不通，画地为字，然后可告以出租赋、奉期约。是以宾客游从之士，无所为而至。愈待罪于斯，且半岁矣。
>
> 有区生者，誓言相好，自南海挐舟而来。升自宾阶，仪观甚伟，坐与之语，文义卓然。庄周云：“逃空虚者，闻人足音跫然而喜矣！”况如斯人者，岂易得哉！入吾室，闻《诗》《书》仁义之说，欣然喜，若有志于其间也。与之翳嘉林，坐石矶，投竿而渔，陶然以乐，若能遗外声利，而不厌乎贫贱也。岁之初吉，归拜其

亲，酒壶既倾，序以识别。

他有《闻梨花发赠刘师命》诗：

桃蹊惆怅不能过，红艳纷纷落地多。
闻道郭西千树雪，欲将君去醉如何？

韩愈在阳山岁半，相当于在此地办了一期国子监四门学分校。年终岁尾，学子们酬志而来，又依志而去，齐毛、窦存亮去长安准备科考去了，区册、区弘选择回到父母身边，刘师命选择放浪山野。韩愈祝福他们：科举者功成名就，不堕其志；饮者闲云野鹤，琼思九天；寻常者友爱亲孝，一生平安。愿圣人经典伴随他们生命的年轮，开放出不同的绮丽花朵。

第七章

诗者都善饮，而真正的饮者都能诗。在我们南方，女人就是这样哭汉子的。让妻子染了一顶红巾，为了醒目，他把自己打扮成了诗句

这一天仍是我的课。

拜老先生所赐，他成功吸引了学生和其他教研室老师的关注，课堂成了古今中外文化碰撞的场所。人们粉墨登场，兴高采烈，犹如参加一场精彩纷呈的化装舞会。

话题仍从"观察就是写作"开始。

一位博士生侃侃而谈道："有多少观察方法，就有多少写作路径。韩愈之杰出，就在于他的丰瞻与多思。我说的丰瞻与多思就是多看多想的意思。在推介经典方面，由于韩愈的丰瞻，他历史性地首推了李白与杜甫。而之前，尽管也有他者推许杜甫或李白，但不是扬杜贬李，就是取李弃杜，或是偶发感慨，泛泛而谈。如韩愈这样数年倾力为之，且借国立大学校长和文坛领袖之位力排众议，权威发声，将李白杜甫迥然不同的两座高山同收囊中，奉为瑰宝，然后大声疾呼，向全国播告，由是，两大诗人的经典作品流布华夏。而今，李杜诗篇虽经千年陶洗，依然璀璨明亮，深受中华民族喜见爱戴，亦被世界文学士林为之赞美，成为世界级的民族瑰宝，仅这一贡献，就不能不令人无比钦敬。

"丰瞻给了韩愈一双独特的慧眼。

"李白以抒发个人情怀为中心，咏唱对自由人生个人价值的渴求与追索。他的诗想象力丰饶而宏阔，承继了《楚辞》以来的浪漫主义诗风。李白眼里的世界，不管是人物风马，还是湖山边月，都是色彩斑斓、富有生机的。李白本人也是个洒脱的人，他拥有一个有趣的灵魂。

“而杜甫则最具‘我瞻四方’的文人情怀，他背负对国家民族的沉重责任，如夸父追日般求索光明。他深入社会植根民生，与低层百姓息息相连。他忧国忧民，家国情怀常萦诗行。他的诗工稳厚重，直面现实，是地表之火林中响箭，苍茫辽远悲壮沉雄。如果说李白被人们赞为诗仙，杜甫就是众人交口称誉的诗圣。

“追索两人的观察之法，一个巡天，一个俯地，视相大异，视点不一，犹如冰火两重天，南辕北辙万里远。而可以肯定的是，观察方法不同，诗风必然各异，为人处世也会大相径庭。这里就涉及文人心目中的理想人格，做什么样的人的问题。我猜想李白可能是个放荡不羁的人，而杜甫则是谨言慎行的人。性格决定命运，他们在社会上运行的世相轨迹会千差万别。自然界里没有两枚相同的树叶，人类世界也绝对不会有一模一样的人，这才是人类世界的大美之处。正像一个哲人所言，为什么说生命最美，因为它会死亡。因为这个话题又牵扯到社会学、人类学和哲学中的美学，我不是做这方面研究的，我只能从文学角度分析这样一个事实，在韩愈生活的中唐时代，之前没有‘李杜文章在，光焰万丈长’这样的定评。而正是有了韩愈的大力推介，李杜诗篇的光焰才在委顿驳杂的尘芒中脱颖而出，自此一跃冲天，光被古今。这个事实告诉我们，韩愈正是得益于他的丰瞻和多思，才具有一双发现美的慧眼和宽广的胸怀。他不仅是一介文人，他当年还是掌控朝中文教意识形态方面的领导者，因此，对观察的观察，思想的思想，不光要眼神好，格局大更显得无比重要。这也是韩愈之观察给我们的启示。”

一位本科生接着发言说：“若说韩愈之大贡献，他还有个‘第一’应该一说。我查了史料，在中国思想史上，宋代的周敦颐们提出的‘文以载道’说，是从韩愈的‘文以明道’借鉴而来。且因韩愈的‘文以明道’有完整的理论体系，有明确的追求目标，有自己的率先师范，所以比‘文以载道’具有先进性和可操作性，我们应该为恢复它的历史地位而鼓与呼。”

此言一出，立时博得一位古代文论老师的首肯：“说得好呀小伙子！我插一嘴，虽然柳子厚也说过‘文者以明道’，但没有证据证明是他率先提出。韩柳交好，或可是谈话，或可是书信，二人或可先后提出此话。但有个前提不应忘记，韩愈一生，以‘世无孔子，不当在弟子之列’，以传继儒道之圣徒大儒自居，‘使其道由愈而粗传’，所以，传儒既然是他的人生目标，他就比柳子厚来得热烈又刻刻不忘，因此，韩愈没有理由落后于柳子厚。我同意你说韩愈是第一个提出‘文以明道’学说的人。小伙子，你接着说。”

本科生红着脸说：“谢谢老师。随着韩愈的‘文以明道’问世，也由此拉开了中国关于文道关系争论的序幕。韩愈的所谓‘文以明道’，是说文章必须以彰显圣人之道为旨归，即‘君子居其位，则思死其官；未得位，则思修其辞以明其道’，用今天的话说就是文辞的功能，是为彰显真理而服务的。韩柳的‘明道’源于刘勰《文心雕龙·原道》‘道沿圣以垂文，圣因文而明道’，甚或远追至《淮南子·原道》。与其圣道和自然之道不同的是，韩愈不仅涵盖了二者，其重在内省与外化，即价值指向乃仁义之道，‘足乎己无待于外’直指人的内在道德自律，着眼点在人文与自我的关系。他说：‘将蕲至于古之立言者，则无望其速成，无诱于势利。养其根而俟其实，加其膏而希其光。根之茂者其实遂，膏之沃者其光晔，仁义之人，其言蔼如也。’由作文到做人，由表及里，与今天所说‘观察就是写作’命题相类，揭示了‘文以明道’的核心价值。这就是说，文和道是一个统一体，道是文的生命和灵魂，文是道的骨骼和血肉，二者是相互依存的关系，不是宋代学者们所说的文与道是两回事，二者是对立的关系。”

吴老又插言道：“周敦颐言：‘文，所以载道也。轮辕饰而人弗庸，徒饰也，况虚车乎。文辞，艺也；道德，实也。’他把文辞比喻为车上的雕绘和装饰，有它无它并不影响装货物。在宋人眼里，文章就是一辆马车或牛车，它的实质就是一件工具，倘若在文章上下功夫，实在是花拳绣腿不堪用，所以程颐讥曰：作文害道。朱熹云：‘顷以多言害道，绝不作诗。两日读《大学·诚意章》有感，至日之朝，起书此以自箴，盖不得已而有言云。’他甚至为自己技痒而诗的念头羞愧不已。王安石更诗刺韩文曰：纷纷易尽百年身，举世何人识道真。力去陈言夸末俗，可怜无补费精神。等等等等，不一而足。宋代的‘文以载道’说由是登上思想界和文学界的大雅之堂，成为主流共识，彻底取代了韩愈的‘文以明道’之说。小伙子你接着说。”

学生道：“因了宋说的强势，湮没了韩说。至明清一代，更是将二者混为一谈。比如，乾隆《题宋版五百家注昌黎文集》云：‘载道惟文语不磨，齐昌黎者更伊何。’以皇家身份硬将载道之冠戴在老韩头上。甚或有人对

‘文以载道’不满，也将罪责推至韩愈头上，说他‘真是中国文学史上的大罪人啊！’（见谭正璧《中国文学史大纲》）。而诸多专家学者在自己的专著、教材上都将载道说硬栽在韩愈头上，却生生把他的‘文以明道’遗忘得一干二净。这是韩愈的遗憾，更是中国思想史和文学史的遗憾！因为韩愈的‘文以明道’，从现在看，有着很强的现代性、超前性和世界性。关于这个话题，我在发言前与教西方文论的黄老师沟通了一下，由他给大家详述，大家欢迎！”

黄教授开门见山说道：“我是广东潮州人。韩愈在我的家乡家喻户晓，我自小与他有着密不可分的亲缘关系。有同学笑我自作多情，说人家退之先生姓韩，与你黄家有啥关系？且听我慢慢道来。在我的家乡，山叫韩山，林子曰韩林，江水曰韩江。为啥江山林木都姓韩？这就是韩老爷子为官一任为人民服务后百姓对他的馈赠。这样，生火做饭离不开人家韩愈，喝茶煲汤离不开韩愈，诸位同仁同学，你们说，这如衣食父母般的恩情，是不是亲不可分？因此，一听说聊韩愈，我立马跑过来了，哭着喊着要认下韩愈这个老亲戚。”

教室里“哄”一声笑爆全场。

“上边这段话算我的开场白。韩愈的文以明道，在哲学上被称之为一元论。而文以载道，表述的则是二元对立。刚才那位同学说‘文以明道’时有个形象的比喻，说文与道，实际上是一个整体：道是生命和灵魂，文如血肉和骨骼，分开什么也不是，只是胳膊、手、大腿、脑袋，合到一块才是一个整体，一个完整的人。他说的这个情状，在西方理论界又有一套自己的表述。他们说不管是作文还是言说，都离不开语言，因此，任何事物都可以纳入这个一体化的表述中。从语言哲学的角度看文与道的关系，实际上是语言与思维的关系。语言是思维的物质基础，思维是语言的运动过程，没有任何思维能脱离语言的存在。西方现代语言学的奠基人洪堡特云：语言是构成思想的器官……智力活动与语言是一个不可分割的整体。美国结构主义语言学家萨瓦尔认为：语言是可以随手把思维包装起来的皮囊，语言决定思维乃至先于思维。布龙菲尔德甚至认为人并没有思想，所谓‘思想’，只不过是一种语言形式，一种无声的语言。当然，与之相对也有附和文以载道的西方语言学家的说辞，我在这里就不一一表述了。我着重说的是，韩愈的‘文以明道’确实具有一定的先进性和现代性，它强调了文学的主动性和能动性，它不是一件器物或工具，它是活的，不是死的，它具有生命过程，且随着时代不断更新创新，时时注入新的活力，使之勃发生机。尤其是当代文学的发展，它已不是一株秀木，而是郁郁葱葱的森林，在人类精神世界的版图上，它的璀璨光芒越来越夺目醒人。今人说，文学就是人学，这就是人类赋予它的新意，写诗写小说就是写思想，这些共识越来越被人们所接受。而放眼诺贝尔文学奖的获得者们，获得灵魂师与思想家之赞誉者占比率越来越高，这个事实，也从另一个侧面印证了文学的伟大与不朽。而更重要的是，当初韩愈‘文以明道’强调‘足乎己无待于外’的内在的道德理性，着眼点放在人文与自我关系上，其根本在于立身养气修为，注重人的成长与存在价值，这与米哈依尔·巴赫金的马克思主义文化转型理论不谋而合。

“巴赫金是苏联著名的语言学、心理学和文学理论界的大师级人物。语言问题是巴赫金理论的核心。他的理论特点是对历史和意识形态问题的不懈关注和痴迷。在20世纪80年代，以西方语言学结构主义流派渐次成为文论中心的语境中，各种流派诸如结构主义、解构主义、叙事学、符号学以及不同的社会批评学家们，都在巴赫金的语言学理论中找到了依据和支撑。巴赫金理论的核心是‘差异’和‘他性’，而不是同一性和相似性。后结构主义、解构主义以打破西方形而上学传统中的‘逻各斯中心主义’和非彼即此的二元对立思维模式为己任，它们对巴赫金强调文化中向心力量和离心力量的交替运动，中心化倾向与非中心化倾向的相互抗衡，以及由此而形成的文化发展的张力，在语言层面引起的社会互动的交响和消解，对自己所持的反本质论和非中心论均惺惺相惜，颇感暗合，于是便引以为荣。但是，巴赫金就是巴赫金，尽管他历尽沧桑，身废肢残，却仍对信念忠诚不贰。他与西方文论各派的不同点并不在发现问题上，而是在对待问题所持的态度上及给出的解决方案上。

“可以说，巴赫金的对话理论彰显了他对祖国和人民的热爱，对社会、制度、人生的热望与期许。

“巴赫金首先关心的是人如何在认识自我的过程中建构起自己的主体意识。这让我们不期然想起毛泽东的一句最著名的话：‘在世间的一切事物中，人是第一个可宝贵的。’（毛泽东《唯心历史观的破产》）如果西方语言流派们对巴赫金是惺惺相惜，那么，持有共同信念的两个哲人观点如此契合，一定是心心相印了。

“巴赫金把主体的建构看成一种自我与他者的关

系——人的主题是在自我与他者的交流、对话过程中，通过对他者的认识和他者的价值交换而建立起来的。主体的建构靠对话与交流实现，对话与交流的出发点是具体个人的活生生的个体感性存在。人的主体在巴赫金看来首先是一个生命存在的事件或进程。存在永远是特殊的、个体的、不可替代的，但同时又是不完整和片面的，只有在个体感性的自我存在与他者存在的相互交流、对话、依存中，主体的存在才能充分全面地体现。全面地体现就是人的自觉能动性。在毛泽东看来，‘人的高贵之处就在于人具有一种特殊的自觉能动性’，这是人区别于一切物的根本特点。人不是物，人是重要的，马克思说：‘人是有意识的类存在物。’‘人类的特性恰恰就是自由的自觉的活动。’陈寅恪先生也说，对于学人来说，‘独立之精神，自由之思想’尤为重要。这些由韩愈先生‘文以明道’话题引申出来的关于人的价值及精神求索的思考，正是21世纪人文学者精神走向的风向标。”

下课铃声骤响，教室内的讨论仍在进行。看看还有若干人等着发言，我只能嘱告他们以后再说。

这时，我看见老先生闪身进来，坐在座位上笑吟吟望着我，似乎有话要说的样子。我鉴于之前的教训，用眼神传递了我的拒绝。我用腹语告诉他说，我知道你要说什么，我等会在小结时代表你说说即可。

他点头回应道：“好。”

我说道：“由观察课引发的讨论，有点像俚语‘老鼠拉木锨——大头在后’的感觉。虽然岔出的话题溢出了创作课的边界，但想想有万能的韩愈先生做底，他是百代文宗，写文章的事引到他身上，大抵不会跑题的。”

这时老先生瞋目佯怒，意思是：你把我当成什么了？万金油？泔水桶？什么东西都可以让我保底？

我继续说道："记得北大中文系老主任杨某曾有一句名言：北大不培养作家。这句话在全国影响很大。我们顺着这句话往上溯源，可以在宋代的欧阳修、周敦颐、王安石、'二程'、朱熹等人'作文害道'的'文以载道'说上找到原因。但是，80年代以来，北大出现了刘震云、曹文轩、李敬泽、海子、西川及众多网络诗人、作家，说明时代已经发生变化。而在我们学校的文学系，从诞生之日起就命名为'作家摇篮'，以培养作家为旨归。经过三十年深耕细作，培养出数十名甚或百十名蜚声中外的小说家、诗人、剧作家，其中，如诺贝尔文学奖获得者莫言、卡夫卡奖获得者阎连科、《风声》作者麦家均出于此。我不知道这种扎堆生长的现象引没引起社会的关注。但我从巴赫金的对话理论中获知，他们在对话。'大弦嘈嘈如急雨，小弦切切如私语。嘈嘈切切错杂弹，大珠小珠落玉盘'，不仅自己给自己说，还给他者说，不仅在国内对话，还与世界对话。作为一个人，他们成了马克思所说的'有意识的类存在物'，作为一个作家，他们在'自由的自觉的活动'，正发挥着如毛泽东所说的'自觉能动性'，将个人的片断性、未完成性，甚至是斑驳的碎片，汇入了一个伟大的'重叠'整体——中国梦的世纪交响中。我想，这也是诸位今天发言的意义。"

我意犹未尽地做完了小结，抬头看到老先生正做着鬼脸羞我。

贞元二十一年（805）春天，德宗皇帝驾崩，太子李诵继位，是谓顺宗。

“咚——咚——”

湖南郴州衙门前的大鼓敲击起来，撞击着人们的耳膜，当众百姓围拢而来时，见衙前早有几排官员在此候命。这其中就有阳山和临武县令韩愈及张署。

此时，远在千里之外的顺宗李诵，实际上正通过他所信任的韦执谊、王伾、王叔文主持朝政。而他却在龙床上苟延残喘，忍受着风疾给他带来的极度痛苦。德宗病危时，正值他也患病，口不能言，身不能行，别的皇子皆侍医药于父皇，“独上卧病不能侍”。德宗弥留之际，思念太子，因不得见之而“涕咽久之”。想想大唐权力之巅的父子二人在权力交接之时却不能见面，即使相见也只能无语凝噎，该是多么痛苦和悲惨的事件呀！

但悲苦之事似乎正在逐渐升级。

登基之前，身为太子的他踌躇满志。他常常与王伾、韦执谊、王叔文等深夜长谈，有时甚至通宵达旦。他向王伾学书法，向王叔文学下棋，这些都是非常正当的理由，即使外人知道也难以诟病。在这样的掩护下，一个围绕他的政治小集团已然形成。还有王叔文与之交的刘禹锡、柳子厚等人参与谈及的诗文话题，也深深吸引他的心神。对于将临的朝政，李诵的思路已经清晰，比如宦官问题、宫市问题、藩镇问题、中央与地方问题等等，这使他一登基就有除旧布新的气象，赢得了上下一片喝彩。但顺宗渐渐发现身体非但没有好转，反而渐渐木质化，那种枯朽的感觉正在步步逼近，并从四围包抄而来，不日就会占领他的心脏。当他发现这样的事实后，他看到了自己未来的尽头。

这才是真正的人生悲苦。

佛说人有八苦，身为帝王也不能幸免，他不仅饱受病痛之苦，还将面临别离之苦。而尚不入八苦的还有知行分裂之苦：他的头脑越清醒，身体的支配能力就越糟糕；他的思想越丰富，他的肢体选择就越单一。他的思想和身体处于严重的对抗之中，最后的结果就是两败俱伤万念俱灰。

他眼睁睁看着王叔文们像打了鸡血般亢奋，却不敢告诉他们将临的事实。他知道，这些改革将会随着自己的身体很快崩溃。

这时，韩愈昔日的两个文友刘禹锡和柳子厚相跟着王叔文也进入王朝的权力中心。他俩进入了礼部，均为六品职官，相比正在郴州衙前阶下候命的韩愈，可谓平步青云，风光无限了。

韩愈肃立着，将自己站成一截木头。张署是个和善的人，他与韩愈比肩而立，如粗壮的竹笋。日上三竿了，太阳开始烤人，张署是最先吃不住的，他用河北土话骂了一句奶奶个熊，就说："赤日炎炎似火烧，来朵黑云有多好。"韩愈正在紧张，新皇即位，大赦天下，被判死罪的免去死罪，狱中罪犯一律减刑，流放迁官酌情量移。似韩张这样的贬官，依例可向内地县府回溯。只是这样一来，自己会量移到什么地方呢？听见张署嘟囔，韩愈也笑道："头上常有黑云飘，用到它时却没了。"正说笑，却见湖南观察使杨凭、郴州刺史李伯康走上高台。杨凭在长案上点燃香烛，又面北行三拜九叩大礼，礼毕，便手捧圣旨，当众宣读圣谕。只听一长串各地贬官的名单念过，却没有韩愈和张署的名字，二人的神色不禁凝重起来。

人群散尽，韩愈和张署还呆立在原处。见杨凭已走，李伯康过来安慰道："名单上既然没有二位大人，按例就在此地候命，这样也好，我也有机会向二位兄台请教诗文了。"

就在郴州住下了。

自做县令于南方，张署就与韩愈相随，从长安一路走来，遇山咏山，遇水吟水，二人诗文唱和，竟如诗友。韩愈曾言“余唱君和，百篇在吟”，可见张署能诗。九嶷山下，张署诗曰：

九疑峰畔二江前，恋阙思乡日抵年。
白简趋朝曾并命，苍梧左宦一联翩。
鲛人远泛渔舟水，鹏鸟闲飞露里天。
涣汗几时流率土，扁舟西下共归田。

韩愈答诗云：

山净江空水见沙，哀猿啼处两三家。
筼筜竞长纤纤笋，踯躅闲开艳艳花。
未报恩波知死所，莫令炎瘴送生涯。
吟君诗罢看双鬓，斗觉霜毛一半加。

另有诸多如《同冠峡》《次同冠峡》《龙宫滩》之类的山水诗，便一路走，一路散佚，分赠闻风追慕者和接待他们的官场同仁们。唐人好诗，不仅有庞大的作者群，还有更为壮观的读者群。读者群中官人居多。写诗多因言志言情言风物，江南好景致，自然多吟咏。想韩张乃天下名士，曾是中央朝官，依唐时官场习俗，这样因言遭贬之官，每过一地，作为礼遇，地方官员还是要为之接风洗尘的。接风离不了酒，有酒就有诗，有诗还要唱和，还要配乐，还要伴舞，总之要尽兴而为，以温暖迁者的心境。作为答谢，也为纾解，韩愈与张署便与之诗。古人认为诗者都善饮，而真正的饮者都能诗，如杜甫的《饮中八仙歌》。李白、苏晋、贺知章、张旭等，只要遇到花下竹林高阁画舫幽馆曲水平畴荷亭就是最好的饮地，春郊花时清秋新绿雨霁沉雪浅月晚照是最佳的饮时，清谈妙令联吟焚香传花投壶返棹围炉是最好的饮趣，高古豪侠率真童趣忘机自然故交诗者美人是最绝的饮者。而诸等环境既生长饮者更生长诗人，与其说饮者留其名不如说是诗人留其名。酒是五谷灵魄，诗是文中精魂，诗者更是士之骄者。

那段时间，韩愈与张署成了真正的饮者。

他们有最好的饮地曰“燕喜亭”。

燕喜亭乃连州司户参军王仲舒所建。王仲舒与韩愈交厚，常相往来。往来便离不开诗与酒。尧舜千钟，孔子百觚，子路尚饮百杯，古之贤圣无不能饮。韩愈当然也不输圣贤。一日诸友游山，突然发现一处胜景：“丘荒之间，上高而望，得异处焉：斩茅而嘉树列，发石而清泉激……出者突然成丘，陷者呀然成谷，洼者为池，而缺者为洞，若有鬼神异物阴来相之，自是弘中与二人者晨往而夕忘归焉，乃立屋以避风雨寒暑。”亭成时，王仲舒请韩愈来喝酒，并请其命名景物。韩愈把酒临风，微醺时脱口而出曰：“其丘曰‘俟德之丘’，蔽于古而显于今，有俟之道也；其石谷曰‘谦受之谷’，瀑曰‘振鹭之瀑’，谷言德，瀑言容也；其土谷曰‘黄金之谷’，瀑曰‘秩秩之瀑’，谷言容，瀑言德也；洞曰‘寒居之洞’，志其入时也；池曰‘君子之池’，虚以钟其美，盈以出其恶也；泉之源曰‘天泽之泉’，出高而施下也；合而名之以屋曰‘燕喜之亭’，取《诗》所谓‘鲁侯燕喜’者颂也。”

韩愈的酒杯里盛满了人们的笑脸。智者乐水，仁者乐山，山水点化，犹自成诗。亭成之后，州人大喜曰：“吾州之山水名天下，然而无与‘燕喜’者比。”燕喜亭自此成为连州一景。

浅月晚照乃是饮酒的最佳时机。王仲舒，字弘中，太原人。性耿直，文章超凡，“其所树立，殆不可学”。当朝官时，为营救名臣陆贽反裴延龄为相上书朝廷，使德宗不乐。因疾恶如仇，得罪上方，由是贬来连州。同是天涯沦落人，登临燕喜亭，凝眸新月夕阳，心中愁绪就是他们下酒的菜肴。从长安到岭南，几重山色几重水，山穷水尽遇故人，所来竟为同一原委。既来之，则饮之，以山谷为酒杯，以峰峦为把持，以江河为琼浆，但愿长醉人不醒。

在山野湖河里浸泡，于是块垒就消融，人就释怀了。

郴州李伯康也是最好的饮者。郴州有北湖，湖上荷田田。李伯康公干之后，常在湖心亭置酒款待韩张。一日晚宴上，李伯康让手下为二人上了一种黑椒酒。这是一种很像中原人喝的“雷茶”那样的酒。中原人把谷米、芝麻和艾蒿等中药用石磨碾成粉状，然后加水煮沸待客，而这里是把波斯的上好黑胡椒碾碎，再佐以石榴、姜片、莲花、竹叶的汁液，放在当地最好的稻花香米酒中搅拌混合，然后加热而成。难为李伯康想得周详，他招来一班十五六岁的酒女现场演示，从选料配料到制作，石磨声声，娇喘吁吁，歌之舞之，纤纤素手，唇红齿白，湖水荡之，明月撩之。

韩愈喝了一杯又一杯。此酒颇对他的心思。酒有千种，人有万别，但总有一种酒会对上你的脾性。南方潮湿，北人难适，况心火极盛之人不能纾怀，郁结甚久，必有病疾。这种微辣微辛既甘又涩的汁液仿佛精灵，以一种诉说的方式进入口腹，心怀便被催眠。丝竹声缠绕过来，刚才频频为韩愈斟酒的女子唱道：

草树知春不久归，百般红紫斗芳菲。
杨花榆荚无才思，惟解漫天作雪飞。

韩愈醉眼蒙眬，见女子一身素洁，只是明眸里闪出千般颜色，不觉心动。他叫住女子，声音飞出时，把自己吓了一跳。

“丫丫，这是谁家的酸词，难道说的是我和张大人吗?”

女子一笑，露出雪白的牙齿。她平静地注视着韩愈，并不解释。

“‘杨花榆荚无才思，惟解漫天作雪飞。’这是在讥刺我没有才华，张署大人不够英俊，所以我们才天涯飘零是吧！”

张署正和一位女子做射覆游戏，见这边喧哗，也走过来笑闹。

“我宁可和韩大人换个说法，我没有才华，韩愈大人不够英俊……”

“好了，也可说韩愈不够英俊，张大人没有才华，只是这样一说，你我却真是少了本钱，一无是处了！”韩愈说着对着墙头镶嵌的铜镜瞄了一眼，多时躬身山野，镜中人竟两鬓微霜，两颊深陷，须眉苍苍，去岁今载，连掉几颗牙齿，说话跑风喝水忌冷，俨然如老者貌。只是两眼如火，有光焰在燃烧，仍然有青春之魂。韩愈心中闪过一缕悲凄，但顷然就翩跹而过，脸上仍堆着笑。

席间哄笑一团。

女子重又抱起琵琶，说：“奴家再唱一支酸词如何？”

韩愈被逗乐了，这个女子呀，心里就觉得和她相近得很。

已分将身着地飞，那羞践踏损光晖。
无端又被春风误，吹落西家不得归。

“哎呀，这词写得更可恶，让我们无端离家也就罢了，偏又让人不得归，着实可恼！”韩愈端起一杯酒走到女子跟前，“罚你一杯酒！”

女子伸出纤手接过，素面朝天，一饮而尽。韩愈居高临下，惺忪中发现，女子眼里竟泪花闪动。是酒呛之故还是真知诗意？若触景生情，却也真让人怜爱，所谓红颜知己，还真不分出处。

于是下来和女子吃酒。

这才知道女子叫柳絮。柳絮自小卖与当地酒家，竟不知出处。因长得清丽可人，便得文墨才艺培养，待到及笄之年，俨然已是郴州当垆名媛了。

韩愈说：“我与张兄一路唱和，有百首之多，何故挑选我的旧作？”

柳絮眉目含悲道：“因妾心事与此相通，便不舍而歌……”说着，竟又漾出泪花。

韩愈在心里念道，柳絮柳絮，岂不正和飞雪相似相通？雪在冬天里漫天飘飞化水成泥，柳絮在春天里飞翔舞动落泥为尘，虽不同时节，却有相同的命运，且都是“吹落西家不得归”，真如柳絮所言，果是与这女子心有灵犀呀！

再看柳絮，已是楚楚动人了。

韩愈诗意兴然，就着烛光，挥毫题于壁上：

几岁生成为大树，一朝缠绕困长藤。
谁人与脱青罗帔？看吐高花万万层。

酒至夜半，韩愈醉了。

第二天，韩愈睡了半日，醒时已是日上三竿。欲起更衣，只觉头沉身软，冷汗浇淋，气喘吁吁。张署见状，忙通报李伯康，找来当地郎中看诊，竟是疟疾。众人一时哄乱，疟疾乃夺命重疴，若有疏忽，就会死于非命。见韩愈病重，李伯康又特意交代酒店老板，让柳絮来端茶煎药伺候韩愈。

病了半月，韩愈每天欲死欲活，热时汗水如注，竟能浸湿柳絮玉袖；冷时又几重罗衾，即使有柳絮拥怀也难驱寒。多亏了柳絮照顾，韩愈衣被天天如水洗一般，昏厥后屎尿不禁，她便天天晾晒涮洗；南方梅雨连连，她便架火炙烤，烤干了被褥，却又湿了她的衣衫。有时，见官舍无人，韩愈昏睡，柳絮就会打来一盆热水，在室内一角换下内衣，吹灭烛光，摸黑把身子擦了，再换上干爽襦衣。如此三番，总有疏忽处，有时听见呻唤，疑为病得吃紧，竟光裸玉体，泥一脚水一脚扑上来，抱住韩愈询问，服侍完毕，又继续自己的活计，宛若夫妻般不拘。初时韩愈并不留意，待意识稍稍附体，形如偷窥，月光如烛，见体贴入微的妙人一丝不挂，玉山倾覆，然却一脸母性的光辉，并无男女设防，便不禁暗自惭愧且异常感动。人病了，情无病。等病后半程的时候，韩愈的魂魄已经安顿，但他仍故技重演了几回，不明就里的少女以为韩愈就要死了，抱住韩愈哭泣不止。这个时候，所有的一切都不存在了，没有年龄，没有尊卑，没有秩序，没有色彩。

只有男人和女人。

韩愈问："为什么要这样哭？"

柳絮羞涩了，脸红着说："我也不知道为什么这样哭。但我知道谁会这样哭。"

问得紧了，柳絮才吞吞吐吐说："在我们南方，女人就是这样哭汉子的……"

韩愈诗《谴疟鬼》记述道：

> 屑屑水帝魂，谢谢无余辉。
> 如何不肖子，尚奋疟鬼威。
> 乘秋作寒热，翁妪所骂讥。
> 求食欧泄间，不知臭秽非。
> 医师加百毒，熏灌无停机。
> 灸师施艾炷，酷若猎火围。
> 诅师毒口牙，舌作霹雳飞。
> 符师弄刀笔，丹墨交横挥。
> 咨汝之胄出，门户何巍巍。
> 祖轩而父顼，未沫于前徽。
> 不修其操行，贱薄似汝稀。
> 岂不忝厥祖，靦然不知归。
> ……

"不修其操行，贱薄似汝稀。岂不忝厥祖，靦然不知归。"病中的韩愈，似乎身不由己。与之前的韩愈有所不同，一个儒雅文弱又有些许风流的形象和鬼神一起，出现在一个江南少女的视野里。姑娘不知道之前的韩愈是何等模样，但这样的韩愈却更加可亲可爱，因此也直达她的内心。

韩愈病愈之后，柳絮也没有回去。

就在韩愈大病之时，长安城里正上演着一场惊心动魄的历史活剧。

顺宗久病不愈，与王叔文不睦的反对派就联结起来，所走的第一步棋就是：立太子。《资治通鉴》载："宦官俱文珍、刘光琦、薛盈珍等皆先朝任使旧人，疾叔文、忠言等朋党专恣，乃启上召翰林学士郑絪、卫次公、李程、王涯入金銮殿，草立太子制。时牛昭容辈以广陵王李淳英睿，恶之；絪不复请，书纸为'立嫡以长'字呈上，上颔之。癸巳，立淳为太子，更名纯。"立太子乃家国大事，岂容他人染指？王叔文等明知太子一立，朝政中心会立马倾斜，但也只能眼睁睁看着，却使不上力。而立太子一事，只在宫闱之间进行，宦官从来被皇室称为家奴，唐昭宗言："此辈皆朕之家臣也，比于人臣之家，则奴隶之流。"虽然是奴，但仍为家人。因此，曾经以取消宫市抑制宦官为旗的王派在立太子一事上就被巧妙地搁置起来，失去了话语权。而宦官的份额骤然隆起，甚至成了决定性力量。这一着棋，工稳深厚力道娴熟，妙不可言。王叔文能棋，对方推枰闲敲一枚闲子，他立时就觉察出此乃天作，非寻常之辈所出。而这着棋的幕后推手，从史料上得知，应是宦官派领军人物俱文珍。

俱文珍，斯时从义父姓，改名为刘贞亮。刘贞亮还是俱文珍时，曾在汴州做过董晋的监军。韩愈曾受命写过《送汴州监军俱文珍序（并诗）》："今之天下之镇，陈留为大。屯兵十万，连地四州，左淮右河，抱负齐楚，浊流浩浩，舟车所同。故自天宝以来，当藩垣屏翰之任，有弓矢𫓧钺之权，皆国之元臣，天子所左右。其监统中贵，必材雄德茂，荣耀宠光，能俯达人情，仰喻天意者，然后为之。故我监军俱公，辍侍从之荣，受腹心之寄，奋其武毅，张我皇威，遇变出奇，先事独运，偃息谈笑，危疑以平。天子无东顾之忧，方伯有同和之美。十三年春，将如京师，相国陇西公饮饯于青门之外，谓功德皆可歌之也，命其属咸作诗以铺绎之。诗曰：奉使羌池静，临戎汴水安。冲天鹏翅阔，报国剑芒寒。晓日驱征骑，春风咏采兰。谁言臣子道，忠孝两全难?”

在这篇命题作文里，韩愈因恩公意愿热赞了一回宦官，虽有长官意志，溢美之嫌，但却不是官样文章。文中“遇变出奇，先事独运，偃息谈笑，危疑以平”等句，并非空穴来风，而是历史真实。当年邓惟恭和大将相里重晏密谋兵变，董晋与俱文珍虽然获得内部情报，但表面仍不露声色，天天与邓笙歌宴饮，畅谈心曲，称兄道弟，使其放缓兵变的步履，而暗中调兵遣将，紧张部署，终于设计将二人密捕，把一场势必惊天的战事消弭在帷幄里。此事董晋当然首功，但俱文珍也功不可没。试想汴州兵甲十万，可谓虎狼之师，明知兵乱在即，稍有不慎，便会身首两分，几年后的汴州乱就证明了事件的严重性：州府之官无人幸免，叛乱者甚至把陆长源等生啖其肉，可见多么惨烈！而一个宦官，能在危急之时，泰然处之，行之若素，可见俱文珍非平常之辈。如此看来，韩愈是忠实于历史事实的，不失史家为文的基本操守。

俱文珍虽然是宦官，但宦官也是人。更何况宦者多是民间穷苦子弟出身，去势阉割，身心俱裂，亦是值得怜悯之人。自有宦者以来，与士子人臣同，均有好有坏。清代《冷庐杂识》卷四《宦寺》曾列宦之贤者名单曰：“汉以后宦寺之祸，史不胜书，然亦有贤者。如汉吕强，北齐田敬宣，唐杨复光，后唐张承业，宋邵成章，明怀恩、覃吉、何鼎、李芳、陈矩、王安，简册褒称美名著焉。”不在此册的还有东汉明帝时期的大宦官蔡伦，不仅“有才学，尽心敦慎”，还发明新法造纸，为中华文明做出巨大贡献。明称之为“三宝太监”的郑和，七下西洋，足履亚非三十九国，名垂世界航海史。梁启超曾为清代宦官寇连材立传，称其可与“戊戌六君子”并提。凡此多多，均可支持当对宦者不可一棍子打死论。

史料新、旧两《唐书》言：俱文珍“性忠强，识义理”，“性忠正，刚而蹈义”。在德宗顺宗宪宗三朝里，每有险情危事战争，似乎都少不了他的身影，比如平凉会盟、汴州戡乱、平定西川等等，俱文珍均是以监军身份参与的。特别是平定刘辟之乱，前后九个月，战事数十，最后生擒刘辟，押送长安，斩首示众，俱文珍身为皇家代表，事必躬亲，精心运筹，深得将士服膺。因此史料称其懂兵事，善帷幄。

由于屡有建树，俱文珍在皇室渐渐赢得名声，且多年的媳妇熬成婆，到顺宗时，他已经是宦官中首屈一指的人物了。《旧唐书·俱文珍传》[①] 载：“顺宗即位，风疾不能视朝政，而宦官李忠言与牛美人侍病，美人受旨于帝，复宣之于忠言，忠言授之王叔文。叔文与朝士柳子厚、刘禹锡、韩晔等图议，然后下中书，俾韦执谊施行，故王之权振天下。叔文欲夺宦者兵权，每忠言宣命，内臣无敢言者，唯贞亮建议与之争。知其朋徒炽，虑隳朝政，乃与中官刘光琦、薛文珍、尚衍、解玉等谋，奏请立广陵王为皇太子，勾当军国大事，顺宗可之。贞亮遂召学士卫次公、郑絪、李程、王涯入金銮殿，草立储君诏。及太子受内禅，尽逐叔文之党，政事悉委旧臣，时议嘉贞亮之忠荩。累迁至右卫大将军，知内侍省事。元和八年卒，宪宗思其翊戴之功，赠开府仪同三司。”由此可见，俱文珍在立宪宗时所起的关键作用。

立太子是第一步棋。

第二步棋免去王叔文内职。是年（805）五月，刘贞亮以王叔文已任户部侍郎兼度支、盐铁转运副使，便请上免其所仕翰林学士一职。此棋看似无关痛痒，却限制了王叔文进宫的权力。王叔文见制书惊呼：“叔文日时至此商量公事，若不得此院职事，则无因而至矣。”

---

① 此处薛文珍引自《旧唐书》，与前文《资治通鉴》中薛盈珍实为同一人，文中别处亦出现相同情况，特此说明。——编者注。

第三步棋以外臣制约王叔文。西川节度使韦皋求兼领三川之地，被王叔文拒，于是二者交恶。韦皋上表请太子监国，并直斥王叔文等专权误国。《资治通鉴》曰：“中外皆倚以为援，而邪党震惧。”

第四步棋利用丁忧使王叔文去位。是年六月，王叔文母亡，依例王必须离职，这是天为反对派助力。

第五步棋奏请太子监国。刘贞亮数次奏请太子监国，终迫顺宗同意。八月，又迫顺宗退位，自称太上皇，太子即位，史称宪宗。

五步棋下完，王叔文彻底认输。王叔文以棋为能，但下宫斗之棋，他堪称新手，在刘贞亮面前不堪一击。

贞元二十一年（805）八月四日，顺宗禅位，下诏大赦，改元永贞；九日，宪宗李纯即位。

唐宪宗即位三天后，贬王叔文为渝州司户，王伾为开州司马。次月，贬神策行军司马韩泰为抚州刺史，司封郎中韩晔为池州刺史，礼部员外郎柳子厚为邵州刺史，屯田员外郎刘禹锡为连州刺史。刘贞亮等认为处罚力度还小，于是再贬韩泰为虔州司马，韩晔为饶州司马，柳子厚为永州司马，刘禹锡为朗州司马，陈谏为台州司马，凌准为连州司马，程异为郴州司马，韦执谊为崖州司马，合称“二王八司马”。

当“大赦天下”再一次与韩愈、张署扯上干系后，京城长安里，所谓“永贞革新”的核心人物已经四散，一如两年前的韩愈正走在流放的路上。韩愈、张署接到诏书，同时去江陵赴任，韩愈为法曹参军，张署为功曹参军。而柳子厚与刘禹锡，此刻正与韩张做反向运动。

八月十五日晚，大病初愈的韩愈就着月色，写了《八月十五夜赠张功曹》这首颇具特色的诗：

纤云四卷天无河，清风吹空月舒波。
沙平水息声影绝，一杯相属君当歌。
君歌声酸辞且苦，不能听终泪如雨：

“洞庭连天九疑高，蛟龙出没猩鼯号。
十生九死到官所，幽居默默如藏逃。
下床畏蛇食畏药，海气湿蛰熏腥臊。
昨者州前捶大鼓，嗣皇继圣登夔皋。
赦书一日行万里，罪从大辟皆除死。
迁者追回流者还，涤瑕荡垢清朝班。
州家申名使家抑，坎坷只得移荆蛮。
判司官卑不堪说，未免捶楚尘埃间。
同时辈流多上道，天路幽险难追攀。”
君歌且休听我歌，我歌今与君殊科：
“一年明月今宵多，人生由命非由他。有酒不饮奈明何？”

将主体隐为他者，将客体引为主述，强调在场感觉，在诗里引入叙述语式，并且多次换韵、单句结尾等，韩愈在此诗里有多项发明和创新，但更引人注意的是“州家申名使家抑，坎坷只得移荆蛮”句。

韩愈对柳刘二人的误会更深了。

前番因言获罪，虽没有直接证据，但无论怎样分析，柳刘都难脱干系。而这次滞留郴州，本来李伯康已把韩张回朝的申报递了上去，却被湖南观察使杨凭给拦了下来。

这个杨凭不是别人，正是柳子厚的岳父。

既是子厚岳丈，其疑便成倍增长。韩与柳刘同朝同道同行，还曾为密友，杨凭不可能不知道他与子厚的关系。既知关系，为何不送顺水人情，却偏偏执意拦阻，并将二人继续滞留南方？“同时辈流多上道，天路幽险难追攀”，意指许多如韩张辈流放之官都因大赦回朝了，而只有他俩还天路迢迢找不到回归之途。而今，当再次大赦，杨凭见韩张阻拦不成，又将其降职放在荆蛮之地。种种迹象表明，韩愈怀疑子厚岳丈并不仅仅是逢迎庙堂之故，而是另有隐曲，它间接证明了柳刘在韩愈远贬阳山事件中的作用。

另一个证明，在韩愈放逐的两年间，韩愈的诗文及信札中只字没有柳刘的丁点印痕，柳刘也没有在韩愈离京时送别，也没有去阳山寻访，甚至连只言片语的信札也没有，由此可见二者的生分。仅有一次，杨凭之子曾去阳山探望过韩愈一回，假言受柳子厚所托。但真到了关键时刻，其父杨凭却形同路人。柳子厚似乎也不太厚道，既然知道岳父乃湘粤政要，可以左右原来同僚的升迁沉落，为何没有让岳父礼节性地关照韩张，反而给历史留下了落井下石的嫌疑？

等等，等等……

韩愈既非愚氓，这样直白的因果关系他还是看得出来的。被朋友出卖的愤怒像刀刃一样锋利，这使他在那个八月十五的月夜里，在诗歌文字丛生的植被之下，遮蔽了一处没有文字的碑文，那是韩愈将要书写的决绝。

只是韩愈没想到的是，由于关山阻隔，时空交错，长安城内历史的铁幕已经落下，那是柳刘永远的黑幕。柳刘就此开始沉落、沉落，一直降到无人能及的黑暗底部，甚至多过韩愈怨恨的预期。

终于向北转进了。

首途之喜，韩愈诗曰："山作剑攒江写镜，扁舟斗转疾于飞。回头笑向张公子，终日思归此日归。雪飐霜翻看不分，雷惊电激语难闻。沿涯宛转到深处，何限青天无片云。"

到了衡州地界，二人下船去游衡山。说是游，不如说是拜谒。《礼记》有言："天子祭天下名山大川，五岳视三公秩次也，因其次第而祭之尔。"自周始，天子就用"三公（太师、太傅、太保）之礼"以祭五岳，至唐，又封五岳为王，礼秩比三公还高。衡山乃五岳之一，又给其戴了王的高帽子，岂有不拜之礼？

张署说："当然要拜，但是天色晦暗，秋雨霏霏，咱们遥拜吧！"

韩愈说："不许偷懒，头上三尺有神明，衡王爷看得见的。"

张署说："你说的是土地爷。像衡王爷那样的神，壁立万仞，试与天高，他们只看九霄外世界，而凡尘草芥，这等小事，都交付土地老儿了。再说，你看乌云缠绕，黑幕遮眼，他老人家也看不见咱们，还是找个酒肆喝酒去吧……"

韩愈说："神有三只眼，中间那只能穿云破雾，视通万里。你看，我这里向他作揖致礼，求他保佑，等上到山顶云开雨停，青天丽日，不信走着瞧！"

到了山腰，果然秋雨立停，再往上去，云躲雾走，天渐放晴。

众山露出真容，嘻嘻哈哈，宛若列队而迎。

张署以手加额："山神呀，果然灵验！我刚才没说大不敬的话吧？若是山也有耳，难道也是三只不成？"

接近山顶，只见碧空如洗，丽日照耀，七十二峰尽收眼底。

张署说："我知道，这是芙蓉峰，那是紫盖峰，这是天柱峰，那是石廪峰，最高的叫祝融峰……"

韩愈笑道："该是七十四峰！你看雨访衡山，仅你我而已。现在我们脚踏峰峦之上，上天巡察时，会不会把韩张也当作两座山峰计之？"

张署笑得弯下腰来，说："言之有理，我等何尝不是峰？"

两人贴着石壁，沿着古径攀缘而行。到了紧要处，须倚越盘根老树才能过去。二人你登我拽，骑在错节之上。此时骤然风起，只听两耳风声如吼，不禁胆寒。两腿夹紧，股沟间有针刺感觉，树皮如鳞，犹如活物，手抓枝杈，松针如髯，二人清泪如泉，一瞬间，似在云中飞翔。只见山影迅去，直上九霄，琼楼玉宇，仙歌啸唱，后被执戟金甲阻之，才又返回……

两人爬过大树，坐在石上歇息，说起刚才情景，竟如出一辙。二人不禁暗自称奇。韩愈说："此乃攀髯之泣也，凡这样事，均有预示，不久将会发生。"张署惊问其故。韩愈说："此乃典故也，相传黄帝骑龙而去，下臣不舍，竟有持龙髯追随而去者。"

张署愕然，环顾四周，晴川历历，嘉树萋萋，正是人间私语时。就问：“难道皇上就要归天了吗？若要归天，也轮不上你我去攀髯呀？肯定是与他最近的人臣，也只能是王伾和王叔文去呀？”

韩愈也觉悚然，想想刚才所见，就觉世间蕴藏着诸多天机与暗示，只是更多的只能意会而不能言传，说破就失去了玄机。

想到这里，韩愈掩口一笑，说，到了衡岳庙了，咱们进去看看吧！

是夜，韩愈在衡岳庙里写下《谒衡岳庙，遂宿岳寺，题门楼》诗以纪此行。

五岳祭秩皆三公，
四方环镇嵩当中。
火维地荒足妖怪，
天假神柄专其雄。
喷云泄雾藏半腹，
虽有绝顶谁能穷？
我来正逢秋雨节，
阴气晦昧无清风。
潜心默祷若有应，
岂非正直能感通！

船泊洞庭，遥见岳阳酒旗。船刚停稳，就有小吏急步而来，喘吁吁说：“哪个是韩侍御？”

韩愈许久没有听见京衔称呼了，心中不禁一热。小吏见状，便向前行礼，说窦刺史早在城西楼上备下酒菜，命小的在此迎候大人。

韩愈少时得以与窦氏兄弟相识，转瞬多年过去，竟然又在岳阳聚首，抚今追昔，不禁慨然。窦氏兄弟：常、群、庠、巩，皆有才名，与韩愈父兄交厚，至愈仍续。窦庠如今在武昌幕大理司直刺岳州，知退之去江陵，特为其把酒洗尘。

韩愈心中温暖，连饮三杯后敬窦庠说："我心甚慰，此楼是我梦中之地，只是楼中宴饮之人一直空置，今日才知是等我庠兄也，不亦快哉！"

窦庠粲然笑道："我倒是常与人说起退之贤弟，萦怀思之，却没想能在治下一见。"

韩愈说："岳阳楼有杜甫的《登岳阳楼》而常在我梦中也。其'吴楚东南坼，乾坤日夜浮'乃神鬼之句，我常叹之。杜夫子登临此地时，恰是我出生之年，今天我来之时，也与夫子来时相同，冬日观瞻，又一样悲欢，但要想写出一样不朽，只能另辟一路。"说着，提笔援饮，边写边喝，写成《岳阳楼别窦司直》长诗一首。

窦庠览诗诵唱，余者不禁和之。杜诗精粹，字字珠玑，意境深幽，妙不可言。而韩诗滔滔，汪洋恣肆，以情动人，殊尔不凡，果然与众不同。正喟叹间，忽听厅堂帘响，有人在帘外击掌道："好诗，好诗。"说着，径自走了进来。

韩愈一看，来者竟是刘禹锡！

刘禹锡一见韩愈就高声大嗓叫道："退之兄，两年不见，诗有大进呀！"

韩愈一愣，脸上闪过一丝尴尬。他立即起身相迎，忙问："梦得所来何事？"接着又给窦庠介绍。

刘禹锡给窦庠拱手："早闻窦兄大名，禹锡有礼了。"

窦庠回礼："谁人不识刘梦得呀！"忙着让座。

刘禹锡大笑，拍着韩愈肩膀，似乎双脚也弹着地面，他这种不拘行止的细节，只在文友间才会显现。一时间，韩愈如堕雾中，似乎他们之间并不存在芥蒂，只有浓浓的情谊。

"我要去朗州了，子厚兄要去永州，退之兄若不转进江陵，咱们三人可以互访湖山，盘桓于诗国了……"

看刘禹锡没有半点儿沮丧之色，韩愈有些愠怒。如果柳、刘就是自己身陷湖粤的原因，梦得为什么没有半点儿羞愧？难道他已经进化到无耻的地步了吗？

“子厚兄在哪儿？”仿佛是张署在问。

“子厚先我一步，他似乎此时已进湘水。署兄在船上，见没见过对面官船上头戴红色帻巾的人？那人就是子厚了。子厚说，说不定能在途中见到退之兄呢。就让妻子染了一顶红巾，为着醒目，他把自己打扮成了诗句……”

听到这里，韩愈心里一热。船过君山，似看对面官船有人立于船头，暮色中，那人头戴紫色帻巾，好像很亢奋的样子，冲他们舞之蹈之。由于逆光，烟波浩渺，来者对韩愈而言只是一团模糊的光影，阴郁之中的他并没回应来者怪异的举动。而对方顺光看韩愈，则会十分清爽吧。这种视觉上的误差与真实毫无关系，但却会模糊人的判断。比如红色与紫色的差池。想想子厚的用心，那个在日落时分于风中舞动的人，虽然无望，却依然热情扭动，心中不免有些感动。

正在这时，门外珠帘又响，进来的是端着酒壶的岳阳县尉李让。

“敬各位大人！”李让躬身以礼，“我刚把刘兄接来，正在对饮，忽听隔壁有人吟诗，刘兄马上说，好诗好诗，美如佳人，不可错过，我去会会，再饮酒不迟，哪想一走却再不回返了！”

众人大笑。

刘禹锡从窦庠手中接过诗稿说：“现在看来，若要解忧，唯有歌哭了。退之兄，我们的诗不在长安，而在远方。两年前，我和子厚兄相约去你府上送别，还没敲门，就听见嫂夫人和孩子的哭声。子厚凄然道，你我此时出现，无论怎样安慰，用疑人来解释疑点，只会徒加怨艾，还是让退之独自上路吧。退之兄是个有追求的人，他的诗在远方。山水有约，日月有光，退之兄的旅程就不会黑暗。这是子厚兄的话。”

席上一时哑然。

刘禹锡又诵：“前年出官由，此祸最无妄。公卿采虚名，擢拜识天仗。奸猜畏弹射，斥逐恣欺诳。……”

这是韩愈直刺陷害自己的王叔文集团的诗句，当然也包括柳刘，只是现在刘禹锡却坦荡吟诵，如风出荷池，清气沛然。难道是自己错怪了二位不成？

适逢窦庠被人叫出，看看没有他人，刘禹锡对韩愈压低声音道："退之贬官之事，与柳刘绝无关系。子厚兄曾劝我，与退之之谊，会用一生的时间去证明，现在无须辩解。但事出有因，或许问题就出在王叔文的猜疑上。他曾托我俩约你，但几番不成，就怀疑你和宦者俱文珍有私谊。有一次，王叔文拿着你写的《送汴州监军俱文珍序并诗》说，这就是韩退之不见我的原因吧……"

原来如此！

一纸旧文，竟引来祸事连连！

因疑获罪，又因疑生分，这就是了！

所谓"永贞革新"，只是后人虚拟的桂冠，而历史上或许并不存在。唐顺宗自贞元二十一年（805）正月即位，到八月禅位于太子，第二天才以太上皇的名义改元永贞，其作为只在贞元时期。而称"永贞"之时，正是王叔文集团受难之日。称其"永贞革新"，名不副实。名既不立，而实难副，且又顷刻倾覆，只能算是"贞元风波"。韩愈被贬，看似贞元之误，实际误在顺宗王叔文尔。其情如贞元一样，看似为顺宗所立，罢黜"二王""八司马"，也是顺宗下旨，但世人皆知是宪宗一派使然。在这场风波里，韩愈是无辜的受害者，他既没参与"王派"，又没投身"俱派"，是真正的"独立派"。在思想感情上，他既对宦官操纵的宫市祸民深恶痛绝，对藩镇割据不事朝廷内心不满，因之与王叔文派也算暗通款曲不谋而合；但他同时又对王叔文们弄权恣肆飞扬跋扈混乱朝纲充满厌恶。韩愈是个矛盾的人，也是个复杂的人。他的矛盾和复杂决定了他的高度，他是一个在政治上有远见的人；在文学上，"他的诗在远方"，是有远大理想的人。作为一个受害者，韩愈对王叔文派以诗为刺，“痛打落水狗”，为人诟病，说他落井下石，趋炎附势，缺少君子之风。但深想起来，均是诟人以病者少有被陷的经历。若是诟人者也有血泪放逐的过往，就懂得“站着说话不腰疼”这句话的深意了。至于有人说他反对永贞革新云云，实为无稽之谈。韩愈甚至当着刘禹锡之面斥责王叔文们，说明他又是一个快意恩仇的人，比诸政治家，他的文人面貌还是显露出来了，他不会掩饰。另外的意思就是，他与柳、刘得到了彻底和解，他骂的是那些弄权的政客，柳、刘当然不在其列。

总的来说，韩愈顿觉释然了。

刘禹锡是个性情中人，见韩愈眼里恢复了亮色，喜不自胜。他朗声大叫：“退之有言：‘洞庭九州间，厥大谁与让？南汇群崖水，北注何奔放。潴为七百里，吞纳各殊状。自古澄不清，环混无归向。……’好诗好诗！笔墨何在，梦得也有诗也！”

于是提笔写就《韩十八侍御见示岳阳楼别窦司直诗因令属和重以自述故足成六十二韵》。诗中写道：

……

联袂登高楼，临轩笑相视。

假守亦高卧，墨曹正垂耳。

契阔话凉温，壶觞慰迁徙。

……

故人南台旧，一别如弦矢。

今朝会荆峦，斗酒相宴喜。

为余出新什，笑抃随伸纸。

晔若观五色，欢然臻四美。

委曲风涛事，分明穷达旨。

洪韵发华钟，凄音激清徵。

羊濬要共和，江淹多杂拟。

徒欲仰高山，焉能追逸轨。
湘洲路四达，巴陵城百雉。
何必颜光禄，留诗张内史。

韩愈见状，也立笔挥就《永贞行》一诗以赠：

君不见太皇谅阴未出令，小人乘时偷国柄。
北军百万虎与貔，天子自将非他师。
一朝夺印付私党，懔懔朝士何能为？
狐鸣枭噪争署置，睗睒跳踉相妩媚。
夜作诏书朝拜官，超资越序曾无难。
公然白日受贿赂，火齐磊落堆金盘。
元臣故老不敢语，昼卧涕泣何汍澜。
董贤三公谁复惜？侯景九锡行可叹。
国家功高德且厚，天位未许庸夫干。
嗣皇卓荦信英主，文如太宗武高祖。
膺图受禅登明堂，共流幽州鲧死羽。
四门肃穆贤俊登，数君匪亲岂其朋。
郎官清要为世称，荒郡迫野嗟可矜。
湖波连天日相腾，蛮俗生梗瘴疠烝。
江氛岭祲昏若凝，一蛇两头见未曾？
怪鸟鸣唤令人憎，蛊虫群飞夜扑灯。
雄虺毒螫堕股肱，食中置药肝心崩。
左右使令诈难凭，慎勿浪信常兢兢。
吾尝同僚情可胜？具书目见非妄征，嗟尔既往宜为惩。

有句话叫一笑泯恩仇。这次韩刘会，在韩愈与柳子厚、刘禹锡的友朋关系上有着非常重要的意义。韩愈虽然对王叔文似难宽宥，但已完全把柳、刘从王叔文集团剥离出来，并且寄以深深的同情：“吾尝同僚情可胜，具书目见非妄征。”自此之后，韩愈对柳、刘再无怨声。更由于误解消除，加之他们的诗皆在远方，这种共同的追求使之在古文运动中琴瑟和鸣，成为最为坚韧的核心部分，而且又各自创造了影响后世百代千载的不朽经典。

永贞元年（805），踏着入冬的第一场雪，韩愈来到了江陵府，开始了他近八个月的法曹参军生涯。

江陵即今之荆州，乃属冲要大府。因“此府雄且大”，对身为贬官的韩愈，能给他一个法曹参军，就很“皇恩浩荡”了。法曹就是主管审判羁押犯人的官员，很像现在的地区法院院长。只是唐时的法曹，因下属寥寥，诸事要亲力亲为，“何况亲犴狱，敲搒发奸偷。悬知失事势，恐自罹罝罘”。这就是说，不仅要亲临监狱，还要执鞭打人，刑讯罪犯。堂堂昔日国子监教授，七品侍御，今如挥臂抡鞭的狱卒，在韩愈心中形成极大的落差。他甚至觉得还不如继续当那个阳山县令呢。

“判司卑官不堪说，未免捶楚尘埃间。”韩愈不愿当法曹，不仅嫌官小，还嫌此官卑。杜牧有诗曰：“参军与县尉，尘土惊劻勷。一语不中治，笞棰身满疮。”法曹不仅要动手打人，还会被上司揍。哎呀呀，抡拳挥臂就够辱没斯文了，还时不时会被上司摁在地上，脱光了屁股，当众鞭笞，这种情状，怎堪忍受？

因此，当韩愈“新恩移府庭”时，他是“但惧失宜当”，有些战战兢兢。这个斯文已被辱没又随时准备斯文扫地的卑官，让韩愈很没面子。他过去的远大志向备受打击。他曾叹“誓耕十亩田，不取万乘相”，已不是虚饰之言。所幸上司乃温良之人，对韩愈并没排挤刁难，这使他减免了诸多鞭笞之辱。由于是闲职，有大量的自由支配时间，于是他的心情也慢慢变好，生活也随之安逸起来。

春天来了。

韩愈经此远贬，可谓死里逃生，现在重回江陵，犹如重生。用新生儿的眼光去看春天风物，雨雪杏花，桃李春风，一枝一鸟，一羽一毛，他都罗织于诗，充满好奇，充满新鲜，充满冲动。大自然的季节轮回，似乎也折射到他生命的年轮里，用生命的春天去咏唱春天，成就了他在江陵的诸多诗篇。比如他写了《春雪间早梅》《春雪》《早春雪中闻莺》《杏花》《李花》《忆花》《寒食日出游夜归张十一院长见示病中忆花九篇因此投赠》等，串联出韩愈一个春天的视觉向度。梅花与雪花、雪柯与黄柳、花片与春雨、姹紫与嫣红、鸟鸣与鸿影铺陈在他的眼底，呈现出一个葱茏的花鸟世界。但与赤子之眼反映不同的是，这些工笔着意的景物，却笼罩着一种忧伤的情调，一颗苍老的心在这些画面背后洇出血色，背离的间色产生神秘的效果。在对一花一草的凝眸中，那些纤纤细叶和片片花萼承载着韩愈的痛苦与不幸，成为他倾诉的舞台。

在诸多咏花诗中，不知何故，韩愈对《李花赠张十一署》情有独钟：

江陵城西二月尾，花不见桃惟见李。
风揉雨练雪羞比，波涛翻空杳无涘。
君知此处花何似？
白花倒烛天夜明，群鸡惊鸣官吏起。
金乌海底初飞来，朱辉散射青霞开。
迷魂乱眼看不得，照耀万树繁如堆。
念昔少年著游燕，对花岂省曾辞杯。
自从流落忧感集，欲去未到先思回。
只今四十已如此，后日更老谁论哉。
力携一尊独就醉，不忍虚掷委黄埃。

深读此诗，隐藏诗中的时间概念泛着唐朝的微光渐渐显现。在江陵城西的平畴中，一片桃李林是韩愈经常凝眸的地方。凝眸时，韩愈最喜欢的姿势有三种：其一是伫立，或袖手，或背手，或垂手，根据心情选择，就像鸟儿根据风向使用自己的翅膀。其二是箕踞，就是倚势坐在高处，上半身如身陷座椅，下肢屈起，视线从两腿间逡巡，自成夹角的景物由于视线的集中而看得分外清爽。其三是侧卧，身体与大地亲密接触，只有头部稍微倾斜，两眼眯视，醒如浅醺昏曰睡，一曲微茫看人生。这三种姿势，韩愈基本告别了第一种，更多的是采用第二种和第三种，或者第二种和第三种交替使用。这种姿态的更迭，传达了韩愈的个人信息，已是中年气象的韩愈，近来体重增加，本来体征丰腴的他，已近肥胖，这使他不堪其重。另外，他的密友张署因病卧床，韩愈游春，一直是踽踽独行，这使他很寂寞，很孤独。他常箕踞在野地或坡头，长时间对着那片桃李发呆，一坐就是半晌。清晨观赏桃李，空气清冽，桃红李白，分外清爽，可惜韩愈睡迟，此时他尚在官衙贪睡。日上三竿，倚马独观，由于日光照耀，空气中微尘腾雾，折射白色光线，红色会亮人眼目，白色犹如灰色。只是日光退去，进入薄暮，天光的蓝色基调开始显现，红色渐渐融入叶脉，白色开始独舞，待到月出东山，皎洁与洁白，清辉对雪涛，山舞银蛇，原驰蜡象，便是孤寂的白色世界了。进入韩愈诗丛里的“花不见桃惟见李”，其观察精准，臻至天成，使人扼腕叹服。除此之外，此句又还原了韩愈独坐沉暮，有时竟至月夜仍深情凝视的时间节点。也由此看出，那时的韩愈，是多么的惆怅和无聊！

夏天到了。

江陵溽热难耐，韩愈体胖多汗，长夜难寐，苦不堪言。友人孔戣说韩愈：“退之丰肥善睡，每来吾家，必命枕簟。”可是，盛夏中的韩愈却少了一张席。说来甚巧，如雪中送炭、雨中送伞一样，友人郑群恰逢其时给韩愈送来了一领簟席。郑群乃荥阳人氏，与韩愈嫂母郑夫人同籍，乃当地望族。二人相识于长安，时韩愈尚年轻，郑群已三十五岁。转瞬十多年过去，不期却在江陵聚首，郑群是兵曹，韩愈是法曹——二曹都很糟。宦海风雨，早已染白郑群的鬓发，也使韩愈平添一脸沧桑，二人殊途相遇，均如官场弃儿，只羡明朝散发弄扁舟，今朝有酒浇忧愁了。

得了一张簟席的韩愈，犹如置身清风之中。他喜不自胜地写下《郑群赠簟》，赞美纯真的朋友之谊：

蕲州簟竹天下知，郑君所宝尤瑰奇。
携来当昼不得卧，一府传看黄琉璃。
体坚色净又藏节，尽眼凝滑无瑕疵。
法曹贫贱众所易，腰腹空大何能为。
自从五月困暑湿，如坐深甑遭烝炊。
手磨袖拂心语口，慢肤多汗真相宜。
日暮归来独惆怅，有卖直欲倾家资。
谁谓故人知我意，卷送八尺含风漪。
呼奴扫地铺未了，光彩照耀惊童儿。
青蝇侧翅蚤虱避，肃肃疑有清飙吹。
倒身甘寝百疾愈，却愿天日恒炎曦。
明珠青玉不足报，赠子相好无时衰。

一枕清飒，浪漫梦幻。韩愈此诗的夸张诙谐风趣自不待言，可喜的是诗中经纬，传达的是一种尔奈我何的不屈精神：尽管其“体坚色净又藏节”，但却有极强的适应能力。“却愿天日恒炎曦”，其意很像现在的励志名言“让暴风雨来得更猛烈些吧”，我韩愈不怕！

在坚忍中又多了一种竹子的韧性，这或许是江陵成就韩愈的又一种风致。

元和元年（806）六月，韩愈结束了八个月的江陵法曹参军生涯，由宰相郑余庆和御史中丞李汶等举荐，回到京师再次任职国子监博士。

第八章

盛夏时节，韩愈携他的『黄琉璃』来到国子监。那为之雀跃的，绝不是眼前这些人。『大学城』躺在黄河的臂弯里，浩荡的河风在亭台间吹奏着阴郁的小调。上次是放浪东都，这次是寄怀东都，韩愈把东都当成了他的写字间

这是北京东城区府学胡同文丞相祠。

这一天，我与老先生不期而遇在院内的东墙下。

牌坊式的门扉，抱朴怀素。灰墙红门，顶覆筒瓦，脊兽迎列。红漆门前一对抱鼓石，两侧青砖反八字影壁，门楣内外正中各悬一匾，门外书“文丞相祠”，门内书“浩然之气”。

正是这浩然之气让我感怀。

天井迎面矗一石碑，篆额曰宋丞相信国公像碑，碑上镌有文天祥“拟终时，书之衣带间”的《自赞》：“孔曰成仁，孟云取义，惟其义尽，所以仁至。读圣贤书，所学何事？而今而后，庶几无愧！”

东面山墙上，刻着文天祥名篇《正气歌》，为文徵明所书。

英雄者，文天祥也；诗文者，吾爱也；书法者，吾喜矣。于是我便在心里吟哦起来，字字句句，饱含深情。想想就在此处，土牢斗室，死亡徘徊，左顾富贵，右盼寂灭，且江山已经易色，皇帝已经称臣。而自己的妻女被掳为奴，等他搭救，而金主惜他大才，囚他已经三年，只等他回心转意，便可钟鸣鼎食。但是，1283 年 1 月 8 日，文天祥告诉亲来提审的忽必烈道：“一死之外，无可为者。”被称为万王之王的忽必烈一时面色如土。这个横扫了大半个亚洲的征服者，第一次感到他的无能为力——他的金刀被世上更坚硬的物体卷了刃。

翌日，文天祥在大都柴市口慷慨就义，终年四十八岁。刑前，文天祥要来纸笔，写下绝命诗《出狱临到歌二首》：

昔年单舸走维扬，万死逃生辅宋皇。
天地不容兴社稷，邦家无主失忠良。
神归嵩岳风雷变，气哇烟云草树荒。
南望九原何处是，尘沙黯澹路茫茫。
衣冠七载混毡裘，憔悴形容似楚囚。
龙驭两宫崖岭月，貔貅万灶海门秋。
天荒地老英雄丧，国破家亡事业休。
惟有一腔忠烈气，碧空常共暮云愁。

这一天，文天祥将自己的一腔碧血抹在了北京的天空上。

我边吟边想。

当诵至“在齐太史简，在晋董狐笔。在秦张良椎，在汉苏武节。为严将军头，为嵇侍中血。为张睢阳齿……”时，老先生出现在我面前。

他神色肃穆，目光沉郁，并不说话，却躬身向壁作揖致敬。

我道：“文公必定看过唐人《张巡传》及先生的《张中丞传后叙》，所以才有此说。大凡为文为诗，正气沛然，则为首要。古人常曰正气乃天地之气，在天为日月星辰，在地为江河湖海，人间则君臣社稷。不过，看过文公的正气歌，我倒觉得后一句可以修正：君君臣臣未必，只要爱国爱民，就是人间正气。”

老先生伸出大拇指说：“后生可畏，后生可畏也！”

我说："历史上圣君明君，寥若晨星，多数乃昏庸无能。张巡守睢阳，实乃玄宗李隆基昏聩怠政造成。他宠信重用安禄山，故有安反叛之乱。文天祥组义军时，南宋皇帝已计议北附。奉旨议降，文天祥改降为和，决不投降。当文天祥在大都土屋写下《正气歌》时，南宋皇室已降元六年之久。史上此类事不胜枚举，君王出问题十之八九。既然正气对文人来说如此重要，为了纯洁正气，应该将君君臣臣父父子子删削掉君君臣臣，这样，即使君王出了问题，国家民族亲情还在，就仍是正气沛然，充满生机。"

先生捻着长髯思索良久方道："从民重君轻角度考虑，此说大致可采。尤其尔言正气纯洁角度，这个视点新颖可爱，颇值得研讨。在中国，正气应该是不分朝代的，从三皇五帝到如今，应该有一个华夏之准绳，这样上则泽被民风，下则育贻子孙，使正气如雨露甘饴滋润我邦，不以朝代更迭而滞塞，也不仅仅是诗文所需求。不过，我这些想法，不作数的，还靠尔等学人为之努力！"

我向先生抱拳致敬，把话题重又引到文公身上："院内这棵老枣树，枝丫虬曲，顶端却向着南方。文公为此赋诗曰：臣心一片磁针石，不指南方不肯休。临刑前，文天祥在这棵枣树下向狱卒告别说：我的事完成了。他不是如平常人所说，我的事完了，而是说完成了。这就是古代儒家文人的最高目标之达成。修身治国平天下，乃一体化也，家国不保，事业不成，最后必以己身殉国。陈寅恪先生《论韩愈》，特将先生《原道》中修身一体化之内在逻辑关系着重钩列曰：古之欲明明德于天下者，先治其国；欲治其国者，先齐其家；欲齐其家者，先修其身；欲修其身者，先正其心；欲正其心者，先诚其意。然则古之所谓正心诚意者，将以有为也。此乃韩愈‘文以明道’说之儒士养成者另一深意也。明道之明，则使道义更加彰显，理义部分更加细腻，触之有感，摸之有暖，可怀可恤，因之深入人心。文天祥能从家国之丧中支撑下来，唯一能成全自己的动力，也只有这以死赴怀的绝唱了。也因这一死，文天祥成就了儒道之约，也因此完成了民族之魂的献祭。从文公身上，也能找到‘文以明道’之明，先生该引以为荣了。我们现在叫政治正确。先生当年的政治正确，历史上确实有过贡献。若文公有灵，见先生来访，也会叫您一声恩师的，您不仅在诗文上影响了他，在怎样做一个儒士上也成就了他，说先生是百代文宗，实乃当之无愧也！”

我学着古人，向先生深深致礼。

先生见我诚恳，忙摆手道：“哪里话！天祥公乃民族英雄文人楷模，韩某岂敢妄称人师？玩笑大了。”

我道：“文公诗，确有先生以文为诗之印痕，这不是瞎说吧？且您的文风诗风，影响了晚宋一代爱国志士，这也是不争的事实。”

我笑着与先生理论起来。

先生愣道：“除了天祥公，还有谁？”

我一字一字朗朗道：“辛——弃——疾——”

老先生一脸茫然。

我向先生介绍了稼轩先生的生平，先生欣然道：“壮怀激烈者，辛氏与文氏堪称一脉相承，仅从爱国雄杰而论，老朽能与二位后生扯上干系，已是荣幸至极了。不知稼轩氏在文学上是善诗还是善文?”

“诗文并举，但主要成就在词作上。就像唐诗冠绝史册，有宋一代，词章极顶，宋后元曲超绝，于是后人便有‘唐诗宋词元曲’之说。辛弃疾生活在南宋时代，此时宋词已处巅峰，很难再有突破，但辛弃疾将先生以文为诗纳变为以文为词，令宋代词坛为之一振，连后世官方所修《四库全书》也不得不承认其‘别立一宗，迄今不废’之地位。”

“噢，这倒有趣，愿闻其详。”老先生来了兴致。

“稼轩先生与文公有一个共同点，都是正气凛凛之人。追根溯源，离不开老先生‘气盛言宜’之说。您曾说‘我知言，我善养吾浩然之气’，在《答李翊书》中提出‘行之乎仁义之途，游之乎《诗》《书》之源。无迷其途，无绝其源，终吾身而已矣。……气，水也；言，浮物也。水大而物之浮者大小毕浮。气之与言犹是也。气盛，则言之短长与声之高下者皆宜’。人皆称先生受孟子养气真传，气归之于养，且善养，吸纳天地自然人间正道之气，归于肺腑，养之于心，用之于精神，还之于社会，又华美于文章。因此后世多从先生处受益也。而文公稼轩当属后生之杰也。”

老先生摆手道:“似乎有些关联，但主要是他们个人的造化使然。”

“而稼轩先生之词，多有大家定论，王国维先生在《人间词话·附录》中言:南宋惟一稼轩可比昌黎。由此可见辛词之超拔。”

我由衷赞叹说。

“这王国维何许人?从你口气看似一非凡人物是

不是?”

“民国时北京大学一著名教授、国学大师也。尤对词章研究精深，非一般学者可比也。在学界有一言九鼎之威权。”

“噢，一个教习，竟能让四方学人服膺，着实不易。你接着说。”

老先生对学师天然亲近，话题扯到他的一亩三分地，先生神情不禁舒展许多。

我继续道:“辛氏作词，善用古文语，其源出自先生矣。先生以文为诗，乃唐代首创者也。秦观《韩愈论》言:钩列、庄之微，挟苏、张之辨，摭班、马之实，猎屈、宋之英，本之以《诗》《书》，折之以孔氏，此成体之文，韩愈之作是也。盖前之作者多矣，而莫有备于愈;后之作者亦多矣，而无以加于愈。故曰:总而论之，未有如韩愈者也。陈寅恪又言:退之以文为诗，诚是确论，然此为退之文学上之成功，亦吾国文学史上有趣之公案也……退之虽不译经偈，但独运其天才，以文为诗，若持较华译佛谒，则退之之诗词皆声韵无不谐当，既有诗之优美，复具文之流畅，韵散同体，诗文合一，不仅空前，恐亦绝后，决非效颦之辈所能企及者矣。后来苏东坡、辛稼轩之词亦是以文为之，此则效法退之而能成功者也。由此可见先生以文为诗之成功!而先生这一尝试，给后世文坛以深刻影响，并滋养化育了诸多诗文词章大家，从锐意创新角度看，先生可谓功莫大焉。”

先生听得受用，脸上洋溢出稚童般的得意神色:“众人推戴神仙乐。不过，你这如租田收息的算法跟谁学的?”

我笑笑没有接茬儿："稼轩词得先生传，将古文的章法和句法巧用其中，如《贺新郎·别茂嘉十二弟》，起首用三鸟凄鸣，渲染悲伤氛围，接着点明旨归：算未抵、人间离别。三鸟虽属自然范畴，但古文中对三鸟之啼却别有记录，如鹧鸪鸟'行不得也哥哥'，杜鹃'不如归去'等等，这也是对古文的一种化用。而后又连用昭君出塞、阿娇别馆、卫庄姜送归妾、李陵送苏武、荆轲别燕丹等史上一系列悲剧的叠唱，行文至末收归本体：谁共我、醉明月？将历史与现实混合，各色人等交集，英雄与美人同框，又消弭歌词分段的束缚，洒脱奔放灵动沉郁。王国维赞曰：章法绝妙，且语语有境界。诸多之妙，不胜枚举，当下，《稼轩集》越来越受人们的喜爱。"

老先生听得入迷，不禁伸手讨要道："听你如此说，能否将此书借我一阅？"

盛夏时节，韩愈携他的"黄琉璃"，来到国子监，将那领簟席铺在了银杏树荫下。

二进国子监，韩愈鬓毛微霜，官秩正五品，除祭酒司业之外，博士中，他当属资历较老了。因了"倚老"，也因"学堂日无事"，时在京城的旧雨新知们因韩愈的回归，便时常围拢到银杏树下，来试"黄琉璃"的一席清风了。

张署也回到长安，任京兆尹司录。张籍早任太常寺太祝。李翔任国子监博士、史馆修撰。崔立之任大理寺评事。孟郊、张彻，及窦存亮、齐毛、区弘等也时在长安。众星荟萃，云云涌涌。银杏树下，“黄琉璃”上，云蒸霞蔚，宛若仙会。

一日，孟郊、张籍、张彻来访。泥壶新茶，竹扇松风，听韩愈讲南粤故事，说粤土风情，人言如鸟音，其状如鸟人。说当地以蛊杀人，将人之名放入蛊盘，三日之后，被蛊者立死。众人听后大惊，张籍患了眼疾，左眼红肿久睁不开，听了韩愈此话，立时坏眼骇张。

张籍小心求证说：“此事甚奇，这南蛊端的厉害。北蛊也蛊，需施其毒于酒水饭食之中，用者立死；而南蛊却能文化，识文断字，隔空杀人，岂不如妖孽一般？”

张彻更是仓皇，张口结舌道：“蛊也通文墨？想必仅知姓名而已……”

韩愈接着说：“有一天，我在大堂审案，断一个富绅强抢民女做妾之事。富豪输了官司，悻悻而去。临走询问说，敢问大人姓名？我不知何意，正犹豫，身边师爷说：‘何意也，快走快走！’哪知三天后，我手下一个叫何玉的捕快说是得了暴病竟至不治。师爷听说，想起此事，立马带人去富豪家搜寻，果然在其床下找到蛊盘，里边符纸写有‘何玉’二字，已被蛊吃大半。师爷砸碎蛊盘踩死蛊虫，这边叫何玉的捕快立时还阳，犹如噩梦醒来。原来富豪将‘何意’听成了‘何玉’……”

孟郊笑道：“如此说来，蛊既能文，必有聪慧与愚笨之分，若是咱们四人姓名同时置于蛊盘，不知蛊吃何人也？”

张籍听出了弦外之音，也笑道：“张籍名字笔画太多，蛊嫌其繁；愈兄次之；怕是蛊要吃孟兄和彻弟了……”

明月初升，凉风习习，四人突有诗情，于是作《会合联句》如下：

离别言无期，会合意弥重。（张籍）
病添儿女恋，老丧丈夫勇。（韩愈）
剑心知未死，诗思犹孤耸。（孟郊）

愁去剧箭飞，欢来若泉涌。（张彻）
析言多新贯，摅抱无昔壅。（张籍）
念难须勤追，悔易勿轻踵。（韩愈）
吟巴山荦嵴，说楚波堆垄。（孟郊）
马辞虎豹怒，舟出蛟鼍恐。（张彻）
狂鲸时孤轩，幽狖杂百种。（韩愈）
瘴衣常腥腻，蛮器多疏冗。（张籍）
剥苔吊斑林，角饭饵沉冢。（韩愈）
忽尔衔远命，归欤舞新宠。（孟郊）
鬼窟脱幽妖，天居觌清栱。（韩愈）
京游步方振，谪梦意犹恟。（张籍）
诗书夸旧知，酒食接新奉。（韩愈）
嘉言写清越，愈病失疣肿。（孟郊）
夏阴偶高庇，宵魄接虚拥。（韩愈）
雪弦寂寂听，茗碗纤纤捧。（孟郊）
驰辉烛浮萤，幽响泄潜蛩。（韩愈）
诗老独何心，江疾有余尰。（孟郊）
我家本瀍谷，有地介皋巩。
休迹忆沈冥，峨冠慚阘猥。（韩愈）
升朝高譬逸，振物群听悚。
徒言濯幽泌，谁与薙荒茸。（张籍）
朝绅郁青绿，马饰曜珪珙。
国雠未销铄，我志荡邛陇。（孟郊）
君才诚倜傥，时论方汹溶。
格言多彪蔚，悬解无梏拲。（韩愈）
张生得渊源，寒色拔山冢。
坚如撞群金，眇若抽独蛹。（韩愈）

伊余何所拟，跛鳖讵能踊。
块然堕岳石，飘尔胃巢氄。（孟郊）
龙旆垂天卫，云韶凝禁甬。
君胡眠安然，朝鼓声汹汹。（韩愈）

史称联句从《诗经》萌生雏形，自退之始于成熟臻于高点。又有史家言，后人少联句，近代已绝迹，盖因联句形式要求极苛，一是诗者须水平相当，二要诗如泉涌反应迅疾，三要博闻强记知识渊博，四要心性相近志同道合。凡此四要，缺一难为，因此后人难以为继。自此之后，韩愈与几位诗友又相继写了《城南》《斗鸡》《纳凉》《秋雨》等联句，与友欢娱，必有诗焉，由此可见韩愈与诸友对联句文体的喜爱。

诸友除了在国子监聚集，还到城南韩府小聚。此次回京，韩愈在城南启夏门附近购得一处田宅，颇为宽绰，有田有水，草亭木屋，颇为别致，韩愈对外称之“韩家庄”。孟郊有诗赞曰：“初疑潇湘水，锁在朱门中。时见水底月，动摇池上风。清气润竹木，白光连虚空。浪簇霄汉羽，岸芳金碧丛。何言数亩间，环泛路不穷。愿逐神仙侣，飘然汗漫通。”

这一天，几位诗友在庄内闲坐，见池塘荷花正盛，张彻便道“好荷”，张籍却说“好花”，孟郊深邃，说“好水”，李翱说“好山”，张署笑道“好人”，窦存亮却说了三个字：“好风水。”众人不允，说乱了规矩。窦存亮笑道：“眼前有景道不得，两个字容纳不了，为何不能破限？我说的三个字‘好风水’最为精准。你看，张彻兄说好荷，占得先机；而籍只扼其要，如万军阵中取上将首级。孟夫子看的是荷与花根部的关联，格物观心，可谓深刻。李翱兄机灵，见前面各位景、物俱占，想荷与花乃水生植物，水从何来，终南山也，再说山影如墨色，新庄一点明，既有山可偎，又有活水来，卦书上称之为‘上佳之地’。而张署先生说的‘好人’让人叹为观止，好景好物岂能无人？美人风情万种，也是最好的风景。如此一来，轮到后者，便无话可说，无景可赞，无情可表。因要说话，要赞风情，便说了‘好风水’三个字。好风水虽然不是具体的存在，但谁都知道它确实存在。好风水是好花好水好山好人的因由，又是美景佳物的旗旌，还是心向往之内外兼达的桥梁。我认为凡能尽情尽意表达胸臆之体，皆可用之。何乐不为呢?”

大家觉得有理。

张彻站起来，看看远方山影，又环视庄内布局，似有所悟说：“岂是一个好字了得?原觉就是一个好字，不明白何以为好，存亮一说风水好，马上提纲挈领，令人耳目一振。认真看来，韩家庄山环水抱，确是上佳风水，看来韩家庄要出大人物了!”

孟郊笑道：“竖子乱我方寸也!”

正在这时，庄外官道上马蹄声起，树隙间，一队神策军绝尘而去。

大家又继续探讨。李翱说：“你方吟罢我登场，上台强颜赋新章。没有新词翻旧歌，一曲乐府唱两腔。”说完看着张籍嘻嘻笑起来。

张署会意道：“诗书六艺贵在出新，所谓新，当不拘形制，或贵锐意进取。白乐天和张籍的新乐府运动即是此义，应受激赞。”

众人称许说，这就是新乐府的基本精神，把原来古乐府“嘲风雪，弄花草”的褊狭诗情，锐变至杜甫诗的路径上，文为时而著，诗为事而作，刺美见事，诗以言志。

窦存亮笑道：“这样说来，一池荷影，独见一枝荷花，乃片面也。我们表达的只是一枝荷成长的第三阶段，碰巧看到了它的盛开，我们歌颂的是时间。”

李翱说：“《文心雕龙》言：才性异区，文辞繁诡。辞为肤根，志实骨髓。雅丽黼黻，淫巧朱紫，习亦凝真，功沿渐靡。诸位所看，虽然片面，依然关乎情志。我们看到的是你的选择，你的选择实为你的思想。”

张彻说：“着眼处不同而已，花非花，水非水，山非山，人非人。”

张籍道："诗文忌笼统，片面非片面。"

又听官道马蹄骤响，树隙间，又一彪人马过去。

孟郊说："京城里莫非有大事发生吗？"

韩愈正看南山想着心事，被孟郊一问，立马回过神来："明日是盂兰盆节，朝中官员要去丰陵为先皇送葬。估计京城无事，或是川西战事吃紧了吧？"

看看烟尘飞向南山，大家若有所思。

窦存亮突然神秘地说："学生昨夜梦见一金甲神人，手持方天画戟，立于老师庄前门廊，我和他似很熟稔，见面晤谈，竟无阻碍。我让他进来吃茶，他说公务在身，不可造次。我说看你面熟，似是少年玩伴刘某，他笑道：亮哥好眼力也，当年同去西乡看社火，还借你两枚铜钱买了烧饼吃呢！我突然想起，刘某于十五岁那年暴病而死。今是阴阳两隔，为何人鬼对话？便兀自惊悚起来。金甲刘看我害怕，便说当年走得急，二枚烧饼钱没来得及还。我忙说不要了。金甲刘说，杀人偿命，欠账还钱，阴阳同理。只是这次公干，仍未带钱，想再遇无期，不如就此了事，两无相欠。便提出用天机来换欠债。我说何为天机？金甲刘说，我乃天宫卫士也，奉天帝之命来为下凡星宿值卫也，实封口也。为何？金甲刘说，先皇归天时，韩公似见真相，天帝怕他泄露，故派天兵警示，若有不测，立时禀报天庭。我问：韩公看见了什么真相？金甲刘突然说：二枚钱的天机已经透露，不必问了！再看金甲刘变成了太监刘贞亮，吓得我一身冷汗，醒来正是子时……"

韩愈闻听，心内一惊，再看张署，竟目瞪口呆。四目对视，韩愈用眼色示意张署勿言，张署会意，忙遮掩道："这就胡言了，顺帝归天时，退之兄和我正在湘间长沙游历，在贾谊故居兴叹呢。退之兄说，前见贾谊墓，今见贾谊庐，生死两茫然，天地写鸿书。湘水迢迢，距京千里，怎能隔空观象呢，汝等信否？"

然而众皆不语。

南山暮云，渐渐红了……

孟郊遥望南山，对着苍茫说道：“偏遇荷花一点红，人花共友两相成。我看，也如大家看南山，南山也看你我一样，双方都在等待着一件事情的发生，完成此事之人深于诗，多于思，擅于情，且最能参透其中禅机者，当数退之也。我看你就以南山为题，写一首独傲群雄睥睨万山的诗篇吧！”

众友辞去，已是深夜。韩愈灯下独坐，不禁讶然。正在这时，忽听庄外犬吠，仆人走至窗下通报：“来者宫内刘公公手下，说有要事求见。”韩愈一听是刘贞亮手下，不敢怠慢，立即穿好衣服相迎于厅堂。

来者乃宦官刘士元，还没坐定，就说刘公今夜下榻曲江芙蓉园里紫霞馆，知贵府仅半里之遥，特请你去叙旧。

韩愈诧异：“刘公不是去川西督战了吗？”

“今日刚回，为了参加太上皇的葬礼，不日还要返程。因还要向皇上面奏战况，便住在了曲江。”刘士元回答。

这就来到了曲江内馆。

这就见到了刘贞亮。

数年不见，俱文珍当年的谦和之态还堆积在刘贞亮的行止上。韩愈躬身施礼时，刘贞亮走到韩愈面前，扶着韩愈的臂膀说：“你胖了许多。”

一句话让韩愈感慨万千。想起汴州，想起董公，想起酸涩往事，韩愈眼圈有些发红。

“俱公可好？每有大事必俱公，听说川西战况吃紧，俱公要珍重呀。”韩愈还是用汴州时的称呼，虽然与今隔着十年时光，但人多是念旧的。

“川西非比汴州，老夫已经年迈，经不起鞍马劳顿了。”

刘贞亮用了一个“夫”字，韩愈心里有些好笑。

这时，刘士元与一个美人领着几个宫女过来。为首的美人上前道喜：

“贺喜大将军。”

“圣旨昨日刚宣，封刘公右卫大将军，从一品，食邑三千户。”刘士元在一旁介绍。

刘贞亮马上还礼：“谢主隆恩，有劳窦美人惦记。”

韩愈心里有东西响了一下，心中漾出的笑意顿时消散。马燧的面目闪了出来。如果他知道这一切，他该怎么想呢？身旁的宫女们开始忙碌，只听刘贞亮用责怪的口吻说刘士元，怎好劳动窦美人大驾和宫女们呢？韩愈心想，这正是俱的过人之处，虽将位列三公，但在宫里，除了阉人，皆无大小，谁都可能成为皇上的女人。那人一旦成为皇上的女人，你就有可能为你平时的百密一疏而付出代价。可见，他的持重谨慎并非多余，也由是印证他的心机之深，非寻常骄纵之人可比。

窦美人飘然而辞，刘士元安顿好也退了下去。只剩下五六个宫女留下来伺候刘贞亮。韩愈见状，忙起身告辞，刘贞亮把手一挥说：“你们先下去吧，等我们叙旧完毕再按摩不迟。”

众宫女诺诺而退。

刘贞亮回过头来，亲切地说：“我在川西，仍能持刀杀敌。虽已六秩，身又半人，似我至今仍奔走刀山刃海者，满朝似无此例。而忠心圣廷，全无私者，舍我其谁？有时夜半，独对皓月，却唯有清泪闪辉，无人倾言。这时，我就想起老弟来……”

韩愈有些紧张了，他忙起身拱手：“学生不敢。”

刘贞亮还礼：“我说的是心里话。我至今犹记当年赠文所言‘故我监军俱公，辍侍从之荣，受腹心之寄，奋其武毅，张我皇威，遇变出奇，先事独运，偃息谈笑，危疑以平’等句，还有赠诗：‘奉使羌池静，临戎汴水安。冲天鹏翅阔，报国剑芒寒。晓日驱征骑，春风咏采兰。谁言臣子道，忠孝两全难？’特别是后两句：‘谁言臣子道，忠孝两全难？’每念至此，不禁泪洒征袍……因此我说，知我者，韩愈也！”

说到此，刘贞亮泪光闪闪。

韩愈有些始料未及。他没有想到那些匆忙而就的文字，会在一个人心里产生那么大的影响。看到刘贞亮那张略显阴柔的脸埋在泪花里，韩愈也有些激动。

刘贞亮喝了一口茶，平复了一下情绪，继续说道：“我虽狄人，然也是爹妈所生。不孝有三，无后为大，当了阉人，何以孝亲？何以光宗耀祖？都说臣仆事主，哪有我等这样者？生根剪除，痛不欲生，谁制造出这等人间惨剧？若不是少小失势，我今生或许在天山牧马，阴山放羊。即便弱水濯足毡房炊烟，也会衣食妻子，儿孙满堂，强于今我。”说到这里，泪又如注。

一声饮泣，细若游丝，似从千万里传来。有唐以来，阉者十万，其数可与官数相比，宫中血泪，世间谁人堪比？韩愈不知所措了。

“然既命定，唯有顺从。生为皇奴，忠心事主，这是我的本分。但在外人看来，吾等奇葩，难以为人，只是衣冠走狗而已，更遑论人臣乎？你是第一个将我等写在诗文里把我当人看的人，不仅如此，还把我当人臣赞扬我的忠诚。仅凭这些，十年来我一直念念不忘，今天终于有机会当面说出，来，咱们以水当酒，我敬你一杯！”说着举杯凌空相邀，仿佛韩愈盘旋于高处一般。

韩愈举杯热情回应，呷了一口茶，细如牛毛的茶叶塞进他的牙缝，精致地排列在其间。韩愈想起那些远去的诸多诗文，那些文字里的贩夫走卒、王公大臣、农夫蚕妇、诗友学生不知凡几，均如南山云霓沉默不语，唯有这篇数百字诗文，以经文的形式活在他每天的啸吟中，给他以支持的理由。这种精细入微的激励方式，既给韩愈以安慰，同时也给他以警示。

他多么珍爱自己的羽毛呀！

韩愈紧张地说：“陈年旧文，不堪一说。感谢俱公记挂！”

刘贞亮见韩愈依然拘谨，便口气一转说：“我是将你引为知己的。怀旧与感恩是你我共性。比如对董公，因有共事之缘，相携益彰，即使他作古多年，他的公子前年与私盐有染，犯了唐律，我仍打通关节，将其放于王承宗行营掌管钱粮职使。”

这倒是实情。当年董晋推重，韩愈没齿不忘。因此，韩愈视董晋后人为至亲，董晋儿子董溪出宰商州时，韩愈曾专程看望过他。哪知董溪有负其父节名，不久即被人告发。刘贞亮能念旧情，出手相携，应该是个有情有义之人。

“而你此番升秩，考功司原定六品，你可知道？”

韩愈迟疑地点了点头。从国子监到御史台时，按例该升迁六品，因不久有阳山之贬，成了罪臣，便搁置下来。此番回京，若还定六品，虽稍亏欠，但也属正常。而官秩五品，跳过六品，则有惊喜成分了。

刘贞亮此时看着俯首倾听的韩愈停止了说话。他喝了几口茶，有些犹豫的样子。

韩愈忙说：“还望俱公明示。”

刘贞亮很神秘地说：“此事凑巧。那天我依例去吏部巡议，因有事耽误半程，去时恰恰正在相议你的迁转之事。依考功司具报，你阳山之前，已届四考，按例合当升秩。因有奏谕之事，南贬两年，如今回转，又复入国子监，依律合该六品；但若论年限，又超两年，似略有亏欠于你。若升五品，却又少了两考。这时郑余庆说话了，说韩愈阳山之事，现在查明均是奸人构陷之故，韩愈德才超群，为何还让国家亏欠于他？作为对他秉公直言的奖赏，升秩五品，让他自觉亏欠国家，再图忠君报国吧！”

韩愈已经流下泪来：“感谢郑公提携，学生正是这样想的。”

刘贞亮继续说道：“郑公说后，另有杜佑附议道，六品亏，五品多，还是将此个案另具，请皇上定夺吧！此乃托词也。郑余庆说，将未决之事呈上，似有推诿之嫌，皇上怪罪，谁负其咎？郑公怕节外生枝，坚持成命。说此话时，郑余庆因心中无底不时窥我神色。我当然会意，立时颔首相许。”

听到这里，韩愈跪下了。

刘贞亮忙将韩愈拉起，笑道：“颔首之劳，何足挂齿？起来，起来！”

韩愈恭立刘贞亮一侧，将他的茶杯斟好，双手奉上说：“我敬俱公，谢提携之恩！”

刘贞亮示意韩愈落座，走过来给他斟茶，然后又徐徐说道：“你真聪明！内官府巡，监察各司，岂能轻易表露好恶？似我五代宫人，历经肃、代、德、顺及今上五帝，少许差池，外卿丢官，内官丢命！我等早练就了铁石心肠木头脸庞，外官岂能看透这内在机关？即使有私，也早风雨绸缪，铺垫甚周，不会在众目睽睽下做这等事。你这件事，也算破例了。那郑余庆见我首肯，便陡然腰硬，而杜佑似也会意，不再争执……好了好了，小事一桩，不提它了！”说完挥挥手，似赶走一片流萤。

韩愈拱手：“难为俱公了。学生当没齿不忘！”

此时已是子夜，城中鼓楼隐隐飘来报时的钟声。

刘贞亮仍兴致勃然，烛光涂抹在身，与衣饰玉佩交集似叮咚有声。韩愈以前只知书山高耸，山高水长，谁说宫闱不是如此呢？只不过其如大海罢了，平静的海面下，会淹没几多高山峻岭，又会沉没几多只知攀越的读书人呢？他突然想起孟郊让他写南山的话，要是终南山放在这样的大海里，会不会沉没？

领班的宫女出来了，站在目光边缘含笑不语，意在提醒二人。

刘贞亮再次挥手令其退下。

刘贞亮笑道：“不知为何，他们都有些怕我。”

韩愈疑惑地看看屏风后面的阴影。

刘贞亮摇摇头：“我不是说她们，是说外边。”

韩愈笑了："俱公乃善良情义之人，何人曰怕？"

刘贞亮认真盯着韩愈的眼睛说："我相信你说的话。是呀，我不是一个可怕的人。可是王叔文怕我，他母丧丁忧去职前曾下跪求我荐他为相统领北军。现在的几位相爷怕我；川西的叛贼刘辟怕我；东川节度使李康怕我，他失地被俘，辱我大唐臣僚名节，我一怒之下将其当场斩决……"

韩愈的笑容凝固了："俱公玩笑吧，李康当诛，也要押回朝廷的……"

"什么玩笑？老夫先斩后奏，回京向皇上禀报。皇上说，将在外君命有所不受，说我处置得当，因而授我右卫大将军。"

说着，刘贞亮响亮地笑了。

韩愈却有些害怕了。

刘贞亮说得尽兴，他把一只手搭在韩愈肩上，小声说道："今非昔比，若你再写我，可不是百字小传了吧。等我从前线回来，再给你好好聊聊吧。我平生最敬服的就是立言之人，你想，我这辈子还图什么？青史留名，方是人之大成呀。时候不早了，咱们后会有期……"

韩愈木在那里，口中诺诺，不知说什么好了。

说到这里，刘贞亮拍一下手。

领班的宫女款款而来。

刘贞亮和蔼地对她说道："可以开始了。另外，你给值更的军佐说，让他派一队神策军护送韩大人回府……"

……

回到韩家庄，已是三更时分。

韩愈和衣而卧，一夜无眠。

第二天，满朝文武来到京北富平的瓮金山为顺宗送葬。

顺宗死于元和元年（806）正月十九日。半年之后，丰陵始成，这才入土为安。当韩愈随着祭拜的人流跪在陵前铺就的白沙之上时，蒸腾的岚烟让他嗅到了陵墓的气味。韩愈看到顺宗裹着厚厚的龙袍躺在金丝楠木做成的棺椁里，像他生前一样正怪异地无声饮泣。他的泪水从陵墓里汩汩流出，和着几丝细雨渗入白沙，成为固体中最璀璨的部分。韩愈接受住了顺宗送来的暗示，那是他三拜九叩时额头上沾上的少许沙粒，他随手握在手里，像握住衡山顶上的秘密。

顺宗生前多灾多难，死后却备极哀荣。昨日长安百寺法事，争为顺宗超度，今晨缟素百里，旗幡蔽天，笳鼓呜咽，哀声动野。顺宗的灵柩由宪宗皇帝和其他皇族护送，“群臣杂沓驰后先，宫官穰穰来不已”，直到中午才来到陵祭的地点。丰陵依山而起，高耸入云。陵前有八棱柱形华表一对，朱雀和翼鸟各一对，石马三对，瑞羊三对，石翁仲十对，均如真身实体，活灵活现，排列陵前。陵内寝宫宛若宫殿，内有宫人嫔妃歌伎舞女侍卫兵甲百人之众，一如顺帝生前所用。还有天子驾六，御车真马，飞禽走兽，尽是活物。各殿一应器具按宫内实例，照单罗织，因此火树银花珠山玉丛四海宝物充塞于室，整个丰陵果然是怎一个“丰”字了得！

顺宗的谥号是：至德大圣孝皇帝。在盖棺论定的时候，他又获得了足慰平生的至高评价。

该有的全有了。就像是一场没有出演的演出，却得到意外的奖赏一样，他失去的仅仅是现场氛围的刺激和满足感，别的似乎都没失去，而且在死后都得到了补偿。

但是，韩愈却在这缤纷的葬礼上看到了顺宗的眼泪。

关于顺宗之死，是历史上的一大谜团。就像韩愈在衡山之顶看到的幻象一样，顺宗之死，成为那个时代最引人想象力的一部宫斗剧。

但是，这场剧现在彻底画上了句点。王叔文死了，王伾死了，八司马分崩离析，如今顺宗也静静躺在黄土高坡上，哀伤地闭上了眼睛。革新革掉了他们的命，也革掉了一个王朝的前程。作为一个短命皇帝，他只能等下一个轮回了。

有句话叫寿终正寝，眼前的顺宗就是这句成语的最佳诠释。

但是，身后哀荣——陵墓里的一切，那些稀世珍宝以及他的荣誉——包括他的封号，真的是他内心最想要的东西吗？不是的！他要的显然这个陵墓承载不了。那是一个盛世的版图，和无边无际的欢呼！

那为之雀跃的，绝不是眼前的这些人。

但现在，一切都拧巴了，上苍跟他开了个玩笑，把一切都颠倒了个儿。

韩愈看到了刘贞亮、薛盈珍、刘士元等宦官，跟在皇室成员后面，但却位于大臣之前。尽管他们哭天抹泪，韩愈知道，陵墓里的顺宗，实际上就是要把他们赶进坟墓的人。而现在，他们联手后面的大臣，来了个本末倒置，反而成功地把顺宗送进了丰陵。

他们是胜利者。

顺宗是失败者。

而失败者却只能被胜利者任意践踏和涂抹，就像丰陵里的奢华，像薤粉厚厚地涂在顺帝脸上，让人们以为这就是他的追求，就是革新以求的成果显示。他们把他的凌云壮志庸俗化了，庸俗成了一堆物质碎片。而为了做足这一戏剧效果，当朝肆意加大加厚了薤粉，甚至不惜越矩违反祖制。有唐以来，唐太宗凿山为陵，成为定制，“今为此制，务以俭约”；另是殉葬之物，不用金银财宝，这样可以使“奸盗息心”。显然，丰陵之丰，是大大的僭越了。这个超支账单，还要由顺宗来付。

顺帝的泪只能往肚里流。

活也憋屈，死也窝囊。

只有韩愈看见了丰陵里顺宗在默默流泪，并且记在心里。

回来后，韩愈写了《丰陵行》一诗，诗尾写道：“皇帝孝心深且远，资送礼备无赢余。设官置卫锁嫔妓，供养朝夕像平居。臣闻神道尚清净，三代旧制存诸书。墓藏庙祭不可乱，欲言非职知何如。”

而这僭越的背后是什么呢？韩愈不能说，也不敢说。

丰陵行回来，一连几天，韩愈对着南山发呆。

唐室旧制，皇帝归葬，因山建陵，多在城北。但韩愈却把它们当成了南山的一部分。这些天所经历的一切，都化成云霓，堆在南山的苍茫中，深沉为绿黛，妩媚为曙红，进入各自的归宿。

诗友寄望自己写南山，是觉得自己曾数次攀越南山吧！南山是他流放和忧伤的符号，从十岁起，他就随兄流迁，他那稚嫩的脚底就认得它。而阳山之贬，韩愈更认识了它的冷酷和阴鸷。当驮着书卷的马匹翻越风雪弥漫的蓝田关，马蹄和冰石接触，传达出金属般的冰冷声音，韩愈就读出了它残忍的回声。不管你如何翻越和攀爬，铁的南山都是一样的表情，它会告诉你，你背负着不幸从这一面爬上来，再从另一面滚下去，内容不会变更，仍然是不幸加不幸，它不会因你的努力而改变重量和质量。但要是你永不攀越，你不会知道这一切。终南山只会记着你攀越的姿态。

翻越终南山，只是打开了灾难的一扇门。它会目送你从灾难走向灾难。

南山之大，大到能不惊诧，不嗔怪，不喜乐，不伤悲，不动容。它就矗立在那里，它不是谁，它就是它自己，它叫南山。

南山是极富个性的山。在最高的山顶上，它戴着一顶银白色的帽子，那就是它执拗的标志。它高大威武，非常注重自己的仪表，春天它会载阳吐秀，夏日它会蓊郁静美，秋天又会红装飒爽。它的个性来自它的内心，它的倔强来自它的质地，它的刚直来自它的峻峭，它的风度来自它的广袤。

它是群山之冠，万山领袖。由于有了它的存在，再低浅的谷底也有韵致的追求，猥琐的沟壑总有隐约的欲望，那些山峁与土塬总与山的律动相呼应，袒露出优美曲线的起点。更有那些轩昂高蹈如在天上行走的大山主峰，它们贴在云彩里，巨大的剪影如想象的翅膀在扇动，在长安城的南方，半个天空都写满它的身影。

它无欲无求，天马行空，独来独往。它横亘在大河之南大江之北，东西两侧如振天长翼，一头接着东海，一头连着西洋。高兴的时候，它会仰天长啸，吐出云霞，在天空书写自己的意志；不屑的时候，它会颐指气使，将头上的银屑震落，搅得周天寒彻。它有时显得任性狂躁，恣意妄为。它不受约束，不识周礼，不懂规矩，但它不在乎。它不在乎别人怎样看它，它只在乎怎样做自己。即使有比它名气大的五岳来教诲它调教它，告诉它怎样做山，怎样才能符合山德，它也置若罔闻。它仍然大大咧咧我行我素。它身上的毛皮——那些蓑草荆棘，不一定非按时节凋敝；那些乔木秀林，也不必按时节落叶。它的肌肉块垒随意堆放，按着自己的性情扩展或者收缩，没有结构比例，没有边界束缚，没有诗格诲训。

它是独立之身。

它是自由之身。

这就是南山存在的意义。

顺帝贵为君王，但仍无法做自己，他无法主宰自己的命运。他不够大，不够强，因此他被边缘化，被挟持，被涂抹，被凌辱。

自己更甚。十年烂柯梦，趋走换卑官，多为稻粱谋，初衷已渺然。

身为文人，韩愈冀望自己拥有南山的品格，像南山一样具有独立和自由的精神，以自己的坚韧和强大，告诉人们：我就是南山！

暑色阑珊、秋意沛然之时，韩愈以赋体移诗，用宏阔的视野和渊博的学识，独创了以文为诗的体例，写了一首足以代表他个人风格的诗篇《南山诗》：

吾闻京城南，兹惟群山囿。东西两际海，巨细难悉究。山经及地志，茫昧非受授。团辞试提挈，挂一念万漏。欲休谅不能，粗叙所经觏。尝升崇丘望，戢戢见相凑。晴明出棱角，缕脉碎分绣。蒸岚相澒洞，表里忽通透。无风自飘簸，融液煦柔茂。横云时平凝，点点露数岫。天空浮修眉，浓绿画新就。孤撑有巉绝，海浴褰鹏噣。春阳潜沮洳，濯濯吐深秀。岩峦虽嵂崒，软弱类含酎。夏炎百木盛，荫郁增埋覆。神灵日歊歔，云气争结构。秋霜喜刻轹，磔卓立癯瘦。参差相叠重，刚耿陵宇宙。冬行虽幽墨，冰雪工琢镂。新曦照危峨，亿丈恒高袤。明昏无停态，顷刻异状候。西南雄太白，突起莫间篑。藩都配德运，分宅占丁戊。逍遥越坤位，诋讦陷乾窦。空虚寒兢兢，风气较搜漱。朱维方烧日，阴霰纵腾糅。昆明大池北，去觌偶晴昼。绵联穷俯视，倒侧困清沤。微澜动水面，踊跃躁猱狖。惊呼惜破碎，仰喜呀不仆。前寻径杜墅，坌蔽毕原陋。崎岖上轩昂，始得观览富。行行将遂穷，岭陆烦互走。勃然思坼裂，拥掩难恕宥。巨灵与夸蛾，远贾期必售。还疑造物意，固护蓄精祐。力虽能排斡，雷电怯呵诟。攀缘脱手足，蹭蹬抵积甃。茫如试矫首，堛塞生怐愗。威容丧萧爽，近新迷远旧。拘官计日月，欲进不可又。因缘窥其湫，凝湛閟阴兽。鱼虾可俯掇，神物安敢寇。林柯有脱叶，欲堕鸟惊救。争衔弯环飞，投弃急哺鷇。旋归道回睨，达枿壮复奏。吁嗟信奇怪，峙质能化贸。前年遭谴谪，探历得邂逅。初从蓝田入，顾眄劳颈脰。时天晦大雪，泪目苦矇瞀。峻涂拖长冰，直上若悬溜。褰衣步推马，颠蹶退且复。苍黄忘遐睎，所瞩才左右。杉篁咤蒲苏，杲耀攒介胄。专心忆平道，脱险逾避臭。昨来逢清霁，宿愿忻始副。峥嵘跻冢顶，倏闪杂鼯鼬。前低划开阔，烂漫堆众皱。或连若相从，或蹙若相斗。或妥若弭伏，或竦若惊雊。或散若瓦解，或赴若辐辏。或翩若船游，或决若马骤。或背若相恶，或向若相佑。或乱若抽笋，或嵲若炷灸。或错若绘画，或缭若篆籀。或罗若星离，或蓊若云逗。或浮若波涛，或碎若锄耨。或如贲育伦，赌胜勇前购。先强势已出，后钝嗔詎譳，或如帝王尊，从集朝贱幼。虽亲不亵狎，虽远不悖谬。或如临食案，肴核纷饤饾。又如游九原，坟墓包椁柩。或累若盆罂；或揭若登豆。或覆若曝鳖，或颓若寝兽。或蜿若藏龙，或翼若搏鹫。或齐若友朋，或随若先后。或迸若流落，或顾若宿留。或戾若仇雠，或密若婚媾。或俨若峨冠，或翻若舞袖。或屹若战阵，或围若蒐狩。或靡然东注，或偃然北首。或如火熺焰，或若气饙馏。或行而不辍，或遗而不收。或斜而不倚。或弛而不彀。或赤若秃鬝，或熏若柴槱。或如龟坼兆，或若卦分繇。或前横若剥，或后断若姤。延延离又属，夬夬叛还遘。喁喁鱼闯萍，落落月经宿；訚訚树墙垣，巘巘驾库厩。参参削剑戟，焕焕衔莹琇。敷敷花披萼，闟闟屋摧霤。悠悠舒而安，兀兀狂以狃。超超出犹奔，蠢蠢骇不懋。大哉立天地，经纪肖营腠。厥初孰开张，僶俛谁劝侑？创兹朴而巧，戮力忍劳疚。得非施斧斤？无乃假诅咒？鸿荒竟无传，功大莫酬僦。尝闻于祠官，芬苾降歆嗅。斐然作歌诗，惟用赞报酭。

元和二年（807）正月，宰相郑余庆推荐韩愈为翰林学士未果，并由此在中央文馆内部引发了一场针对韩愈个人的人身攻击。

关于这种攻击的具体内容，史料上有韩愈的自圆其说“诘屈避语阱”，有李翱《韩公行状》所言“宰相有爱公文者，将以文学职处公。有争先者，构公语以非之。公恐及难，遂求分司东都。”但认真考究，似乎都有些含糊其词。

诬者是谁？当时京中“文学职”敢与韩愈争锋者，柳刘已远贬南方，而白居易与元稹还年轻：“我与二三子，策名在京师。官小无职事，闲于为客时。”正像白诗所言，他此时仅是九品校书郎，与五品韩愈构不成竞争对手。余者若从文学角度弹射韩愈长短，韩愈绝对不会在乎，他也不会弄到有客来访而不敢开门的地步：“剥剥啄啄，有客至门。我不出应，客去而嗔。从者语我，子胡为然？我不厌客，困于语言……”

那么，排除文学因素，还有什么因素能让韩愈如此讳言呢？

答案或许是有人讥刺他的私德。

韩愈是极在乎自己羽毛的那种人。但现在有人就是要抹黑他洁白的羽毛。比如他与宦官刘贞亮耐人寻味的关系，他的提前升迁，到现在又要依靠关系转进翰林学士……都会对他的清白名声构成威胁。

而实际上，韩愈若要铁心攀附，论当时情状，似乎无人阻挡他的翰林学士一职。但历史却证明了韩愈的胸襟和抱负。韩愈很好地利用了这个事件，表面十分恼怒，内心却十分坦然。他乘机提出了去东都洛阳分司国子监的申请，而实际上是想远离刘贞亮。

他一走，刘贞亮与他的约定就无法完成。

刘贞亮此时已从前线归来。川西大捷，刘辟被俘，他居功至伟，深得宪宗嘉许，又授予他知内侍省事，稳坐宫内宦官第一把交椅。斯时的刘贞亮炙手可热，权势通天，权力远在宰相之上。朝中文武，一时攀援者众。

但韩愈此时却选择了远离。

远离庙堂，远离喧嚣，远离奢华。

人若南山。虽然还不是南山，但心向往之。

是年（807）六月，韩愈以权知国子博士的身份来到洛阳。

洛阳自高宗李治显庆二年（657）诏告为东都之后，便辟有国子监，与京都两地分教，其规模堪与京都相匹。而由于地理之便，洛阳国子监之盛在武则天执政时期甚于长安。

自夏以来，洛阳就有办学的古文献记录。

偃师二里头遗址中，曾发掘出一座宗庙式学校遗址，被专家们称为“夏代庙堂大学”。与叙利亚发掘的埃伯拉大学遗存年代相当，可以说，洛阳是世界上创办大学最早的城市之一。《汉书·儒林传》言：“闻三代之道，乡里有教，夏曰校，殷曰庠，周曰序。”夏商周三代都在洛阳留有办学的记录。汉代以降，洛阳“学校如林，庠序盈门”，可见办学之盛。汉时太学生额就超过千人了。到晋代，晋武帝令“廓开太学，广延群生”，洛阳太学已骤至七千余人。至咸宁四年（278）竟至“天下鳞萃，远方慕训，东越于海，西及流沙（西域），并时集至，万有余人”到洛阳求学的盛况。斯时儒学已盛，官定经文样本曾在汉灵帝时被蔡邕书丹于碑，使工镌刻于洛阳太学门外西侧，后世称之为《熹平石经》。被勘定的太学必学书目有《鲁诗》《尚书》《周易》《春秋》《公羊传》《仪礼》《论语》，刻在四十六块石碑上，前后花了九年时间。曹魏时又用古文、小篆、隶书三种字体再次刻勒以上经典，另添魏文帝《典论》，在原有刻石“四十八枚，广三十丈”基础上再加六通石碑，后世称之为“正始石经”。想想这样庞大的石刻碑群将所讲经文公之于众，镌刻在朝野的冀望里，赫赫出现在太学门侧，该是多么蔚然壮观！又是多么的激人奋进！晋代时，学校教育仍承袭汉魏制度，在教学内容、教学方法、师资选配、考试制度、教学管理等方面均已完备，并细化成“五雍”，即辟雍、灵台、明堂、太学与国子学。潘岳曾在《闲居赋》里大体勾勒了这个古代大学城里太学与国子学的具体位置：“两学齐列，双宇如一，右延国胄，左纳良逸。”经挖掘考证，这个古代大学城的具体位置就在洛阳东北偃师区岗上村与太学村的两三公里之间，其东为太学，西边为国子学。

隋唐以来，洛阳的全国教育中心地位依然没变，特别是在武则天时期更达到鼎盛。

但是，当韩愈踌躇满志出现在“大学城”时，却感到莫名的哀伤和惆怅。

“安史之乱”之后，又经藩镇兵祸，洛阳一直处于战争的中心地带。战乱时，大学城成了叛军的兵营，昔日的斯文之地变成了盘马弯弓的格斗场，经文石碑成了箭镞集射的靶标，校序内一片狼藉千疮百孔。现在，虽然局势和缓下来，但河北、夏州、镇江多处仍不平静，战事一触即发，因此朝廷根本无暇顾及东都事务，一任国子监如破船漏载，泛水苦撑。

韩愈在那些残碑断石间徘徊流连。“大学城”躺在黄河的臂弯里，浩荡的河风在亭台间吹奏着阴郁的小调。那些历史上发生的尊崇教育的往事，横七竖八地躺在黄土高坡上，触目皆是。东汉、曹魏、晋、北魏、隋，那时的统治者似乎尤重教育。光武帝时，太学各科课程的授课先生都是皇帝出面钦定，甚至亲自出面延请，这些人都是当朝的大儒，“诸儒执经问难于前，冠带缙绅之人，圜桥门而观听者盖亿万计”。国子学始创于西晋咸宁二年（276），皇室规定五品子弟可入国子学，六品以下子弟可入太学。后又设四门小学，立四门博士，为国子太学输送生徒。那时候办学已经引入竞争机制，东汉灵帝还创立了“鸿都门学”，因地处洛阳的鸿都门而得名。课程引入辞赋、尺牍、书画、乐艺等内容，对当时的太学教育具有创新的意义。更让人心仪的是，课堂上儒家经典具有不可动摇的地位。比如东汉张玄当时是太学博士。他在课堂上讲授《颜氏春秋》，同时又兼涉别家，竟被弟子上告学官，结果被罢免。那时的博士授课，其情状多么让人振奋呀！一师讲经，听者常数千人，因无法顾及，只得找中间传经者。如郑玄在马融门下求学，三年未见马融一面，他所见的只是马融的高才弟子而已。

然而，昔日的辉煌已经随风而逝，留下的只是一地碎片。

韩愈虽然有心振兴东都国子监，但面对的却是无奈和叹惜。

主持国子监的祭酒大人对他说：“现在是恢复阶段，等时局好转，或许会考虑开馆授徒的。至于何时招生，要听长安上命，你做好准备就是了。在此期间，请好自为之吧！”

韩愈想了想，要说授课，加上一进国子监时的授课经验，和近两年在阳山修辑完善的“五原”讲稿，可谓轻车熟路，了无问题。他只能在“好自为之”上打主意了。

于是他把目光瞄上了古文创作的实践环节。

有一天，张籍来洛阳探访韩愈，见他手中有李翰的《张巡中丞传》，便聊起了这位“安史之乱”中涌现的英雄人物。这一天的准确时间是元和二年（807）四月十三日夜，之所以如此精确，盖因韩愈后来以此为据，写了一篇著名的纪实体文《张中丞传后叙》。

张籍说，他认识一位叫于嵩的老人，曾在张巡手下多年，曾亲历抗敌始末。认识他的时候，张籍尚小，而于嵩斯时六十岁左右。张籍说他与于嵩属于忘年交之类，之所以谈起张巡这个人物，也是偶然问之，没想到于嵩竟然与之交集如深，所谈均是自己亲历，非一般转述者可比。

韩愈如是说：

我为什么把李翰的这部旧作又找出来籀读，实为大历朝所发生的一件公案。张巡死后，无人知其细末，加之叛军播弄，以为他是降贼而死，不足道也。此时有人上言张巡之功，但时过境迁，大言无物，难有立言之效。恰有李翰乃张巡友人，宾客宋州时遇乱，亲见张巡守城之勇，于是撰文两卷，肃宗阅后始知张巡忠义可嘉，方给以褒赠。张巡因文而光荣，李翰因文而名噪，但后人却因文而龃龉。几十年后，到大历年间，张巡和许远的后人却反目成仇。盖因此文只写张巡、姚訚二人，全无交代守城战中浴血盟友许远和南霁云（雷万春）事迹，正是这一致命疏忽，才在几十年后酿成两个家族的仇恨风暴。

张籍如是说：

张巡乃邓州南阳人氏，开元末擢进士第，先由太子通事舍人而出为河北清河县令，不久又调谯郡（亳州）任真源县令，真源乃老子的故乡，唐以前曾叫苦县。安禄山反，一支叛军东犯汴泗，直取谯郡，太守杨万石降贼，并命张巡西去迎接叛军。张巡接到州府文告，虬髯奓立，环眼怒张，曰：恩食朝廷禄，却来事反贼，可恨！当即把一纸命令撕得粉碎。张巡率吏卒哭祭于玄宗皇帝庙前，遂起兵讨贼。叛军势大，每战动辄数万兵众，而张巡则仅千余人，以小搏大，张巡却战则必克。此时河南节度使嗣虢王李邕屯兵徐州，张巡与之取得联系后，李邕命张巡为先锋。山东郓城陷贼，李邕引兵东走临淮，张巡正处于拒敌最前线。宁陵保卫战中，箭矢用尽，张巡令士兵缚草人千余，一律黑衣裹体，于夜半用绳缒于城下，围城叛军以为劫营，暗夜中乱箭齐发，至晓才休，然守军已得箭镞几十万支。第二夜，张巡又令士兵缚草人缒城，叛军击鼓射之，但不久就鸣金收兵，只作壁上观。第三夜，张巡差精壮士兵黑衣护甲，脸涂炭墨，刀戈缠草，以去金属之声，待装束停当，再次缒城。叛军见状，纷纷调笑，一将官说，张巡计穷矣，如是者三，吾等岂能再上当？士兵们切勿擅自行动，让他们白张罗去吧！便回军帐休息。又过一个时辰，哨兵过来报告，说城下黑衣人不知何往。将官睡意正浓，说草人有绳索牵引，还能去哪儿？肯定又被吊回城上了，以做下次诱饵，不管它，尔等睡去吧！午夜时分，突然战鼓骤响，一彪人马直冲敌营，原来是城上缒下的伏兵杀入敌营。叛军猝不及防，被伏兵冲击得七零八落。黑甲兵先用火箭点燃叛军帐篷，又放火烧毁马厩料场，敌营内火光冲天，人喊马嘶乱作一团，叛军死伤无数。

叛将令狐潮又从别处抽调更多的兵力将宁陵围困起来，并喊话张巡。张巡派副将南霁云城头见令狐潮。令狐潮说，给张将军捎话，大唐气数已尽不要错失良机，望即刻献城，可保荐尔等荣华富贵。南霁云说，听你口音，字正腔圆，不像异邦外族石头缝里蹦出来的，你这一副好腔口年少时得经多少校序先生才能给你规置整齐，方能合辙押韵？这都是圣训王化的结果，你这王八羔子受日月哺养天地滋育却忘记根本辜负圣恩，你有什么面目劝导我张大将军？滚回你的雁门关老家重去读读圣贤书再找他喊话吧！这时，躲在令狐潮身后的弓箭手暗中放箭，正中南霁云肩胛，然而南霁云仍屹立城楼嘻笑怒骂面不改色。城下贼众大惊。令狐潮悄悄问弓箭手，箭射哪儿去了？难道射门板上了吗？弓箭手说，我看得清楚，我的箭羽像鱼的尾巴摇晃了两下，一下子就钉在了他的前胸，但是，锋利的箭镞仍然没有封住他的嘴巴……

见到这样坚强的对手，令狐潮不寒而栗……

就这样，张巡坚守宁陵十一个月，叛军没能越城池一步。

叛军见宁陵久攻不下，便绕过它向身后的睢阳扑去。

一日，张巡收到睢阳太守许远的求救信，说叛军十三万正日夜攻打睢阳，城中只有七千人马，危若累卵，请火速驰援。

睢阳即今之商丘，乃江淮屏障，南向咽咙。此城丢失，十数万虎狼叛军一击千里，江南福地会顿陷虎口。而江南丢失，唐帝国的战略后方失去支撑，凭借长江漕运米粮的船队就不可能给躲在四川的玄宗皇室送去支持，亦不会给一线作战的大唐军队送去军饷粮草。倘若江南沦陷，历史就有可能改写。当一枚棋子瞬间给历史带来变数的时候，其取向往往会凝聚一代国士的精神品格。张巡没有半点儿犹豫，连夜率领三千人马支援睢阳。

睢阳太守许远见张巡远远杀来，立即派兵杀出城外接应。许远将张巡接到府中，置酒洗尘间，把太守大印交与张巡说：大敌当前，国事为上。卑职虽是州官，却不曾帷幄运筹指挥作战。巡兄智勇双杰，定能保全睢阳，日后守城大任请全权处置，在下充当副手，请巡兄纳之。张巡并不推辞，双手郑重接过，说社稷为重，万死不辞，誓与睢阳城共存亡！

叛军大将尹子奇数败于张巡之后，要亲自督战于攻城前线。获得情报后，张巡想，擒贼擒王，首恶务尽。只要把尹子奇除掉，就会有力遏止敌人的气焰。议战时，张巡把这个想法说了出来。众人一听哄笑。说城上城下，遥遥数里，宛如一个在岸上，一个在河中。岸上人，焉知水中事？水中鱼众，又焉知彼鱼乃我欲取之鱼？张巡说，对了，此事如垂钓也，人在岸，虽不见鱼，但却知鱼在水中，人不入水，却知鱼分类层叠，大鱼深潜，中鱼居半，小鱼漂浮，下线长短，鱼饵大小，钓者之智决定所获鱼之大小矣。且看我在万军阵中独钓此鱼也。

如此如此，给南霁云吩咐一番，南霁云领命而去。

第二天，南霁云找人制作了一支特殊的箭。事毕，亲自送与张巡查看。张巡颔首，并将亲笔写给尹子奇的一封信绑在箭上，信中只有一句话：“三日之内，取尔项上首级。”这支箭是蒿子秆做的，因是草本，重量不够，一般人很难射出。南霁云是中原第一射手，膂力过人。张巡看看城下，薄雾弥漫，苍茫一片，真如大河漶漫，钓鱼的画面出现在眼前，不由得脸上浮出笑意。他对南霁云说，向天上射，越高越好，地面似有旋风，近处有农舍，只有射出四十丈，才能乘高空风飘出百丈外。南霁云挽弓在手，也不说话，搭箭弦上，只一拉，五百斤的硬弓便如满月，虽箭羽底部早用柳木嵌住，仍旧听出噝噝声响，犹如龙蛇汲水之音。见一朵流云掠过，南霁云低喝一声“走”，便见箭镞“噌”一下飞出，追上云彩，然后像只小鸟一样冲入云空，竟然不见踪影。众人面面相觑，无人言语。张巡回过头来说，箭去哪儿啦？

一里外，城下叛军营中。

一个士兵拾到一支怪异的箭，立马送到了中军大帐。

尹子奇接过信箭，心生狐疑。他叫住士兵，问：你在什么地方见到这支箭的？士兵回答：二百步开外，一条水沟旁。尹子奇又问：哪条水沟？士兵答：放云梯旁边的水沟。

尹子奇挥挥手示意士兵退下。复转身又细细观察这支箭，他把箭拿在手上，掂量来又掂量去。粗壮的蒿子秆是经年晒干的，砍了头尾，若半人之高。前头削尖，可以致人以痛，却不可致伤，更不会致命。之后又展信阅读。尹子奇未曾见过张巡的字体，但知道他是开元进士，曾侍奉过太子读书，以诗赋立名。但尹子奇很快就断定此信确实是张巡手书了。因信上十字，完全大草，一挥而就，几乎是从王羲之《快雪帖》上临摹下来一般，文气丰沛，豪情万丈，非常人可比……

看着看着，尹子奇笑了。

他立时升帐，传令三军，四面围城，全力攻城。

众将疑而问之，尹子奇大笑：“此信箭从天而降，凶信也，实乃福音也。”

“何凶之有？”有人问。

尹子奇把信展读：“三日之内，取尔项上首级。可惜，我可等不到三日了。我们今日就攻上睢阳城头，取张巡首级！”其声朗朗。

“将军何以料定今日必克睢阳？”

尹子奇大笑道：“张巡送信激我也，没想到我却格物观势，看出他末路也。主将射策，竟用草箭，可见城内箭矢已尽，我们可以放心大干了！”

遂开始攻城。

张巡站在城楼，城下动静看得一清二楚。攻城叛军到了集结位置，该是放箭的时候，张巡命令不许放箭。张巡想，鱼群来了，大黑鱼混迹其中，我要让它自己浮出水面，才能把它钓上来！

尹子奇策马与众将官在队伍后面督战，每次集结，因要受到对方箭雨袭扰，总有兵士临阵脱逃。尹子奇想，若有诈，必在此时放箭。若不放，则证明巡真势穷矣！果然城上一片寂静，仅有人影叠合，真如困兽。尹子奇见状，策马向前，众将官见主将奋勇，也尾随其后冲出队伍。尹子奇在马上抽出剑来，回头大喊：跟我来，冲上城头，杀死张巡！

张巡早在城楼看到敌阵中冲出一彪人马，为首者头戴金盔，身披紫红斗篷，骑一匹纯白汗血宝马，手挥长剑，正在指挥攻城，便料定此人必是尹子奇无疑。他叫来南霁云，说，金盔者就是我要的鱼，你把他钓上来！南霁云领命，估算了一下距离，便把一枚特制的长箭搭在硬弓上。战场形势宛若飞鸟，来时迅疾，去时突然，真正的射手并不仅仅是眼疾手快，而是把握时机。眼见那人再次鼓荡起披风，像只鸟一样张开翅膀时，露出护身铠甲，此铠甲是著名的明光甲，胸膛有两个护心镜。金盔更是无懈可击。咽喉处因居高也难实施。南霁云便朝那人面门瞄准，一箭射去，便见那人向后一仰摔下马来。

敌阵顿时混乱起来。

张巡率领三千甲兵从城里冲出，直扑尹子奇而来。

“杀呀！我等来取尹子奇项上人头来啦！”士兵喊声若雷。

尹子奇被箭射中左眼，倒在血泊之中，众将拼死救起，向后撤去。攻城部队不明就里，见前方主将退却，便乱了阵脚，急急后退，势如山倒，自相践踏，连营兵寨不攻自破，其状如狂风吹彻，鬼哭人号一片狼藉。

几个月后，叛军又制造出新的攻城器械——云梯。这种云梯高达几十丈，下面犹如战车，车厢靠车轮移动，为了对抗火器的攻击，它的侧面都用牛皮蒙裹，甚至备有装水的皮囊，一旦发现有火箭击中车厢起火，会迅速倾倒扑灭火焰。从某种意义上说，它又像是原始的装甲运输车。车厢里一般装几十名全副武装的士兵。外面以车为单位，约有百人簇拥推动云梯快速移动冲向城墙，距城墙很近的时候，云梯会从中部分出前后两个方向的梯子，前边的梯子会伸展延长，如巨手搭在城墙上，后边的梯子可斜倚地面，形成一定坡度，如阶梯般供士兵源源不断往上攀登。

当睢阳城四周云梯如巨人般横空出世的时候，守城的唐军都大惊失色，不知为何物，更不知如何对付。张巡初时也有些不知所措，但他经过冷静观察后，很快找到了应对之策：第一步，在城下环挖壕沟，阻挡云梯。云梯遇到深壕，就会掉入其间，或者头重脚轻，翻折在地；第二步，在云梯攀城位置重点把守，先在城墙垛口准备长木，在顶端装着铁钩绳索，倘若云梯搭来，用铁钩绳索将其掀翻；第三步，也仿制活动云梯，随时机动，上装铁笼，内置铁汁沸水火药石灰等，单等敌方云梯攻来时出现其上方倾泻……

几番进攻，几番失败，尹子奇只得望城兴叹。

于是就不再攻打，只挖壕筑营，斩断城中与外界的一切联系，以困死城中军民。

张巡深知敌人此计恶毒，但却无奈。

山河破碎，狼烟迭起，血光中仗剑而起，只为尽臣子心，揾英雄泪。

于是他赋诗一首《守睢阳作》记之：

接战春来苦，孤城日渐危。
合围侔月晕，分守若鱼丽。
屡厌黄尘起，时将白羽挥。
裹疮犹出阵，饮血更登陴。
忠信应难敌，坚贞谅不移。
无人报天子，心计欲何施。

这一天，太守许远来找张巡议事，说现在城中活着的只有千人了。其中百姓四百余人，守城士兵六百不足。城中米粮将尽，活物已经吃完，吃死人的事情已经发生。如果再不求援，半月之内，睢阳会成为一座死城……

张巡沉吟。睢阳孤城，已成汴泗一只钉子，这只钉子扎在安贼叛军南下的脚踝上，又深又痛。而周围唐军，近者数十里，远者百里，环列于睢，为了自保，均作壁上观。他们似乎是在看一场免费的演出。与其说他们是看客，不如说是帮凶，他们与贼联手，成就了这场大戏。面对此境，钉子的命运只能更像一个钉子。让我们的鲜血，化为看客眼中的焰火吧！张巡仰天说道。

许远点头赞道：巡兄自入睢阳以来，从春至冬，已数百天也，大战数十，小战数百，以少击众，制胜如神，杀敌凡十余万，贼至今不敢越睢阳一步也，江淮得以保全，赖巡兄及我辈之功也。我们够本了！但若能请来救兵，再坚守数月，对整个战争形势则会更为有利，何不图最后一搏呢？

张巡怦然心动，说：也好，派人去兵力最强的临淮试一下吧！

遂派南霁云南下临淮去搬救兵。

韩愈如是说：

张巡派三十骑精壮护送南霁云，杀出一条血路，冲出后，身后仅余两骑。到临淮，往见节度贺兰进明，贺兰因嫉巡、远声威出己上而坚不出兵。贺兰慕南霁云勇武，便设宴款待，且舞女笙歌，欲使云乐不思蜀，留为己用。南霁云于席上拱手曰：云来时，睢阳人已经断食月余矣。云欲食，义不忍，吃独食，难下咽。说完，抽出佩刀，断其一指，血淋漓，置于盘，做礼物以献贺兰。一座皆惊，为云感泣。南霁云见贺兰终无出师意，即驰去。将出城时，见香积寺佛塔，回首一箭，射中浮图砖隙，箭入其半。云对塔誓曰：吾归破贼，若能生还，必灭贺兰！

至宁陵，搬城使廉坦步骑三千，返入围阵，且战且行，至城中，仅千人矣。

城中将吏知救援无望，一城恸哭。

贼知援绝，攻城益急。

又月余，城陷。贼以刃胁巡，巡不屈。又降南霁云，云未应。张巡大叫道：南八老弟，男儿死则死矣，不可为不义屈也！云哈哈笑道：云有誓矣！本来还想保全以图灭贼。今巡兄有言，云敢不死？遂赴国士之死。许远与之同难。

于嵩说，张巡身躯高大，长髯若神。他见我总拿一册《汉书》读，问曰："为何久读此书？"我答："总不熟也。"张巡对我说："我读书，至多不过三遍，便终身不忘也。"说完，当即诵嵩所读书，卷尽竟不错一字。于嵩大惊，以为巡偶熟此卷，便乱抽他帙以试，无不尽然。又取架上诸书试之，巡皆应口而诵，了无阻碍。于嵩跟从张巡甚久，从没见过他捧书夜读或凭窗吟咏，以为他就是武行出身，谁知他上马可击贼，倚马可赋诗，全才也。平时为文，张巡操笔立书，未尝起草。初来睢阳，士卒万余，居民万户，巡见凡问姓名者，之后无不识者。于嵩叹服之至。说城陷之日，守军仅余不过百人，均形如饿殍。贼军缚张巡与兵将数十人坐于街旁，张巡挣扎站起，旋视众人，兵将见巡，起立泣对。张巡慰之曰：汝等国士也，死亦荣也。遂引颈就戮，颜色不乱。许远被贼解往洛阳请功，骂声不绝于途，至偃师被杀，年仅四十九岁。于嵩若干年后死于亳州与商丘之间，据说他在此置有田地。

韩愈根据上述资料，遂作《张中丞传后叙》。事过经年，写史意在讽今。适逢唐宪宗抑裁藩镇巩固中央集权之时，韩文借张巡许远往事，彰示国士之死之荣光。对那些国难当头，环列睢阳作“壁上观”的贺兰式藩镇，给予了大力挞伐，揭示其恶如安史之祸，借南霁云之口“必灭贺兰”，此为文眼也。而造成藩镇割据为害的原因之一，乃是缺少张巡这样忠君事儒的国士，此乃文之深蕴也。

此文以五个片断连缀，将细节引入文中，一反过去韩文雄辩之常态，将强大的思辨渗入文中人物的举手投足处，以细节的渲染烘托人物形象，用人物形象的塑造取代冗言记述。在叙事时，完全运用《史记》笔法以单句为主的古人句式，摒除骈文俪句，去除奢华绮丽文风，将古文运动的主旨贯彻到了写作实践的细枝末节里。但是，韩愈并不是所有文章都排斥骈文偶句，只要文本需要，他仍会予取予求，不受约束。他主张“六经皆文”，为我所用，只要文章需要，他仍会从六朝之髓中吸收营养，不管是何种文体。该文第一次出现被采访者的角色形象，以强调现场感真实感，强调信息来源的可靠性。《张中丞传后叙》充满了纪实文学的各种元素，堪称古代非虚构类文学作品的经典之作。

这一时期，韩愈还创作了被称为“千古奇文”的《毛颖传》。

韩愈写毛笔故事，取材兔毫之颖，表面游戏笔墨，内里却闳深肃括，曲文世事。柳子厚激赞曰：“始持其书，索而读之，若捕龙蛇，搏虎豹，急与之角而力不敢暇，信韩子之怪于文也……文王之昌蒲菹，屈到之芰，曾皙之羊枣，然后尽天下之奇味以足于口。独文异乎？韩子之为也，亦将驰焉而不为虐欤！息焉游焉而有所纵欤！尽六艺之奇味以足其口欤！而不若是，则韩子之辞，若壅大川焉，其必决而放诸陆，不可以不陈也。”由于《毛颖传》取材传奇故事，有曲笔寓言之意，于是还引出另一方向的创作路径，这就是传奇小说的文体试验。后人曾将《毛颖传》列为唐传奇小说范畴。几年后，韩愈又作《石鼎联句诗序》，学者在划分文体时，都把它列为元和时期传奇小说的重要收获。

上次是放浪东都，这次是寄怀东都，韩愈把东都当成了他的写字间，国子监成了他的写字台。除了古文写作，韩愈还写了大量的祭文和墓志铭。

就世界范围内，仅从墓葬文化来讲，最为丰厚优渥者，非洛阳莫属。洛阳北邙，由于它特殊的地理位置和独有的墓葬文化，似乎保存着中国最为完整的古代人文的历史图谱。其中，唐代的墓志与碑文系列，可谓灿烂夺目，而考察其因，与韩愈等人的介入有很大干系。

韩愈释褐后所写第一份公文性质的《赠太傅董公行状》，就是最接近墓志碑文的文字。唐代官场中人，尤是高位者，死后必有行状。刘勰言：“状者，貌也。体貌本原，取其事实，先贤表谥，并有行状，状之大者也。”由此看出，行状是根据状主的生平事实具真记述，用以“先贤表谥”的一种文体。韩愈在《赠太傅董公行状》结尾曾写道：“谨具历官行事状，伏请牒考功，并牒太常议所谥，牒史馆请垂编编录，谨状。”这就交代了行状的三个功能：一是给吏部考功司用来评其是否名实相符，二是让太常寺据其功过给予表谥，三是送给史馆记入国史。而除了这三个功用外，第四个用途就是死者家属用以乞请撰作墓志碑文之重要依据，“或上作者乞墓志碑表之类皆用之”，这就是说，行状有时干脆成了传主的墓志文。

墓志文系列有地上地下两种，地上有碑文、墓碣文、神道碑铭等，地下则有墓志铭、葬志、埋铭、圹志、圹铭等。二者虽有区别，但从文体来说，大致略同，均由题、序、铭三部分组成。《旧唐书》言：“凡职事官卒，有赙赠、柳翣、碑碣，各有制度。”元稹《张奉国碑文铭》

也说："唐三品以上，殁既葬，碑于墓以文其行。"按唐制，三品以上官员死后，朝廷应组织人员撰写碑文，而撰写碑文者，多是中央文馆的著作郎、秘书郎一类的专职人员负责。但也有重臣至爱去世，皇上钦点当朝文坛名宿制作碑文以示重视，如太宗朝杜如晦去世，太宗手诏虞世南制碑，玄宗朝李隆基亲自为法善大师撰写碑铭，等等。既有上例，就有下效，官场渐渐风行于请文坛高手撰写墓志文，以褒其美德宏其伟业光耀门庭。而由于是坊间行为，其润笔费就比官家高出许多。以至于互相攀比，水涨船高，甚至三品高官张奉国死后，家人连润笔费也出不起，足见其不是一般数目。而在行状、墓志系列中，被世人称道者，韩愈、柳子厚也，"今采韩柳所作，为世之楷式云"。甚至有人将韩所写墓志引为范文加以梳理，总结出墓志写作的行文格式，王行《墓铭举例》卷一便是如此：

> 凡墓志铭书法有例，其大要十有三事焉，曰讳，曰字，曰姓氏，曰乡邑，曰族出，曰行治，曰履历，曰卒日，曰寿年，曰妻，曰子，曰葬日，曰葬地，其序如此，如韩文《集贤校理石君墓志铭》是也。其曰姓氏，曰乡邑，曰族出，曰讳，曰字，曰行治，曰履历，曰卒日，曰寿年，曰葬日，曰葬地，曰妻，曰子，其序如此，如韩文《故中散大夫河南尹杜君墓志铭》是也。其他虽序次或有先后，要不越此十余事而已，此正例也。其有例所有而不书，例所无而书之者，又其变例，各以其故也。

"十三事"里已经总结出记叙体写作的五元素，这就是时间、地点、人物、事件、过程。只要具备这几个元素，基本具备叙事的可能性，不管是文学体裁还是非文学体裁，都具备了释义的可能性。

韩愈对旧的行状及墓志进行了一系列改进，革除了虚美隐恶事冗长大的弊端，力求真实真情事核精美，并从正大庄严雅言美辞的文风里脱颖而出，行文接近世道人心人性人情伦理道统风物百姓。他把这种文体改革当成古文运动的一部分，并且身体力行，写出了诸多传世的墓志祭文，如《祭十二郎文》《祭田横文》《祭柳子厚文》等。

另外，由于在此道的卓越才华，他成为那个时代润笔赏金最高的撰写者。刘禹锡曾在《祭韩吏部文》里说韩愈“公鼎侯碑，志隧表阡，一字之价，辇金如山”。

这是韩愈东都之行的意外收获——在洛阳的日子里，韩愈为此发了一笔小小的横财。

这一天，有一个叫刘叉的陌生人来找韩愈。

门房把具状报上来的时候，韩愈正在与皇甫湜喝茶。皇甫湜见有人求见，写有刘叉字样，就在一旁说道：“我知道这个人，一个大字，就是他了。”

韩愈问：“哪里大？”

皇甫湜说：“人高马大，嘴大心大，大大咧咧。”

韩愈闻听，立马说：“还不快请。”

这就坐在客厅里了。

再看刘叉，果然伟岸不俗。刚坐下吃茶，刘叉从袖中奉上诗作说请教。

韩愈一看，乃是《答孟东野》一诗，诗曰：

酸寒孟夫子，苦爱老叉诗。
生涩有百篇，谓是琼瑶辞。
百篇非所长，忧来豁穷悲。
唯有刚肠铁，百炼不柔亏。
退之何可骂，东野何可欺！
文王已云没，谁顾好爵縻。

生死守一丘，宁计饱与饥。
万事付杯酒，从人笑狂痴！

韩愈笑道：“果然好诗！只是你未曾见过鄙人，为何言‘退之何可骂’？”

刘叉突然说：“能否拿几只麦饼一盘牛肉？我已三日无食，今一吃茶，心慌起来。”

众人这才见刘叉脸色有些异样，额上汗水淋漓。仆人便端上食盘，放到案几上。

刘叉两手并用，一手饼，一手肉，不一会儿便杯盘皆空。这才剔剔牙说道：“诗者如剑客，高手对决，仅风闻，便可拟，再目见，知端的。韩诗高山大川，刘叉诗仅其沟渠而已，学生当然要挨老师詈言了。先生在上，请受刘生一拜！”

说着便俯身叩拜，韩愈忙扶起刘叉。

皇甫湜打趣道：“噫，此乃赌徒也，前日吃酒，输我酒金，说再见奉还。今日却又拜我师门，难不成又想讹先生不成？”

刘叉哈哈笑道：“还真有此意。刘叉替先生靡费，实是为先生着想，先生一字斗金，财乃阿谀墓人所得，会折他阳寿，我替他消化，也会折寿，但刘叉贱命，不怕损寿。”

正在说笑，门房又报，说是一妇人求见，妇人丈夫姓张，曾在阳山时追随过先生左右。

见面一搭话，方知是某县令之妻。韩愈曾与其丈夫因言获迁，在南方共患难过一段岁月，县令以弟子礼事韩，是个忠义孝悌之人。韩愈后来量移，二人就此分别。不想县令后来在北归时病殁。

妇人说：“官人死前交代奴家，一定要找到韩大人，替他行弟子礼。”说着含泪跪拜于堂下。

韩愈也伤心不已。

妇人又说："官人平生所志，生做先生学生，死能得先生一纸祭文。可谓三生有幸……"说着，将一包润金拿出，置于案头。

韩愈脸色凝重，把润金从案头还给妇人。

妇人不接，韩愈立目说："我与友好故旧，从不收润金。贤弟视我如兄长，我岂肯负义耶？三天之后，铭文可就，我让仆从送至弟妹下榻驿馆就是……"

妇人千恩万谢辞去。

刘叉、皇甫湜无意间看到眼前一幕，不禁称赞不已。

刘叉乃彭城人氏，自称"自问彭城子，何人授汝颠。酒肠宽似海，诗胆大如天"。因使酒杀人，一度被捕下狱。顺宗大赦时始被放出，流落齐鲁，始习诗读书。听闻韩愈文名，便步行汴洛，投奔而来。对这样一个唐代的"失足青年"，韩愈待之甚厚。刘叉颇有诗才，虽为后学，却能后来直上。李商隐曾在《刘叉传》中说："右一人字叉，不知其所来。在魏，与焦濛、闾冰、田滂善。任气重义，大躯，有膂力。常出入市井，杀牛击犬豕，罗网鸟雀。抑或时因酒杀人，变姓名遁去。会赦得出。后流入齐、鲁，始读书，能为歌诗。然恃其故时所为，辄不能俯仰贵人。穿屐破衣，从寻常人乞丐酒食为活。闻韩愈善接天下士，步行归之。既至，赋《冰柱》《雪车》二诗，一旦居卢仝、孟郊之上。樊宗师以文自任，见叉拜之……"其诗入《全唐诗》二十七首。后因与人使气，仍回齐鲁，走时果"持愈金数斤去"，而寿终于三十九岁，似果有折寿之说。此乃后话。

皇甫湜乃浙江淳安人，元和元年（806）进士。后擢贤良方正直言极谏科。此人天性率真，急公好义，与友常有使酒之好，做江湖之游。宰相李逢吉看中了刘禹锡一小妾，千方百计攫为己有，刘禹锡只能忍气吞声。皇甫湜在酒宴偶遇小妾，佯装不知易人，讥言讽之，使李尴尬，因而恶之。皇甫湜曾为韩愈私友裴度手下判官。裴度修福先寺，欲立碑，求文于白居易，皇甫湜怒而进言："我就在阁下眼前，为何舍近求远?”裴度问之，皇甫湜大言曰：“没看过我写的《顾况集序》吗?天下有名。”裴度允之，皇甫湜请酒豪饮，于酣中援笔立就。裴度赠以宝马香车缯彩器玩厚重为谢。不意皇甫湜大怒曰：“谁都知道我的润格价位，一个字三匹丝缎，此碑三千余字，为何薄我如此?其辞三千，每字三缗，一文钱也不能少!”裴度闻报大笑道：“真乃不羁之才也。”立遣人送绢九千七百六十二匹，合数三千二百五十四字。皇甫湜领之毫无愧色。皇甫湜性情急褊，教子诵诗，一字念错，便呼杖而击，杖犹不及，便相扑子臂，啮之吮血方休。一日蜂蜇手指，大怒，急命邻里小儿呼朋引类，箕帚捣周边蜂巢，且高价收购。待巢聚于庭，命人碎于碾石杵臼之中，绞取汁液，敷其手上，以酬其痛。似这样性情中人，却对韩愈恭敬唯师，一世倾情，终身不移。

皇甫湜此番谒师，原为推荐李贺而来。中途遇刘叉、妇人请墓志文事，顿觉恩师慈悲光明，心中感佩万千。见事毕，便接往叙，又说起李贺之事来。

这就到城东去找李贺。

皇甫湜于前，韩愈在后，二骑在东城百万巷附近旋转复旋转。皇甫湜曾有过李贺的详细地址，但被他遗忘在酒肆中了。

当他说起李贺，先生并不以为然。

于是就拿出他的诗作《金铜仙人辞汉歌》当场吟诵起来：

茂陵刘郎秋风客，夜闻马嘶晓无迹。
画栏桂树悬秋香，三十六宫土花碧。
魏官牵车指千里，东关酸风射眸子。
空将汉月出宫门，忆君清泪如铅水。
衰兰送客咸阳道，天若有情天亦老。
携盘独出月荒凉，渭城已远波声小。

韩愈听到“天若有情天亦老”句时，不禁站立起来，全身战栗。世上竟有这样精辟的诗句，真如仙人所作也，韩愈心想。前些时看北魏墓志，见孝文皇帝之女长乐公主墓铭有“天道无亲”句，当时心弦拨响，心想日后此句可作他用，没想却被李贺捷足先登了。

再问知李贺煞是年轻，不禁感佩至极，大有等不及之慨：“若是古人，吾等或许不知；若是今人，岂有不知之理?”遂决定上门拜访。

七找八寻，终于到了李贺家。

李贺母亲说：“长吉不在家。”说着便让茶。

皇甫湜问：“何时返家?”

李母说：“别人拾荒，他是找诗。找得到就回来得早。”

又问：“长吉爱去哪里?”

李母答：“有时去市井，有时去城郭，有时还去北邙，经常骑一匹老马，肩挎一只锦袋，去浊流处恶禽臭物，见清流则灵修美人。或掠萍踪，掬一簇风角，或觅节杖，拎一袭刍狗，竹月松明渔火两三，也尽括囊中也。回来便三更灯火五更鸡，把囊中拾遇变成诗文，苦吟寒啸，当呕出心乃尔，让人可怜见呀……”

这才想起李贺母亲的身份。

虽是灰暗旧舍，蛛网罗织，若干年前却也曾雕梁画栋过。往上数三代，李贺祖上曾是皇宗室大郑王亮。父晋肃，曾任边府从事、陕县令。母亲郑氏，乃荥阳郑姓，与韩愈嫂母同姓同族，贵族人家，琴棋诗画，当然与众不同。想想李贺的卓尔不凡，似乎能在其母身上找出答案。

正说到这里，院外有所动静。原来是李贺回来了。

皇甫湜立马迎上去，给李贺介绍韩愈。

李贺说：“久仰久仰，请受晚生一拜。”

韩愈忙执手相携，说：“幸会幸会，退之前来就学来了!”

刚坐定，李贺就从锦囊里取出一纸诗草，说：“适才见到门外高马宝车，知是官家来人，即刻赋诗一首，恳请先生教导。”

说着，当众朗诵《高轩过》一诗：

华裾织翠青如葱，金环压辔摇玲珑。
马蹄隐耳声隆隆，入门下马气如虹。
云是东京才子，文章巨公。
二十八宿罗心胸，元精耿耿贯当中，
殿前作赋声摩空，笔补造化天无功。
庞眉书客感秋蓬，谁知死草生华风，
我今垂翅附冥鸿，他日不羞蛇作龙。

韩愈听完击掌赞叹：“天有电光，诗有七步，谓之快矣，不想还有更快之人，门外吹雪，门内即雨，瞬间诗成，鬼才李贺也！”

又索诗再读。

读《猛虎行》《老夫采玉歌》《梦天》《致酒行》，等等。当诵至“我有迷魂招不得，雄鸡一唱天下白。少年心事当拿云，谁念幽寒坐呜呃”时，天色果然黑暗起来，附近鸡鸣寺的钟声都有些颤抖了。

听李贺母亲讲，李父死后，家道清贫，只是长吉早慧，七岁能诗，十几岁唱乐府红遍东都，天生奇才，自认可造，都把希望寄托在长吉身上。前年参加府试，长吉名列榜首，没想去京都参加进士考时却被人无端阻挠，排挤出局。

“这是为何？”韩愈有些不解。

母亲叹气说：“李贺父亲叫晋肃，似‘晋’与‘进’同音，他们说应该避家讳，子不应参试。便以此为由，阻止长吉西去。”

韩愈大光其火：“荒唐之尤！我当奔走呼吁，争取给长吉一个光明的前程！”

于是回国子监写了《讳辩》一文。

韩愈在文中写道："父名晋肃，儿子不得考进士，倘父亲名仁，儿子就不能做人吗？我们远慕周礼，岂知周公之例吗？周公之父叫姬昌，而他的哥哥就叫姬发，周公不是写过'克昌厥后''骏发而私'这样的诗句吗？他不是也没避家讳吗？孔子至圣，他的母亲叫征在，他不是也写过'宋不足征'和'某在斯'这样的话吗？曾参至孝，父亲晳，他也说过'昔者吾友'这样的话，他们不是都没避家讳吗？本朝高祖皇帝祖父名虎，太宗皇帝名世民，大臣奏疏时，谁避讳'浒'与'势'呢？人为构陷，画地为牢，怎么能有利于人才的成长呢？"

在东都的日子里，"爱才"与"荐才"成为韩愈生活的一部分。他的身边也由此聚集了诸多文士骚客，除了皇甫湜、刘叉、李贺外，还有樊宗师、石洪、温造、卢仝和贾岛等人。他们才华横溢风流倜傥，长吟短唱啸歌自适，在洛水邙山间快乐轰鸣，装点出那个时代既寂寞又绚丽的风景。

贾岛，字浪仙，范阳幽都（今北京房山）人。年龄比韩愈小十一岁。贾岛少小出家，法名无本。贾岛出家的寺庙后来称之贾岛寺，在今河北省定兴县。

贾岛决意从事文学似在元和四年（809），此时韩愈已由权知改任正式国子监博士。贾岛从幽燕来到长安，先是追随孟郊，因为爱孟郊又瘦又硬的诗风。但孟郊告诉他，你喜欢我，实际上是喜欢自己。咱们俩太像了。贾岛说，一僧一儒，一南一北，曷像也？不尽然。孟郊说，诗像也，神似也。譬如都善用穷、苦、寒、瘦、离、秋、冷、悲、荒、泪、哭、死、清、绝、奇、险等字，活脱一对苦吟诗人也。我说"瘦僧卧冰凌，嘲咏含金痍"，你言"吟苦相思处，天寒水急流"；我言"南士愁多病，北人悲去家"，你说"欲知强健否，病鹤未离群"。

贾岛笑道："余赋诗一首，看诗中有无这些字眼？"

便有《投孟郊》一首：

月中有孤芳，天下聆薰风。
江南有高唱，海北初来通。
容飘清冷余，自蕴襟抱中。
止息乃流溢，推寻却冥蒙。
我知雪山子，谒彼偈句空。
必竟获所实，尔焉遂深衷。
录之孤灯前，犹恨百首终。
一吟动狂机，万疾辞顽躬。
生平面未交，永夕梦辄同。
叙诘谁君师，讵言无吾宗。
余求履其迹，君曰可但攻。
啜波肠易饱，揖险神难从。
前岁曾入洛，差池阻从龙。
萍家复从赵，云思长萦萦。
嵩海每可诣，长途追再穷。
愿倾肺肠事，尽入焦梧桐。

果然有“清”“冷”“恨”“穷”字眼，二人不禁抚诗大笑。

孟郊说：“好一个清冷恨穷！犹从浮屠到诗界也，一个是清冷，一个是恨穷，均是潦倒困贫之状也。说到底，还是要走韩退之之路，由僧至儒方是根本。你应该去洛阳拜他为师！”

这就来到了洛阳。

这个时候，韩愈已为国子博士制授尚书都官员外郎，分司东都。

韩愈厚爱贾岛，如对孟郊。

贾岛有想入非非的毛病。他是个很唯心的诗者。作诗的时候，他的眼睛、鼻子、嘴巴、耳朵都处于闭塞状态，只有心灵在运动。即使他在行进，在游赏，在劳作，他都如在梦中。梦中在跑，腿却不动；梦中在飞，却无翅膀；梦中爱人，却无情侣。尽管山川湖海映目，雨水披淋日月朗照，但却能五蕴皆空，无味无色。尽管如此，看似石木，静若处子，其内却波涛汹涌，心思一刻不停。

这一日，贾岛在“独行潭底影”此句后，终于捕捉到“数息树边身”这个让他满意的诗句。此句工整优美，与上句相谐对仗，堪称绝对，这使他欣喜若狂。他在此句下注曰：“二句三年得，一吟双泪流。知音如不赏，归卧故山秋。”

皇甫湜看了发问：“真是二句三年得吗？”

韩愈说：“问这话的是个傻子。”

贾岛说：“他不是傻子，真的是三年时间得了两句诗。”

刘叉说：“三年打鱼，三年结网，最后一天才去捕鱼，此谓二句三年得也。”

又问：“一吟双泪流，真哭了吗？”

韩愈说：“我相信是真的。”

皇甫湜说：“谁相信，谁是傻子。”

刘叉说：“我相信是真的。”

贾岛说：“确实是真的。”

皇甫湜说：“我也相信是真的。”

韩愈说：“唯真诗人才傻瓜。”

又一日，贾岛得诗句曰：“鸟宿池边树，僧推月下门。”但转念一想，人不是鸟，鸟栖无声，人岂如鸟？不妨用一个“敲”字，可与上句形成反差，一静一动，惊醒画面。但又一想，何僧也？深夜推门，犹是佛家，浮屠如归，推门而进，如入家门。而换为敲，已是两方世界，惊醒俗界，似乎不妥。正犹豫间，驴子受惊，尥蹶子就跑，竟连闯三道关卡，一直到府邸门前方住。但贾岛仍沉浸在诗句里不能自拔，自言自语曰：“推耶？敲耶？”韩愈立于阶上，见状笑道：“敲字佳矣！”贾岛方醒，见韩师久候府邸良久，甚觉愧怍，再复念诗句，果然是敲字妥帖，从此便定为："鸟宿池边树，僧敲月下门。"

又有"秋风生渭水，落叶满长安"句，后一句得时恰值某官僚出巡，正旌旗猎猎前呼后拥之时，斜刺里冲出一匹瘦驴，驮着歪脖行僧正望天发呆，谁知那蹇驴颇识官体，见一骑领先，便兀自跟上并銮而行。官僚便问来者："你是何人?"贾岛看一阵风过，大树飘零，黄叶可扫，便脱口而出："落叶满长安。"官僚见此人行止，半嗔半痴，便着人拿下，"系一夕而释之"。

与李贺同，贾岛也有一囊，只是无锦，乃范阳老家土布所织。李贺乃贵族人家，锦袋乃父亲遗物，虽家道中落，然举手投足，仍有袍笏余响。而贾岛乃范阳大山乡人，唯有葛巾麻衣明月当怀。但囊中都装风物和诗，这是二人的共同点。只是李贺是宵清旦结，每日盘点，而贾岛是每年年终开囊释怀，把当年诗罗于案，插上香，摆酒脯，一首首念罢，然后点燃，焚于火，说费我时日，劳我精神，追于天地，以是补之。谓之祭诗。

只是这一年（元和四年年终，公元 810 年 2 月 7 日），贾岛祭诗的地点是在洛阳，祭诗的时候，不再是孤单一人。

韩愈与皇甫湜接待了贾岛。皇甫湜说："先生本来想让你住在他的官邸，但现在人委实太多了，除了他们一大家子近四十口人之外，还住着刘叉、张籍、樊宗师。先生说，让你住在福先寺好吧。住下后，可先去龙门游玩，下午再回即可。"说话时颇为诡秘。贾岛依言而行。下午回来，但见门上贴有"韩愈、皇甫湜来访诗者贾岛未遇"字样，游人见此屋主人竟与大文学家韩愈、皇甫湜相熟，竞相奔告，一时如堵，纷纷索诗献敬，使贾岛名声大噪，很快成了东都诗界的当红诗人。

祭诗那天，张籍、李贺、皇甫湜、卢仝、樊宗师、刘叉在韩愈约请下为贾岛送行。更巧的是，元稹也加入了这天祭诗之会中。

福先寺内一净处，青松白雪，红烛香灯，祭诗开始。韩愈主持，说出主题诗：日日攻诗亦自强，尔后供应在名场。今年祭诗，意在告别，也意在开始。此后无本偏向经儒，有心仕进，兹诵囊中锦绣，以壮行色吧！说完兀自击掌。

皇甫湜会意，从囊中取出《寻隐者不遇》高声朗诵道：

松下问童子，言师采药去。
只在此山中，云深不知处。

贾岛念了一首《忆江上吴处士》：

闽国扬帆去，蟾蜍亏复圆。
秋风生渭水，落叶满长安。
此地聚会夕，当时雷雨寒。
兰桡殊未返，消息海云端。

刘叉用齐鲁口音低声吟哦《剑客》道：

十年磨一剑，霜刃未曾试。
今日把示君，谁有不平事？

众人击缶鼓噪叫好。

然刘叉说："此诗与我的《经战地》似有雷同，不知是无本兄看我在先，还是我看《剑客》在先。"说着，便朗声吟诵《经战地》来：

杀气不上天，阴风吹雨血。
冤魂不入地，髑髅哭沙月。
人命固有常，此地何夭折？

众人也一样叫好。皇甫湜却道："这就是刘叉的不是了。这两首诗，虽都骇人，但一是杀人前，一是杀人后，各不相扰，岂有雷同处？该罚该罚！"

罚刘叉当场再赋诗一首。

刘叉略一思索，提笔写出《偶书》题目，然后一挥而就：

日出扶桑一丈高，人间万事细如毛。
野夫怒见不平事，磨损胸中万古刀。

不平之音竟随声而赋，且摄人心魄，让人不寒而栗，这也是诗之力量吧！

众人也来捧场。樊宗师以文献祭，拿出《绛守居园池记》口诵，唏嘘呜呼，佶屈聱牙，听得人一头雾水。樊宗师自称南阳人，实则河中人。官宦子弟，豪富人家，仗义疏财散万贯，为文不袭前人。他为文主张不用前典熟语，只为时造，必出胸臆，于是瘁心竭力，不蹈前人。但这种文字试验只受到韩愈嘉许，韩愈说他"于辞于声天得也，在众若无能者"，然而其文命里注定只能是和者寥寥。有人曾评《绛守居园池记》曰："黑石镌辞涩如棘，今昔往来人不识。酸睛欲抉无声形，既不可问不可听。"

樊宗师念完了，面目赤红，大汗淋淋，众人也叫一声好。

尤其是皇甫湜，他对这一路奇涩险文，尤为心仪。他写的文章，倘若你说好，他不以为然；你若说看不懂，他比听你说好还受用；倘你说月余仍不能句读，那他就更为之雀跃了，于他简直就是最高的奖赏。

樊宗师听见大家说好，心里也不快活。他要的效果是听完以后鸦雀无声。"穷荒搜幽入有无，一语诘曲百盘纡"，如果大家都说好，说明自己"穷荒搜幽"白忙活了。眼前均是进士、博学宏词出身的鸿儒，如果他们听后面面相觑，然后由自己或是退之兄出面辅而导之，那就不枉此文了。但想想，目下诸人，皆为一时文俊，要难住他们，颇难，只能尔后努力了。

于是，也将文稿焚而烧之。

元稹时任东都监察御史，他是个爱热闹的人，见友兴致正浓，便将刚写的《辛夷花》以诵：

问君辛夷花，君言已斑驳。
不畏辛夷不烂开，顾我筋骸官束缚。
缚遣推囚名御史，狼藉囚徒满田地。
明日不推缘国忌，依前不得花前醉。
韩员外家好辛夷，开时乞取三两枝。
折枝为赠君莫惜，纵君不折风亦吹。

所说韩员外，就是韩愈，斯时正任都官员外郎。元稹与白居易诗风相近，一个淡雅、一个绮丽，一个轻盈、一个灵巧，后人归之于“元白诗派”。元稹一到东都，便去韩愈府上拜看，适逢辛夷花开，便向韩愈求之，于是便赋诗一首以记友情。元稹风流，此时正得新娇韦丛，所折之花是否赠予美人？

此诗在雪白的背景化为蛱蝶，轻烟飞舞，像是浪漫的爱情在舞蹈。

祭诗已到半程，卢仝才姗姗而至。卢仝刚得一子，正手忙脚乱，即席忙说我也作诗一首，献而焚之，祈福祈福。

当即口占一诗：

不知四体正困惫，泥人啼哭声呀呀。
忽来案上翻墨汁，涂抹诗书如老鸦。
父怜母惜掴不得，却生痴笑令人嗟。

这次众人是真笑，哈哈笑作一团。

卢仝以怪诗著称，韩愈待之以友，称之为“玉川子”。其代表作《与马异结交诗》可见其怪：“……天不容，地不受，日月不敢偷照耀。神农画八卦，凿破天心胸。女娲本是伏羲妇，恐天怒。捣炼五色石，引日月之针，五星之缕，把天补。补了三日不肯归婿家，走向日中放老鸦。月里栽桂养蛤蟆。天公发怒罚龙蛇……罚神农为牛头，令载元气车。……”朱熹称其“句语虽险怪，意思亦自有混成气象”。而其怪诞，实则有前瞻之意，当今人捧读其诗，谁能不说它是一首真正意义上的“意识流”作品呢？

每个诗人均粉墨登场，既是对自己劳作的奖赏，又是对以往的告别，更是对未来的希冀。

祭诗成了一场别开生面的诗会。

韩愈也作诗一首给贾岛，对其诗作表示肯定——

送无本师归范阳

无本于为文，身大不及胆。吾尝示之难，勇往无不敢。蛟龙弄角牙，造次欲手揽。众鬼囚大幽，下觑袭玄窞。天阳熙四海，注视首不颔。鲸鹏相摩窣，两举快一啖。夫岂能必然，固已谢黯黮。狂词肆滂葩，低昂见舒惨。奸穷怪变得，往往造平澹。蜂蝉碎锦缬，绿池披菡萏。芝英擢荒榛，孤翮起连菼。家住幽都远，未识气先感。来寻吾何能，无殊嗜昌歜。始见洛阳春，桃枝缀红糁。遂来长安里，时卦转习坎。老懒无斗心，久不事铅椠。欲以金帛酬，举室常颇颔。念当委我去，雪霜刻以憯。狞飙搅空衢，天地与顿撼。勉率吐歌诗，慰女别后览。

众星辉耀出河洛，韩愈说。他对祭诗做了总结发言。他说他喜欢众星闪耀，喜欢每颗星星闪烁时的不同姿态。

在韩愈周围，著名的“元和体”就这样轻盈开放。唐人李肇《唐国史补》云：“元和以后，为文笔则学奇诡于韩愈，学苦涩于樊宗师，歌行则学流荡于张籍，诗章则学矫激于孟郊，学浅切于白居易，学淫靡于元稹，俱名为‘元和体’。大抵天宝之风尚党，大历之风尚浮，贞元之风尚荡，元和之风尚怪也。”

虽然是众诗友创造了“元和体”，但韩愈却是公认的文学领袖。而另一方面，“元和体”还包括古文运动的写作实践和写作实验。它们都是古文运动这棵大树上娇艳的奇葩。

第九章

若说绯色，元稹当时才是七品，绯色要五品才能得之。看来唯一的办法还是活在我的诗歌里吧。这是一条河流的两岸，彼岸和此岸，它们彼此观望，彼此争执，又彼此存在

嘟一声，一个信息蹦了出来。

一个朋友在微信中说，今天是六月十六日，乃陈寅恪先生与夫人归葬庐山植物园纪念日，他受陈先生女儿之邀参加祭祀活动，并把现场照片三帧发来以证所言非虚。我将照片在手机上放大，细细品读刻在墓侧石头上的先生铭文：“独立之精神，自由之思想。”

这是黄永玉先生的书法。潇洒，率真，极富个性。但活泼有余，沉郁不足。因这铭文太过沉重饱满，苍茫辽阔，让一个快乐人生为主调的人去书写，似乎承担不起一代文人之襟抱。

朋友乃影视圈中剧作家之翘楚。当年我有《最后的大师》在北京十月文艺出版社出版，写了清华园中物理学奠基人叶企孙先生的一生，文中牵出其好友吴宓、陈寅恪等故人旧事，逸笔草草，令人唏嘘。有影视界戴姓朋友，看后感慨系之，自费买书若干，将此书一一送至京城写剧大腕刘恒、刘和平等凡数十人，企想由书成影，以飨国人。后来与朋友不期而遇，谈起《最后的大师》，陈寅恪先生就成了我们共同的话题。朋友乃湘人族谱，常以乡怀视念先生，同时对先生“独立之精神，自由之思想”甚是服膺，认为应是一代知识分子之精神风标。

这就有了庐山发来的信息。

笔者正察端讯末，忽听身后有人窃笑，回头一看，原来是老先生正引颈看着手机屏幕。

“何为独立之精神？何为自由之思想？”老人讪笑起

来，“只一片言章句，似乎有些大惊小怪。吾年十三，便学逍遥游，岂不是独立之精神？又洞庭吟月湘江击水，能说不是自由之思想？我们唐人孩提之戏，何时到了如今，竟成尔等可望而不可即之理想目标？汝说说看，吾之笑，有没有几分道理？”

老先生摇头晃脑迈着四方步走我跟前，瞪眼看人，等我发话。

我忙起身躬迎先生落座，将泡好的龙井奉上，见他低头啜饮，便浅笑以答：“此一时，彼一时也。可谓昔时西江月，今日钗头凤，同一种东西，若走过了时间，便物是人非了。”

老先生蹙眉道：“汝是说吾老糊涂了吗？”

我忙摆手作揖赔笑说：“哪跟哪呀，我是说这不用释解，等把话说完，您老人家自然明白。”

老先生疑惑不解道：“吾真有这么厉害吗？”

我忍俊不禁，向老人竖起大拇指：“天赋异禀，没有办法，谁也奈何您不得。”

老先生也乐成一团。

等舒展了身子，哧哧笑问：“那寅恪公乃何方神圣，是否也如国子监人物？”

我就趁机将陈寅恪先生的履历表背了一通，虽说是有一说一，却有轻重之分，我着重将他十二岁之后出国游学欧美几十个国家，通晓二十二种语言，虽然是官宦子弟，却不求功名，不慕虚荣，在清华园国学研究院任职教授，被时人称之为“教授中的教授”，云云。暗中有意无意与老先生比附，意思是强中更有强中手，青出于蓝而胜于蓝。

老先生是个喜形于色之人，听我说话，时而沉静，时而亢扬，时而低语，时而啸吟。当我说到陈寅恪曾在柏林大学读书，休假去瑞士滑雪时读过德语版的《资本论》时，老先生以手覆额道，快哉也！吾当年有《南山诗》曰：吾闻京城南，兹惟群山囿。东西两际海，巨细难悉究。俺只知西去千万里，陆沉波涛中，没想到寅恪公竟越洋跋涉，西去那么多国家，仅车船便利这一点，吾辈就难及也。更有踏雪赏梅秉烛夜读故事。美也哉，快也哉！但也着实让人不解，此公会二十余种外国语，却要读《资本论》，资本资本，不就是亦资亦本吗？难道文人风标就是要边治学边做生意吗？有奇货可居，加上二十余种语言，此人怕是要富可敌国喽，只是这样一来，华夏读书人的重文轻商、重义轻利传统可就断了气脉。当我说到陈寅恪国学底蕴深厚，“四书五经”任意寻章摘句，只要说出上言，他便立时读出下语，且能道出不同版本的差异优劣，爪哇国和暹罗国的不同释解。老先生听得两眼放光，不住点头激赞曰：博闻强记，代有奇人。当我说起新中国成立后，郭沫若几次邀陈寅恪北上长历史研究所，但陈寅恪不为所动，拒绝任职。老先生打断话说：不为五斗米折腰，乃文人气节也。不过，既然当了教习，与赋闲并不一样，五十步笑百步，实乃一个意思，去翰林院当个弼马温一样的官，无伤大雅的。要吾去选，我是要当的。我指着先生笑他说，唐代之后，宋元明清至今，历代有人攻讦先生，说先生是个官迷，今天得到了验证。老先生白我一眼道，小毛孩子，懂得什么？又示意我往下讲。我便接着说道，郭沫若见陈不应，便又催得更甚，陈先生火了，对前来做他工作的人说，你不是我的学生！你若是我的学生，就应该知道，1929年我在王国维先生墓碑上写的“独立之精神，自由之思想”，这句话至今没有变，它就是我作为一个学者的行为准则，当然也是我不愿北上的态度。那通石碑，你可以告知郭先生，它就立在清华园工字厅前，是梁思成先生设计、马衡先生篆额、林志钧先生书丹，祭文由我完成。当时是三民主义时代，作为那个时代的学术主张，我写了“独立之精神，自由之思想”这句话。后来这句铭文不胫而走，成了求学治学者们的心声。我至今仍坚持这个学术理念。我是搞东方学的，研究东亚各国的历史文化，不能用政治概念解释一切，更不能宗奉政治决定论，这是形而上学。当然，我并不排斥且乐于接受世界上的先进思想为我所用，要不我不会认真通读马克思的《资本论》，我不反对社会主义。但我仍坚信，一个学者只有坚持独立精神自由思想才能廓清历史迷雾，才能拂尘去芜获得真知。郭沫若若不同意我的主张，那就请他重写王国维碑文好了！他可以磨掉碑文，学段文昌再写平淮碑，那我就学韩愈，坚持原文，宁折不弯！

我似乎有些激动，声音在客厅嗡嗡回响。

老先生突兀听到自己的名字，有些愕然。半晌似才回过神来，两手一摊说：“怎么又扯到俺的身上了？”

我打趣道：“先生尝以传道者自居，‘尧以是传之舜，舜以是传之禹，禹以是传之汤，汤以是传之文、武、周公，文、武、周公传之孟轲。轲之死，不得其传焉。荀与扬也，择焉而不精，语焉而不详。于是天降大任于先生也，自唐以来，先生提出‘文以明道’之用，风姿卓然，迤逦至今。即使后世有程朱理学，新提‘文以载道’，溯其本，求其源，盖是先生浩瀚大水之分流也（有故意夸饰让老人受用之嫌）。正如古人所言，圣人之道，不过乎求用。用之生前，则一时可知也；用于死后，则百世可知也（皮日休《请韩文公配飨太学书》），‘文中之道，旷百祀而得室授者，唯昌黎文公焉’。（《皮子文薮》卷九）先生堪称百代文宗，当实至名归也。”

老先生神色庄重起来，两只手相握一起，诚挚问道：“此话当真？今人果有此定名吗？”

看老先生正色，我为刚才的轻薄而羞愧。

我点点头，正视着老先生说：“先生在学界的影响力百代不绝。据我所知，陈寅恪先生因致力授学，又因眼疾，惜字如金，少有研究古代历史人物之著，但他却写了两个人，一女一男，男人就是老先生您。”

老先生一听来了兴致，凝滞之色褪去，忙不迭问道：“那个女人是谁？绝代佳人吧？快说来听听。”

“美色自不必说，却是江南才女，人称秦淮八艳之首柳如是也。此乃明末清初人物，出身卑微，乃‘婉娈倚门之少女，绸缪鼓瑟之小妇’，而这样一个青楼歌妓，在明代倾亡家仇国恨面前，堪称‘女侠名姝’‘文宗国士’。王国维诗赞曰：幅巾道服自权奇，兄弟相呼竟不疑。莫怪女儿太唐突，蓟门朝士几须眉？在气节和操守面前，明人士大夫几不如青楼女！而陈寅恪就是从这个卑贱者身上，检索出我们民族争取独立自由之思想精神的文化渊薮，慨当以歌，著文以记！”

老先生颔首以赞道：“这就对了！文章合该这样写，往肯綮处着力，往主旨上延展，旗鼓相应，首尾相携，能将青楼女子写出至高至上之品格，且察端讯末，爬梳出儒家纹理，这就是修身齐家治国平天下之范式，这就是传道授业解惑之真谛，我有些喜欢寅恪公啦！”

说着兴奋起来，在客厅间拈须踱步，时而喃喃自语，时而低头冥想，沉浸到另一个世界去了。

我啜口水，润润喉咙，话说多了，嗓子有些发干。

我知道老先生有话要说。我在等他说话。他是个说话要站上风头的人，刚才话里埋下的话头，他会一一捡拾起来。

果然，老先生转头走过来，我起身将茶杯递上，他“滋”一口喝了，看着我的眼睛说：“要不要听听老辈人的心里话？”

“当然。小辈求之不得，请先生赐教。”

我向老先生作揖。

孔子曰，学而优则仕。这句话的表面意思似乎一目了然，就是说仕而优则学，学而优则仕，训仕为入官。因此，依圣人言，学子想当官如士兵想当将军样皆是荣耀之事，没有辱没斯文，为何犹抱琵琶半遮面呢？这就是吾从不讳言想当官的初衷。另外，“学而优”不仅仅是学堂之优，还是学人之优，学庙廊学朝野学社会之优，当然，也不仅仅限于学儒学之优，重点是爱学且优。这样的学且优之人，总比那些不学无术权贵世袭卖官鬻爵之流好上许多吧？殊不知，何为滥竽充数？数乃有数，县州官数历历可数，尔兀自谦让，实际上是放弃了襟抱，又给不称之人以机会。从私而少了俸禄，有家齐不得，连家都顾不了之人，何以济天下？从公而言，既不拯人于水火，又不拒敌于国门，只图自己清隐山林遁迹空门，敝帚自珍，难称大丈夫之为也！寅恪公若去长史所，怕是要比岭南一隅影响大许多吧？当然，寅恪公之举似有更大深意，这是一般人难以企及的。这就是他要学柳如是，以自己的亲身践行他的那句铭文：独立之精神，自由之思想。以他的学术领袖之影响力，四海传扬，又比他长史所作用大出许多，这是他深思熟虑之结果。由此又引出另一命题，这就是“纸上得来终觉浅，绝知此事要躬行”。

我笑道，这是宋人陆游之语。

老先生笑复说，向晚生后学学习，也是俺的独门秘籍。那陆游还说，“王师北定中原日，家祭无忘告乃翁”。祭祀要烧纸燃烛，皆写就倾情裂心肺腑之言，腾烟火举，就是广而告之，于是历代兴衰人间哀痛便萦绕心间。对学且优之人，学习倒更是便当了。

我扶老先生重新坐定，恭敬说道：“所谓躬行，就是身体力行的意思，有人将其学术化，又谓知行合一”。

老先生接过话问：“知行合一是何人所说？”

“乃明人王阳明先生所言。他认为‘仁者以天地万物为一体’，欲明明德于天下，必须亲民，必须实践，必须见于事功。也就是说必须知行合一。”

我用讲座的口吻朗朗说道。

老先生接话：此话题扯出明明德几字，可知“文以明道”最早是由谁提出？是鄙人与柳子厚兄所提也。此乃传道命题所由，也是研讨何以明明德也。由此延之，才有之后的宋明道学。我附之曰：冯友兰先生也说过，真可为宋明道学家先驱之人，当推韩愈。陈寅恪先生在《论韩愈》中极赞先生之功有六：一、建立道统，论明传授之渊源；二、直指人伦，扫除章句之烦琐；三、排斥佛老，匡救政俗之弊害；四、呵诋释迦，申明夷夏之大防；五、改进文体，广收宣传之效用；六、奖掖后进，期望学说之流传。陈寅恪先生尤其赞佩先生之人格，在皇室沉迷佛教、僧侣与民争利、满朝文武无不噤声时敢于说不，其特立独行之风姿跃然纸上，使那些说其人品有亏者立时成为笑谈，这也是独立精神自由思想最早的古代版本。先生在建立道统上更是厥功至伟，后世宋明之哲学思想人物，其枝其蔓多与先生这棵大树相接相连。先生呵呵一笑：此话言重了，吾韩愈几为人称道，盖因俺专注表里一致，说到做到就是了。这就是你们说的知行合一吧！俗话说，说话容易做事难，吾要说知也难行也难，合成一处就不难，这就是说，应把知和行看成一件东西，是一个事物的两个方面，若只顾彼而失去此，就不成体统。比如元和十四年俺谏佛骨贬潮州，有《左迁至蓝关示侄孙湘》诗，首联“一封朝奏九重天，夕贬潮州路八千”。这就是说，你晨起还在襄助天子出令，黄昏就已奔赴行动，走在执行王化的路上了。对一个以传道为主旨的人来说，不管是庙堂还是江湖，不管是天上还是人间，几乎没有区别，他依然会一意孤行。我接话道：诗中有“知汝远来应有意，好收吾骨瘴江边”，南宋人胡仔在其《苕溪渔隐丛话前集》中评价道：韩退之，唐之文士也，正色立朝，抗疏谏佛骨，疑若杀身成仁者。一经窜谪，则忧愁无聊，概见于诗词。由此论之，则东坡所养，过退之远矣。此人将先生与苏东坡平行比较，说都是贬迁，苏东坡去海南儋州，置家罗浮山下，插竹而居，日食芋蔬，然仍不减浩然之气，每日吟诗作对，皆精深华妙，不见衰怀悲观之意。知道为什么吗？凡人能处忧患，盖在其平日胸中所养。而韩退之缺少苏东坡之襟怀抱负，所以与东坡比就相去甚远。看到这里令人笑喷。文人作文，千万不要强说愁，千万不要强出头，千万不要无病吟，千万不要见识蠢。你想苏东坡是去过潮州的，且是写过韩愈碑文的。他见过韩山韩水韩林，见识过一个左迁不到一年便能改变山河的人，一个能移风易俗促明化文的人，其人为文堪称师表，行为可为楷模，这样的退之先生，你说他缺少襟怀，说他远不如东坡，若苏东坡地下有知，他情何以堪？你是骂他还是夸他？先生摆摆手说，不必烦恼，人无完人，金无足赤，让人说又何妨？吾给你说的知行合一的深意就在这里，口动不如手动，心动不如行动，文人之能不仅仅是口舌逞辩，重要的是一看行动二看事功。说这话的时候，我倏忽想起作家朋友张胜友。一次出差，我与他在车上闲聊，是那种无所事事，有一搭无一搭漫无边际的闲聊。聊着聊着，他突兀一声长叹。我笑问，老兄还有什么不满意呢？文章写得那么好，天下谁人不识君？若说做官，也坐到了作家协会书记处书记位置上，也算地厅级干部，古时叫州官，再努努劲就是省部大员，到这个份上，若在古代，也该给你树碑立传了。胜友兄笑笑说，我说的就是这事。古代文人爱说功名，其义并不仅仅是科举金榜题名之功，还有事功一说，而且这个功要比科举之功大出许多，要不士人有说圣人之三不朽，曰“立德立功立言”，立功排在立言之前，这就是功名之说的缘由。在古代，学而优则仕，科举下来，便是县官州官，所辖之地，山河错落，人间烟火，无所不管。老百姓的柴米油盐酱醋茶，哪一件缺了都比你书页上的营生事情大，所以，这事功之举与立言之事紧密相连，目标明确又具体。如今之文人，譬如这作家协会，从县市省至国家，一级一级，都占编制，科处厅部，一级比一级官大，然而却都是虚职，似这种现象，古之少见！文人要想真正功德圆满，却没有施展拳脚的场地，没有建功立业的地方。古代文人中以文留名者居多，但若论能文又有事功加持者，却少之又少，比如韩愈之与潮洲之韩江，柳子厚之与柳州，这些就是他们当年所干事功刻下的行迹，他们才是文人中之大不朽者！所以，自韩愈以来，他用自己的行动和事功业果，重新定义了文人的顶级标准，像围棋段位一样，他才是九段里的九段。这样的文人，老百姓能不喜爱？桃李无言，下自成蹊，老百姓不会如文人样叽叽喳喳，花拳绣腿，莫衷一是，但他们会把你的名字刻在山河大地上！想想我们今天的作家们，谁人能干到他们这个份上？

唉！

我也唉声叹气起来。

老先生看出我的沮丧，为平复心情，便又把话题扯过来，谈起陈寅恪的“磨碑说”：当年段文昌是奉旨而作，又重新写了平淮碑，但终因笔力不逮，又着意奉迎，因此并不受人待见。虽然磨掉了吾之碑文，换上了段文，哪知道，我的碑文却不胫而走，南北四方又冒出了诸多“韩碑”，后来皇上接到奏报，也只得一笑了之。可见，如果文章要真是写在了人心上，天王老子也没办法，因为这碑刻在人心上，你再厉害也无法磨掉。因有此遭际，我完全能理解寅恪公的心情，这是一个真文人，大国士！其风骨铮铮，堪超古人也！吾似乎也理解了他所说的

“独立之精神，自由之思想”的深刻含意。

说到这里，嘟一声，又一条信息传来，原来是又一个朋友发来的，我看后，立时心情大好。

我把这条信息里的内容说给老先生听——

陈寅恪先生的铭文“独立之精神，自由之思想”问世于1929年5月27日，因是“三民主义”时代，且是年6月初前三天，乃国父孙中山先生归葬南京紫金山之日，全国公祭，恰与王国维祭日冲突，为避尊者讳，王国维先生纪念碑落成便提前举行了仪式。这句铭文含在祭文里，如珍宝混在珠玑中，雨线夹在雨水里，斯时人们只觉精彩和悲悯，除此之外，并没有引起多少人注意。

这和时代有关。

在一个刚剪辫子的时代，突兀提出“独立”和“自由”，茫然、麻木、不解是大多数，和者甚寡非常正常。

随着时代的进步，水涨船高，于是这句铭文的价值便愈来愈大，及至成了一代学人的精神旗帜。

于是对铭文的解读注者蜂起，提出各种观点条分缕析，多从社会、政治等因素求解追问，论据巧出，旁征博引，然总难妥帖，如一枚打碎的瓷器重新粘合，虽大体如是，却总难严丝合缝浑然如初。

我认为，若要完整准确理解这句话，首先应该回到先生治学和学术的思路上去考量。这就是说，应该先回到先生当年求学的环境去寻找理论出处；再从先生就职环境去寻觅先生在什么样的情状下说的这番话。

关于先生的求学之路，概略言之，自十二岁考取官费留学日本后，直到三十五岁，一直在欧美国家著名大学游学，特别在欧洲诸名校浸润日久。欧洲乃“德莫克拉西 Democracy（民主）”与“赛因斯 Science（科学）”的故乡，他又在具有古典哲学和理性传统的欧洲腹地游学，若要寻找社会学意义上的“独立精神”与“自由思想”的源薮，可谓俯仰皆是。但是陈寅恪斯时已心有所许，他已认定东方学的专业，并且抱定以重建中国文化本体为旨归，此生除走学问学术之路再无他想，所以，社会革命的号角即使在他耳边频频吹彻，他也充耳不闻。我们可以从他留下的诸多读书治学笔记窥得一二（他的门生季羡林看过他的几十本笔记，并统计出先生用了22种外国文字记述），他似乎对社会革命鲜少兴趣。但是，他终究还是用了“独立精神”和“自由思想”来作为他一生的追求，这是为什么呢？

我认为，斯时的陈寅恪遇到了一种令他服膺的新理论。

这个理论的制造者叫巴赫金——米哈伊尔·巴赫金，一个比他还年轻的前苏联文艺理论家。后来，他的对话主义被西方理论界发现和追捧，特别是以语言为中心的批评流派（后结构主义、解构主义、叙事学、符号学，等等）更是趋之若鹜，争为知音，认为巴赫金的对话理论是后工业时代最重要的思想发现，巴赫金无疑是当代最杰出的思想家。只是陈寅恪求学时代，巴赫金才崭露头角，资料显示，他那时的论文和文章多是文化和审美意义上的哲学思考，且多从语言学上切入，很可能是受了他胞兄尼古拉——一个在剑桥教书的语言学家的影响。1929年1月初，巴赫金发表《陀思妥耶夫斯基创作问题》后没几天，便被捕入狱，不久便踏上了长达六年的流放之路。

在陈寅恪读书欧洲时期，巴赫金庞大繁复的对话理论框架已初步形成。在他早期《语言艺术的内容、素材和形式问题》《建立一个行动的哲学》《美学活动中的作者与主角》等文章中，一些令人耳目一新的词语如“差异”“他性”“言谈”“回应性”，等等，已经从日常用语的维度中剥离开来，从而进入巴赫金的叙述模式中飞扬或啸吟。而随着巴赫金以欧洲小说为切入点进行的系统研究，特别是对俄罗斯作家陀思妥耶夫斯基小说的条分缕析，作者与主角、自我与他者、主体与个体、重叠与完整、单调与复调等一系列学术创造井喷般覆盖着20世纪初的欧洲思想界，将其对话主义的大厦填充得结实而丰满。而巴赫金对话主义中最富温情的部分就是人如何在认识自我的过程中建构起自己的主体意识——他把主体的建构看成一种自我与他者的关系，这种关系是在自我与他者的交流、对话过程中，通过对他者的认识和与他者的价值交换而建立起来的。人的主体首先是一个生命存在的事件或进程。存在永远是特殊的、个体的、不可替代的，但同时又是不完整和片面的，只有在各个个体感性的自我存在与他者存在的相互交流、对话、依存中，主体的存在才有可能充分全面地体现。这样，巴赫金的“他者”，便从欧洲传统的二元对立思维模式中走出，在对话的理论旷野中承接天地之灵，获得新的生命能量。巴赫金在阐述主体性问题时，用了一种新的视界和方法来把握个别与普遍、特殊与一般的关系，即感性个体与社会总体的关系，是一种亦此亦彼，你中有我，我中有你，你就是我，我就是你的深度契合关系。这种思维的高度震惊了欧洲思想界，巴赫金之后也因此获得了世界性的声誉。

没有理由怀疑陈寅恪不受巴赫金对话主义的影响，或者说巴赫金因了陈寅恪完善了他的对话理论。因为所谓巴赫金的新视界，实际上来自中国古老的儒道释和阴阳学说。资料显示：巴赫金完成《陀思妥耶夫斯基创作问题》时，正是在列宁格勒，在他的个人传记里，这个时期被称为“列宁格勒小组时期”。巴赫金一生以热爱学习著称，每到一地，都有一个以他为中心的读书小组，其成员职业不等，但大都是颇有建树的哲学及文化艺术人士。巴赫金在列宁格勒时，其读书小组新加入一个叫康拉德的人，其人是俄罗斯东方学专家。或许正是有了康拉德的加入，才玉成了巴赫金的“新视界”。

正是带着这些疑问，我曾发微信给友人求助。

微信内容照录——

志强好！近日突然对巴赫金的对话理论起了兴趣。记得你会俄文，能否上网帮我查一下巴氏在列宁格勒时期其读书小组一个成员康拉德（苏联科学院院士），此人是东方学专家，与陈寅恪先生研究方向相同，且巧合的是，他们都研究过唐代大文学家韩愈，且都发表过写韩愈的著作。陈先生与康拉德年纪相仿，他们之间有没有书信或交集？我以为，他们当时在各自的国家都是东方学的头号人物，康氏研究中国古代文学，研究韩愈，怎么会绕过陈先生？陈在柏林大学求学时，他的东方学老师海因里希·吕德斯是不是也教过康拉德？因斯时西人搞东方学者寥寥无几，他们会不会在老师家里或集会时相遇？更重要的是，康拉德的东方学中，关于中国古代的哲学和文化研究成果在巴赫金的对话理论中频频闪烁，比如主体建构的“完整性”，“他者”文化中对个体生命存在的尊重等论述，似乎会在韩愈的《原道》等文中发现来路，这是一种巧合还是东西方文化的“互文”现象？另外，陈寅恪先生著名的铭文“独立之精神，自由之思想”似乎放到巴赫金的对话理论和“他者”文化的框架里才能完整准确地把握。而这句铭文出现的时间与巴赫金分析陀思妥耶夫斯基小说的专著相差半年时间，这种“互文”和东西方文化的“对话”现象为何总在大师们中间最早流芳，这些猜想和疑问，手头缺乏证据证实，只能向你求助。你若有闲，可当作消遣作网上游，若能找到他们之间的蛛丝马迹，拍照或下载给我，甚谢！祝福吉祥！5月12日上午9点05分。

5月12日上午9点12分志强复信：

好的，我查查看。有一段时间我也对巴赫金有过浓厚兴趣，他的对话理论和对陀思妥耶夫斯基的研究影响过我。但对他及康拉德与陈寅恪的关系没有注意过。

刚才接到的志强信息：

老兄，关于巴赫金对话理论中的中国部分，您的分析得到证实。康拉德在研究韩愈时，曾得到过陈先生的助力。陈先生在柏林大学求学时，有一年，在英国举办的东方学学术交流会议上，他们曾有过短暂的接触。巴赫金关于社会主体的完整性，援引过中国古代的范例，这在韩愈的《原道》里有过生动的表述。他说一个社会，是由皇帝、臣僚、子民、僧侣组成的，缺少任何一面，就失去了整体意义。所谓天空，是因为得益于对大地的认知。知道什么是土地，才知道什么是天空。天空自己不会产生自己，就像君王必须出令于大臣，大臣行令于人民，人民辛勤劳作供给社会，僧侣给社会以精神平衡及赞美，产生意识形态。诸方面都有自己解决不了的难点，所以，必须依靠他人来完成自己，这就需要方方面面各司其职，各干其事，各取所需，又各自成全。这就是古代社会的完整性。从完整性里找到自己，这就是中国文化的深奥之处。从对话思维里看陈寅恪先生的铭文“独立之精神，自由之思想”，可谓新颖别致又耐人寻味。在社会主体面前，每个人都是“他者”。陈先生早已申明，自己是搞历史研究的“他者”，这个“他者”，必须是独立和自由的，唯独立才没有羁绊，才不遗余力；唯自由才能思接千载视通万里，精骛八极心游万仞，寂然凝虑深谋大端。不这样，就不是自觉，没有自觉意识，就没有主动性和创造性，就不是马克思所说的“人的解放”，不如此，便难以成为自己也难成全主体，主体也因了缺项便难以完整更难以完美。毫无疑问，这便是承接古代文化传统又有新的文化创造的现代性先进性思维。

发人深省的是，对话主义的创立者巴赫金，一直真诚信仰马克思主义，坚称自己是马克思主义者。不管是生活艰难身患残疾，不管是坐牢还是流放，这个家中曾有三千奴隶、开有几家银行的继承人，为了自己的信仰，自愿走上了完全相反的生活道路。他用自己的行动，践行了他的对话主义。当西方理论界把思想和文化的桂冠奉之加之，同时申明要他与马克思主义疏离时，他仍不为所动，不变立场。由于他的坚持，对话主义的理论制高点，一直猎猎飘扬着马克思主义的伟大旗帜。而对话的温情和怜悯、深远和宏阔、仁慈和善良是它的主调，它使亿万个虫蚁般的生命寻找到了价值和意义。它是人类社会更高维度上的审美指南，它从哲学思考开始，从语言学切入，从审美活动起手，告诉人类什么叫美好。而最根本的是，要和自己对话，不管你身处何地，贫穷还是富有，丑陋还是美丽，你都会找到自己的灵魂，把对话中更好的部分与其契合……

看到这里，老先生插话道：此巴氏乃真文士也！不想外国人也有忠诚之士，实令俺大长见识也！不过，俺老夫与今国中文之达人相比，是不是也不输气节？毕竟如今犯死敢谏之人少之又少也！我笑笑点头默认。我说，毕竟还有陈寅恪先生和他的铭文，当不虚此世也！而更让人振奋的是，先生之文泽被百代，甚至漂洋过海流芳欧美，进入有识之士的心神，进入巴赫金、康拉德等人的著作中，亦当可喜可贺也！我说着，情不自禁向老先生深深鞠躬。

老先生忙摆手道，折煞人也……

正在这时，电话铃声大作，我拿起话筒，电话里传来志强急促的声音：老兄，快开电视，政府发言人正针对俄乌争端发表评论，中国政府的立场是：一切应该坚持和平对话的方向……你看，这不就是巴赫金的对话主义吗？我“哦”了一声，又问，刚才给我发的信息有没有视频和图片？他迟疑道，什么信息？没有哇？我出了一趟差，您布置的活儿还没弄呢！

我一下子醒过神来。

环视客厅，老先生踪影全无，眼前只有打开的《韩愈全集》静静躺在茶几一侧……

不过，海盗们的主要武器是他们的出其不意的能力。没有人能够相信他们是那么的铁石心肠和贪得无厌，到你相信时已经太迟了。

元和五年（810）的秋冬让人惆怅。

先是李翱南下广州任宰，又送张籍东去回乡疗疾。孟郊痛失爱子，韩愈写诗安抚。皇甫湜去陆浑任县尉，元稹回京履新，贾岛北去太行觅友。韩愈参与河南府贡士考，力劝李贺应试，无奈李贺心有余悸决意不考，等等，似都不如意。

不如意事之七八九，唯有四事难释怀。

其一：马畅之死。

马畅从长安迁来东都，心里一直郁郁不乐。偌大的北平王府，先是有杏林之祸，继而又被下旨搬迁，原来的府邸辟为皇家经院。从长安东迁后，累世家业即告败落。在洛阳，虽有“十王府”“百孙院”这些贵胄人家，但马家属于后来，且马燧已死，家势颓败，日子过得颇为难堪。马畅少小锦衣玉食惯了，现在独力支撑族业，以破落子弟面貌示人，心中万般愤懑，到洛不久即病死宅中。

韩愈来洛曾拜访过马畅，后因文事多忙，疏于问候，不想噩耗传来，已是阴阳两属。韩愈感恩马家，没齿不忘，哪想在自己任上，竟与好友不晤而别，实为憾事，此为一。

其二：县尉之死。

卢县尉名殷，范阳人。爱好文学，尤爱诗。从少至老，写诗千余篇，曾被孟郊、冯宿推重，然寂寂无名。后与韩愈交友，韩愈曾将其推荐给郑余庆，因年龄故，未用。六十五岁时，饥寒而死。死前，曾写书两封，一封至河南尹，乞葬己；另一封致韩愈，曰：为我买棺。二人按嘱办理，一具葬事，一具棺木，韩愈又亲写《登封县尉卢殷墓志》，以慰亡友。韩愈为卢殷叹息不止，倘能顾盼一二，也不致友人冻饿而亡，每想至此，心中常戚然。此为二。

其三：乳母之死。

乳母李氏，本名正真，徐州人。青春年纪便进韩家，以“乳其儿愈”。“愈生未再周月孤，失怙恃”，乳母不忍弃去，一直在韩家将韩愈养大。从长安到河阳，从宣州到汴州，从故里到河洛，乳母一直与韩愈相依为命，韩愈待其如母，乳母视愈如己出，其间深情，外人难以体味。韩愈任河南令，政事多多。有一日，有一吕姓男子，抛妻弃母去王屋山修道，满城皆议。回来给乳母说，乳母示愈曰：儿孝父母，即是修行，何劳翻山越岭？韩愈听后心有所动，写《谁氏子》诗劝回吕氏子。谁想没过几日，乳母却突得急疾，撒手西去。终年六十四岁。韩愈甚是伤感，辄率妇孙，披麻戴孝，亲写祭文，刻字勒石，将乳母葬于洛北十五里北邙山上。

其四：元稹被打。

元稹一直是个绯闻制造者。若说绯色，元稹当时才是七品，绯色要五品以上才能得之。因时下将此类桃色事件通称之绯闻，故借用之。

元稹曾根据自己的爱情故事写成《莺莺传》，赚来人间几多痴情泪。后因阴差阳错，使这一美好姻缘付诸东流。元稹后又与豪门之女韦丛相爱，并与之结合。韦丛有倾国之貌，元稹风流倜傥，堪称天作之合。谁知就在元稹东来洛水时，韦丛不幸病逝，年仅二十七岁。韩愈应约为之撰写《监察御史元君妻京兆韦氏夫人墓志铭》，为友纾哀。

办完丧事，元稹从河南任上应召回京。当途经华阴敷水驿时，见天色已晚，便在此留宿。驿馆见朝官侍御来临，便为之安排在上厅居住。刚住下，宦官刘士元恰也来到，驿站只得给其安排下厅宿之。刘士元骄横惯了，兀自来理论。听说上厅住的是七品朝官，勃然大怒，二话不说便闯进厅来。此时元稹插了房门正要将息，听见门外擂声如鼓，正要开门，却被来人一脚踢开，可怜元稹见是大宦官刘士元来了，吓得只穿袜子，便往后厅躲去。刘士元见状，紧追不舍，回首要侍者弓箭，见侍者没有，便边追边脱下靴子，往元稹头上掷去，元稹一回首，靴子正好击中鼻骨，鲜血顿时如注……

宦官打了朝廷命官，此事弄得满朝热议。然而宪宗却不问曲直，下旨将元稹贬为江陵士曹参军，而对刘士元却没有丝毫惩治。

消息传到东都，韩愈拍案而起。他即刻在职官和文士间奔走呼吁，并连夜上书朝廷，力保元稹，说元稹无辜受辱，忍气吞声，是维全皇帝尊严，而刘士元纵暴逞骄辱打朝官，是给皇帝脸上抹黑。并指出，若放纵宦官，任其泛滥，将来必害社稷。措辞严厉，语锋如刀，一反韩愈中庸温允之态。

这是韩愈内心发生重大变化的结果。

如果东来洛阳，是为躲避刘贞亮，以免走得太近，构人语讥，以“清者自清，浊者自浊”示人，但多少有些外部压力缘故，尚未自觉。而今上书奏章，则是自觉为之，这是公开申明自己的立场，是一道犀利的战斗檄文！

自写《南山诗》以来，韩愈知道，山之所以高大，是其有千仞之壁，它是山的骨骼，坚硬是它的生命内容。石头硬，山乃立，骨头硬，人乃强，自强不息，人之根本，更是文人之魂。

这些年来，以刘贞亮为首的宦官集团权势日炽，已经成为宪宗朝的一大痼疾。这个刘士元几年前曾去长安城南韩庄夜见韩愈，那时他不过是刘贞亮的心腹，一个普通宦官。几年不见，已成皇帝的亲信，可谓炙手可热，甚至随意辱打朝廷命官。更加离谱的是，宪宗去年十月讨伐河北王承宗，竟让宦官吐突承璀为主帅，统率神策军进剿，结果连战连败，引起全朝大哗，但宪宗仍一意孤行。这种危险的运势，将会给大唐帝国带来不测的前景，这是胸怀天下忧国忧民的韩愈所难容忍的，他必须发出属于自己的声音。因此他上书奏本。

这也是他本人和刘贞亮之间的一个了断。

刘士元是刘贞亮的党羽，声讨他等于声讨刘贞亮，这样激烈的檄文等于与以前的俱文珍彻底决裂。

但韩愈已是南山之巅的一块石头，他已经足够坚硬。

因此他不在乎决裂！

秋深处亦是冬，冬浅处亦是春。元和六年（811）正月的最后一天，送穷节来了，于是韩愈写了一篇奇怪的文章《送穷文》，似乎是对以往纷乱思绪和不平胸臆的了断。

上古高辛氏时，宫中一位王子，人很英俊，只是行为怪僻。别人喜欢锦衣玉食豪车美酒，他却喜欢破衣烂衫，粗茶淡饭，且爱轻车简从，崇尚简单生活，人们称之为“穷子”。穷子因为生活标准低，常常食不果腹，形同自虐，因此年纪轻轻就死了。他死的这一天正是正月底的最后一天，也就是冬去春来的日子。一个王子，本可以获得优渥的生活资源，但那就意味着剥夺他人生活资源，他义无反顾地走了，实际上，他是和他选择的生活方式一同走了。人们还是记得他的好，便把这一天当作纪念，叫“送穷节”，意思是送穷子到另一个世界的意思。

元和六年送穷节这一天，韩愈把一个叫星的人喊到家里，给他布置了一个神秘的任务：把一些晒干的树枝干草扎成车状和船形，用纸扎成牛马，拉着车走；用纸做成帆，驾船而驶。之后车船上分别放着吃的干粮和用品。待收拾停当，韩愈让人把这些东西放到家门口，并摆上酒菜，然后与之告别。韩愈对着虚空作揖说：今日吉日，请君启程。水陆两栖，择路而行。掐指而算，你我与共四十余年，苦穷多于幸福，痛苦多于欢乐。今日为君送别，希望你重新选择一户富裕家庭去生活，祝君一路顺风！

空中似有人声，原来是穷鬼低语：物以类聚，人以群分，我之所以选择你，实在是惺惺相惜而已。你三岁而孤，少年失怙，青春艰难，中年寒酸，如此倒霉，我却始终不离不弃，无怨无悔。可是，你为何要驱逐我呢？

韩愈说，你若一人，尚能忍受，可是你还有五个朋友，常常连累于我。其一智穷鬼，它要我刚正不阿，遗世独立，不要逢迎圆滑，因此使我常遭贬损；其二学穷鬼，诱我弃数理而钻儒学，使我常月旦人物，臧否时政，怎能见容于四方呢；其三文穷鬼，它让我为文要有独特见解，不要人云亦云，这使我曲高和寡，脱离大家；其四命穷鬼，它让我虽知命不济，仍旧去奋勇；其五交穷鬼，它让我为友真心实意淳朴忠厚，虽然朋友众多，也常常被人利用。身有五鬼，岂有好哉？

五鬼大呼曰：正缘有我，才换来汝一身正气万代清名，奈何驱也？难道你从此与我等诀别，要堕落下去吗？

韩愈于是“上手称谢，烧车与船，延之上座”。

看来，穷鬼就是韩愈自己，若要和五鬼告别，韩愈就不是韩愈了。

但无论如何，《送穷文》仍是一篇告别文章。韩愈告别了内心怯懦的部分，告别了曾经的风雨泥泞和不堪，也告别了穷困的生活。

因为写完这篇文章之后，韩愈便告别了东都，回到了长安。

元和六年（811）夏，韩愈来到京师职方员外郎任上，文人干上了武人的活儿。

职事官分京外两脉，在京职官多由皇帝亲自任命，以各司其守。《旧唐书·职官志二》解释兵部职方员外郎的职能：“掌天下地图及城隍、镇戍、烽堠之数，辨其邦国都鄙之远近，及四夷之归化。凡五方之区域，都邑之废置，疆埸之争讼者，举而正之。”由此可见，此系国防要职，实属武人之职。

韩愈何时显露的“镇戍”才华呢？

事情因河南令任上而起。

有一天，几位诗人来访，说起卢仝被人欺负之事，他的邻家有一恶少，似是出自王公之家。卢仝家房矮破旧，于是恶少常骑墙窥伺，有时甚至到卢仝房上揭瓦寻滋，弄得卢仝家不得安生，卢仝找其理论，反被恶少暴打。

韩愈是河南县令，此事既知，视如投诉，便带人去卢仝家寻访，又顺便到这一带居民区做社会调查。经过了解，许多陈年积案均来自这一地区，而卢仝家所遇之事，只是这巨大痈疽上的一处伤口。

这个地区就是城东十王府一带。自太宗朝将洛阳辟为一些皇室公卿的定居地之后，城东大片土地被“十王府”“百孙院”占据，以后又累世扩展叠加，加上藩镇各使也在此地建府修馆，青楼赌场五坊酒肆在此林立，新贵加上世袭，公子王孙富商权臣歌伎舞娘工匠盗贼贩夫走卒充斥其间，使这里成为最难管理的地带。河南县相当于京都之长安县，都属京畿重地，治安管理若出现漏洞，将会危及整个社会。

韩愈撒下眼线，在十王府地带多日侦察，终于挖出一个藩镇的秘密窝点，这个窝点私藏武器，暗地招兵买马，训练暗杀人员，以策应正被讨伐的河北王承宗。

而那个经常窥伺卢仝的恶少，竟是他们负责放风的眼线。

在掌握大量证据的情况下，韩愈为了稳定民心，并没有着意渲染藩镇企图兵变的事实，对外只说歹徒滋事，扰乱治安，以违法乱纪为名，将这批人绳之以法，并斩首示众。

此事一石二鸟。

东都境内的社会治安既取得了明显改观，而叛军安插在东都的联络点也被端掉。

因为不事张扬，后来叛军来联络的人员又一个接一个地连续掉入了韩愈设计的陷阱里。

主政东都的郑余庆对韩愈的“镇戍”才华非常欣赏，他将此事上奏宪宗，推荐韩愈，宪宗闻奏甚喜，这才有了今日韩愈任兵部职官一事。

如果不是突如其来的一场变故，或许韩愈会习久职事，成为兵部重臣，也或许会成一个军事家。但有此事发生，使韩愈的兵家之路又被大风吹回到了原点。

就职由洛回京途中，韩愈曾在华阴停留，华阴县令柳涧慕韩愈之名为之接风，席间相谈甚欢。柳涧求诗，韩愈便把刚在陕州题写的《峡石西泉》抄给他：

居然鳞介不能容，石眼环环水一钟。
闻说旱时求得雨，只疑科斗是蛟龙。

因是一面之交，韩愈显然也有些应景，然后就揖别东西了。

回京任职数月之后，忽闻华州刺史阎济美奏华阴令柳涧贪赃，未经参验便停其县官事务，贬为下曹。韩愈上奏，认为不合规矩，华阴乃京畿门户，县令罪罚当由御史监察查证，然后具报朝廷方能定决。刺史此举有结党打击之嫌，柳涧无罪理应官复原职。奏疏之后，阎济美罢官待命，而柳涧却煽动百姓拦截阎于道，索要前年筹措军资欠款，显然有不顾大局之嫌。继任刺史赵昌调查之后，将柳涧贬为房州司马。韩愈上书再为柳涧辩理，朝廷又派人查验，得柳涧罪证，再贬柳涧为封溪县尉。而韩愈正应了他诗中的话：闻说旱时求得雨，只疑科斗是蛟龙。柳涧本是个虾蟆，韩愈却仗义使气，认为他刚正为民，把他当成了龙。这颇像五鬼中之交穷鬼，他为友两肋插刀，义薄云天，而有时却被人利用，甚至断送自己。

这是韩愈的人性弱点。好友张籍曾说过他爱逞性激辩，说话爱占上风，这是缺乏理性的表现。没想事过经年，韩愈觉得自己已经成熟许多，然而江山易改，本性难移，好为人说话的韩愈没想又因口致累。

韩愈为此付出了代价。

朝廷认为韩愈不加了解，妄议干政，不宜在重要部门任职。还是发回国子监继续教书去吧！

这就第三次来到国子监。

元和七年（812）二月，韩愈再回国子监任博士。

重回杏坛，不免唏嘘嗟叹。

坐在案首，见学子济济一堂，便诲之曰："业精于勤荒于嬉，行成于思毁于随。方今圣贤相逢，治具毕张，拔去凶邪，登崇俊良。占小善者率以录，名一艺者无不庸；爬罗剔抉，刮垢磨光。盖有幸而获选，孰云多而不扬！诸生业患不能精，无患有司之不明；行患不能成，无患有司之不公。"

像诸多师者一样，先生本身就是一本教案的参考书。先生讲得天花乱坠，日月无光，但却不能裨益自己的生活——如果你本人很失败，学子就会怀疑你光鲜的讲义。

果然有学子发问："先生，你不就是业精于勤行成于思的榜样吗？你每天口不停诵六经之书，手不停披诸子百家之文，夜以继日，点灯熬油，从不懈怠，可谓勤奋也。你排斥佛老，一心向儒，可谓立场坚定也。先生著书立说，谨严方正上规下承，可谓一国之师也。你个人努力达观上进人格完美，做人可谓成功也。但是又怎样了呢，这些东西对你的现实生活有一丁点儿帮助吗？你不照样遭人诟病说你迂腐吗？你不常常遭贬流迁连连罢官吗？你的妻子家人不常常跟你衣食无着流离失所吗？你能说这样的生活不是失败吗？败军之将何以言勇？如今你发秃了，齿落了，身体垮了，年岁大了，这样落魄，该怎样解释呢？"

韩愈笑起来，牙齿果然掉了三颗。三颗牙齿的缺席让他的笑声变得空洞，跑风的口腔传出"嗞嗞"的声响，吹动唇上稀须怪异地向上翻飞，像无端受惊的小鸟扇动翅膀。

他说："你的提问击中了我的要害，若是夜半时分我会泪水滂沱。但我现在是在讲台，我会这样回答你的问题。坎坎伐檀，巨细无选。大的可做栋梁，小的可做椽子。盖房的时候，工匠眼里，没有高下之分，只有适者为用。地黄、天麻、朱砂、青芝，甚至敲破的鼓皮去年的雨水，在郎中那里都有用场，在医者眼里，疗疾才是上策，药材没有贵贱。各样秉性，厚重轻盈，旷达豪放，心思绵密，勇敢决绝，柔恭内敛，温良俭让，都有合适的职守。在宰相眼里，各得其所以尽其能才是他的职责。从前，孟子善辩，把孔子学说讲得很透彻清晰，他周游列国，天下印满了他讲学的车辙，但他却始终没有受到重用。荀子为了光大儒家的学说，避开谗言的陷阱，只身来到楚国，仅做了小小的兰陵县令，但最后仍然丢了官职，终老他乡。像他们那样的大儒，旷世伟才，谈吐为经，举足为法，绝类弃伦，但在现实生活面前，似乎他们的际遇还不如我呢。但他们志不在此，志在光大儒学的远大目标上面。对比之下，我却甚为愧疚。学业上虽然勤勉，但并没竭尽全力，话虽多而常无伦次，文离奇却不济世用，行为规矩却少示范作用。即使这样，我还月领俸钱年进粮秣，儿子不会农活却有饭吃，妻子不会织布却有盛装，出行骑乘仆人跟从，每天安居坐享其成。即使如此，皇上仍不责罚，时宰仍然任用，这样的恩典岂不让人诚惶诚恐？即使本人常受人构陷，名声受损，把我调到闲散职位上，也是咎由自取，怪不得别人。如果总考虑利禄前程官职高低待遇优劣，总计较个人得失在意他人短长，这不是责问盖房子的木匠为什么不把细木当梁柱，怪罪医者为什么不拿豨苓当长寿药吗？”

韩愈讲得素朴实在而又富于激情，他把自己的真实思想和个人感情放到政治理想的背景中，析缕分条，一枝一叶，娓娓道来，润物无声，牵动人心，感人肺腑。

韩愈的入学第一课受到了学子们的热情拥赞！

回到家中，韩愈根据这场与学子们的对话，写了一篇传世之作《进学解》。

从此，“业精于勤荒于嬉，行成于思毁于随”这句话，就以经典的样式镌刻在后世的学堂校序，成为最能代表师者职业操守的名言，同样也是莘莘学子的座右铭。

一天，张籍来国子监看韩愈。

坐定之后，张籍从包袱里拿出一长圆竹具。

韩愈笑道：“难道又是‘黄琉璃’不成？”

张籍报以神秘一笑，小心把竹具打开，现出十多张拓片。

韩愈趋前细看，竟是石鼓文拓本。

张籍说：“我刚在西市买的，有些字漫漶不清，因是大篆与籀文混杂，难以辨识。想起国子监有传道授业解惑之说，便来请教先生。”

韩愈不禁以手加额赞叹：“好东西，好东西。”

张籍说：“早听说‘石鼓文’三个字，像是已有三百年，总想一见。今日得来，如抚城堞残缺，苍凉满野，心事浩森。或是它要与我说些什么。”

韩愈说：“它暗自庆幸呢。此宝有灵，寻找宿主，灵肉一统，相得益彰。从此它得以安生了。”

“只是诸多细节未尽领会，便辜负了它的好。”张籍求教。

“高祖武德二年春月，有人在天兴三畤原发现十块鼓形石刻。每块石呈圆柱形，高约半人，径约尺许。因此地古称陈仓，亦称‘陈仓石鼓’。我曾去过此地，有幸见过它的真貌，确实乃无价之宝呀！”韩愈赞不绝口。

“卖者似乎也知道一二，他说这是秦代所刻……”张籍指着刻文前首说，“说乃是秦王游猎纪实之作……”

韩愈细细浏览一番，似在琢磨斟酌：“我曾有所记录，片纸不知放在何处了。但我能识者有四百六十五字。所记确实是游猎之事。有人根据诗有秦襄公、秦文公等的主张认为是秦代石刻，我却有不同看法。”

“说来听听。”张籍兴致盎然。

“我先是从文体流变的角度来判断的。它是记录君王射猎一事的，比如开首几句：‘吾车既工，吾马既同。吾车既好，吾马既阜。君子员猎，员猎员游，麀鹿速速。’显然如《诗经·小雅·车攻》相同。这就泄露了年代的秘密。每个时代都有每个时代的文体，就像每个人都有自己的姓氏一样，它毫无疑问应该是发生于周朝的一次君王游猎活动。另外，从文字发展史来看，其字体个别有象形与籀文杂间，而代表周朝气象的正是大篆，代表秦之风貌的是小篆和隶书。综合两方面的情况判断，此文系西周的可能性很大，而且很有可能是记载周宣王游猎岐阳的文字。”

韩愈侃侃而谈，咬文嚼字，言之有据。张籍点头称是。

“至于说似有几位秦公宏论，更不可为据。秦为周属，王者所论，均有源渊，细察出处，均不是自己声音也。”韩愈摇头否之。

张籍见韩愈说得有理，便道：“如此说，我捡到宝物了。”

韩愈欣赏起拓本来：“你看这个字，如蛟龙腾跃，盘旋百转，这字又如鸾凤飞舞，柔情万种。有的字如黑珊结海，枝丫交错，有的如金绳索木，来往有致……这是来自神秘世界的谜语，它是创造的光芒，也是先民智慧的结晶呀！更是国之珍宝！”

“这就奇了，石鼓文乃诗也，《诗经》为何疏漏未编呢？”

张籍突然想起一个问题。

韩愈说道：“编《诗经》者目光不远，《大雅》《小雅》诗官所去的范围太小。孔子从不西来，老子有私不告诉他，这样一来，孔子在编删《诗经》时只网罗了一些小星星，而把石鼓文这枚大月亮给丢弃了。此乃千古憾事也！”

张籍叹息连连：“俱往矣，奈何哉？今人或许补缺，能否具报上方，去陈仓搜罗一番，把石鼓文罗列于太学之侧，如汉之洛阳太学五经石刻立于门阙那样，以供学子学书之用？”

韩愈摇头说：“数年前我就提过此议，我说石鼓甚至比太庙里的部鼎还有文化价值，它对我们研究古代文化有着重要意义。但决策者们对国子监提出的建议充耳不闻，六年过去了，它们躺在山野一任风吹雨打，让牧童当缶击歌，给农夫日下敲火。月销年剥，它将会渐渐沉没于岁月之河。看来，唯一的办法还是让它活在我的诗歌里吧！”

援笔立就《石鼓歌》：

张生手持石鼓文，劝我试作石鼓歌。
少陵无人谪仙死，才薄将奈石鼓何。
周纲陵迟四海沸，宣王愤起挥天戈。
大开明堂受朝贺，诸侯剑珮鸣相磨。
蒐于岐阳骋雄俊，万里禽兽皆遮罗。
镌功勒成告万世，凿石作鼓隳嵯峨。
从臣才艺咸第一，拣选撰刻留山阿。
雨淋日炙野火燎，鬼物守护烦撝呵。
公从何处得纸本，毫发尽备无差讹。
辞严义密读难晓，字体不类隶与科。
年深岂免有缺画，快剑斫断生蛟鼍。
鸾翔凤翥众仙下，珊瑚碧树交枝柯。
金绳铁索锁纽壮，古鼎跃水龙腾梭。
陋儒编诗不得入，二雅褊迫无委蛇。
孔子西行不到秦，掎摭星宿遗羲娥。
嗟余好古生苦晚，对此涕泪双滂沱。
忆昔初蒙博士征，其年始改称元和。
故人从军在右辅，为我量度掘臼科。
濯冠沐浴告祭酒，如此至宝存岂多。
毡包席裹可立致，十鼓只载数骆驼。
荐诸太庙比郜鼎，光价岂止百倍过？
圣恩若许留太学，诸生讲解得切磋。
观经鸿都尚填咽，坐见举国来奔波。
剜苔剔藓露节角，安置妥帖平不颇。

大厦深檐与盖覆，经历久远期无佗。
中朝大官老于事，讵肯感激徒媕婀。
牧童敲火牛砺角，谁复著手为摩挲。
日销月铄就埋没，六年西顾空吟哦。
羲之俗书趁姿媚，数纸尚可博白鹅。
继周八代争战罢，无人收拾理则那。
方今太平日无事，柄任儒术崇丘轲。
安能以此上论列，愿借辩口如悬河。
石鼓之歌止于此，呜呼吾意其蹉跎！

《石鼓歌》问世之后，恰遇郑余庆主政凤翔，便将旷野十鼓移置凤翔孔子庙内得以保存下来。现在，石鼓存于北京故宫博物院。

石鼓能流传于今，不能不感谢韩愈。

《石鼓歌》问世之后，好评如潮，但也有人认为“矜夸过实”。笔者认为批者似没搔到痒处。韩愈此诗，重在宣扬中华民族的灿烂文化，呼之吁之，渲之染之，唯恐天下人不关注，因此才有“矜夸”之语。

韩愈有首《双鸟诗》，所写时间与《进学解》《石鼓歌》相近。

此诗开首写道：

双鸟海外来，飞飞到中州。
一鸟落城市，一鸟集岩幽。
不得相伴鸣，尔来三十秋。
两鸟各闭口，万象衔口头。
春风卷地起，百鸟皆飘浮。
两鸟忽相逢，百日鸣不休。
有耳聒皆聋，有口反自羞。

百舌旧饶声，从此恒低头。
得病不呻唤，泯默至死休。
……

何为“双鸟”？后人一直争论不休。有人以诗开头两句“双鸟海外来，飞飞到中州”，判断双鸟意指佛、道二教，盖因韩愈一生反佛老也。然说佛教从海外来，尚说得过去，而道教是土生土长的中土教，何谈海外来？此论疑点甚多。也有学者认为此诗喻李杜。宋人张表臣以苏东坡《李太白赞》为凭：“天人几何同一沤，谪仙非谪乃其游。麾斥八极隘九州，化为两鸟鸣相酬。一鸣一止三千秋，开元有道为少留，縻之不得矧肯求？”显然东坡先生此诗是受韩愈的《双鸟诗》影响的，并认为双鸟非指佛道二教，而是李白与杜甫。但此说显然也有难以自圆处，韩愈一生崇拜李杜，他的名句“李杜文章在，光焰万丈长”，众人皆知。为何在此诗里突变脸色，将双鸟变为讥讽的对象呢？此论似难服众。也有学者认为双鸟是韩愈与孟郊，是韩愈的自嘲和浪漫精神的诗意表达，等等。

但联系诗的后半部分，这种观点似也有自相矛盾之处。

雷公告天公，百物须膏油。
自从两鸟鸣，聒乱雷声收。
鬼神怕嘲咏，造化皆停留。
草木有微情，挑抉示九州。
虫鼠诚微物，不堪苦诛求。
不停两鸟鸣，百物皆生愁。
不停两鸟鸣，自此无春秋。
不停两鸟鸣，日月难旋辀。
不停两鸟鸣，大法失九畴。

周公不为公，孔丘不为丘。
天公怪两鸟，各捉一处囚。
百虫与百鸟，然后鸣啾啾。
两鸟既别处，闭声省愆尤。
朝食千头龙，暮食千头牛。
朝饮河生尘，暮饮海绝流。
还当三千秋，更起鸣相酬。

虽然韩愈有时也对儒家的漏疏和过时的观点提出过批评，甚至对孔子某些个人特征开过善意的玩笑，但总的来说是恭敬有礼的。他和孟郊的言行无论如何，都不可能怪力乱神，不可能“周公不为公，孔丘不为丘”，败坏纲常大法，任其礼崩乐坏的。这是和韩愈一生追求的政治目标相违背的。因此，此论似也难立足。

那么，“双鸟”难道是无中生有的妄言？

是韩愈的信口之说？

抑或是笔误？

如果都不是，“双鸟”到底指什么？

一块碑文回答了这个千古疑问。

这块石碑高二百七十九厘米，顶额处有莲花座，上刻十字架，两边饰以云纹花草。形制由螭首、碑身、龟趺三部分构成，正面写着“大秦景教流行中国碑并颂”，有楷书三十二行，行书六十二字，共一千七百八十个汉字。碑文分两部分，第一部分为序文，简略介绍景教基本教义，然后叙述其在唐代一百四十六年的发展史。碑文第二部分则是用叙利亚文写成的人名及职衔，共记载了八十二人，其中叙利亚教士七十七名。撰文者景净，叙利亚文称其为“省主教中国总监督亚当司铎”，由“朝议郎前行台州司参军”吕秀岩书并题额。

正如碑文所述，一个叫阿罗本的叙利亚人走进历史规定的情节里。

阿罗本是基督教聂斯托利派的一个教徒。聂斯托利曾被东罗马帝国皇帝狄奥多西二世任命为君士坦丁堡大主教，他抨击阿里派的上帝“一位论”学说（基督的神性与人性结合成一个统一的“本体”），而认为是神性本体附在人性本体上，因此，玛利亚只能是基督之母而不是上帝之母。聂斯托利的“二性二位说”受到压制，本人被革职，四三一年被流放到撒哈拉绿洲，后携徒东逃，在叙利亚和美索不达米亚等地传播教义，得以传布，形成“聂斯托利派”。二百年后，聂斯托利派东进的接力棒传到了这个叫阿罗本的青年人手上。

那时候，中国于阿罗本还是一道暗示。他一连几天，夜夜梦见东方天边有颗明亮的星星在闪耀。那时他才二十多岁，身体瘦弱，脸色苍白，唯有黑色的眼睛熠熠闪亮。老传教士对他说，那是比梦想还远的地方，你如果把基督教传播到那里，阿罗本，你就是又一个聂斯托利！

阿罗本用了五年时间，终于找到了那颗星辰。到达长安时，唐太宗李世民用最隆重的礼节接待了阿罗本。李世民先命房玄龄出城将其迎于长安西郊，然后又在宫中接待了他。

当李世民在大明宫中第一眼见到阿罗本后，心里就兀然一惊。眼前这个鬓发与胡须连在一起的人，有着与几年前去西域取经的陈玄奘极为相似的眼睛！他们的眼睛里都燃烧着一团神秘的火焰，持久而热烈，让人不能直视！

李世民问道：“足下何来？”

阿罗本呈上用波斯金毯包好的基督教义，然后又呜呜啦啦向唐太宗解释。

房玄龄是当时帝国最好的波斯语翻译，但他显然力不从心。魏征见状，也来帮忙。当年他跟着太子李建成时，曾多次与西域各国使节往来，颇通西语。但是，基督教究竟从哪里来，到哪里去，想来中土干什么，他俩翻译了半天，还是解释不清楚。

看唐太宗一脸茫然，阿罗本汗水下来了，知道眼前这个眯着细长眼睛的大唐皇帝，与君士坦丁堡那个东罗马皇帝一样是世界上最伟大的君主，他将决定自己传教事业的未来。但是，他的眼睛没有温度。如果连眼前的皇帝都教谕不了，自己还有必要继续在大唐待下去吗？

阿罗本突然想起梦中那颗明亮的星星，今天他就站在这颗星辰下面，感受它河流般的光波像羽毛一样划过腋下，他不由自主地张开了双臂，缓缓指向天空。

“星……星……”

他费力地说出了这个刚学的一个字的华语，两眼迸射出喜悦的光芒。

房玄龄却把老外拖长音节的“星”字听成了“景”字，他的脑袋里电光石火般立时照亮了刚才阿罗本所说的教义。

他立马给李世民翻译道：他们宗教的名字叫“景教”。“景”乃光明之意，我们头顶上也有一颗“景星”，星象学上称之为瑞应之星，此星一出，预示将有明君圣主出现。此人从波斯国而来，就是看到了中土上空有景星闪烁，这不应了陛下乃万世圣主之兆吗？

魏征一听也连连附和说：“此教义有‘三博士遁星落方向找到圣人’一说，可见不是巧合，乃天命也。”

李世民一听眼睛亮了：“真乃天作也。本来只阿罗本一个博士，来到中土大唐又遇上二位爱卿，凑成了三博士，找到寡人，也算成人之美，算是充圣人之数吧！”

大殿里传出一阵阵笑声。

唐太宗认为，景教教旨：“玄妙无为，观其元宗，生成立要；词无繁说，理有忘荃；济物利人，宜行天下。”于是当即下旨“于京义宁坊造大秦寺一所”，所谓“大秦”，乃指当年自己被封“秦王”是也，因袭其称，以示重视。并封阿罗本为“镇国大法王”，“度僧二十一人”，还命人把自己的画像绘于寺中。

此后，景教教士便逐渐东来。

十年后，陈玄奘从西域取经回来，唐太宗用与阿罗本同样的规格迎接了他。当时太宗住在洛阳，仍是房玄龄出城十里出迎，李世民在宫中亲自召见，相谈甚欢。陈玄奘西去十七年，行旅五万里，“所闻所履，百有三十八国”，带回大小乘佛教经律论共五百二十夹，六百五十七部。太宗请其回住长安弘福寺，后又住大慈恩寺，专注译经二十年，译大小乘经论共七十五部，一千三百三十五卷。

阿罗本们在广建寺院的同时，还利用其天文、医学等方面的特殊技艺为唐廷服务。玄宗朝，景教更“广造奇器异巧以进”，玄宗曾亲临教堂，还命自己的五位兄弟到景教寺设立神坛，又令高力士送去五帝（高祖、太宗、高宗、中宗、睿宗）画像安置于寺内。由于得知景教寺原名“大秦”，玄宗又特命寺院更名为“大秦寺”。

“安史之乱”时，景教僧人伊斯在郭子仪麾下“为公爪牙，作军耳目”，对平乱有功，肃宗命在灵武等五郡重建景寺，并封伊斯为“金紫光禄大夫，同朔方节度副使，试殿中监，赐紫袈裟”。

德宗朝建中二年（781），为纪念景教在中土传教一百四十六年，为光大景教教义，在朝廷支持下，景教刻碑以纪，由此诞生了这通大秦景教流行中国碑。

据记载，景教教士一律落发留须，不蓄奴婢，不聚货财，行洗礼，敬十字。每七日一次礼拜，每日诵经七次，行礼向东方，击水为号。景教倡导“馁者来而饭之，寒者来而衣之，病者疗而起之，死者葬而安之”，以有效开展传教活动。景教翻译教典时大量引用儒、佛、道经典语录，仅从大秦景教流行碑中就可看出端倪，二千字碑文就引用《易经》三十处，《诗经》三十处，《春秋》二十处，涉经书一百五十处，史书一百余处，而该教自身经典却没有大量译成中文，现存的七部文献，无一能称真正意义上的译经。

会昌五年（845），武宗掀起灭佛运动，景教受到株连。景教因多在城市，无一幸免，从此失迹于中国内地。大秦景教流行中国碑也被埋于地下。

在东南沿海，仅留一脉在泉州，当地称之为“火祆教”，就是火仙的意思，大概星火有联，崇尚光明，也有人称之为“明教”。这支余脉在东南边地，不为内地人知，更难登史上册。只是在元末，这粒星火自东南燃烧，顿成冲天大火。这就是朱元璋起义。朱元璋的部队中，有来自东南沿海的边民，部众里一些人信仰明教。它们像火一样放着光明，在黑暗的背景中别具一格，且一直占据朱元璋核心骨干的精神高地，以至在其取得政权后，仍取国号为“明”。

约八百年后，到明朝天启三年（1623），陕西长安农民在建房挖地基时才发现大秦景教流行中国碑，被有识人士保存，现存西安碑林博物馆。

近八百年的沉湮，使韩愈当年的一声叹息和景教入华的历史细节深埋于地下，于后人阴阳两隔。从武宗之后，关于景教，那段近二百年在中国的流传史，还有阿罗本筚路蓝缕西来东土的传说，便进入人们的口传阶段，之后便声渐不闻人渐杳，几乎寂灭于宋元明三个王朝的史书。苏东坡们仅仅从字面上断章取义，误判“双鸟”不足为奇，却足以为训。

一首《双鸟诗》，引出一出关于古基督教流传中国的悲喜剧。景教最后以悲剧终场，当武宗灭佛时也将其付之一炬。但让人惊诧的是，佛教受到灭顶之灾后，没过多久，又渐次复苏。而景教却在内地就此绝灭。倘若没有边地泉州保留余脉，真有全军覆灭之叹，这是不是与其教布的场所“一鸟落城市”，没有融入山野有关？

值此，我们可以很肯定地下断语：韩愈笔下千年以降的“双鸟”之谜，所指的一个是佛教，一个是景教（基督教）。它们的确是双双从海外飞到中土，景教多落脚城市，佛家多在名山驻足。二者很少交集，各有各的地盘，各自念诵各自的经卷。但这双外来的鸟所表现的极其强势的异质文化，它们自上而下的传播方式，引起了韩愈的极大关注，他以一个纯粹的民族主义者情怀，对这一文化现象表现了深深的忧虑，作为一个传统儒家文化的捍卫者，他非常担心儒家的主体地位受到冲击，所以才有《双鸟诗》的喟叹。

韩愈的忧虑并非多余，“朝食千头龙，暮食千头牛。朝饮河生尘，暮饮海绝流”，在这夸张变形的表达中，一个话语背后的隐形图谱渐渐显现：韩愈所处的元和年代，一批一批的农人和市民涌入寺院庙宇出家为僧尼道士，佛教景教道教所占农田越来越多，他们不但占有生产资源，还不劳而食，“无羽毛鳞介以居寒热也，无爪牙以争食也”，使男耕女织读书力田的中国式俗世模式遭到挑战与破坏。而更让韩愈担心的是，由于双鸟的不停鸣叫，不仅“大法失九畴”，还会“周公不为公，孔丘不为丘”，如果周礼不存，孔学不在，宗教思想就会占据人们的精神高地，这样，中国文化中最核心的儒家及百家的华夏文化就有可能被“二鸟”逐步蚕食以至最终完全取代。

而事实证明，韩愈的这些担心，之后在社会的躯体里都得到了可怕的验证。

在这里，具体到韩愈本人，为什么在“双鸟”飞来的历史性时刻，他会给后人留下这样一簇猛烈爆炸的印痕？由是可以看出韩愈的性格特征。一方面，他是个纯粹、执拗甚至些许褊狭的人；另一方面，却表现了他的民族文化捍卫者的警觉和敏锐。他是那个时代最伟大的爱国者和本土文化的守望者。

在那个时代，韩愈如果遇到阿罗本和陈玄奘会怎么样？

这或许是个世纪疑问。

无法知道答案。如今，他们都隐入云深处，我们只能仰望星空猜测。但可以料定，韩愈不会像唐太宗那样处理宗教关系。

因为韩愈眼里有火光，而唐太宗却没有。唐太宗的眼睛没有温度。

三个眼睛里都有圣火燃烧的人，会怎样处理相互之间的关系呢？

这样的设问似乎比“双鸟之谜”还充满悬念……

韩愈的《进学解》在京城流传开来。或许是此文呈现了笔者谦恭谨慎的姿态，或因作者庄重优美的书写，一时洛阳纸贵。此文传入尚书省，时宰们也颇为欣赏。元和八年（813）三月，韩愈被任命为国史馆修撰，兼任比部郎中。

古有史馆，周已有之。

《唐六典》卷九“中书省集贤院史馆匦史”之“史馆史官”条言：“周有太史、小史、内史、外史，而诸侯之国亦置史官。又《春秋》《国语》引《周志》及郑书之说，推寻事迹，似当时记事，各有职司。”

汉代以降，汉武帝命司马谈为太史令，之后又命其子司马迁继之，嗣成其事，名曰《史记》。司马迁之后，又有冯商、刘歆、扬雄等好事者著述，至东汉，有班彪、班固、班昭父子女儿修成《汉书》，可谓前仆后继。至魏，明帝始置著作郎及佐郎，隶中书省，专掌国史。晋代改隶秘书省，历宋、齐、梁、陈，后魏并置著作，隶秘书省，北齐如是，称之为吏阁，亦谓之史馆。史馆之名，自此有也。隋朝时，有著作曹，掌国史，隶秘书省。

有唐以来，国史修撰隶秘书省著作局，著作郎、佐郎领其事。贞观三年（629），太宗将修史之职从秘书省转移至禁中，别置秘书内省，等于在自己下榻的床边设立史馆。太宗如此用心，朝臣自然会意。宰相房玄龄、魏征等直接参与修史。此后，官修史书与宰相监修国史，成为定制。而后朝为前朝修史，也成为史馆定制。而《晋书》《梁书》《陈书》《北齐书》《周书》《隋书》等，均为唐代所作。《晋书》称为御撰，署有太宗名，据说李世民亲写了两个皇帝的本纪和陆机、王羲之传记。余之乃房玄龄等集体撰写。高宗朝，高宗也亲自修史，参与了《五代史志》的写作。高宗之后，各代皇帝有所懈怠，但史馆从房玄龄以来开创的“监修国史、兼修国史”的路径却一路下来，这就是宰相亲自负责国史撰写工作；而史馆撰写者，除了要修前朝国史外，亦要负责本朝的国史，除了本馆修撰官员外，馆外亦可聘请重臣名士参与修史。

前朝俱往，为古人修史，似无甚遮掩。而为今朝修史，就有诸多忌讳。唐太宗之所以把史馆放在禁中，实在是有“监史”之意。依例史官记“人君言行”，要“善恶均必书”。汉魏以降，为确保史录真实，规定帝王不准观史官所记。贞观年间，褚遂良曾以谏议大夫兼史官记起居事，负责记录太宗言行。一次，太宗问褚：“爱卿所记‘起居注’，能否借来一阅?”褚遂良答：“自古以来，帝不看起居，为臣岂敢犯违?”太宗笑问：“若朕有错，爱卿必录吗?”褚遂良正色道：“臣民史官，必须忠于职守。陛下功过，当然如实以记。”太宗赞曰：“好史官也。”当然，这些生活琐事，可以忽略不计的。但遇“玄武之变”和“乱伦之讥”这样的大事，唐太宗参与修史的动机就显露出来了。

自上任史馆以来，韩愈便倍感压力。

辟有史馆，还要有史官。什么是合格的史官？孟子似是最早的解释者，《孟子》卷八《离娄下》，孟子曰：“王者之迹熄而《诗》亡，《诗》亡然后《春秋》作。晋之《乘》，楚之《梼杌》，鲁之《春秋》，一也。其事则齐桓、晋文，其文则史。孔子曰：‘其义则丘窃取之矣。’”所谓事、文、义三者，当为史官应具之能。唐代刘知几说得更为详尽：“史有三长：才、学、识。世罕兼之，故史才少。夫有学无才，犹愚贾操金，不能殖货；有才无学，犹巧匠无楩楠斧斤，弗能成室。善恶必书，使骄君贼臣知惧，此为无可加者。”史官难得，因为他是文人中的文人，学者中的学者，德者中的德者。

因此，韩愈才忧心忡忡。

这一天，宰相李吉甫来到史馆。

韩愈正埋首史料之中，看得涕泪滂沱。见宰相来，慌忙相迎，竟淋漓于袍袖，有些狼狈。

李吉甫见状，以为出了什么事，关切问道：“退之何事忧虑?”

韩愈只好说出实情，是为史官而哭。北魏重臣崔浩，受命写北魏《国史》，八年披星戴月晨耕暮作，写完却引颈受戮，祸及九族，一百二十八口全被弃市，受到株连的还有史官数人，连魏晋望族五姓也受到血洗。崔浩事北魏三帝，为北魏统一北方建下不世功勋，灭夏国，取柔然，讨北凉，征西秦，断谋无往不胜。但是，在鲜卑人取得对中原山河完全占领之后，最后用文字书写历史的时候，站在文化制高点的崔浩，才显露出汉家文化斗士的禀赋，这就是司马迁的秉笔直书的史官精神："其文直，其事核，不虚美，不隐恶。"拓跋焘杀人如麻，攻城略地如捡秋风黄叶，但这都是表面化的占领，他想要的是文化山峰的占领，而鲜卑人可以在几十年内制造帝业，却在几十年内制造不了像样的文化，虽然也能培育涂鸦之手，但与崔浩这样的士林精英相比，他们只能高山仰止。崔浩乃河南杞县人，出身高门士族，其七世祖崔林三国曹魏时官拜司空，封安阳亭侯；曾祖崔悦在后赵石虎时官拜司徒右长史；祖父崔潜是后燕黄门侍郎；父亲崔宏在北魏官至吏部尚书、赐爵白马公。崔浩本人官拜北魏司徒，被称为南北朝"一代大儒""第一军事谋略家"。他注疏《五经》，精于《周易》，通晓八卦阴阳术数。这样一个世家子弟，在他最隐秘的心灵深处，吸引他的不是表面化的物质形态的丰饶，而是文化血脉里的山河风景。当他接过撰写北魏国史的任务后，他的如椽大笔就成了胡人不可逾越的山峰，一直到死，拓跋焘斩下了他的头颅，却最终没能翻越崔浩这座山峰。

韩愈悲愤说道："崔浩腰斩弃市，他的头颅被鲜卑人割了下来，以一儆百，他们将崔浩的头颅悬挂在他刻写的国书石碑顶端，就在他的头颅与石碑接触的瞬间，他的花白的头发竖了起来。那些他用生命滋养过的文字再次如血脉注入他的头颅，这使他的眼睛蓦然圆睁，薄暮间如火亮澈……"

这时，韩愈的泪水又止不住滚落下来……

李吉甫也听得泪花闪闪，他扼腕叹息道："长歌当哭，史书血就。

真不该荐你到这险要处来。”

韩愈平复下来，见李吉甫如此说，反倒不好意思，立马说道：“文人如笔，但凭驱使。宰相有何吩咐，退之当用命奋力就是。”

李吉甫迟疑了一下，命人拿来一书匣，放于案头。说道：“去年皇上下诏，让史馆撰写顺宗实录，我责成韦处厚担纲其事。现三卷既成，但览阅却不尽如人意……”说到这里，却打住了。

韩愈凝神而听，见他如此，不知所以。

李吉甫见韩愈没有反应，又继续说道：“你该知道，此事关系重大。诸事纠结，千头万绪，似都在顺宗朝发生，因之就要在此文中勾显。但韦处厚所撰，虽处心积虑，却只避实就虚，神神仙仙，虚妄之言甚多，反映不出顺宗朝真实的历史，也看不出史官存在的意义。”

韩愈点头称是。都说李吉甫圆滑，然却深识洞明，看问题总在关节处。

“说到史官的意义，我也给你讲个故事。”李吉甫脸色凝重，把目光洒向窗外：东晋太和四年（369），大将桓温领兵三万北伐燕国。兵至枋头，因军粮接济不上，只得退兵。燕军乘势反攻，以八千人斩杀晋军三万，桓温大败而归。史官孙盛据实以纪，将此役写进了史书《晋春秋》里。桓温闻报大怒，叫来孙盛的儿子孙潜说：“枋头之役并不如你父所写，如谬误流布，乱我军心，当立斩你全家。传我的话，若不删改，定杀不饶！”孙潜回到家中，跪在父亲面前哀求：“为了全家百口人的性命，还是把枋头之役改一下吧！”全家闻听此事，老小妇孺齐声泣下，跪求删改，以顾全族性命。孙盛知道桓温专横，权势通天。秉笔直言，尤写败事，更无好下场。但他坚守史官之道，说：“此事休说。我为记载真史而死，死得其所。早年慕太史公之名，以为没有机会以进高烈，今有蹈古之行，何能失此良机耶？”坚不删改。子侄见其意决，便乘其不备，偷走史书自行改删。孙盛发现后，又把史书修复如初。孙盛想，自己已届高古，若死后子孙重又改史该当如何？便日夜奋笔疾书，把

《晋春秋》完整抄写下来，并把这部《晋春秋》送到前燕保存起来。此事完毕，史官孙盛便撒手西去。孙盛死后，其子果又把《晋春秋》改回。若干年后，前燕的另一版本《晋春秋》传到东晋，人们才澄清这段历史真相。

“史官之道，实际上是文人之道呀！”李吉甫慨叹不已。

韩愈也深受感染。武人搏命用枪，文人搏命用笔，其凶险相仿，而有时且要赔上身家性命。

李吉甫继续说：“选你任史官，并非我一人举荐。另外两个宰相武元衡、李绛都认为非你莫属，因此都在宪宗帝前保奏了你。我今日来，先言预一下，上命你明日到政事堂，先迎诏书，然后与三宰面议此事。”

次日，韩愈到政事堂接受诏书。

上诏曰：“田弘正始有庙京师，朕惟弘正先祖父，厥心靡不向帝室，讫不得施，乃以教付厥子；维弘正衔训事嗣，朝夕不怠，以能迎天下之休，显有丕功；维父子继忠孝，予维宠嘉之。是以命汝愈铭。钦此！”

受命之后，三个宰相又与韩愈谈话良久。武元衡与韩愈早已相识，且有诗文唱和。武元衡曾有《春晓闻莺》等诗与韩愈唱奉。武元衡诗曰：“寥寥兰台晓惊梦，绿林残月思孤莺。犹疑蜀魄千年恨，化作冤禽万啭声。”韩愈诗和曰：“早晚飞来入锦城，谁人教解百般鸣？春风红树惊眠处，似妒歌童作艳声。”两人一见，武元衡就笑道：“退之别来无恙？果然诚如你所言‘坐蒙恩顾重，毕命守阶墀’，你才是那只凤鸟！如今靠你独守庙堂。更如凤凰池上客，勿让杂声聒耳就是了。”李绛与韩愈乃同年进士，更是熟稔无比。李绛拿出荐函当众念道：“太学博士韩愈，学术精博，文力雄健，立词措意，有班、马之风，求之一时，甚不易得。加以性方道直，介然有守，不交势利，自致名望。可使执简，列为史官，记事书法，必无所苟。仍迁郎位，用以褒升。”大家一片称赞，都说一些客气得体的嘉言，似为韩愈壮行。

回到府里，韩愈觉得似有千钧压身，沉重无比。

正在这时，仆从送来一封书信，原来是友人刘轲所书。

刘轲信中祝贺韩愈荣任史官，言史馆非别任可比，为国修史，责任重大，史官卓立，不凡于群，望不负众望，在此任上有所建树云云。

韩愈看罢不觉心生激荡。刘轲乃旧时文友，也与柳子厚、刘禹锡相熟，只是许久没有联络，他何以突然写了这封意味深长的信件？信中固然有慰问希冀之情，但似乎也有特别的含意。这种特别的意蕴让韩愈颇费猜疑，似乎李吉甫、武元衡、李绛都有这种特别的意味。这种意味不能用善意恶意去分辨，也不能用对错来区分。谁都知晓，按旧制，先帝实录是一定要写的，撰写者，史官也，由他来撰写顺宗实录，乃顺理成章之事，而且以他的文名，似乎也合当其职。现在的问题是，在他接手之前，有人已经做了此事，且已完成任务。因为“不尽如人意”，才又找他人，这个“他人”就是韩愈。“不尽如人意”，区区五字，然却大有文章，是皇上李淳不满意，还是李吉甫不满意，抑或是武元衡、李绛都不满意？或者是权势日重的宦官们不满意？再或者是躺在棺材里的顺宗之阴魂不满意？还有如刘轲这样的士林不满意？但如何让他们统统满意？显然这是个不能完成的任务。而且在处理这个问题上，才华并不占重要因素，或许说不占首要因素。如果排除才华因素，那么，是什么因素吸引了李吉甫们来选择自己呢？

想到这里，韩愈不禁汗湿襦衣。

大概就是自己凛然的文士之气吧。内里曰傲骨，肺腑如冰雪，行止如赴死，啸啸若芝兰。其形如南山，贫贱不能移，富贵不能淫，威武不能屈。

然而，自己身上的浩然正气很有可能就是断送身家性命的危险因素。

这个危险为什么他们不说呢？

顺宗是当今皇上之父，当今皇上是顺宗儿子。虽然当今皇上的天子之位是从父亲之手接过，但两人的政见却大为不同。顺宗为帝时的光明，在当今皇上心里就是黑暗，父亲一生的巅峰之作，就是儿子着意诋毁的风景，父亲得意的朝臣，就是儿子镇压的对象。如果真实描摹，画出顺宗巍峨的线索，就是对现实的不满，对当今皇上的颠覆；如果曲意涂抹，漫无边际，风花雪月，子虚乌有，就是睁眼说瞎话，是对历史的歪曲，对朝臣士林的嘲弄；如果写顺宗一生，不识时务，满眼错愕，大体难成，又是对整个天授皇权的否定，也会陷当今皇上于不孝不义……

如此之难，难于上青天。

周围众人都成了看客，看他赤膊牵绳，往天上扔绳子，希望天上有柄，可缚可绑，可迎可接，然后如魔法师那样，那绳子如竹竿一样，直插云际，然后他会攀绳而上青云。而不管是他还是周围看客，都知道这是人间游戏，根本无法完成。

问题就出在这里，明知此事难为，为什么偏偏找他？明知道上天不成，为什么还围绕而来充当看客？如果他知难而退，看客会讥而笑之；如果他草率以成，看客会辱没他的才华；如果他一如既往投入为之，那就会呕心沥血，全力以赴。而如果这样，他会捍卫一代士林之荣誉，另外，或会有崔浩、孙盛大祸之结果……

一时间，韩愈觉得自己成了俎上之鱼，任人观赏品评，可是下油锅时，却独有自己。

张巡之痛再次袭来。睢阳被围，周围看客环列，既不发兵，又不助粮，致使张巡城破被杀，以众人的残忍，造成了一个国士的殉节。城破时，叛军扳着张巡的头颅说，都言你铁嘴钢牙，誓不投降，今天倒要看看你的牙齿有多坚硬。张巡大笑，很配合地张开大口。在场人无不惊惧，舌苔之下，空空荡荡，上下仅有三颗牙齿……由于缺粮，张巡的牙行将掉完。他回到了孩提时无牙的时光。他是用儿童般的嘴舌咬住了叛贼的十万大军！而致使他无牙的，除了围城敌军外，还有看客的馈赠！

众多思绪，纷至沓来。心情郁闷，不一而足。

于是，借着昏黄的烛光，韩愈写了《答刘秀才论史书》，权当复信——

六月九日，韩愈白秀才。辱问见爱，教勉以所宜务，敢不拜赐。愚以为凡史褒贬大法，《春秋》已备之矣。后之作者，在据事迹实录，则善恶自见。然此尚非浅陋偷惰者所能就，况褒贬邪？

孔子圣人，作《春秋》，辱于鲁、卫、陈、宋、齐、楚，卒不遇而死；齐太史氏兄弟几尽；左丘明纪春秋时事以失明；司马迁作《史记》，刑诛；班固瘐死；陈寿起又废，卒亦无所至；王隐谤退死家；习凿齿无一足；崔浩、范晔赤诛；魏收夭绝；宋孝王诛死。足下所称吴兢，亦不闻身贵而今其后有闻也。夫为史者，不有人祸，则有天刑，岂可不畏惧而轻为之哉！

唐有天下二百年矣，圣君贤相相踵，其余文武之士，立功名跨越前后者，不可胜数，岂一人卒卒能纪而传之邪？仆年志已就衰退，不可自敦率。宰相知其无他才能，不足用，哀其老穷，龃龉无所合，不欲令四海内有戚戚者，猥言之上，苟加一职荣之耳，非必督责迫蹙令就功役也。贱不敢逆盛指，行且谋引去。且传闻不同，善恶随人所见。甚者，附党憎爱不同，巧造语言，凿空构立善恶事迹，于今何所承受取信，而可草草作传记，令传万世乎？若无鬼神，岂可不自心惭愧；若有鬼神，将不福人。仆虽騃，亦粗知自爱，实不敢率尔为也。

夫盛唐钜迹及贤士大夫事，皆磊磊轩天地，决不沈没。今馆中非无人，将必有作者勤而纂之。后生可畏，安知不在足下？亦宜勉之！愈再拜。

韩愈发了通牢骚，心里好像受用些。

第二天，着人把信发走，便忙别事去了。

哪知多天之后，韩愈却接到了柳子厚的一封信，名曰《与韩愈论史官书》，其信如下：

正月二十一日，某顿首十八丈退之侍者：前获书言史事，云具《与刘秀才书》，及今乃见书稿，私心甚不喜，与退之往年言史事甚大谬。若书中言，退之不宜一日在馆下，安有探宰相意，以为苟以史荣一韩退之耶？若果尔，退之岂宜虚受宰相荣己，而冒居馆下、近密地、食奉养、役使掌固，利纸笔为私书，取以供子弟费？古之志于道者，不若是。且退之以为纪录者有刑祸，避不肯就，尤非也。史以名为褒贬，犹且恐惧不敢为；设使退之为御史中丞、大夫，其褒贬成败人愈益显，其宜恐惧尤大也，则又将扬扬入台府，美食安坐，行呼唱于朝廷而已耶？在御史犹尔，设使退之为宰相，生杀出入升黜天下士，其敌益众，则又将扬扬入政事堂，美食安坐，行呼唱于内庭外衢而已耶？又何以异不为史而荣其号、利其禄也？

又言“不有人祸，则有天刑”。若以罪夫前古之为史者，然亦甚惑。凡居其位，思直其道。道苟直，虽死不可回也；如回之，莫若亟去其位。孔子之困于鲁、卫、陈、宋、蔡、齐、楚者，其时暗，诸侯不能行也。其不遇而死，不以作《春秋》故也。当其时，虽不作《春秋》，孔子犹不遇而死也。若周公、史佚，虽纪言书事，犹遇且显也。又不得以《春秋》为孔子累。范晔悖乱，虽不为史，其宗族亦诛。司马迁触天子喜怒，班固不检下，崔浩沽其直以斗暴虏，皆非中道。左丘明以疾盲，出于不幸。子夏不为史亦盲。不可以是为戒。其余皆不出此。是退之宜守中道，不忘其直，无以他事自恐。退之之恐，唯在不直、不得中道，刑祸非所恐也。

凡言二百年文武士多有诚如此者。今退之曰：我一人也，何能明？则同职者又所云若是，后来继今者又所云若者，人人皆曰我一人，则卒谁能纪传之耶？如退之但以所闻知孜孜不敢怠，同职者、后来继今者，亦各以所闻知孜孜不敢怠，则庶几不坠，使卒有明也。不然，徒信人口语，每每异辞，日以滋久，则所云“磊磊轩天地”者，决必沉没，且乱杂无可考，非有志者所忍恣也。果有志，岂当待人督责迫蹙然后为官守耶？

又凡鬼神事，渺茫荒惑无可准，明者所不道，退之之智而犹惧于此。今学如退之、辞如退之、好议论如退之、慷慨自谓正直行行焉如退之，犹所云若是，则唐之史述其卒无可托乎？明天子、贤宰相得史才如此，而又不果，甚可痛哉！退之宜更思，可为速为；果卒以为恐惧不敢，则一日可引去，又何以云“行且谋”也？今人当为而不为，又诱馆中他人及后生者，此大惑已。不勉己而欲勉人，难矣哉！

柳子厚可谓快人快语，来信噼里啪啦把韩愈批评一通。

韩愈此时正在忙撰写顺宗实录，每天埋头于案卷之中。牢骚归牢骚，做事归做事，身为史官，在其位，还要谋其政。可是柳子厚却告诉韩愈说，你要注意你的态度！第一，身为史官，你不要尸位素餐。你“扬扬入台府，美食安坐，行呼唱于朝廷”，而我等却在湖广山野风餐野食，只见鹿寨樵夫平沙落雁。圣恩浩荡于你，你合该不负圣望。第二，你身为文坛领袖，代表业界良心，你该铁肩担道义，主动请缨去做难为之事。第三，你应该只把它当作一部作品对待。写皇帝老子与写贩夫走卒，本质上是一样的：“好”是共同的标准。你应该有“解衣般礴”那样的自由创作心态，不应该看客下菜碟，作茧自缚。第四，从孔子到魏收，从司马迁到崔浩、孙盛，他们舍命捍卫的是什么？是史官精神，史官精神也就是文人精神，这是“经国之大业”，也是文人之道，你作为古文运动领袖，是不是该负起卫道责任？第五，你是个知行分裂的人，诗文中倡导的与实际去做的大相径庭。一事当前，先替自己打算，这还是你吗?

犀利如快刀，刀刀中要害。

只有挚友才会有这样的肺腑之言。韩愈感受到了子厚浓烈的友情和对自己荣誉的看重，他把自己与其视为一体，一荣俱荣，一损俱损。他站在文人之道的角度审视自己，精准锐利不留情面，没有半点儿客套和虚饰之词，由此证明他胸襟的磊落与光明。韩愈觉得许多条该去信释解，唯有最后一条他认为子厚友真正击中了要害:

一事当前，先替自己打算。

(柳子厚还说，过去的你可不是这个样子呀!)

官当大了，有文名了，家业大了，人也变了。

这正是自己畏首畏尾的症结!

韩愈觉得正是柳子厚对自己以往的肯定，才有这次的否定。不过，所幸的是，自己刚有所思，还没来得及行，便受到抨击，可谓提醒正及时，当春乃发生。

而好友的批评，如同鼓舞。“人为刀俎，我为鱼肉”，现在似乎也变了。史馆仿佛一个戏台，他演独角戏，但伴唱的却是一大帮看客。

韩愈又回到以往的工作状态。

只是有一点他无法跟柳子厚交流，即使当面辩析，也难有定论。那就是怎么样理解“鬼使神差”这句老话。子厚批评他:“又凡鬼神事，渺茫荒惑无可准，明者所不道，退之之智而犹惧于此。今学如退之、辞如退之、好议论如退之、慷慨自谓正直行行焉如退之，犹所云若是，则唐之史述其卒无可托乎?”这句话的潜台词就是:如果你韩退之都相信鬼神了，你说的话人们都相信，你的议论那么深入人心，你的行为被视为风范，你写的历史可谓信史，但以鬼神之笔去写国史，那大唐维系的根基寄托何虚矣!

韩愈真想给柳子厚讲讲衡山之遇。顺宗之死，历历在目。顺宗死前的一缕魂魄为何找到正在衡山之巅的自己，而且将死亡真相演示给自己看？而多年之后，自己好端端在国子监任上，为什么又偏偏调来国史馆，承担起撰写顺宗传记的任务？

这不是鬼使神差是什么？

可是，把这番话说与柳子厚，他会相信吗？如果是刘禹锡，他会相信是真的。刘禹锡说他曾经见过“羽人”，还说“羽人顾我笑，劝我税归轭”。还说其“言毕依庭树，如烟去无迹。观者皆失次，惊追纷络绎。日暮山径穷，松风自萧槭。适逢修蛇见，瞋目光激射。如严三清居，不使恣搜索。唯余步纲势，八趾在沙砾……”刘禹锡如画工一样精细描摹出了神仙样貌，使人身临其境，如在眼前，不由得你不信。

有无鬼神是世界上最难证明的谜题。因为无证，所以无解。这是一条河流的两岸，彼岸和此岸，它们彼此观望，彼此争执，彼此怨怼，又彼此存在。如果失却对方，河流便无法前行，历史便会向不可知方向发展。有时，它们因不同的属性而争论，也会因不同的属性而联合。它们有各自的短板和限制，就像水里的鱼爱吃蚯蚓却不会上岸、猫爱吃鱼却不会游泳那样，由缺陷构成的需要永远存在，由存在形成的对立永久持续，一河两岸的风景万世永存，无法统一的图景就是永恒。

子厚兄，这些话，该怎样给你说呢？

韩愈踌躇满志，像换了一个人一样，开始了《顺宗实录》的撰写。

至元和十年（815）夏月，终于完成《顺宗实录》。

《顺宗实录》一问世，犹如轰石击水，“议者哄然不息”，反应最大的便是“书禁中事太切直，宦寺不喜，訾其非实”。朝臣中异议者说其“繁简不当，叙事拙于取舍”，因此，“颇为当代所非”。上亦不喜，几令史臣添改。今人学者吴夏平在其专著《唐代中央文馆制度与文学研究》里曾将该文后来删削处与原文比较，得出“政治因素干扰实录修纂”的观点，文中言：“姑举《顺宗实录》为例。今存《顺宗实录》为韩愈所撰略本，由路随等人在韩愈所撰详本的基础上删削而成。刘真伦先生从《通鉴考异》和《删府元龟》等文献资料中，钩稽出路随所删削韩愈详本原文数条，并指出被删削的原因。路随等略去韩愈详本宪宗监国上应天心的无稽之谈，庶免不实之讥。略去横海军节度使程怀信卒后，以其子副使执恭为横海军节度使一条，原因在于文宗二年对横海用兵，不宜再书。略去李师古以兵胁滑州事，原因在于大和初删削《实录》时，朝廷厌恶刘从谏父子之奸猾，删削李师古事，当为其不欲彰刘悟之名。如略去王叔文具酒馔宴请诸学士及宦官于翰林事，盖王叔文有知人之明，不删削此事有助于抬高王叔文形象。略去顺宗为太子时不假内官颜色一段，盖文宗朝宦官权益日重。略去建中四年德宗幸奉天，顺宗尽力督战一段，盖宦官对顺宗积怨极深。这些被删削的文字，是今本《顺宗实录》所不载，而载于韩愈所修之详本中的。其中原因多与当时的政治相关……”

事情仍回到韩愈写作《顺宗实录》时的原点。由此证明，韩愈确实是以秉笔直书的史官态度叙写顺宗传记的。查阅当时撰写该文时的文献史料，韩愈除了大量钩沉历史资料，还花了相当大的气力去实地找当事人“采访”。“采访”二字是韩愈的原创，他在文章里多次提到纪实类作品里的这个专用术语，可以想见他的实事求是、以事实真相为准的写作态度。韩愈在进《顺宗实录》表状中言：“臣与修撰左拾遗沈传师，直馆京兆府咸阳县尉宇文籍等共加采访，并寻检诏敕，修成《顺宗皇帝实录》五卷：削去常事，著其系于政者，比之旧录，十益六七，忠良奸佞，莫不备书，苟关于时，无所不录。”据此可证，韩愈在司马迁创立的以游学山河风物考据典故为主的古典采风法基础上，创立了与当事人有关的人物、事件的颇有现代意味的采访学。传记中，他大量运用具体细节，以故事情节引入史典，不置褒贬不形于色，以保留原生片断为旨，留待历史品评。因而构人于“繁简不当，叙事拙于取舍”之讥。更有详写宫市之祸、永贞变革中的人物面貌，随类赋形，细节传神，栩栩如生。在写王叔文时，他完全扔掉了以往的政治色彩，把他当一个文学形象去塑造，因而部分还原了历史真相，王叔文不再是宪宗朝宦寺们口中的妖魔化人物，而是有血有肉、举止有据，然而失节有亏的风云人物。由于韩愈的史官精神的坚守，尽管受当政者不喜，《顺宗实录》几诏删削，但它仍谓不可多得的中唐信史，后世如《资治通鉴》等史书编写时，仍多采信韩愈所写《顺宗实录》提供的历史事实。更有后世所命名的“永贞革新”，其事件的来龙去脉，细枝末节，均来自于韩愈之笔。

韩愈坚守了一个史官的信念，给了后人一个完整的王朝秘史。

这段时间，柳子厚也写了如《张中丞传后叙》同类题材的忠烈传——《段秀实太尉逸事状》。

泾师之变时，段秀实正在长安赋闲。他被德宗罢去兵权，任命为司农卿。这是个闲职，因此他每天葛巾藜杖芒鞋垂钓。朱泚称帝后想起了段秀实。倘若把段秀实拉到身边，利用他的社会影响和崇高威望，对争取天下人心会大有好处。于是就置重礼亲去拜访段秀实。

段秀实一面虚与委蛇，另一面计划寻机刺杀朱贼。

他找来一些朝臣和旧部，经过一番策划，开始实施行动。

一天，朱泚在大明宫宣政殿召见段秀实等人。段秀实夺下身边朝臣的象笏猛击朱泚，朱忙用手阻挡，但笏板还是击中了他的额头，顿时血流满面。而这时计划策应的一位将军却中途变卦，乘乱逃走，朱泚在手下人的帮助下才得脱身。段秀实知道此事难成，便对贼众大呼：还愣着干什么？还不赶快处死我！卫士这才醒悟，一拥而上，将段秀实乱刀砍死。朱泚见状，连忙制止曰：义士也！勿杀。但已经来不及了。

朱泚被灭后，德宗追赠段秀实为太尉。

于是柳子厚感佩段秀实节烈故事，遂成《段秀实太尉逸事状》。而文中却不显执笏杀贼节烈场面，只写他过往爱民微事，平素低首拱行，而关键时不畏豪强坚持正义。些微小事，娓娓道来，和风细雨，润水澄物，然而却回答了一个人何以成为忠臣义士的大命题。

韩愈阅后大加赞赏，立即上表存案，加以褒奖。由于韩愈的推荐，此文在当朝不胫而走，堪称《张中丞传后叙》的姊妹篇。

相比张巡故事，段秀实乃当代人物，因直达世道人心，故反映尤烈。特别是在藩镇割据、常拥兵自重的情势下，朝臣官吏们该如何保持操守，一心忠君爱国，段秀实在这方面给大家树立了榜样。

一时效者纷纷。

反应迅速的是元稹。

元稹此时被贬江陵，他也发现了一个典型，写信给韩愈，请为其立传。

元稹在《与史馆韩侍郎书》中说，他与一个叫甄逢的襄州官员相熟，此人的父亲乃过去刑部员外郎甄济。乃父在朝时因表现卓越而被吏部关注，安禄山为网罗人才也注意上了他。安禄山奏请玄宗，求为幕僚，玄宗准奏。至天宝十二载，安禄山反状已显，甄济虑不得脱，便佯喑哑之患，归隐青岩山。待安禄山反叛，派伪节度使蔡希德缄刃召之，说如果不从，斩首以报。甄济噤而无言，从容延颈，气色不变。蔡心不忍，放过了甄济。至安庆绪时，将甄济虏囚于洛阳安国观里，百般凌虐，致使下肢瘫痪不能站立。代宗收复洛阳后，甄济卧床觐拜，代宗为之动容，遂命传置长安。肃宗仰其行，因授馆于三司治所。而甄逢谨记父训，躬身县乡，服务民众，实该称道。元稹最后说："古今之士，盖百一焉。稹常读注记，缺而未书，谨备所闻，盖欲执事者编此义烈，以永永于来世耳。"

韩愈于元和九年（814）九月五日写《答元侍御书》以复。

韩愈对元稹说："逢与其父俱当得书矣。"而"足下以抗直喜立事，斥，不得立朝，失所不自悔，喜事益坚，微之乎，子真安而乐之者"！这样的精神更值得嘉许。此时，正是元稹时运不济的时候，然他却仍然高举疾恶扬善大旗，关心国家大事，关注国史写作，也由此证明元稹不是庸碌之辈，而是那个时代的前驱人物。

在这个时期，关注修史，月旦人物，臧否功过，成为一时风尚，还有人提出“谁有资格进国史馆”这样的议题，更引人注目。

这个人就是白居易。白居易在《赠樊著作》诗中认为凡当代贤者，皆可入史。

从韩愈、柳子厚到元稹、白居易，元和体诗人和古文运动的中坚们，在同一时段里，围绕史官之职和如何书写历史各抒己见，发表了诸多真知灼见，反映了他们对待历史的认真态度和超越时代的历史观、文学观。在其后千年时光里，他们的史学意识一直闪耀在历朝各代的史界上空，成为明亮的星辰。

这种严肃认真的修史态度，渐渐影响到社会层面上的民间写作。从题材领域的扩展——由君君臣臣到忠义节烈，从庙堂到乡野，从王公贵族到工商士民，到文学种类的扩展——从史传到传记，从纪实文学到传奇小说，从散文到叙事诗，等等。这种变化带来了整个文学艺术上的飞跃。

把视点下移，关注普通人，为普通人修史，这种风气，尤其是在韩愈学生们身上体现尤深。李翱奉牒南下广州，充任岭南节度掌书记，任上“准制祭名山大川”安葬了一个叫“王野人”的老人，李翱亲写小传以记：

解惑

王野人名体静，盖同州人。始游浮山观原，未有室居，缝纸为裳，取竹架树，覆以草，独止其下，豺豹熊象，过而驯之，弗害也。积十年，乃构草堂，植茶成园，犁田三十亩以供食，不畜妻子。少言说，有所问，尽诚以对。人或取其茶，约酬利，弗问姓名皆与，或负之者，终不言。凡居二十四年，年六十二。贞元二十五年五月，卒于观原茶园。村人相与凿木为空，盛其尸埋于园中。观原积无人居，因野人遂成三百家。有尚怪者，因谬：“王野人既死，处士陈恒发其棺，惟见空衣。”翱与陈恒相遇，问其故，恒曰：“作记者欲神浮山，故妄云然。”元和四年十一月，翱以节度掌书记奉牒知循州，五年正月，准制祭名山大川。翱奉牲牢于山，致帝命，遂使斫木为棺，命将吏村人改葬野人，迁于佛寺南冈，其骨存焉。乃立木于墓东，志曰“王处士葬于此”，削去谬记，以解观听者所惑。

如此文风，如此文章，缘何不受民众欢迎？

元和九年（814）八月二十五日，孟郊在赴山南西道节度使郑余庆幕府任上时，途次虢州阌乡暴疾而卒，终年六十四岁。消息传来，韩愈在家中设孟郊灵堂，与众友哭祭三日。

那天，孟郊夫人哭于庭前。说孟郊的灵柩正由虢州送达洛阳，她专程前来报丧。小妹抱着郑嫂哭作一团，韩愈不禁泪如雨下。韩愈的儿子韩昶也跪哭灵前，他已十四五岁，因韩愈多流转不定，便让其跟孟郊学习经文，平时以师待之。孟郊五年前死了母亲，接着又连续失去了三个儿子。“慈母手中线，游子身上衣”，孟郊赚得诗名的母亲再也不能为他缝补游子衣了，三个儿子把父母的眼泪拭干后也相携离别。孟郊在这个世界上，只有老妻郑氏和诗了。生前，他不止一次给郑氏说，若有不测，可找退之，唯其生死可托也。韩愈知道，两个家庭，已亲如一家，自己是孟家的唯一依靠了。

想起前些年贾岛的祭诗之约，如今成了祭奠诗人，韩愈不禁悲从中来。孟郊为诗而生，又为诗而死。他的仕途和家庭依附他的诗行，不断跳跃和变化，从没出现连绵持久的擢进和地久天长的幸福。他的诗冷瘦寒奇，自己的日子也过得冰凉荒疏，充满铁质。他的诗格逼仄峻立，官场中也臭着老脸，不招上司待见。再加上总爱作五言诗，诗行极短，只求隽永精绝，却总不在长远处展望，这连累他做事从不远虑，当官没有常性。自从溧阳尉之后，又接二连三换了好几任职官，但一次比一次寒蹇。最后索性赋闲在家。家也不断迁徙流变，嵩山、吴下、汴州、长安、洛阳，等等，居无定所。最后，好不容易在洛阳安下了家，过了三五年稳定日子，却在这三五年接连送走了四位亲人，仿佛结束漂泊就是为了给他们一个永驻回归的栖灵之地。接二连三的打击并没有击垮孟郊。郑余庆一直对孟郊尊崇有加，在东都时就延他为幕僚，这次任山南西道节度使又邀他为兴元军参谋，他接受了郑余庆的辟请，带着去远方寻诗的信念去了兴元，孰料却暴病身亡……

闻孟郊赴任兴元，韩愈曾写诗以赠："江汉虽云广，乘舟渡无艰。流沙信难行，马足常往还。凄风结冲波，狐裘能御寒。终宵处幽室，华烛光烂烂。苟能行忠信，可以居夷蛮。嗟余与夫子，此义每所敦。何为复见赠？缱绻在不谖。"

韩愈复吟此诗，竟如生死别离，尤知今日之痛。他在众友面前诵诗以祭诗友，然后又焚烧诗稿，和秋风明月一起，送好友上路。

张籍、张彻、王建、贾岛等人均来韩府祭拜，每人都在灵前念诵送别的诔辞与诗歌，用诗人最熟悉的语言与诗人告别。樊宗师此时已入郑余庆幕，他代表郑余庆携资而来，与韩愈一起料理孟郊后事。

韩愈在悲痛中为孟郊写了墓志铭。张籍说，孟郊先生为时代歌哭振德，乃华夏之光，可为大贤。自古圣贤故去都有谥赠，如春秋鲁国大夫展禽，死后门徒谥为"惠"，因居柳下，人称柳下惠。晋代诗人陶渊明死后，文士颜延年谥为靖节徵士，世称靖节先生，孟郊先生一生洁身自好光照环宇，可谥为"贞曜先生"，众人皆曰善，因名之为"贞曜先生墓志铭"。

韩愈与樊宗师到了东都，一手操办了孟郊的葬礼。

送葬那天，韩愈一身缟素，手扶棺椁，如执孟郊之手，一直把他送到洛阳东邙山北坡，安葬在他母亲的墓旁。

皇甫湜、李贺、贾岛及国子监生徒多人都参加了葬礼。

葬礼结束后，人群散尽，韩愈和几位诗人坐于墓旁，与孟郊话别。

贾岛在墓前行弟子礼，然后赋诗念作：

身死声名在，多应万古传。
寡妻无子息，破宅带林泉。
冢近登山道，诗随过海船。
故人相吊后，斜日下寒天。

又一首：

才行古人齐，生前品位低。
葬时贫卖马，远日哭惟妻。
孤冢北邙外，空斋中岳西。
集诗应万首，物象遍曾题。

念完，焚诗以别。

日暮西风，秋霜孤坟，灰飞蝶起，不尽哀思。

李贺跪泣说："大梦百年，起来只是不复相认而已，孟师我来矣！"

众人大惊。但见李贺白衣飘飘，鬓发雪白，面如槁木，瘦骨棱棱，俨然如冥界中人。

韩愈悲怆，心想：又是一个用命写诗的人！便说："别胡诌！尔等你年纪最小，孟兄不会让你做伴！"

皇甫湜问道："你不是在潞州张彻那里吗？怎么回来了？"

李贺因科举受阻，便无意功名，于是在河东张彻那里当差以资衣食，不想只一二年，便又回洛。见皇甫湜发问，便拱手道："潞州无诗，便回来了。"

贾岛说："前些时在福先寺见他，说常咯血，不知好了没有？"说完看着李贺。

李贺惨白的脸上闪出光来，笑道："不碍事的，正吃着张道士的药方，觉得好多了呢。”

张道士乃住嵩山白云观，与韩愈及各文友相熟，尤喜爱李贺、贾岛诗，常在一起云游四方。

贾岛对着孟郊墓说道：“先生以往流泉飞瀑，不定踪影，想见时却找不到形迹。如今先生安睡在此，不再漂泊了，学生再不怕找不到了。都说郊寒岛瘦，诗风近，心相连，命相仿，学生最大的心愿是日后能在邙山北坡与先生在一起聊诗，不知能否如愿……”

众皆悲伤，挥泪如雨……

两年后，李贺死。

死前叹息曰：我年二十不得意，一生愁绪若秋叶。恍见绯衣人驾赤虬而来，手执丹诏如泥金帖子，上书古代籀文。李贺心奇，自己未去长安，何有登科之喜？这上边的蝌蚪文似韩愈夫子知道，不妨由他详释。正彷徨间，来人笑道：此乃玉帝诏书也。李贺跪泣道：老母年事已高，晚生不愿远游。绯衣人说：玉帝新成白玉楼，召你作记，应是乐事，比你在人间苦熬好过百倍。李贺仍不情愿，说：天上孤寂清冷，晚生怕寒……绯衣人哈哈乐道：前年秋天，你答应与孟郊做伴，难道忘了吗？他不怕寒，可以予你华服暖衣也。李贺再无话可说，兀自掉下泪来。一会儿，便无声息，只见一缕白烟从李贺身上飘出，爬上窗棂缝隙，嗞嗞有声。众亲人屏住呼吸，只听室外空中有笙歌接引，车辚马啸，渐渐远去。再看李贺，人已死去，面容安详，真如睡眠中人……

杜牧曾这样评价李贺诗：“云烟联绵，不足为其态也；水之迢迢，不足为其情也；春之盎盎，不足为其和也；秋之明洁，不足为其格也；风樯阵马，不足为其勇也；瓦棺篆鼎，不足为其古也；时花美女，不足为其色也；荒国陊殿，梗莽丘垄，不足为其怨恨悲愁也；鲸呿鳌掷，牛鬼蛇神，不足为其虚荒诞幻也。”诸多描绘，归根结底，离不开一个“奇”字，由此可见，李贺之诗，到底还是受了韩、孟诗派的影响。李贺存诗共二百三十三首，蔚成四卷，名《昌谷集》，杜牧作序，时谓李贺为“韩门弟子”。

李贺死后，韩愈在长安忽见李贺来访，仍是白衣飘飘，仍是鬓发如雪，见韩愈行弟子礼，然后说道：“弟子奉召上天作文，撰就《新宫记》，因文体新变，不知可否，烦请先生指教。”见韩愈恍惚，又说，“玉帝新成瑶宫，大殿几多，敕命我多找几位文士记录，我想贾岛似正赋闲，似可带他前去……”韩愈想了想说道：“贾岛亦正学文，对文体不甚了了，还是让卢仝去吧，他可与你互相切磋……”说到这里，韩愈突然想到，孟夫子在那边不知如何，便打问道，“郊兄怎样了？告诉他，我好想他……”说着，便大放悲声，直到哭醒，原是南柯一梦。

几日后，果然收到李贺死讯。

更让韩愈惊诧的是，不几天，也接到了卢仝死于非命的消息。

而贾岛最终科场不遇，只任遂州长江主簿。算是对他去僧就儒心愿的一个交代。奇怪的是，他也是六十四岁辞世，与孟郊的寿辰一样，同样也是卒于任上。只是他没完成与孟郊做伴的心愿，死在任上后，被家人迁葬在了故乡——北京房山的一个小山村。明吴景旭《历代诗话》有《贾岛》条曰：“今房山有石庵曰贾岛庵。景州西南五十里有贾岛村，一曰贾岛峪，盖诗人丘里名岛为多，身后名岛为久。”所谓贾岛峪就在今周口店山顶洞人遗址之北，顺着长沟峪一直往里走，就是大名鼎鼎的贾岛峪。只是贾岛峪已荒无人烟，独留山脊一株千年古树“贾岛松”。此树周长超过两米，树身粗壮扭结，支撑着巨大的树冠。此树亦如贾岛之诗以奇为人所乐道：一是枝干如铁，砍伐斧刃可卷；二是有风无风，均有松涛飒唱；三是无论阴晴，松下均有树影；四是树影奇长，逶迤致远，可达京城。史料称，自金代以来，每年农历正月十九——“燕九节”（道祖丘处机生日），诗人们都要聚集于大树之下饮酒吟诗，凭吊贾岛，数代连绵，不曾断绝。只是民国之后，此风不再，贾岛故里也渐渐荒僻，而今更是少有人知了。贾岛故居乃一座石屋，内壁似有壁画与石刻，屋前尚有清人石匾留存。这些足可证明，此地真是贾岛故里。也证明古人比今人爱诗。

杨慎《升庵诗话》中《晚唐两诗派》条曰：“晚唐之诗分为二派，一派学张籍，……一派学贾岛。”由是可见，能在星光灿烂的唐诗天空中自成一家，且能影响当时的诗界格局，贾岛虽然“官卑误子孙”，但在文学成就上，应该是“诗僻降古今”了……

韩愈曾有《春雪》诗释怀：

新年都未有芳华，二月初惊见草芽。
白雪却嫌春色晚，故穿庭院作飞花。

写此诗时，已是元和十一年（816）正月。

第十章

几日后，果如韩愈所言，柳刘二人再度远迁。刘然变轩昂，勇士赴战场。于是宪宗诏令韩愈撰写《平淮西碑》。长安大雪飘飞，韩愈在风雪中接到了左迁潮州的圣旨

几个月后，我从云台山驱车南下，三小时间，过嵩山、箕山、莲花山、小峨眉山，来到郏县地界的三苏祠。

这是当年韩愈作为裴相剿淮西的司马时所走过的行军路线。

此地人文荟萃，古迹俯仰皆是。北边嵩山不必多说，那是武则天封禅之地，又有少林寺名扬天下，还是颍河源头。而箕山就是当年许由洗耳的地方，史传尧圣见他德才兼备，想传他当“九州长”，他嫌污了自己的耳朵，于是就着山下颍水洗耳。作家张承志曾写过这个故事，题目叫《清洁的精神》。东边是禹州地界，是韩非、郭嘉的故乡。东南就是襄城，所谓黄帝迷于襄城之野就发生于此。再往前走就是许昌，三国时曹魏古都。西南即汝州地界，乃曹操的主要对手袁绍的故园。从许昌再往南行七八十里，就到了剿淮的前沿临颍郾城——我的家乡商河一带。

从三苏祠出来，见有饭店卖胡辣汤水煎包，大喜过望，立马买来，几个人便大快朵颐起来。

胡辣汤佐水煎包——河南人餐桌上小吃的不老神话。据说从宋代就开始统治中原人的味蕾，并由此派生出宗教般的乡土情结，令外乡人百思不得其解。

胡辣汤是用胡椒、辣椒、牛肉粒、骨汤、粉芡、面筋、细粉条、黄花菜、花生、木耳、豆腐皮等制作而成。早餐搭配油条、包子、葱油饼、锅盔、千层饼等面点，可谓可麻可辣、可鲜可香、可咸可甜、可女可男、可民可官，营养开胃、好吃不贵，深受豫陕及周边省份人们的喜爱。虽说胡辣汤已成为河南人餐桌上的一道王牌菜点，但若说其汤真正出名者，一是西华的逍遥镇，二是舞阳的北舞渡。逍遥镇胡辣汤用青色大铝锅盛汤，中药味和辣味较强，肉以牛肉片为主；北舞渡以黄色大铜锅盛汤，佐以羊肉，味道绵软滋润，后发悠长。一个靠的是冲击力，一个靠的是后发力。若以中间临颍最南端的商河为中心点测量，东行四十里是逍遥镇，西行四十里是北舞渡，南行四十里是漯河。如今，这三处地方都属漯河市管辖。

胡辣汤好喝，水煎包好吃。正要喝第二碗时，老先生从外边悠然而来道："去，也给我来一碗。"

"适才拜三苏墓时，我就想，若是老先生来就好了。说曹操，曹操到。妙哉！"

说着我吩咐人给先生准备吃食。

"何为三苏？"老先生问。

我介绍了一番。

老先生道："后生可畏。如此才华，当不在我之下，恨不得黄泉以见也！"

"你们是英雄相惜。这苏东坡生平傲物，却独对先生您敬仰之极。其在《韩文公庙碑》中有言：'匹夫而为百世师，一言而为天下法。是皆有以参天地之化，关盛衰之运，其生也有自来，其逝也有所为。''自东汉以来，道丧文弊，异端并起。历唐贞观、开元之盛，辅以房、杜、姚、宋而不能救。独韩文公起布衣，谈笑而麾之，天下靡然从公，复归于正，盖三百年于此矣。文起八代之衰，而道济天下之溺，忠犯人主之怒，而勇夺三军之帅。此岂非参天地、关盛衰，浩然而独存者乎？’”

先生听着听着，泪水滂沱，顷刻间湿了襟衫。

“苏东坡在碑文中还献诗以祀曰：公昔骑龙白云乡，手抉云汉分天章，天孙为织云锦裳。飘然乘风来帝旁，下与浊世扫秕糠。西游咸池略扶桑，草木衣被昭回光。追逐李、杜参翱翔，汗流籍、湜走且僵，灭没倒影不能望。作书抵佛讥君王，要观南海窥衡湘，历舜九疑吊英皇。祝融先驱海若藏，约束蛟鳄如驱羊。钧天无人帝悲伤，讴吟下招遣巫阳。犦牲鸡卜羞我觞，於粲荔丹与蕉黄。公不少留我涕滂，翩然被发下大荒。”

我一字一字读给先生听。音调铿锵，饱含深情。

“知我者，苏东坡也！”先生哭着，竟然顿足连连。

我见先生不能自已，忙安慰道：“当代功成，后世留芳，百世旌表，先生可谓文人楷模，缘何悲伤如此？应该兴高采烈才是。”

先生慢慢平复下来，擦着眼睛道：“见到好文，还是有会心会神意，不见东坡尊颜，终是遗憾。”

“先生有文公之誉，生前同仁徒众多有赞颂。我见皇甫作公之《神道碑》，李翱作《韩公行状》，先生其德其文似已述备。刘梦得有语：‘高山无穷，太华削成。人文无穷，夫子挺生。鸾凤一鸣，蜩螗革音。手持文柄，高视寰海。权衡低昂，瞻我所在。三十余年，声名塞天。’皇甫云：‘先生之作，无圆无方，主是归工……茹古涵今，无有端涯。鲸铿春丽，惊耀天下。栗密窈眇，章妥句适。精能之至，鬼入神出。姬氏以来，一人而已。’”

“禹锡弟，乡友也。皇甫乃弟子也。感谢他们的赞词！”老先生诚恳说道，“小婿习之也有言：‘建武以还，文卑质丧。气萎体败，剽剥不让。拨去其华，得其本根。包刘越嬴，并武同殷。《六经》之风，绝而复新。学者有归，大变于文……，东坡语虽从中化来，然大气磅礴，登高一呼，众言俱废也！这就是文字的力量呀！”

说着，仍赞叹不已。

“后世曾将唐宋文章斐然者萃汇成观，有‘唐宋八大家’之说，这‘三苏祠’里人物均在其中，而‘三苏’中尤以苏东坡诗文成就最大，先生夸赞他，也说明先生好眼力！”我由衷说道。

说到这里，先生得意起来：“我的眼力何以只此？为了东坡的好话，我现在回谢于他。当年我当裴师司马时，曾堪舆此地，因之这一带我甚熟悉。我问你，苏东坡何以选中在此终老？”

“知道一二。一是说东坡当年进汴京时常路过此地，见此地甚像故乡山水，便说此地甚好，可以长眠。二是说苏辙就在许昌供职，家眷多从四川迁来，且此地毗邻京畿，山清水秀，哥俩由是便定此为终老之地。”

老先生道：“此乃只是一说，而真正起决定作用者乃是苏东坡的襟怀抱负。”

“何以见得？”

“三苏祠之北曰莲花山，莲花山之北曰箕山，莲花开在箕山隈。箕山乃华夏文人之精神高地，亦是文人风骨之表旌。颍水绕山向东南。古人称颍水为仁爱之水、纯净之水，不仅拓冲出颍川地望，同时也洗涤养护着这面精神图腾。若仰卧其间，可直追先圣风范，又可安享化文之撷英。苏君爱干净，既可让这天下最纯之水时时淘洗尘世给他的委曲和牢骚，又可不断擦拭他那总爱蒙尘的双眼。我想，这该是他选择此地长眠的首要因素。”

先生言犹未尽，喝了一口水又道：“我说箕山乃文人之宗，今人或可不信，以为‘三苏’莲花形单影只。但若看其山前山后山左山右，周边相继有刘禹锡、李商隐、欧阳修、晏几道墓等环列星布，如莲花次第开放于野，便知苏东坡并不孤独，就知道文人至死不渝、心心念的仍是襟怀追求，不同凡响。”

我情不自禁鼓掌叫好：“说得好！果然是‘唐宋八大家’之首，端的厉害！”

先生愣住了，忙问：“此话怎讲？”

我道：“后人之共识，将唐宋文章大家按才华贡献排队，依次为韩愈、柳子厚、欧阳修、苏洵、苏轼、苏辙、王安石、曾巩八位。您老人家赫立首位，我为先生骄傲！正好胡辣汤来了，奖励一下！”

“受之有愧，受之有愧！”先生作惶恐状，双手接过热气腾腾的黑瓷大碗。

“不过，我给先生提个意见。人说‘韩潮苏海’，乃先生与苏子的文风特点，后人常将二人归置一处。若将诗文哲思并论，先生列为唐宋八大家之首乃实至名归，特别在学人学者研究家界，先生大名无人可及。但若在江湖山野，八大家中苏东坡最为有名，这一点，民国以来最为权威的陈寅恪先生也说过类似的话。先生知道为什么吗？”

“愿闻其详。”

“苏东坡与先生比，人更接地气，更融入烟火人间。”

“噢，能否举例为证！”老先生皱眉说道。

我指指饭店菜单说：“您看，这上边的名吃就有‘东坡肉、东坡肘子'，据说都是他被贬黄州之后在乡野所创，于是这些做菜之法不胫而走，散入烟火之间，得以流传至今……"

先生喝着胡辣汤、吃着水煎包沉默不语。

"人间烟火就是最大的文化呀，所以苏东坡在民间这么有名……"

先生听到这里，把汤碗放于桌上，指着碗道："若这般说，这胡辣汤也可称为韩愈汤啦!"

我也愣住了，呆望着先生听他说话。

胡辣汤，胡辣汤，顾名思义，一是胡，二是辣，胡是胡椒，辣是辣椒，这是胡辣汤两大原材料。悠悠万事，须求根本，凡事都要从根上说起。胡椒辣椒何时传到中原？一说明代，一说宋代，依我说纯属瞎扯。史上有记，胡椒原产于南亚，以印度为最。初时以香料身份散见西域，汉代僧人取经时呼为"昧履支"，为防经卷衣料虫蛀而用。唐初传入皇家，史上有记，手上若有两把胡椒，就可进宫得到杨贵妃的召见，估计安禄山就是凭借几斤胡椒敲开后宫门扉的，那时的胡椒是比黄金珠宝还要贵的东西。再后来，因奇货可居，阿拉伯商人沿丝绸之路将这"黑色黄金"输送天朝，王公大臣才渐次有所涉猎。在这过程中，胡椒的食用功能被发现，但此味只应天上有，仅限在皇家王公圈内使用。公元 777 年，宰相元载被人告发，被代宗赐死后，从府邸抄出 800 石胡椒，这富可敌国的财富震惊朝野，愤怒的代宗李豫下诏将元载劈棺弃尸，拆坟毁家。由是见胡椒之贵，也由此见胡椒非民间之物。吴元济反，裴相代主出征，任俺为司马一职，掌管兵马调动，粮草供应。出征前，宪宗特赏胡椒百斛犒劳三军，不瞒你说，这胡椒就是我带到中原的。时值秋深冬初，天凉地冷，铁甲如冰，我见三军卧寒，便找手下商议应对之策。有乡人进言，一早一晚，以汤食下肚，可驱寒保暖。斯时我想起胡椒之用，又着人调来河东老醋、西凉牛肉、佐以锅盔等，初时以酸辣汤味道为主，后逐渐改为胡辣味。今人只知逍遥镇、北舞渡胡辣汤最为有名，不知当年那正是大将乌重胤、李光颜之驻地，此乃掎角之势面对淮西军也。而裴帅大营居中，在今郾城南商桥西南五里处。正是这碗热气腾腾的胡辣汤，却热乎了数十万官军的心，不久便迎来淮西大捷。大军班师回朝，而余下的胡椒辣椒作为奖赏给了当地，也因火头军转业回乡，怀揣胡辣汤制作之法，诸多巧合，使得胡辣汤得以留传民间，只是物稀料贵，知者甚少，才没有大范围传播。宋明以降，豫州中部民间喜丧大宴菜单上有汤“十八碗”之称，其中就有胡辣汤之一种。在民间，大规模传播胡辣汤当在晚明时期，因此时胡椒树在福建、广东一带已经植栽，后渐次北移，从根本上解决了原材料稀少的问题，加上辣椒自我种植之后，在中原已扎根千余年，两物携手进入寻常百姓家，于是胡辣汤就成了中原人餐桌上的一道美食……

老先生说完，见我皱眉不语，便低了声音道：“此说本人从没与外人道，诸君或有不信，但我说胡辣汤是我韩愈发明的，胡辣汤就是韩愈汤，怕是没人能驳倒我！”

想想确实如此。

既然“东坡肉”也会遭疑，那“韩愈汤”就不妨自此传扬。

我举手称许道：“我赞成！”

老先生哈哈大笑说："只是有些拗口，若说韩愈汤，别人听了还以为是'寒鱼汤'呢！"

我见先生高兴，也打趣喊道：

"老板，再来一碗韩愈汤！"

这一喊不要紧，喧闹的饭店里"唰"一下静了下来，一个头发油亮的中年人从账台后急忙赶过来问：

"对不起，我没听清，要什么鱼汤？"

六月三日凌晨，长安城尚未醒来。宰相武元衡像平日那样，从靖安坊东门居所骑马而出，在随从的簇拥下去上早朝。刚拐上大街，便有黑衣人从树后蹿出，抬手一箭，将卫士射翻，余之一哄而散，尚有武元衡与马夫仍单骑飞跑。这时另一策应从左侧冲出，飞身上前，从侧后用铁杵将马夫击倒，复冲上去把武元衡掀下马来。武元衡一只脚挂在马镫之上，身体在地上拖行，歹人挥杵将武元衡左腿打断，将其脚踝脱出后，将其头颅割下，用头巾包好，然后从容逃去。当值更的神策军们听到呼救声赶到时，发现武元衡已经倒在血泊之中，身首异处，头颅不翼而飞……

正在宪宗惊恐下令免去当日早朝，与另外时宰商议对策的时候，执金吾又传来消息，御史中丞裴度也受到同样袭击，伤势严重。执金吾将领还收到一封沾有血迹的信，信上以嘲弄的口吻说，如果不尽快抓到他们，不出几天，他们会把朝阁大臣一个个全部杀掉。

恐惧立时像风一样刮遍京城每一个角落。宪宗命令禁中严加护卫，宫内禁军手持弓箭和斧钺，三步一岗，五步一哨。神策军护卫大臣们上下朝。其他未受到皇宫侍卫保护的官员，将自己府上的仆从武装起来，手拿长枪短棒，前呼后拥虚张声势。宪宗拨给刑部一千万铜钱悬赏捉拿凶手，还下令五品以上的官员及其家属，如果私藏罪犯，一律处以死刑。命令一下，五品以上官员及王公贵族府邸都受到彻查，全城不留死角。暗杀事件发生七天后，有八个没有通行证的人被抓了起来，他们又供出了另外的十一个人，这十九个人被认为是这两次暗杀事件的罪魁祸首，宪宗下令全部在西市大柳树下斩首示众。

而事后证明，这十九人与此无涉。

而真正关联的，却是一个惊天叛乱事件。

元和九年（814）九月，彰义军（淮西）节度使吴少阳死。其子吴元济逆立父职，并派兵掠夺四邻，与此同时，吴元济还切断了江南向长安岁赋贡献之路，坐收其成，拥兵自重，一时酿为朝廷的心腹之患。

由于讨伐王承宗的战事正处胶着之状，淮西之乱在京形成两派朝议。李吉甫奏曰，淮西四面少依，然处腹心，若不预先处置，将会危及东都京城，应立即剿灭才是；而另方则认为北方戡乱在先，正是关键时刻，不宜分心，应先礼后兵，安抚不成，再出兵不迟。

宪宗于是遣工部员外郎李君何前去淮西，并与之赠官之礼。然而到了蔡州，吴元济却城门紧闭，不迎敕使，致李君何无功而返。与此同时，吴元济又发兵四处，屠舞阳，焚叶县，掠鲁山、襄城，直逼东都，关中震撼！

宪宗即命宣武等十六道进军讨伐。然而，官军讨伐之役开局却颇为不顺。由于各路人马互相观望，人心不齐，缺乏统一指挥、协同作战的意识，战争只是呈现出零打碎敲状态。白天官军突进失地，因仓促不备，及夜间又会被贼兵攻陷，日复一日，月复一月，双方竟成拉锯状态。而相持数月，反被贼军突进百里。

眼见贼焰日嚣，长安朝议二派更争执不下。新任宰相韦贯之认为现在国库空虚，朝廷财政收入减少，北方正在打仗，开支日益增加，再陡派大军征讨，武器军饷，兵马粮草，何以筹措？还是暂缓为上。

此时李吉甫已死，代替他继续强硬的是宰相武元衡，他主张调九州兵马集中优势兵力一举歼之。另一个强硬派就是御史中丞裴度。

裴度刚从淮西战场回来。他奉宪宗之命去前线视察，以观察员的身份跟随官军李光颜部参加了临颍之战。当时吴元济一部盘踞在颍河杜曲渡口，李光颜在繁昌镇以西对峙。裴度夜访军营，见士兵枕戈以卧，将军夜不卸甲，警惕严整，凛凛有威。李光颜住在一座古庙，曰献帝庙，是当年魏献帝被逼交出国玺之地，庙内有受禅碑以纪，此碑乃汉代大书法家钟繇所书，人称三绝碑。裴度去时，光颜正与部下研究作战方案，见手绘舆图上山川河流地形方物敌方兵力无不精准，一问，方知有士兵潜入敌后侦察所得。是战，仅为争夺古渡口，此乃东向之跳板，占据此地，向东数里，就是南北官道，向南过去商河，即是郾城境内。再往东南，就是淮西叛军老巢——蔡州。表面来看，此战乃系小战，实际上尤为关键。李光颜令部下凌晨攻击，另一部子夜出发，沿河南行十余里过河，在商河北岸包抄过去，力求全歼杜曲溃败之敌。李光颜说，不求击溃，务求全歼，给叛军一个震撼！战斗果然如李光颜所料预期推进，歼敌千余人，全胜此役。李光颜部向前推进二十余里，在商河古镇北岸扎下营寨。裴度见李光颜指挥得当，勇谋兼备，部旅战斗力甚强，十分欣赏。

回京后，裴度向宪宗具报说，将来李光颜可立奇功也！于是，坚决主战。

在朝议时，韩愈支持宰相武元衡和御史中丞裴度的主张，与韦贯之一派发生激烈的廷辩。韩愈上言说，淮西仅有蔡州、光州、申州三个小州，残破困顿应对天下之力，失败可谓指日可待。现在关键看陛下的决心大不大，倘若陛下立断，下定决心，则淮西不日可破也。在淮西用兵方面，当前的症结是，诸道发兵，各二三千，互不连接，不成合力，而每道势力单弱，异乡苦旅，不谙敌情，将军掌兵，待之既薄，使之以苛，兵将相失，心孤意怯，形如盲人骑瞎马夜半临深池，很容易被叛军各个击破。在粮草供给方面，因分道而资，道路辽远，劳资倍费。据他所知，与淮西接壤的陈、许、安、唐、汝、寿等州，村镇百姓悉有兵器，习于战斗，对贼兵了解，可发榜征召，立可成军，保护乡里。其兵可自备衣粮，减少供费，而贼平后亦易归田，各返乡里。倘荡平叛军，平定之后，首恶必惩，而蔡州士卒皆国家百姓，要悲悯为怀，不可滥杀。

韩愈的朝议显示了他的军事才能。特别是后两点，他不仅回答了反对者钱粮无以筹措的观点，还提出了发动民众、打人民战争的战略设想，即使以今日之视野，人们也不能不感佩韩愈之思想缜密和目光深远。

由于韩愈和白居易等人的加盟，执异议执政者对二人颇为不满。

吴元济感觉形势不妙，便四处遣使求援。淄青节度使李师道素与吴善，曾数次上表为之求情。他出二千人马以攻打叛军为名，直取淮西东邻寿春，实际上是为吴军解围。另外，他素养刺客奸人，以暗杀行刺恐怖袭击而见长。这个暗杀团伙就在东都秘密训练，所募之人多是洛阳无良少年地痞流氓。韩愈当河南令时曾打击过他们，但其根长在藩镇身上，除恶难尽。见朝廷锐意诛叛，养客献计李师道，说天子之所以如此，乃武元衡与裴度所鼓动也，若刺杀二人，其余则不敢声张，则罢兵不远矣。李师道曰然。于是便发生了震惊长安的刺杀大案。

裴度被袭时，脑袋被砍了一刀，堕入路边深沟，因官帽毡厚，才不致要害。仆人王义抱贼大呼不放，被贼断臂而去。

全城大搜捕时，神策军将领王士则密告，在王承宗驻京驿馆内发现可疑之人，为首者叫张晏。于是先期抓捕八人，之后又抓十一人。他们被认为是刺杀武、裴二人的凶徒，统统斩杀于西市。这笔账算到了成德军节度使王承宗的头上，因为他曾三次上奏为吴元济求情，均受到宪宗斥责，况且讨伐他的战事已经启动，他有十足的“作案动机”。但有人对此提出质疑，说经过审讯，没有足够的证据证明是这伙人干的，就连最可靠的证据——武元衡的头颅都没有找到，怎么能确认他们是杀害武元衡的凶手呢？说这话的是曾反对李吉甫用兵的宰相张弘靖。他认为，在没有足够的证据证明幕后凶手究竟是谁的情况下，最好不要给反叛者以更大的刺激，以免他们铁心与朝廷为敌。与他观点相近的朝臣甚至提出要罢裴度的官职，以安抚成德军和淄青李师道之心。而对提出严惩凶手讨伐淮西的白居易等人，则借故给以贬迁。

张弘靖可谓老马识途。至少在识别真凶这一点上，证明他看准了。

当十九人在长安西市大柳树下一个一个被砍下头颅时，真正的凶手们已经潜回东都洛阳复命去了。

是年（815）八月，因淮西威胁，东都防御加紧，有兵驻扎伊阙。李师道所养杀手们准备再图滋事，他们计划焚烧皇宫，趁乱攻击军营，杀掠百姓，以制造事件干扰征讨成德、淮西二镇。所训杀手已有百十人，他们在洛南河阴馆内集结，在其后院杀牛以烹，饱食畅饮，准备动手。天亮将出发时，有人向东都留守吕元膺告发，吕急忙引伊阙兵将河阴院团团围之。杀手们突围而决，伊阙兵尾随追赶，因杀手们剽悍亡命，伊阙兵不敢迫近，眼见杀手们冲出长夏门，消失在西南山野之中。

东都西南连接邓州和虢州地界，方圆五六百里，皆高山深林，民不耕种，专以射猎为生。猎手个个身手矫勇，曰之“山棚”。吕元膺张榜告民，配合官府围剿，则重金赏之。此时有猎户报告，说有伙强盗抢了他的猎物。官军循迹而去，将杀手们藏匿的山谷包围后，全部抓获归案。经过审讯，方知这伙杀手的头目叫圆净，乃中岳寺僧人，原是史思明手下战将，勇悍过人，已经八十多岁。而这伙杀手的总头目为訾嘉珍、门察。他们是李师道手下的将官，受命在洛阳建立杀手训练基地，并策划实施了刺杀武元衡和裴度的活动。而作为杀手教头的圆净，表面为寺僧，暗地活动，潜入山林，目的是秘密串联六百里密林里的山棚们，借天然伪装，训练出一支庞大的杀手党，有朝一日血洗洛阳。

圆净被擒，不禁仰天长叹曰：“可惜不能血洗洛阳矣!”捕者令其下跪，仍凛然傲立。命铁杵击其胫，竟不折。圆净骂道：“笨蛋，连折人胫也不成，还自称健儿，让老子教你怎折!”便做示范，自断其胫。

吕元膺将河阴院一炬焚之，将杀手们和与之有关联人员全部缉拿，竟有千余之众，按律统统斩杀后，将訾、门二犯槛车押至长安，刑部审讯时，二犯对犯罪事实供认不讳，宪宗始知真相。因对王承宗已经用兵，淮西已开战端，李师道暂时无暇顾及，只能暂缓征伐。

宪宗李纯是个杀伐决断决不含糊之人，特别是在对骄横藩镇的问题上，决不隐忍，可谓英明睿智。当兵部侍郎许孟容上言打击叛军，建议裴度拜相，而一些大臣则提议裴度罢官，以免刺激叛方时，宪宗龙颜大怒曰：“若罢裴度，等于成全叛党奸谋，自坏朝纲。我心意已决，即使只用裴度一人，我也足破二贼!”遂起用裴度为中书侍郎、同平章事，荣任宰相。

韩愈此时也由史馆修撰、考功郎中知制诰迁中书舍人，成为朝廷中可以直接接触皇帝的近臣。

属于韩愈的官场春天总是非常短暂，他还没来得及品味“右掖春”是何滋味，便又改任太子右庶子。“右庶子”乃太子官署名称，以“纠正违阙，傧相威仪，提出规劝”为主，因此，这又是个“闲官得婆娑”的官。

从元和十年（815）的春夏之交开始，韩愈就觉得有大事发生，他为这件大事又鼓又呼。末了，大事没来，却遭人嫌弃，反而又被逐出了权力中心。

太子那里不需要他多嘴多舌，于是，他由太子想起了儿子。

儿子正是读书时。孟郊之后，对韩昶影响最大的就是张籍与樊宗师。以儿子韩昶的观点，他认为父亲的诗高古冷僻，而张籍的诗则更平民化，更接近时代，因之也让人更感亲切。张籍的诗风与元白趋近，反而与韩孟偏远。儿子对自己诗歌的疏离，实际反映了儿子对诗歌的理解和欣赏水准。韩愈虽因儿子的疏离而遗憾，却也为这疏离而欣慰，这毕竟是儿子自己的美学主张。而对于文章，儿子则更喜欢樊宗师。这同样让韩愈意外。因为樊宗师文章一路，如韩愈诗歌路线，走高古怪险一脉，且更加极端。他与皇甫湜一样，崇尚古奥，以难为美，特别以难文士为美。他们都与裴度要好，而裴度与韩愈乃同年进士，文名甚显。但二人之文，裴度览文以阅，竟不能句读。这就真有故弄玄虚之嫌了。但儿子竟然说他能欣赏，并心向往之。这就又让韩愈惊喜莫辨了。喜的是儿子的学问到了一定层次，才能到达樊氏的高度；惊的是，儿子真懂？假懂？为文而文之路，真的能走下去吗？

韩愈在城里的居所在靖安坊，郊外在城南韩家庄，这两处居所来得最勤的就是张籍和樊宗师。

韩愈的诗《符读书城南》和《示儿》记录了韩愈教子与儿子韩昶读书的心绪与情状。

且看韩愈《符读书城南》诗：

木之就规矩，在梓匠轮舆。
人之能为人，由腹有诗书。
诗书勤乃有，不勤腹空虚。
欲知学之力，贤愚同一初。
由其不能学，所入遂异闾。
两家各生子，提孩巧相如。
少长聚嬉戏，不殊同队鱼。
年至十二三，头角稍相疏。
二十渐乖张，清沟映污渠。
三十骨骼成，乃一龙一猪。
飞黄腾踏去，不能顾蟾蜍。

一为马前卒，鞭背生虫蛆。
一为公与相，潭潭府中居。
问之何因尔，学与不学欤。
金璧虽重宝，费用难贮储。
学问藏之身，身在则有余。
君子与小人，不系父母且。
不见公与相，起身自犁锄。
不见三公后，寒饥出无驴。
文章岂不贵，经训乃菑畬。
潢潦无根源，朝满夕已除。
人不通古今，马牛而襟裾。
行身陷不义，况望多名誉。
时秋积雨霁，新凉入郊墟。
灯火稍可亲，简编可卷舒。
岂不旦夕念，为尔惜居诸。
恩义有相夺，作诗劝踌躇。

韩昶从小性情孤僻，不苟言笑。初入学，不识默记，背书时，过目必忘，连缀段章，不知所以。至五六岁，从无通诵过三五百字文章，常引同学耻笑。及六七岁，忽能把玩文字，将互不相关文字置于文案，瞬间排列组合，遂能成文，妙语天作，不知出处。张籍奇之，便为之授诗。韩昶时年十岁余，日通一卷，张籍惊之，试授学童，皆不及之。韩昶常问张籍耳闻所得，曲问其义，张籍往往无答。受诗未过两三卷，便可为诗，卓尔不凡。及年十一二岁，樊宗师亦奇之，欲召门下。韩昶素慕樊文，说其乃文人之师，文体与常人不同。见宗师，竟能熟识其作，如数家珍。一旦为文，宗师连呼称奇，其作或出于经史之外，自己甚不能句读。宗师甚喜，便悉心施教。韩昶稍年长，期盼进士及第，见进士文与樊不同，遂改体重作，汇集成卷。如此好学，又如此上进，年二十五便进士及第。

韩愈甚慰。此乃后话。

闲官期间，韩愈再次将“李杜”奉为经典，纠正了元白“李不及杜”的偏颇，使“李杜”在中国文学史上的地位从此固化，成为千年定评。

事情由张籍而起。

有一天，张籍来访，见韩愈无聊，正在庭院间乘荫纳凉。已是秋天，但日头仍毒，加上韩愈体胖易觉得热，便在树木间做起寻荫运动来，“庭楸止五株，共生十步间。各有藤绕之，上各相钩联。下叶各垂地，树巅各云连”，树木投在地下的树荫，就是韩愈的栖处，但这片刻凉爽，需要时时抬头望天，在树叶的浓淡处正确地安放自己。于是便有如下景观：“朝日出其东，我常坐西偏。夕日在其西，我常坐东边。当昼日在上，我在中央间。仰视何青青，上不见纤穿。朝暮无日时，我且八九旋。”韩愈旋呀转呀有四五圈的时候，张籍来了。

手里拿着元稹编的新乐府诗集，张籍赫然其列，且有白居易和元稹的诗评与诗论。

内有白居易赠张籍诗：昔我为近臣，君常稀到门。今我官职冷，惟君来往频。……况君秉高义，富贵视如云。五侯三相家，眼冷不见君。问其所与游，独言韩舍人。其次即及我，我愧非其伦……韩愈见此笑道：此诗精准，张十八诚如孟郊所言“西明寺后穷瞎张太祝”，因眼有疾，仅识韩白二家，才不去权贵之家矣。

二人在楸树荫下品茗论诗。

张籍说：“前些时与元白接触甚多，甚投诗缘。见元稹写《唐故工部员外郎杜君墓系铭》，其对杜诗推崇有加，而对李诗却颇有微词。”

“元稹怎样说？”韩愈问。

“时山东人李白，亦以奇文取称：时人谓之李、杜。予观其壮浪纵恣，摆去拘束，描写物象，及乐府歌诗，诚亦差肩于子美矣。”张籍竟将元稹祭文中言一字不差背出。

韩愈皱起眉头：“元稹当真如此说？”

张籍：“他还说，至若铺陈终始，排比声韵，大或千言，次犹数百，词气豪迈，而风调清深，属对律切，而脱弃凡近，则李尚不能历其藩翰，况堂奥乎！”

韩愈初时不以为然。因斯时诗人如涌，遍地英才，并无排名列序之说。诗界只有风行流尚走势时红一说，少有定评结论。而如今，元稹刻石以记写在卷宗，以元白之声誉，新诗之发轫，习仿之云起，会给未来以莫大的影响，这使韩愈深思了。

“乐天如何说？”韩愈又问。

“乐天与元稹观点相同。他有《与元九书》说：唐兴二百年，其间诗人，不可胜数。所可举者，陈子昂有《感遇》诗二十首，鲍防有《感兴》诗十五首。又诗之豪者，世称李、杜。李之作才矣，奇矣，人不逮矣，索其风雅比兴，十无一焉。杜诗最多，可传者千余首，至于贯穿今古，覼缕格律，尽工尽善，又过于李。”张籍说，“他对李白诗似乎更为不屑。”

韩愈神色凝重地问张籍：“依你之见呢？”

张籍呷了一口茶，含在嘴里半天才咽下去。他看韩愈挺上心，便笑着说：“如你八九旋，每旋不复远，即凉一柱烟，抬眼又得转。我的观点一会儿一变，有时觉得他俩说得不对，一会儿又觉得有几分道理……”

韩愈说：“什么时候觉得不对呢？”

张籍说：“想把一件事说明白的时候，就觉得不对了。”

韩愈说：“不想说明白的时候就觉得对了是不是？”

张籍点头曰是。

韩愈又问：“如此说，不想说明白，却又想说些什么，以释山川之造影，人类之情怀，就觉得对了，是不是?”

张籍又点头。

韩愈又问：“你懂我说的是什么意思了没有？谁对了?”

张籍茫然道：“是不是李白对了?”

韩愈觉得这是个问题，应该经他手解决，不然，李白的诗会湮没在万千诗歌的尘土下，后人不知其好。

于是便有《调张籍》一诗光耀史册：

李杜文章在，光焰万丈长。
不知群儿愚，那用故谤伤。
蚍蜉撼大树，可笑不自量。
伊我生其后，举颈遥相望。
夜梦多见之，昼思反微茫。
徒观斧凿痕，不瞩治水航。
想当施手时，巨刃磨天扬。
垠崖划崩豁，乾坤摆雷硠。
惟此两夫子，家居率荒凉。
帝欲长吟哦，故遣起且僵。
剪翎送笼中，使看百鸟翔。
平生千万篇，金薤垂琳琅。
仙官敕六丁，雷电下取将。
流落人间者，太山一毫芒。
我愿生两翅，捕逐出八荒。
精诚忽交通，百怪入我肠。
刺手拔鲸牙，举瓢酌天浆。
腾身跨汗漫，不著织女襄。
顾语地上友，经营无太忙。

乞君飞霞佩，与我高颉颃。

之前他在《醉留东野》曾写：“昔年因读李白杜甫诗，长恨二人不相从。”在《荐士》里写：“勃兴得李杜，万类困凌暴。”在《酬卢云夫》诗中有：“高揖群公谢名誉，远追甫白感至诚。”又在《石鼓歌》中写道：“少陵无人谪仙死，才薄将奈石鼓何！”在《感春》里有诗句：“近怜李杜无检束，烂漫长醉多文辞。”推崇李杜几乎贯穿了韩愈的一生。正是因了韩愈的大力推崇，李杜诗篇才从纭纭诗园里脱颖而出，引人瞩目，并经过薪火相传的千年淘洗，成为中华文化之冠上璀璨的明珠。

《调张籍》中有“李杜文章在，光焰万丈长。不知群儿愚，那用故谤伤。蚍蜉撼大树，可笑不自量”句，带有很大的私密性，他初始只给张籍一人写的，而且也因元白这两个小兄弟太张狂孟浪，张籍太无主见，这“群儿愚”里也包括张籍本人，因此才有此训诫。白居易在《与元九书》里，虽然是以论乐府诗为前提，以讽喻世事讥刺时弊方面看前辈诗人，但也不能说李白“索其风雅比兴，十无一焉”，而杜诗入其法眼者，“亦不过三四十”，这不是少年轻狂是什么？倘若说李白诗少有讽喻讥刺，也就罢了，但你们却说李诗“风雅比兴”欠缺，“觑缕格律，尽工尽善”差火候，这简直有些不知天高地厚了。韩愈认为李杜文章之所以“光焰万丈长”，皆因他们如大禹治水那样，是拓荒式的伟大人物。他们存在的意义重在创造，重在创新，重在开创一代诗风。他们在诗界隆起浪漫主义和现实主义两座山峰，不仅会影响诗界，还会影响文坛，不仅会影响现世，还会影响后世。他们是华夏民族文化的瑰宝，会深深影响华夏的民族性格。而“徒观斧凿痕”，用只鳞半爪去窥探李杜诗歌的品质和优长，无疑是管窥蠡测。这种短视将会给几位诗友特别是自己的弟子张籍以影响，因之会限制他的思想和格局。于是他不得不说：“顾语地上友，经营无太忙。乞君飞霞佩，与我高颉颃。”说的时候再三叮嘱，此诗乃戏作，此诗乃私语，不可传外人。

但是，张籍还是将此诗传了出去。

张籍被孟郊戏称为“西明寺后穷瞎张太祝”，这就说出了他将此诗传出去的因由。他住在长安西明寺后，西明寺在延康坊西，张籍因患眼疾，常去寺内找一僧人看病，此僧乃颍川人氏，琴棋书画，无所不精，更有针灸通灵，秘不示人，可致奇效。听张籍说，他对外称之从西域来，因其长得面赤肤黑，又或有隐秘事，实乃李十二娘之后矣。天宝之乱，殃及颍川，五岁的他与家人失散，在荥阳虎牢关一带，被海林寺高僧收养，少小授以释经儒文灸针汤液六艺之术，长大后剃度为僧。高僧仙逝后他云游四方，几年前来到西明寺落脚。张籍的眼疾就是被他看好的。

由于这层关系，便无话不说。而颍僧也爱诗文，常与张籍、元白唱和，颇有诗名，对于诗界并不陌生。当张籍在他的禅房疗疾后，颍僧拂琴，张籍歌诗，学乐府曲调，便把韩愈新作唱了出来：

李杜文章在呀咿哟，
光焰万丈长呀嗨嗨……

这就引起颍僧注意。颍僧见张籍不时俯首看卷中之页，而此诗辉煌无比，便停琴索看。只几眼，便被吸引，急拿纸墨，草抄于禅房之中……

于是，《调张籍》不胫而走……

于是，颍僧和韩愈也成了朋友。

初见颍僧，韩愈有些怨恼。

见颍僧携琴而来，便问：“琴有何辜？问汝为何将拙作示人，它能回答吗？”

张籍笑而不语，于室内点上香笼，便立于颍僧之右，看他解衲盘坐，抱琴于怀。颍僧沉吟一会儿，便抚琴一曲。立时，琴声如河流汗漫而来，顷刻间灌满室内，或波涛涌急，或流水潺潺，或平水白沙，或浪花飞溅，竟全在颍僧手中推拢收送之间。韩愈似被乐声攫住，呼吸也换了节律，全凭音乐处置了。至曲终，韩愈口仍大张，未复原状。

世上竟有如此精妙之琴手！

问曲名，乃《湘妃怨》也。

韩愈心绪大变。立时起身执颍僧之手曰："得罪大师了！"遂让于上座。

张籍大笑道："果然琴会说话也！"

韩愈粗通琴道，索琴于手，见此琴不凡，乃是西域风格的五弦琵琶，与波斯传来的四弦琵琶略不相同。波斯琵琶曲颈，印度五弦直首，波斯琵琶身形稍短，而印度琵琶则体形修长。一个来自马背征战，一个来自辩才女神。虽然都称之为"胡琴"，但其中却缕有分。

见韩愈对琵琶关注，颍僧就说："它就是回答先生问话的原因呀！"

便有颍僧如是说——

先生赋诗，是为诗而诗，是习而为之。而我等为诗，是生而为诗。我们生下来，就是诗的一部分，是诗的一个句子，一个短节，一个句点。我的姑姑叫李十二娘，她于大历二年（767）十月十九日在夔州遇到诗人杜甫，诗人有《观公孙大娘弟子舞剑器行》问世，从此，我们家的命运就走进书卷里了。

杜甫曾对姑姑充满好感。姑姑不仅剑器舞得好，而且风姿绰约，美丽非凡，因此诗人称姑姑为"临颍美人"。杜甫与姑姑闲聊，说他六岁时曾路过临颍境内的杜曲古渡去郾城。姑姑说，那就是我的老家呀！杜甫问：为什么叫杜曲呢？姑姑说，此乃颍水古渡，商家林立，谣歌法曲戏坊艺人为多，故曰"曲"，何以为杜，盖因之后会遇上一位姓杜的诗人吧！杜甫被姑姑逗得哈哈大笑。他说，六岁虽然少不更事，但对美人的坐标就是在这次旅行中建立起来的。那时的颍河丰沛阔大，船过杜曲古镇，少女们在岸上云云涌涌踏歌而行，她们是去看社戏吧，蓦然回首，灿若桃花，星眼闪烁，于是给杜甫留下极其深刻的印象。杜甫坐船至商河古镇，又坐车至郾城，在郾城观看了公孙大娘的剑器表演，那时的公孙大娘玉貌锦衣，年轻貌美，剑器舞动，飘飘若仙……其后来到皇家梨园戏坊，成为舞班总领。杜甫感叹岁月如驹，如今苍然白首。他对姑姑说，我无法留住皇室的春色，但我能留住你的舞姿和倩影，于是提笔一挥而就——

……
绛唇珠袖两寂寞，
晚有弟子传芬芳。
临颍美人在白帝，
妙舞此曲神扬扬。
……

夔州与诗人别，姑姑与梨园弟子们四散而去，姑姑辗转回到家乡，在临颍和郾城交界处的商河古镇落下脚来，因为郾城是公孙大娘的家乡，姑姑要照顾年迈的公孙大娘。两县以河为界，河北为临颍，河南为郾城，商河古镇于是有南北之分。

我的父亲在宜春坊是琵琶乐手，他自小带着十三妹跟十二姐学艺，弹得一手好琴。他的师傅就是宜春坊头把琴手独孤贞，唐玄宗的琵琶就是跟独孤贞学的。玄宗精通音律，尤爱琵琶，杨贵妃尤甚，为博玄宗知音，常命独孤贞于宫中教琴，贵妃琴艺因而大进。贵妃屡邀玄宗，献奏于梨园，琴瑟和鸣，声情并茂，玄宗甚悦，恰有安禄山自范阳入觐，亦献白玉箫管数百事，安皆陈于梨园，自是音响殆不类人间。其中最注目者尤一西域五弦琵琶也。其槽以逻娑檀为之，温润如玉，光辉可鉴，有金缕红文，蹙成双凤，人称凤凰琴。玄宗旋即将此琴赐予了独孤贞。作为皇宫戏坊的第一舞者和第一琴手，姑姑和独孤贞相爱了，但因宫廷深规约束，二人只能错过花期。安史之乱，独孤贞与父亲被玄宗带走入川，在马嵬坡被遣散，后来落入安禄山叛军之手。安禄山陷东都之后，羡慕皇家风范，让独孤贞另立坊间。独孤贞坚不从命，并深夜送父亲逃脱。临别时把他琵琶上的第一个弦柱送给父亲让他转交姑姑，说：心之所系，每天如握，一世珍重！就此各别。父亲按师傅所言，在荥阳找到他失散的妹妹，回到家乡并与之结婚。

后来就有了我。

张籍如是说——

五岁那年，叛军袭击了他的家乡，他们随着逃难的人流来到荥阳，后来父母被贼兵掳走，从此下落不明。父亲一直没有见到姐姐，就把那支雕花弦柱当作宝贝，挂在他脖子上。他记得父亲被抓时把他藏到树丛后说，佛会保佑你！

而姑姑此时带着梨园子弟正流浪巴蜀，就是为了寻找独孤贞。一直寻找到与诗人相遇。

姑姑终于无功而返。回到家乡，因有皇苑经历，姑姑在古镇开馆授徒组织梨园，日子尚能维持。姑姑把杜甫诗找人刻于馆所石壁和戏楼台基，她每天带徒晨吟暮咏，如佛徒诵念经文。姑姑说，她一生不幸，唯一的幸运就是与诗人的相遇。诗人把她写进了诗行，从此给予了她另一个生命，这个生命因诗句的不朽而不朽，因诗句的隽永而重生，诗人把她变成了永恒，这是她的福报。一个人，若活着为了诗之不朽，或者被不朽的诗人写为诗，二者不管哪一样，都能成为人追寻的意义。

商河古镇是个水陆枢纽，颍水商水在这里汇聚，然后浩荡东流注入淮水。商河之上有隋代造桥大师李春所造的石拱桥，由此连通南北官道。来这里的人，一打听十二娘，连三岁小孩也会引你去找到她。

颍僧后来终于找到了姑姑，他是和高僧一起去的。见到姑姑，颍僧跪在她的面前，把雕花弦柱送给姑姑。姑姑拿着雕花弦柱摩挲了许久，然后笑了一笑，说：不用了，还给你的师傅吧！

故事讲完，一室寂静。

韩愈想，似这样理解杜诗的人，还用回答自己提的那些愚蠢的问题吗？

颖僧又抚起琴来……

韩愈于是写《听颖师弹琴》诗以记：

昵昵儿女语，恩怨相尔汝。
划然变轩昂，勇士赴敌场。
浮云柳絮无根蒂，天地阔远随飞扬。
喧啾百鸟群，忽见孤凤凰。
跻攀分寸不可上，失势一落千丈强。
嗟余有两耳，未省听丝篁。
自闻颖师弹，起坐在一旁。
推手遽止之，湿衣泪滂滂。
颖乎尔诚能，无以冰炭置我肠！

苏轼在《东坡题跋》卷六《欧阳公论琴诗》里透露，欧阳修曾问他，琴诗谁写得最好？苏东坡答：当数韩退之《听颖师琴》也。欧阳公不以为然。后有胡仔《苕溪渔隐丛话》卷一六续其事，吴下僧人义海以琴名世，说欧公差也。韩文公首句“昵昵儿女语，恩怨相尔汝”，乃拟声移情，以内心最柔软处比附初音，一下子接近了与琴声的关系，而且由此生长出与听者有关联的人物形象，也为“划然变轩昂，勇士赴敌场”由是愈显其勇，其决绝，也更撼人心魄。至“浮云柳絮无根蒂，天地阔远随飞扬”，和“喧啾百鸟群，忽见孤凤凰”，均是泛声轻音，如丝帛裂响，妙趣天成。而“跻攀分寸不可上，失势一落千丈强”，如飞瀑流泻江河起伏，又如金樽唱板抑扬裂歌，竟都是牵人心魄处。由此可见，韩文公不仅懂琴，竟或是操琴高手。欧阳公说韩诗“此诗固奇丽，然自是听琵琶诗”，然斯语误矣。而苏东坡称厥诗乃琴诗最好者则名副其实也。

元和十二年（817）七月下旬，宪宗下诏平定淮西。当诏授以裴度为门下侍郎、同中书门下平章事、蔡州刺史、充彰义军节度等职，并委托其组织讨伐淮西之蔡州行营。二十九日，又诏主战派崔群为中书侍郎、同中书门下平章事，任宰相职。刑部侍郎马总兼御史大夫，充淮西行营诸军宣慰副使；以太子右庶子韩愈兼御史中丞，充彰义军行军司马；以司勋员外郎李正封、都官员外郎冯宿、礼部员外郎李宗闵皆兼侍御史等职，同随裴度出征。

韩愈一生中鲜少以军事谋略示人的一面开始了。

八月三日，宪宗执裴度手走出长安城通化门。

宪宗说：“蔡州兵变已有三年，快过中秋节了，唯愿天下一统，苍生家家团圆!”说着，把一犀牛角饰制的腰带亲自系于裴度腰上。然后又与韩愈等人挥手作别。裴度一行洒泪跪拜谢恩，然后出发向东而去。

看着队伍渐行渐远，宪宗第一次有了倚门而盼的急切感。

佛说人有“八苦”，帝王亦然。现在宪宗患的是“求不得苦”。淮西之乱已经三年，因地处腹心，宪宗夜半无人向东南遥望，竟觉得这簇火苗就在大明宫外彻夜燃烧。

这种灼心之痛难与外人道。

自安史之乱，又有“五王”之祸，发难均出藩镇。而藩镇这种体制又是祖宗相传，是先于他存在的历史遗存，其福祸相依，相辅相成。而开元之后，藩镇和则全国安，藩镇反则天下乱，一切仰仗藩镇脸色，而这种现象渐变成一种游戏规则，一种政治现实。现在的情势是，越来越多的朝臣委曲偏安，主张求和，以寻找平衡点为能事。倘若任其发展，君将不君，国将不国，祖宗传下的李氏基业就会彻底动摇。因此，削藩安邦，于宪宗乃不可动摇之国策。然而，藩镇逆者，前有王承宗，今有吴元济，暗有李师道，不明者尚有一二三，观望者甚有四五六！王吴李互相联结沆瀣一气，且已坐大，要想削平，何其难哉！

二月，叛贼们为阻止用兵淮西，派人潜入关中折断皇室陵庙之戟，焚烧刍蒿之积，流矢飞书，恐吓京都，让一些朝臣噤言，不敢进语征讨。七月，宰相李逢吉、王涯上言讲和，说讨淮三年，师久无功，劳民伤财，国库枯竭，请罢兵。见另一宰相裴度无语，宪宗询问裴度是何态度，裴度说：臣愿亲去前线督战。翌日又在延英殿重议，散议后宪宗将裴度单独留下，问：卿真能为朕出行吗？裴度伏地泣言：不灭吴贼誓不返朝！宪宗此时心中始安：满朝文武，可托朕之心事者裴度是也！

遂有平淮西之举。

倚门而望，直到声渐不闻人渐杳，宪宗才依依返回禁中。

韩愈一直是裴度的坚定支持者。

这不仅仅因二人均是同榜进士，也不仅因其多年挚友关系，更因二人政治理想的投契和耿直的性情。裴度受命组织蔡州行营后，立即委韩愈以行军司马的重任。

司马之官始置于西周，掌管军政军赋之职。沿用至汉，汉武帝改太尉为大司马，后世用作兵部尚书之别称。魏晋至唐，司马均为军府之官，位于统帅以下，总理一府事务，参议军机大事，掌管兵马调动、粮草供应具体事宜。此次平淮，设立蔡州行营，裴度为帅，副帅为马总，都统为宣德节度使韩弘，后两人一人在汴州，一人在前线，而大本营里，韩愈就是裴度麾下最高的军事长官了，用今天的话说，韩愈充当的是总参谋长的角色。

与此同时，平淮诸道兵马也陆续兵发蔡州，以成合围态势。且不说李光颜一直由北向南推进，乌重胤率七府之兵也正自西北向东南进发，淮西南，尚有李道古渐次而来，李文通在蔡州之东布阵，防止吴兵突围。柳公绰乃御史中丞、鄂岳观察使，以文名世。宪宗以书生不会用兵为由，让其分兵五千授予安州刺史李听以讨叛兵。柳公绰奏请自行，宪宗准许。柳公绰号令整肃，军容严整。凡士卒之亲属疾病死葬，均由所在营伍承给；凡军人妻室淫逸不忠者，皆由军方做主沉于江中。因此柳师士气甚高，每战皆捷。韩愈曾有《与鄂州柳中丞书》，赞扬其忠勇精神。若铁壁合拢，各道都如李光颜、柳公绰，何愁淮西不破？

行军到了河南府福昌县的女儿山，站在高处，见旌旗猎猎，车辚辚，马萧萧，兵强马壮，士气高昂，主帅意气风发即景豪吟，韩愈也口占一首对之：

旗穿晓日云霞杂，山倚秋空剑戟明。
敢请相公平贼后，暂携诸吏上峥嵘。

入夜，中军帐内，裴度与众僚研究攻敌方略。裴度听完各道兵马的新近动态后，询问副使马总宣德节度使韩弘的情况。马总说，尚无汴州方面的军情汇报。裴度不禁皱起眉头。

汴州乃九州腹地，屯兵十万，东控江淮，北拒冀恒，南接淮西，可谓战略要地。如果此州有变，南有吴元济，东有李师道，北有王承宗，这几个地区便首尾相连，东西贯通，大唐则势危矣！所幸宣德节度韩弘大节甚强，魏博田弘正归朝后，李师道王承宗曾合谋讨伐，李师道遣使借道，韩弘对来使说：我只知奉诏而行，不管尔等了了。倘若汝使兵马向北过河，我即刻发兵取你曹州！李师道便不敢动作。但韩弘还有据位自傲的一面。自牧汴州，时长十八年，境内足食丰衣向无波澜，可以说管治有功。韩弘曾上表求升迁晋爵，但上终无反应，韩弘使气，于是一连几年，便再无赋年报，疏以人臣之礼，使宪宗颇为不悦。淮西讨伐以来，都统韩弘并不积极作战，“常不欲诸军立功，阴为逗挠之计。每闻献捷，辄数日不怡”（《旧唐书·韩弘传》）。这种态度就是宪宗所说的“观望者”。而这一次兴师讨伐，主使裴度、副使马总，实际上就是主帅和副帅，韩弘的位置则下降到第三位，而裴、马的资历均难与韩弘相比，而韩弘又如此看重名位权力，若是尾大不掉，该如何是好?

在战争状态下，任何一种因由都会放大，甚至会成为决定性的因素，在这个方面，“泾师之变”时的李怀光之乱，就是深刻的教训。

泾师之变，德宗从长安出逃，身边不足百骑。先避咸阳，后避奉天，虽其后时有军臣归附，所凑人马也不足万人。此时朱泚已经称帝，他急令叛军攻打奉天，将其团团围住，并击溃援救而来的官军，使奉天成了一座孤城、死城。战事进行一个多月后，德宗的饭碗里连粗米也没有了，不得不令人黑夜出城采芜菁根来充饥。城外，叛军攻城的投石机已经瞄准德宗的住所，只需一声命令，历史就会改写。正在千钧一发之际，自河北战场回师的朔方节度使李怀光率大军五万前来救驾，很快消灭了叛军的阻击部队，使战场形势发生了根本性的逆转，迫使朱泚不得不撤围而去溜回了长安。

可以说，李怀光是拯救奉天之围的功臣。立此大功，德宗本来应该即刻召见，慰问宣抚，使其更心向朝廷，成就柱石之用，但因处置不当，却生生把李怀光推到了反叛的一方。

李怀光乃番将也，生性粗鲁，胸无点墨。向来看不起德宗身边的卢杞、赵赞等一帮佞臣，声言若见德宗，一定进言杀了这些误国权奸。卢杞等人生怕李怀光与德宗见面，便对德宗说：“怀光勋业，社稷是赖，贼徒破胆，皆无守心，若使之乘胜取长安，则一举可以灭贼，此破竹之势矣。今听其入朝，必当赐宴，留连累日，使贼入京城，得从容成备，恐难图矣!”(《资治通鉴》卷二二九)德宗不察卢杞用心，竟令李怀光不用觐见，即刻转进长安，与别道来军限期克敌，收复长安。李怀光接令悲愤不已，自率大军连日克敌披肝沥胆，如今与君主一步之遥却不能相见，其情何寡也!遂屯兵不前，渐生叛意，后来一步步走向叛乱之路……

李怀光之乱发人深思，也令裴度、韩愈们警惕。今日韩弘之重，坐拥中枢，管控南北，一举一动与战争胜败息息相关，必须谨慎处置与之关系，让其在此次战事中发挥重大作用，而不能有半点儿闪失。

谁来完成这个重大使命呢？

韩愈自告奋勇承担了下来。

翌晨，裴度亲拨神策军百骑护卫着韩愈，向汴州而去。

路过荥阳界途次鸿沟，韩愈联想多多。虽然此路走过多回，但今非昔比。少小奔波，求其生机，更多是为自己，而此番东去，则是为天下苍生，目标异样，观感也开阔许多。鸿沟乃战国魏惠王时所开，自荥阳北引黄河水，东流经中牟之北，东向至汴南流，经通许、太康，至淮阳东南注入颍水。鸿沟之水联结济水濮水汴水睢水颍水涡水汝水泗水，组成了黄淮平原上巨大的水利网，惠及农林，方便交通，对苍生来说是一道福音；但对楚汉相争的项羽和刘邦，它又是一道天堑。《史记·项羽本纪》载："汉遣陆贾说项王。项王乃与汉约，中分天下：割鸿沟以西者为汉，鸿沟而东者为楚，项王许之。"然而，这鸿沟到底还是项羽的一处伤口。他兀自引兵归去，不料汉王刘邦却言而无信，跨过鸿沟又追至垓下，陷项羽于十面埋伏。如此说来，鸿沟又是不义者悬挂于胸的一枚勋章。

车辚辚，马萧萧，行人弓箭各在腰，旌旗猎猎好热闹。今番韩愈出使汴州，又走鸿沟，却是为大唐基业天下苍生而来，为了这一刻，韩愈上过几多奏折写过多少诗文发过多少议论！所幸皇帝圣明听从忠臣们的建议，终于下定决心集九州之兵共讨淮西。此战将决定大唐的未来，而未来一定大放光明！韩愈自信满满，放眼鸿沟，不禁吟咏道：

> 龙疲虎困割川原，亿万苍生性命存。
> 谁劝君王回马首，真成一掷赌乾坤？

后来的运势果然如"真成一掷赌乾坤"，淮西平叛之后，四海归心，震慑不羁藩镇，再无大的战事，为元和中兴奠定了良好的社会环境。

到了汴州，韩愈行事谨慎，以行军司马的身份向都统韩弘表示了恭敬之情。他先是代表裴度表达了他个人的慰问，并将宪宗那条弥足珍贵的犀牛角腰带转赠给了韩弘。

韩弘接过腰带，掂量了一下，似乎比别的腰带沉重一些，样子也有些特别，感觉怪怪的。他随手把它放在几案上，想想不妥，复又把它拿在手上摩挲着，摩挲着，好像要擦去它奢华的表面。

“暹罗在哪儿?”韩弘问。

“在南粤之南，遥之又遥也。此乃暹罗之国礼，由打磨好的犀牛角一百二十八片与八十八块翡翠用金丝连缀而成，价值连城，乃陛下心爱之物。”

韩愈认真解释着，神情肃穆。

“天子所赐，岂能夺爱?”见腰带如此珍贵，韩弘的手微微颤抖起来。

韩愈郑重地说：“相公说，陛下何以为赠，是托国事也，裴某何德何能，能安享隆誉者，唯宣德节度使韩弘大人也!”

“卑职岂敢僭越？不敢，不敢……”

韩弘把腰带紧紧握在手上，弯腰深躬，以示敬重。

韩愈趋步上前，说：“相公吩咐，一定要代他亲手系于阁下腰间。”说着，便把腰带恭恭敬敬系于韩弘身上。

幕府内瞬间璀璨起来，韩弘站起身来，在铜镜前上下打量着，众幕僚一片叫好。

韩弘也亢奋起来：

“请回复相公，卑职愿效犬马之力，以谢知遇之恩。”

韩愈施礼以敬，说：“阁下不必亲劳去前线作战，只需坐镇这里，枕戈待旦，以阻北下东来之援。”

韩弘大手一挥说：“但使龙城飞将在，不教胡马度阴山，请让相公放心！”

接着，又当下令，命其子韩公武率兵一万三千人会讨蔡州。又献粮三百万斛、马匹五千、绢三十万匹，钱以贯数者百万，兵械多至不可胜数……

未雨绸缪，智者之识。韩愈的汴州之行，对将要拉开的讨吴大战起到了关键性的作用。汴州幕府如一枚定海神针，分割了三个方向的叛军，又牢牢将淮西叛军固定在两河一带狭小的地域，对其四面包围，形成了真正的铁壁铜墙，可谓功莫大焉。

此时河南府尹张正甫因拜会韩弘也在场，观此情景，大受感染，起身向韩愈表态说：“转告相公，河南府将竭尽力量保障前线我方的粮秣军需供应！”

韩愈致谢不已。

张正甫笑道：“足下乃为国事，何谢之有？若要谢，久闻韩文天下第一，能否赐笔一二耶？”

韩愈挥笔而就《送张侍郎》：

司徒东镇驰书谒，丞相西来走马迎。
两府元臣今转密，一方逋寇不难平。

此时，前线战事正处胶着状态。裴度行营路过襄城南白草原时，突遇淮西兵伏击，他们似乎获得情报，故特来击杀裴度和一干行营大员。淮西兵七百骑皆身手矫健，从各道进剿大军的隙缝中游刃于后方，竟使官军们毫无察觉。多亏当地的守将曹华早有防备，亲率甲兵护卫，加上从汴州赶来的韩公武大军，很快就将七百骑淮西兵斩杀殆尽。因战事就在眼前发生，淮西兵的箭镞不时射来，雨点般落在旌旗车辇以及护卫的神策军身上。这些神策军是宪宗亲自派来保护裴度的。他们用身体拱卫着车辇，围得密不透风，但又见他们一个一个倒在地上，连一点儿声音也没有，只有一汪一汪的血染着雪白的芦花。眼见一个个年轻的后生顷刻殒命，裴度着实惋惜不已。他是在猝不及防的情况下品味战争残酷的一面的，也正因没有预设，一切是那样惊心动魄，他才能真切感受和平对于生命是多么重要，荡平贼寇对于天下苍生是多么迫不及待！

当他得知宣德军赶来的消息时，战事已经结束。在芦花放白的背景里，他看到韩愈与韩公武并肩而来。裴度突然想起，应该给韩愈一个奖赏，他要亲手题写四个大字送给他：

厥功至伟。

襄城位于郾城西北。此时李光颜、乌重胤已从临颍推进至郾城境内，且已占据大部地区。又有李文通、李道古部自东与东南向淮西推进。特别是将郾东北部的陵云栅攻占后，淮西兵大为恐惧，从扩张改为守势，重兵列于蔡州以北地区，显示出了关门之狗的窘态。裴度到达郾城后，即刻视察了一线作战的各路将士。裴度首先给各路将军们“放权”。之前作战，各道兴兵均有中使监督，进退不由主将，胜则先由中使报捷邀功，败则又遭监军百般凌辱，因此，极失军心，又违兵规。裴度宣布尽皆废去，兵权皆授主将，将在外君命有所不受，把战场的主动权交给一线将士。此权一放，将士群情激昂，无不争先杀敌。

勘察行营位置时，韩愈司其职而谋其事。信州人吴武陵对韩愈言：“吴元济之父吴少阳曾邀我以宾友，我不从也。我自硖石望蔡州方向，气如旗鼓矛盾，皆颠倒横斜，乃败军之象也。而忽见黄白气出西北，盘蜿相交，王师所在，气黄白，喜象也。败气为贼，日直木，举其盈数，不阅六十日，贼必亡。”愈信其言，便将王师行营落座于郾城西北四十五里处。平叛之后，行营撤去，但因裴度曾在此平寇，当地人称“裴城”。自此，裴城之名一直流传下来，千年承续，如今是漯河市郾城区裴城镇政府所在地。

淮西兵龟缩至洄曲一带设栅防守。据史料曰：“洄曲即时曲，盖溵水于此回曲，因以为名。”又有“时曲”条注曰：“在陈州溵水县西南”，而溵水乃沙水也。故漯河镇南俗名干河者，实谓之洄曲河，其下游通上蔡（蔡州），与五沟营相近。旧《志》云“裴城店左汇渠”疑此之所谓。洄曲为“汇渠”之声转耳。据《资治通鉴》载：“初置淮、颍水运使。杨子院米自淮阴溯淮入颍，至项城入溵，输于郾城，以馈讨淮西军。”这条溵水与澧水交汇处，取名“源汇”，其镇曰“上口镇”，与下水的“下口镇（周口镇）”相对应。后又因相汇处形状如螺，遂更名为“螺湾河镇”，就是如今漯河市的前身。史载，元和十二年（817），唐军与淮西军“夹溵水而军，诸军相顾望，无敢涉溵水者”。

而此时的洄曲，乃吴元济手下大将董重质守卫。去年，当李光颜部拔掉陵云栅之后，吴元济为之丧胆，曾上书朝廷，请求罢兵议和，宪宗答应饶其不死，但其事却被董重质等所阻，令吴元济最终彻底反叛。裴度率师讨伐，吴元济倾其所有，甚至将其护卫部队也派遣给董重质，因此，洄曲集中了吴元济最精锐的两万铁骑，号称“骡军”。骡乃界于马与驴之间，既有马的骨骼，又有驴的耐力，善跑能驮，可负重装甲兵，极富冲击力量。骡乃马与驴交配之产物，长成后不具生育能力，性蛮忠诚，遵守纪律，视死如归。这同样也是这支队伍的性格特征。骡军者，多是无业游民、泼皮无赖、狱中死囚或是父子相袭为卒，比起官军的士兵构成要复杂许多，亡命以搏，擢首以战，死士以归，这就是骡军之特点。裴度白草原遇袭，就是董重质的骡军所为。

韩愈受命为行军司马，其职之一就是负责行营及统帅的安全保障工作。白草原遇袭时，七百骑暗夜从李光颜、乌重胤部之间穿越，其间还要涉过沙河和澧河两条河流，竟然毫无察觉，足见其行事周密，纪律严整。而袭击事败，七百骑无一生还，为不留活口，竟各自了断，其决绝如易水之士。后来李光颜认出这些黑衣甲兵正是董重质的骡军。

那么？董重质是何以得知裴度行营的行踪呢？

裴度怀疑此乃与己有隙之人所为。

比如，右神武将军张茂和，是否是他指使人将行营路线图泄露给淮西兵了呢?

张茂和原是朝中主战派，曾大言若战必披坚执锐，不斩敌酋，誓不还朝，其言凛然有状，胆略似超凡尘。裴度信其所说，组织行营时荐为都事。孰料此人却称疾不就。裴度经过查询，此人本无病疾，每天莺歌燕舞，只醉风月，原是叶公之徒。裴度大怒，上奏请斩此人。宪宗说，看在他父亲兄长一门忠顺的面上，饶他不死，贬为永州司马吧。此事在朝中影响甚大，张茂和声名狼藉，曾扬言报复。

另有翰林学士令狐楚，因与宰相李逢吉善，常与之一唱一和反对淮西用兵。裴度认为翰林学士因在内宫，常在君侧，若与李逢吉内外相结，会干扰平叛，便上奏请改外职，理由是他常草上谕，措辞多疏漏。因此令狐楚也怀恨在心，以仇眼视裴。

韩愈分析，不管何种因由，能让七百骑冒险设伏，表明淮西军对此情报的重视和志在必得的决心。而这个情报获得的地点，长安线太长，襄城又太短。一个路途遥远无法掌握准确到达白草原的时日，一个时间太短又来不及设伏。而最有可能获得情报的地点则是在禹州或许都，然后又飞骑返程一百二十里，回营禀报后才能采取行动。普通人众难有如此能力。由此得出线索，此乃很可能是董重质的“踏白军”所为。“踏”，就是勘察、搜索之意；而“白”是薄的假借字，薄的意思是“草木交织，不可进入”，连在一起就是“察勘隐伏于草木繁茂之敌”的军队。就是当今军队之“侦察部队”。如此，即便他们乔装打扮，在敌后纵深百里穿越，还是会留下痕迹的。

为了证明自己的判断，韩愈立即派人去禹州、许都至襄城一带的旅栈酒肆及沿路农家访查袭前有无可疑之人出没。

几日后，查访人陆续回营汇报，说出事前，果然在许都和禹州均发现有“外乡人”四处游荡，以勒碾锥磨为由，在路场官道上接活儿，眼睛却四处寻觅，不停向人打探过往行踪。有的说是商人，却不谈生意，只在茶楼向远方瞭望，仿佛在等什么人。而更让人感到不解的是，他们骑的是清一色的黑骡子，喂饲料时不允许旁人靠近，从掉在地上的渣子看，原来喂的不是草料，是碾得半碎的豌豆和黄豆。

韩愈问："何以知道他们是外乡人？"

一个本地的官员解释道："张口就能知道。有句话叫百里不同风，十里不同雨，口音的分辨细微至村里巷口之间，十里之内就有微小差异。淮西距许都禹州近二百里，口音的差别非常之大，说'外乡人'一点也不为过。但要是外地人，就难以分辨此细小差别。"

"如此说来，若要辨缕析分，查谍锄奸，非要依靠当地百姓引为耳目不成？"韩愈心有所动，欣然问道。

"正是。"

"所谓蔡州骡马，为何赫然成军？其中有何故事？"

本地官员叫董昌龄，原是吴元济攻占郾城后，派到此地的"县令"。吴元济将其母当作人质，勒令其走马上任。临行前，其母对他说：顺死贤于逆生。你若弃吴尽忠，我死你为孝子。若你追随叛逆，我虽生犹死，如遭刀砍斧斫。于是就与守将邓怀金相机投诚。由于他熟悉当地情状，就在行营内继续参议事务。见韩愈了解骡马事，便滔滔不绝说起来：吴元济父亲吴少阳，酷爱良驹宝马，其马场蓄有汗血宝马、大宛和蒙古马等数千匹。后来他突发奇想，用种马和当地驴子交配，竟然产下体形庞大、骨骼强健的骡马，其速度、耐力比西域马还要突出，便开始差人培育，年年累加，以至渐渐成为淮西骑兵的主要骑种——所谓淮西骡军便由此而来。

韩愈听完笑道："听君一席话，胜过子路问。孔子当年周游列国，就在这里迷其所往，十字路口心茫然，于是便差子路问路，故有'问十'之地名，今天我也算问了一回路，心里踏实多了。"

即刻差人把附近村庄的里正户长们请到行营，如此这般了一番。

"如果有可疑的外乡人，请马上报告大营！"韩愈交代大家。

渔网一撒，马上见鱼。

赵庄、苏侯、丁庄的里正都说见到了外乡人。

韩愈吩咐他们暗中监视，不要打草惊蛇。

然后带上一队军士去了赵庄。到了村头，见一人正给几户人家磨剪刀。里正向韩愈使使眼色，韩愈便上前打招呼："你什么地方人？"

磨刀人见一官人突然出现，身后还有一队官兵，有些惊慌，但他马上镇静下来，说："离这里有十多里地，商河镇的。"

"商河镇的？"

"是的。"

"问个人你知道吗？"

"谁？"

"李十二娘。"

"知道。"

"她多大年纪？长什么样？家住商河镇哪条街？"

韩愈记住了颍师说的每句话，没想到今天派上了用场。

"李十二娘……今年二十八岁，长得好看，家在商河镇西街……"

分明是假的。但韩愈笑起来，用脚踢一下磨刀人，说："果然是商河镇的老乡。好了，快收拾一下赶紧回去吧，这里要打仗了，明天裴元帅要去沱口视察，你再不走，就回不去了。我老家是杜曲的，和你是老乡呢。快收拾收拾走吧……"

见磨刀人千恩万谢地走了，韩愈才回到大营。

第二天，裴度去沱口视察。沱口距行营东四十余里。距洄曲仅八九里。队伍将到沱口时，半道上冲出一彪人马，为首者正是淮西大将董重质。到底是久经战阵之人，还没等官军明白过来，董重质就拍马掩杀过来。所谓沱口，乃是旧河道冲积之地，有几里许的沟壑曲曲弯弯通向村庄。见势危急，神策军卫队忙掩护裴度等人冲进沟中，以防被冲击成数段，首尾难顾。官军且战且退，淮西兵穷追不舍。等贼兵完全进入大沟，却不见了元帅车辇，沟中宽阔处闪出大将李光颜，背后是列阵待发的弓箭手。董重质始觉不妙，想要后退，却听一声鸣锣，后面巨石翻滚山崩地裂，瞬间后路封死，乃是田布率领的官兵围了上来。董重质知道中计，冒死冲出沟壑，且战且退，撤至洄曲时，三千兵马身后仅余十多骑……

沱口一战，裴度对韩愈的军事才能大加赞赏。

官军和淮西军隔河而望，处于战略相持阶段……

正是深秋时节，一弯明月照澧水，这片刻宁静使韩愈和司勋员外郎李正封格外珍视，他们竟然忙里偷闲斗起诗来。自从东野死，少有联句诗。而处于战争中段时的韩愈，似乎对战事的走向已了然于心，此诗犹如战后总结，这不能不说韩愈对时事时局的判断有着清醒的认识，对人心向背战争走势充满乐观和自信——

晚秋郾城夜会联句

从军古云乐，谈笑青油幕。灯明夜观棋，月暗秋城柝。（李正封）
羁客方寂历，惊乌时落泊。语阑壮气衰，酒醒寒砧作。（韩愈）
遇主贵陈力，夷凶匪兼弱。百牢犒舆师，千户购首恶。（李正封）
平生耻论兵，末暮不轻诺。徒然感恩义，谁复论勋爵。（韩愈）
多士被沾污，小夷施毒蠚。何当铸剑戟，相与归台阁。（李正封）
室妇叹鸣鹳，家人祝喜鹊。终朝考蓍龟，何日亲烝礿。（韩愈）
间使断津梁，潜军索林薄。红尘羽书靖，大水沙囊涸。（李正封）
铭山子所工，插羽余何怍？未足烦刀俎，只应输管钥。（韩愈）
雨矢逐天狼，电矛驱海若。灵诛固无踪，力战谁敢却。（李正封）
峨峨云梯翔，赫赫火箭著。连空隳雉堞，照夜焚城郭。（韩愈）
军门宣一令，庙算建三略。雷鼓揭千枪，浮桥交万笮。（李正封）
蹂野马云腾，映原旗火铄。疲氓坠将拯，残虏狂可缚。（韩愈）
摧锋若貙兕，超乘如猱玃。逢掖服翻惭，缦胡缨可愕。（李正封）
星陨闻雊雉，师兴随唳鹤。虎豹贪犬羊，鹰鹯憎鸟雀。（韩愈）

烧陂除积聚，灌垒失依托。凭轼谕昏迷，执殳征暴虐。（李正封）

仓空战卒饥，月黑探兵错。凶徒更蹈藉，逆族相啖嚼。（韩愈）

轴轳亘淮泗，旆旌连夏鄂。大野纵氐羌，长河浴骝骆。（李正封）

东西竞角逐，远近施缯缴。人怨童聚谣，天殃鬼行疟。（韩愈）

汉刑支郡黜，周制闲田削。侯社退无功，鬼薪惩不恪。（李正封）

余虽司斧锧，情本尚丘壑。且待献俘囚，终当返耕获。（韩愈）

藁街陈铁钺，桃塞兴钱镈。地理画封疆，天文扫寥廓。（李正封）

天子悯疮痍，将军禁卤掠。策勋封龙额，归兽获麟脚。（韩愈）

诘诛敬王怒，给复哀人瘼。泽发解兜鍪，酡颜倾凿落。（李正封）

安存惟恐晚，洗雪不论昨。暮鸟已安巢，春蚕看满箔。（韩愈）

声明动朝阙，光宠耀京洛。旁午降丝纶，中坚拥鼓铎。（李正封）

密坐列珠翠，高门涂粉雘。跋朝贺书飞，塞路归鞍跃。（韩愈）

巍阙横云汉，秦关束岩崿。拜迎罗橐鞬，问遗结囊橐。（李正封）

江淮永清晏，宇宙重开拓。是日号升平，此年名作噩。（韩愈）

洪赦方下究，武飒亦旁魄。南据定蛮陬，北攫空朔漠。（李正封）

儒生惬教化，武士猛刺斫。吾相两优游，他人双落莫。（韩愈）

印从负鼎佩，门为登坛凿。再入更显严，九迁弥謇谔。（李正封）

宾筵尽狐赵，导骑多卫霍。国史擅芬芳，宫娃分绰约。（韩愈）

丹掖列鹓鹭，洪炉衣狐貉。摛文挥月毫，讲剑淬霜锷。（李正封）

命衣备藻火，赐乐兼拊搏。两厢铺氍毹，五鼎调勺药。（韩愈）

带垂苍玉佩，辔鞶黄金络。诱接喻登龙，趋驰状倾藿。（李正封）

青娥翳长袖，红颊吹鸣龠。傥不忍辛勤，何由恣欢谑。（韩愈）

惟当早富贵，岂得暂寂寞。但掷雇笑金，仍祈却老药。（李正封）

殁庙配尊斝，生堂合馨鑮。安行庇松篁，高卧枕莞蒻。（韩愈）

洗沐恣兰芷，割烹厌脾臄。喜颜非忸怩，达志无陨获。（李正封）

诙谐酒席展，慷慨戎装著。斩马祭旄纛，炰羔礼芒屩。（韩愈）

山多离隐豹，野有求伸蠖。推选阅群材，荐延搜一鹗。（李正封）

左右供谄誉，亲交献谀噱。名声载揄扬，权势实熏灼。（韩愈）
道旧生感激，当歌发酬酢。群孙轻绮纨，下客丰醴酪。（李正封）
穷天贡琛异，匝海赐酺醵。作乐鼓还槌，从禽弓始彍。（韩愈）
取欢移日饮，求胜通宵博。五白气争呼，六奇心运度。（李正封）
恩泽诚布濩，嚚顽已簫勺。告成上云亭，考古垂矩矱。（韩愈）
前堂清夜吹，东第良晨酌。池莲折秋房，院竹翻夏箨。（李正封）
五狩朝恒岱，三畋宿杨柞。农书乍讨论，马法长悬格。（韩愈）
雪下收新息，阳生过京索。尔牛时寝讹，我仆或歌咢。（李正封）
帝载弥天地，臣辞劣萤爝。为诗安能详，庶用存糟粕。（韩愈）

清人方世举评说：“郾城联句，吉凶先见，多有偶中者，况此时元济有必败之势耶?”由此况印韩愈的先见之明。而从李翱《韩公行状》文字记述说：“公知蔡州精卒悉聚界上，以拒官军，守城者率老弱，且不过千人，亟白丞相，请以三千人间道以入，必擒吴元济。”又可得知韩愈颇得用兵之道。“行状”的文体特征，首先是非虚构。如刘勰言：“状者，貌也。体貌本原，取其事实，先贤表谥，并有行状，状之大者也。”这段材料，或许就印证了一段历史事实：作为行军司马，在行营的作战会上，韩愈经过多方勘察巡视后，摸清了敌我双方的兵力部署，知道吴元济把精兵均投入以郾城方向的防御上，而老巢蔡州却兵力空虚，因此向裴度提出建议，请以精兵三千奇袭蔡州。不管裴度是否采纳此议，还是后来如《资治通鉴》中所表述的李祐的进言，但最终有了奇袭蔡州的决定。而至少裴度生前没有对此提出异议，由此可见李翱表述的准确性。

这段文字，应该是淮西战事纪实中最华丽的篇章，因为后来战事的发展，果然如其表述，精彩如韩愈撰写的演练预案。

战事进行到中后程的时候，一个人的到来，成就了淮西战事中最为高潮的部分——他就是名将李愬。

淮西战事中，官军最大的失利就是铁城一役。据《资治通鉴》载："六月，甲辰，高霞寓大败于铁城，仅以身免。"高霞寓乃唐州、随州、邓州节度使，奉旨征讨，从西南方向杀向蔡州，不久，即攻下朗山（今确山），但继续推进时在铁城遇伏，几乎全军覆没。铁城即淮西兵据守的文城栅，以其坚不可摧，谓之铁城。其位置约在如今的遂平境内。

高霞寓被贬迁为归州刺史后，荆南节度使袁滋充其所任，不久又被淮西所败。在这种情势下，裴度向宪宗进言，推荐李愬任唐、随、邓州节度使，令其继续领兵讨伐淮西。

李愬乃李晟之子，虽是名将之后，但因初出茅庐，并不为人所重。加之两番新败，士气低落，淮西军也不把这路人马放在眼里。李愬视察部属时，看到老弱病残，伤兵满营，不仅不沮丧，回来后反而踌躇满志。手下不解，李愬道："这番情景，可以让淮西不备矣，然后可图也！"

蔡州系吴元济的老巢，要想攻占蔡州，必须拔掉文城和新兴两栅。李愬上表奏请拨兵，以谋蔡州，"人皆笑其说"。得两千步骑之后，李愬即开始着手肃清蔡州在西南方向之外围。

一天，李愬遣十将马少良巡逻，突遇淮西将官丁士良。丁士良乃淮西骁将，因官军屡败，心甚轻蔑，因之不备，不想被擒。解到军营，众人切齿，请刳其心，李愬允之。待静水浇淋，斧钺备齐，众将荷酒斛浆以待菜肴时，见刀刃下丁士良竟安然若眠，面色不改。李愬不禁赞曰："真丈夫也！"令急释其缚。丁士良言："我原本安州兵将也，贞元时被吴氏所俘而用之。我因吴氏而再生，当为吴氏而竭力。今又被公再生，当尽死以报德。"从此为李愬所用。

丁士良献计说："文城栅谓之铁城，实有战将吴秀琳也。而吴秀琳则靠陈光洽为之出谋划策也。只要设计擒陈，吴秀琳则自降也！"

陈光洽被捉后，吴秀琳果然提出献栅以降。李愬按约引兵至文城栅，先让唐州刺史李进诚前去，待至城，召吴秀琳结城下之盟，却不料城中矢石如雨，众皆不敢趋前。李愬闻报，说："吴秀琳是在等我呀。"便单骑走于队前。吴秀琳忙令手下打开城门，束手趋步，于李愬马下跪迎。李愬下马扶起吴秀琳，抚其背慰劳之，二人并肩入城。

李愬不战而获文城栅，尽得三千甲兵。

之后，又相继拿下冶炉城、白狗栅、汶港栅等，袭击了朗山，攻下了方城，将淮西兵在蔡州西南方向的守敌一点儿一点儿蚕食，了无痕迹，不动声色。

李愬厚待吴秀琳。吴秀琳说："若取蔡州，非得李祐。"

李祐驻守新兴栅。正是麦收季节，李祐亲率士卒在张柴村割麦。割着割着，远远见麦场方向浓烟滚滚，有军士飞报，说可能是官军袭扰。李祐不由分说，连盔甲也没披戴，飞身上马，单骑追去。远远见几条影子在不远处晃动，一闪又隐入松林中。李祐与官军交手，屡屡得胜，且又是在自己地盘上，便不踌躇，拍马追进林中。人一入林，李祐便觉有异，身后立时传来一片刀戈之声，眼前齐刷刷闪出一队官军骑兵。李祐暗道不好，刚想后撤，便见一物自天而降，连人带骑一下子被官兵用网罩了起来，还没等明白，便被绑了个结结实实……

两栅既拔，又尽得其兵将，为奇袭蔡州创造了极好的条件。

李愬既得李祐，整日与其等策划于密室，他者不得入见。官将们不免议论纷纷，说李愬厚此薄彼，让人忧虑。李愬无奈，若乱了根本，将不可收拾。只得泣对李祐，说相见恨晚，但若要成事，非借皇上方能平息众口。便将李祐囚于木车，发往长安，内里却有奏本，说若杀祐，则无以成功。宪宗了然，将祐诏还。众将自此一心。

李愬攻朗山，淮西援军赶来，官军溃败而去。李愬对诸将说："颇合我意！官军若胜，蔡州必备于我；我若败绩，蔡州将不设防也。"

李祐此时献计，对李愬说："蔡之精兵皆在洄曲，或四境拒守，蔡州守者皆羸老之卒，可乘虚而入，直达老巢，吴元济必擒矣！"愬然之。

又计得骡军董重质之子，让其给父亲写信，劝其归顺。于是有董重质单骑南下降李愬之说。

此时已至十月，冬季来临。从时间上推算，韩愈的建议是在秋天，要比李祐早许多。李愬派掌书记郑澥去郾城行营密报奇袭蔡州计划，裴度表态说："兵非出奇不胜，此乃良策也！"

元和十二年（817）十月十五日夜，李愬亲率精兵九千，以李祐、李忠义为先锋，冒雪东进。为防泄密，愬秘不示人，部属集结毕，问何以往，仅告东行。急行六十里，至张柴村，尽杀淮西警戒士卒，占领其栅，稍事休整，以干粮补充，此时才告知去袭蔡州。将士皆变色，监军泣言：乃中李祐奸计矣！但畏李愬，只得依令而行。此时北风猛烈，天空轰鸣响彻，大雪飘舞。旌旗冰裂，冻死鸟兽如飞矢相扑，一路上官军有停顿者，人马顷刻间被雪掩埋。百年未遇之暴风雪成就李愬奇功，自张柴村向东，路上无他，尽是官军行旅，至夜半，已临州城，天地皆白，大雪盈门，为掩甲兵铁戈之声，队伍行至鹅鸭池时，李愬令兵士尽驱鹅鸭，鹅鸣鸭跳，不绝于夜。

四更时分，李愬亲临城门，此时城市仍在熟睡。暴风雪的声音和鸭鹅的鸣叫声犹如鼾声的和音，交互奏鸣在守城士兵的梦境里。三十年不见官军，蔡州人已忘记战争的模样。

李祐和李忠义着壮士攀上城楼，尽杀守卒，竟无一人知觉。只留更夫，仍敲出四更鼓点。待大开城门，官军涌入，此时仍无人知晓。待走进内城，如法炮制，又开城门，官兵又进至牙城，此时已接近吴元济府邸仅一箭之地了。

此时鸡已打鸣，天已破晓。牙城守卒城上醒来，一睁眼，竟满城官军。急报吴元济，此时吴仍酣睡，吴元济笑道："何来官军？战俘越狱而已，全部杀掉就是！"又告之说："城陷也！"吴元济说："何陷也？天至寒，是洄曲兵回来索要寒衣也！"等披衣出庭，方听见不远处官军号令，有排山倒海之势，方知是真，竟抖索不能衣冠。方登牙城以战。

李愬令李进诚攻城，毁其外门，尽得蔡州器械武备，发于将士，又复攻城池。官军焚烧南门，民众争相负薪刍以助，不顾箭雨如注。待下午三四时光景，城门已坏，吴元济见大势已去，只得束手就擒。

北线淮西重兵闻听老巢被袭，吴元济已被捉，乃全线瓦解，洄曲兵悉数被李光颜部所获，其余各部由乌重胤和韩公武军所破。

至此，淮西战事，以活捉吴元济为终场大戏，四年征伐，以朝廷完胜而结束。

元和十二年（817）十月二十五日，裴度率行营进驻蔡州。李愬与部属在道左拜迎，裴度不受。李愬道："蔡人悖逆多载，已不知礼仪，公若接受，可借此宣示朝廷之尊也。"

裴度乃受之。

淮西既平，裴度出安民告示，首恶吴元济槛车解送京帅问罪，余者不问。蔡州治县，免去赋税二年。邻近四州，免去来年夏税。民众自此安居乐业，享受太平生活。

对参战各路将士，均具功状以奏，论功行赏，无一遗漏。李愬为山南东道节度使，赐爵凉国公；韩弘加兼侍中；李光颜、乌重胤均升迁为节度使；马总为彰义军节度使，负责蔡州军政事务；裴度赐上柱国、晋国公、食邑三千户。

有关韩愈在平叛中的作用，在《资治通鉴》中还有显示："裴度之在淮西也，布衣柏耆以策干韩愈曰：'吴元济既就擒，王承宗破胆矣，愿得奉丞相书往说之，可不烦兵而服。'愈白度，为书遣之。承宗惧，求哀于田弘正，请以子为质，及献德、棣二州，输租税，请官吏。弘正为之奏请，上初不许；弘正上表相继，上重违弘正意，乃许之。"这就是说，韩愈不仅在淮西战事中发挥了重要作用，在平息成德之乱中也功不可没，虽然他仅仅起个中介作用，但却是当时社会由战乱转向和平的方向性转变。当以后的形势如多米诺骨牌似的倒向宪宗的中兴之功时，若寻根溯源，人们就会发现韩愈初始的作用，虽然轻盈于蝴蝶翅膀的扇动，但却令山河变色，可谓功莫大焉。

是年十一月二十八日，裴度率行营人马班师回京。

路过襄城，大军宿营。为不扰民，韩愈命行营都在城外扎寨。正值数九寒天，滴水成冰，夜里兵士拥裘而卧，均不得眠。听有哀鸿之音，韩愈唯恐生变，心里好生焦虑。突然想起从吴元济府中抄来万斛胡椒，将其碾碎，然后与擂茶汇融一起，再佐以碎牛肉、豆腐丝，等等，可以制成很好的御寒辣汤。便迅速布置下去。忙碌到子夜时分，满营便响起一片啜饮之声，而音调则是欢喜昂扬了。裴度也要来一碗，喝过之后，连说美味美味。连喝三碗后，竟淋漓汗出，于是赋打油诗曰："此汤曰胡辣，喝完浑不怕。感谢退之兄，赐我满嘴麻。"于是帐篷里爆笑迭起。睹此情景，韩愈得意恣然，于是有《过襄城》诗：

郾城辞罢过襄城，颍水嵩山刮眼明。
已去蔡州三百里，家山不用远来迎。

十二月二十六日，裴度、韩愈一行回到长安。二十一日，朝廷诏命韩愈为尚书省刑部侍郎，正四品下阶，掌管天下刑法、徒隶勾覆、关禁政令等职。

元和十三年（818）正月初一，宪宗在含元殿受百官朝贺。此时，四海晏平，天降祥瑞，倚门之望已成过去，宪宗不由心花怒放，即令大赦天下，以贺淮西大捷。二月二十一日，宪宗在麟德殿宴请群臣，欢庆淮西胜利，君臣沸言，请刻石纪功，明示天下，为将来法式。于是宪宗诏令韩愈，撰写《平淮西碑》，以纪大唐中兴伟业。

受命之后，韩愈竟"闻命震骇，心识颠倒，非其所任，为愧为恐，经涉旬月，不敢措手"，凡七十日苦思深虑，终成《平淮西碑》。此碑文之所以成为古代纪实类文体的经典范例，主要是其恪守"辞事相称"的叙事原则，以"皇权天授，权威无上"的儒家思想作为行文支点，并以此统领全章，使其碑首先成为思想的丰碑。而裴度作为儒学思想忠实的践行者，承载着这场战事的叙事任务，以他的视角经纬，随着战事推进，在各个节点重现李愬、李光颜、乌重胤、韩弘、李文通等人的非凡功业。其文风格古朴，构思谨严，文笔典雅，叙事工稳，又堪称文学之丰碑。此文经宪宗阅后，深以为然，并又分送各亲历者征询，均无异议。韩弘甚至还送来五百匹绢表示感谢。经宪宗允准，命朝官到韩府宣旨受领此人情物事。宣旨时，朝官还带来宪宗所赐的一管真人等高的毛笔以授，因韩愈写过《毛颖传》，上有宪宗亲笔所题“毛颖之神”四字，以示嘉许。

于是降诏原文勒铭，将此碑竖立于蔡州城中。

然而，此碑一立，却引出一件轰动朝野的毁碑事件。

一个叫石孝忠者，见《平淮西碑》，勃然大怒，奋力将其推倒，不仅如此，为将事态扩大，竟将守碑者无辜打死。石孝忠被鞫时提出要见宪宗。

宪宗问：“为何毁碑杀人耶？”

石孝忠答：“臣不毁碑不足解怨也，不杀人难见天颜也，今既见天子，虽死无憾也。”

宪宗又问：“曷怨竟如此？”

石孝忠哭诉道：“臣本李愬部卒，所事久矣，平蔡之日，不离将军左右。吴秀琳蔡之心腹也，而愬降之；李祐者蔡之骁将也，而愬伏之。蔡之爪牙被将军尽收之，及捉吴元济，虽丞相也难先知也。蔡平之后，刻石记功，为何将愬名与李光颜、乌重胤等为伍？赏不当功，罚不当罪，若再有淮西，谁肯为陛下出力哉？臣所以推碑，不仅是为愬争功，而是为陛下正赏罚之源。臣不推碑，无以为吏擒；臣不杀吏，无以见陛下，既已见，请就刑。”

说完做引颈就戮状。

石孝忠其说之偏颇，行为之偏激，世人难以辨析，宪宗自然心中明晰。但倚门之望毕竟过去，满朝文武独倚一人之慨已成昨天。生活还要继续。于是，宪宗似乎被石孝忠的一番话说动了，当即赦免其无罪，并命为“石烈士”。

而此时李愬之妻也来禁中哭诉，说李愬功劳第一，韩文却仅言裴度，有失公道，应磨石重勒。其妻乃宪宗表妹，皇亲国戚，其闹自是不同凡响。宪宗于是下诏磨掉韩文，命翰林学士段文昌重新撰文勒石。

于是有段文昌之《平淮西碑》。

两碑比照，差可分明。李商隐《韩碑》言：“……愈拜稽首蹈且舞，金石刻画臣能为。古者世称大手笔，此事不系于职司。当仁自古有不让，言讫屡颔天子颐。公退斋戒坐小阁，濡染大笔何淋漓。点窜尧典舜典字，涂改清庙生民诗。文成破体书在纸，清晨再拜铺丹墀。……碑高三丈字如斗，负以灵鳌蟠以螭。句奇语重喻者少，谗之天子言其私。长绳百尺拽碑倒，粗砂大石相磨治。公之斯文若元气，先时已入人肝脾。汤盘孔鼎有述作，今无其器存其词。呜呼圣王及圣相，相与烜赫流淳熙。公之斯文不示后，曷与三五相攀追？愿书万本诵万遍，口角流沫右手胝。传之七十有二代，以为封禅玉检明堂基。”

李商隐此诗盛赞韩文“公之斯文若元气，先时已入人肝脾”。说韩愈“古者世称大手笔”“濡染大笔何淋漓”，敬仰之情，溢于言表。而对于磨碑事件，李商隐公然提出自己的看法：“谗之天子言其私”，公器若拿私用，段文必不长久。而韩愈虽然碑磨文销，但公道自在人心，裴公事迹与韩文将世代永存。因此，李商隐祈愿“愿书万本诵万遍，口角流沫右手胝。传之七十有二代，以为封禅玉检明堂基”。

穆修《唐柳先生集后序》中言：“唐之文章，初未去周、隋、五代之气，中间称得李杜，其才始用为胜，而号雄歌诗，道未及浑备。至韩、柳氏起，然后能大吐古人之文，其言与仁义相华实而不杂。如韩《元和圣德》《平淮西》，柳《雅章》之类，皆辞严义密，制述如经，能崒然耸唐德于盛汉之表蔑愧让者，非二先生之文则谁与？”

苏东坡更把别人诗抄来比较韩段二碑。绍圣年间，东坡先生在临江军驿壁上得一不知名氏之诗：

淮西功业冠吾唐，吏部文章日月光。
千载断碑人脍炙，不知世有段文昌。

此诗直白辛辣，貌似戏作，实则犀利，或许作者就是东坡自己，不过假言他人而已。

李商隐曾愿韩碑万书相诵，传之七十二代。此愿甚灵，甚奇。

二〇一五年春节期间，笔者与友人一起，曾考察过当年淮西战事的若干个古战场。笔者下榻的地方叫干河陈，这里就是当年董重质的骡军所在地，唐称洄曲。站在干河陈凤凰饭店的最高层，这里是漯河市南郊的制高点，可以望见澧河弯曲的身段在西侧飘逸而去，向北约五公里，与沙河交汇，然后向东北奔流，途经周口等地，最后汇入淮河。目光可及之处，西侧层叠黄绿，完全是城市气象者，是郾城的城关镇。往南看，在仿古建筑群后边，埋着一条死去的河流，它就是“干河”。而在它不远处，就是高速公路，大年初一，驱车二百公里去开封，虽说走马观花，却可联想韩愈单骑走汴州之情景，亦可想宣德军南下之盛况。仍然是高速公路，南去西平、遂平、驻马店、确山，等等，这些地方均是当年淮西兵盘踞之地。在确山（唐称朗山）流连竟日，接待者炮兵旅，仍然离不开“军”字。在郾城的裴城，我们见证了一个生命不朽民心如碑的奇迹。裴度当年行营驻扎的地方，而今曰“裴城镇”。裴城镇有裴公祠，该祠始建年代不详，只有明清两代修葺扩建的史料。明弘治七年（1494），许州知州邵宝檄建裴晋公祠。邵宝在裴晋公祠碑撰文曰：“裴城镇故有晋公祠，民所私祀。宝为许州知州，行县道祠下，乃劝镇民彭志隆稍为完修。请于省，岁役一人守之……”另有史料称：康熙十二年（1673），彭三山妻王氏舍三则地四十七亩，彭葛氏舍三则地五十亩零五分入寺……《中州金石考》里也有记述：“其曰裴城镇始名洄曲，名裴城以公故……史称董重质将骡军守洄曲。”由此可见，虽然裴公离去千年，郾城百姓并没忘记他。裴公祠有碑记曰：

郾城西北五十里，有镇曰裴城。唐丞相晋国公讨淮西时，尝视师于此。后人因以公姓命其城，又以城命其镇。镇之中故有晋公祠，不知其创始，盖民之私祀，祈丰禳沴，往即焉。然非典也，吏攸罔司，葺不葺唯民，岁久且敝。比宝来守许，行县道祠下，慨然感之，乃劝其镇之民彭志隆者稍为完修，建额于门，设主于堂，旧者以新，陋者以雅，有可瞻焉。又请于今中丞徐公，暨藩臬诸公，岁役一人，俾继守勿坏。且为定其私祀期式，主以乡民耆老。有行义者庶几因俗导民以义，起礼至是知县鼎请记实。按韩碑元和十二年八月，丞相某至师。十月丞相某入蔡。然则公驻兹地者，仅两越月耳，非有居守抚治之勤，而民之敬爱亦至于是，岂公求于民，民有私于公哉？诚于国，故在而感。仁于人，故在在而孚。其车服所临，节钺所指，当有不言而喻者矣。然方是时，献俘于朝，立石记功，卒为忌者所中，至有斫碑之举，抑不知碑可斫，而其感孚于人者，不可忘也。不然一戾止之间，而城曰裴，镇亦曰裴，且祠焉至于今者，亦独何哉！由此观之，则是非之在民者，公于在国。其在后世者，公于在当时。此理之固然无足怪也。宝独念公之在师，与贼垒相距，曾不数舍而从容，暇豫若无事焉。一时诸从事，方且谈笑为乐，至形之诗咏，则公素定之志，夙成之谋，优为之才，大受之量，皆于是乎见之。夫惟素也，故不可动。惟夙也，故不可挠。惟优也，故不可克。惟大也，故不可测。是其克成厥功，盖有不偶然者，故凡有志经世之士，莫不以公为望。呜呼！民怀其恩，士服其德，立于百世之上。而百世之下，身其地者，如见其人焉。宝知是祠之不朽也，于是乎记，而复系之以迎送神辞，使歌于享。辞曰：公将降兮兹城，驾风云兮扬灵，繁歌舞兮在庭，去千秋兮公如有情，蠲我俎兮旨我觥。公奄去兮何乡，焱远驾兮八荒，伫城皋兮彷徨，裴之城兮召之棠，后千秋兮不忘。

这篇文章说得明了，“按韩碑”，其裴度的当年故事性情风致仁德惠政均出韩愈之手。李商隐之所以说韩碑不倒，藏之于书，传之于七十二代，真有先见之明。从元和十二年（817）至今，早已千余年过去，然裴公祠仍矗立如新，所述之文，仍沿用韩碑。可见裴公仁德，可见裴公风致，可见裴公至公。亦可见韩碑之风格，韩碑之文体，韩碑之文字。诚如宋人葛立方说：“裴度平淮西，绝世之功也；韩愈《平淮西碑》，绝世之文也。非度之功，不足以当愈之文；非愈之文，不足以发度之功。”裴度之功与韩愈之文相得益彰，互为映衬，光芒万丈，韩愈凭裴度之民怀其恩、士服其德而立于百世，裴度借韩愈之文春风化雨潜入人心穿越时空永续人间。而这篇明代祠文，作者乃守许州，此文声情并茂才思敏捷，可以想见，当政乃学裴相公，当文乃学韩退之，在当世该是一个积极进取之好官。

不仅如此。据《中州金石考》载，自段文昌撰文之碑在淮西立后，经宋明清数代，竟仍有磨碑之争。不过，提出磨碑者尽是韩碑的拥趸，淮西几县，有碑者，多数将段文磨掉，又改立韩文之碑了。

转眼已到元和十四年（819）。正月里，闹新春，长安城里张灯结彩，喜气洋洋。天气好得出奇。都说天道无情，那是瞎说。至少宪宗认为是瞎说。

自开春以来，讨伐李师道的好消息就接踵而来。韩弘拔曹州，杀两千余人；李愬拔鱼台。此后又连收兖州等地，大小十余战，无一败绩。田弘正拔东阿，杀万余人。李师道已成瓮中物也。另外，一个叫柳泌的方士密报说，他已找到长生不老的秘方，经神仙指引，他将去台州天台山去采集灵草，不久，秘制膏丸就会源源不断地送来。为了表示敬重，宪宗权柳泌为台州刺史，仍赐服金紫。尽管一些朝臣不理解，但宪宗认为柳泌实至名归。正像柳泌所说：陛下就是大唐。天子的心脏跳动有力，四海的夷狄才会纳服；天子的步履坚实，日月运行才会规律；天子的目光澄澈，天下百姓才能看到希望。天子的生命无私。有这样的认识，满朝文武有几个？所以让其治理一地，乃适得其选。

更鼓舞人心的好消息来自年前功德使的进奏："法门寺所藏佛骨舍利，相传三十年一开，可天降祥瑞岁丰人和，来年可迎。"

这才是吉兆里的高潮部分！

没有人知道宪宗对佛家的深厚感情。淮西平叛，长达四年，战事远在中原，忧虑却萦心底。除却倾听奏报批阅上书，余下的时间，多是焚心燃眉的焦虑和莫名的惆怅。与历史上的诸多帝王比，李纯不是大气磅礴之人，但他行事专注，心思缜密。他不沉溺粉黛弦歌，也不酒醉金迷，强大的责任心使他有别于其他帝王。但帝王不是神仙，他也有精神层面的问题，也需要纾解和求助。因此，在淮西战事紧张的时候，他常常烧香拜佛，以缓解和平复自己焦灼的心情。在烟雾缭绕中，他跪拜佛祖足下，真实得像个孩子。真心礼佛时，是看不见佛的形象的，佛是巨大的虚空，把自己的渺小包围，存在只是一丁点儿微尘、一粒沙或一缕帛。在佛面前，他不是帝王，没有九五之尊，也不需要端着架着装着哄着骗着弄着；他只是一个人，赤裸裸的人，有血有肉有情感的人。他不需要掩饰，也不需要完美。他甚至需要显现懦弱和笨拙，以期佛祖的指点和助力。他不需要刻意和用功，他仅仅需要付出真诚和忠诚，需要普通人的情怀，需要普通人的苦痛和悲悯，无助、无奈甚至绝望。在佛祖面前，他放下一切，这使他轻松无比。他打坐或顿悟，诵经或歌咏，祈愿或祈福，佛都会回报以默然和首肯。佛祖不会嘲笑他，轻蔑他。佛祖会三缄其口，佛祖会保密，不会与外人道。他认为他与佛祖之间有个约定，只要把灵魂交付，佛便会帮他打理一切。而事实正是如此。每当他愁眉而来，向佛诉其难事，求其保佑和帮助后，他就会发现烟云中的佛祖现出笑容，于是他心里就轻快许多，回到宫内，舒舒服服睡上一觉，第二天上早朝的时候往往就会听到令人振奋的好消息。他发现他与佛祖心心相印，息息相通。他无法离开佛祖的护佑了。

长安西侧有个兴福寺，这是宪宗礼佛的专用场所。但是，若去兴福寺，必须按皇家出行仪规，兴师动众，透着帝王的威势，宪宗觉得是对佛祖的失礼。于是他密令神策军派士卒两千，从云韶门芳林门至修德坊修建夹城，直通兴福寺。夹城修成后，宪宗可以直接从大明宫经西内苑通过夹城至兴福寺，去赴礼佛之约。淮西战事的最后半年，宪宗除了上朝和必要的接见，几乎所有的闲暇都是在这里度过的。呢喃的经诵和梵唱，经幡在风中飘舞，夜晚摇曳的灯火，酥油和青烟的味道，以及佛祖在光影中的一千种姿态，这些就是宪宗在那段难挨时光里遗留在脑海里的东西。他与佛祖在一起，是佛祖陪他走完作为帝王最黑暗的日子。没有什么人知道这个秘密，但是，他不会忘记。倚门之望所得的战果，在他看来，只是他头脑风暴里的一个印证。

作为一个统治者，宪宗曾思考过藩镇与乱臣现象。他认为武力征讨不可免，但诛心之役更艰难。这些乱臣贼子无一不是私欲太强野心太大，而疗此痼疾的唯一良方就是借助佛教的出世清静、无欲思想来治其心。从元和六年（811）始，宪宗就命谏议大夫孟简、给事中刘伯刍、工部侍郎归登等在醴泉寺翻译《大乘本生心地观经》。全书八卷完成后，宪宗亲为作序。序中，宪宗感慨道：“夫物我既殊，嗜欲方炽。六根陷因缘之境，七情奔利害之场。盖缠其真，执缚于妄，爱恶攻内，纷华荡前，心类腾猿，身若狂象，岂复悟菩提之性，息尘埃以自明，了真如之理，本空寂而为乐。不有妙觉，其孰拯斯溺乎？”呼号人们去掉私心杂念，回归初心，无欲清静。

因此，当功德使提出迎接佛骨的时候，宪宗立时看到了佛祖微笑的面容。他立即准奏，并且命中使于年前筹办迎奉仪式，并诏告京师百姓，全城动员，迎接佛骨的到来。

作为帝王，在与佛亲密接触的日子，他的思想升华了。

他假装普通人，用假借的悲悯和痛苦，以期得到佛祖的关怀。佛祖满足了他的欲望，并且使他得到了平静。但是，当他坐在延英殿里思考天下大事的时候，兴福寺石壁上的微光就会清晰地浮现自身的纹路，佛祖的话语就印在凹凸不平的暗示里。天下苍生，有几多欲望，有多少真实的苦痛，人们不用假装，眼泪也能成海。倘若让其信佛，把苦痛和欲望以及自己的灵魂交给佛祖，佛祖也帮他们打理生活，华夏九州该是一个多么平静和谐的社会。与儒学相比，信佛几乎不需要成本。而收获却是一个晶莹剔透的美好社会！这是一个多么让人激动的未来！如果是这样，该怎样描绘这样的未来呢？

他想起了韩愈。

文学家笔下总有锦言绣语。

迎接佛骨的日子就要到了，届时，他会写出一篇什么样的文章来颂扬全城礼佛的长安呢？

这时，在长安东城一隅，韩愈并没有意识到皇帝会惦念他。这几天，他有些忙乱。入冬以来，四女小挐就咳嗽不断，这两天似乎比前几日更厉害些。他有一子四女。儿子韩昶此时已经二十岁。小挐是老小，今年刚十二岁。在子女中，小挐因其最小，格外招人疼爱。

吃早饭时，已是日上三竿。因为迎佛，例如节庆，免了早朝，也不当班，韩愈夜里整理昔日诗文，便起得晚了些。听见厢房里小女儿一阵紧似一阵的咳嗽，韩愈皱起了眉头。

“怎么还不见好？”韩愈问夫人。

夫人小妹坐在食案的对面，把饼卷了菜后递给韩愈，叹口气道：“看了大夫，说是着了风寒。已经吃过两服药了，还不见好。要不，咱们也去佛寺拜拜好不好？”

韩愈嘴里嚼着东西，鼻子里“哼”了一声。夫人不知道韩愈确切的态度，就坐在对面等待。韩愈的牙齿掉得没有几颗了，口腔里塞满了东西，反而显得丰腴了些。等韩愈脸颊又瘪了下去的时候，还未曾见他表态，夫人就知道他不会再说什么了。

“这事你看着办吧，反正挈儿可是你从小惯大的，你最疼她。”夫人又叹了一口气，站起来上厢房照料女儿吃药去了。

吃完饭，韩愈想着女儿的病情，就被牵引着来到大街上。俗话说，病急乱投医。医与巫，巫与神，神与道，道与佛，佛与儒，儒与人，他们之间隔着的一层薄薄的东西，到了情势紧急的时候，人们是混成一团的。韩愈的脑子现在就有些乱。要不，真去佛寺道观看看？

韩愈许久没有这样在街上独自行走了。冬天里，两只手抄在宽大的袖袍里，脚上踏着木屐，在结冰的朱雀大街踩出动静，呱嗒，呱嗒……良久，能在对面的石壁上听到如雎鸠鸣叫的回声。今天的太阳亮得刺眼。往哪儿去呢？长安城道观二十四个，寺院一百零六座，这么多选择，哪方的神仙灵呢？

这样想着，就见前方有一座道观出现。街上人众似乎被里边的金声石音尽吸而去。不待韩愈细看，便被人流裹挟，犹如漂叶，旋转而进。到了观里，人满为患。听旁边人说，与之咫尺的佛寺正在讲经，因此这方道观就要布道。两方唱起了对台戏，道观为了引起轰动，特从华山请了一道姑来宣讲。韩愈忽然来了兴致，若如甘霖，何论出身？如果能给老百姓解惑去苦，道家出自华夏，这是本国的宗教，未尝不是好事。便想上前一听究竟。韩愈穿的是木屐，鞋里塞着麦草，草滑鞋大，不跟脚，这使他举步维艰。“观中人满坐观外，后至无地无由听。”他挤了许久，刚觉得进了几步，人一停下，左右一瞧，竟发现又在原地。又一回，他顽强以挤，拼命向前，似乎到了前端，正要抬头观望，突然人像陀螺一样旋转起来，转啊转呀，木屐差点儿挤丢，又被人甩到了原点。原来是一些无良少年进来，说是道姑的头饰和冠帔，比青楼女子的穿戴还值钱；而道姑的长相，与冶游的女子不分上下……等好不容易挤到了跟前，道姑却说已经讲完了。见韩愈不像寻常人，只抛了个媚眼便扭搭扭搭走下台去。韩愈询问前边的人，讲得如何，有人白他一眼说：渭南口音，谁能听懂？韩愈甚奇，问：“诸位为何良久不散耶？”白眼者又白他一眼说：“凡先者皆发红丝带，凭带给赏，每带升米，谁会走呀，老婆孩子还等米下锅呢！”又有一个人凑过来说：“寺庙里更大方，这里给的是糙米，人家给的可是细麦呀！”

一个晌午就这样过去了。

回到家里，韩愈气极。便作诗《华山女》以刺，仍意犹未尽。想之前有谢自然妖言惑众，今有佛、道日炽，长安全城佛道景兴风作浪，民众以民为耻，以教民为荣。全国仅佛寺就四千六百余所、兰若四万余所、僧尼二十六万之多。长安、东都，寺院道观各有千所。僧徒日广，劳人力于土木之功，夺人利于金宝之饰，待农而食，待蚕而衣，待价而咏，排斥儒学，坏我纲常，致使民心凋敝，精神萎靡，人将不人，国将不国。

韩愈以难以名状的悲愤再次逡巡在长安街头。女儿的咳声早已远去。他听到的是另一种声音，一种隐忍的激流奔泻的声音，它们如黄河的涛音在耳旁响起。

然而，长安并不理会一个文人的愤怒。

比他强大一万倍的意志笼罩着他。

正月初一，派往法门寺迎接佛骨的长安各寺院的方丈已齐聚临皋驿。

临皋驿在城西三十里处，法门寺护送佛骨的僧众在这里与长安佛界会合，等待皇帝派来的使者迎取佛骨。依照皇帝的命令，从法门寺至京三百里间路造浮屠、宝帐、香舆、幡花、幢盖，树饰以金玉、锦绣、珠翠。夜里火树银花，白昼金光闪耀。供奉期间，人流不息，车马不绝。

宦官杜英奇率宫人手持鲜花，导以兵仗，音乐伴之，来到驿站，接上佛骨，然后再将佛骨请入城中。

当请佛骨队伍进入长安后，此时全城空巷，一片沸腾，雅俗乐音，如雷轰鸣。王公贵族士庶百姓纷纷上街，争先施舍钱财，希望能得佛祖的福佑。更有甚者，为其表达虔诚，有的烧顶灼臂，有的割肤劙面，有的蹈火焚身，以求供奉，引佛关注。痛哭哀号者有之，捶胸顿足者有之，疯癫痴迷者有之，嬉笑呆傻者有之，魂飞魄散者有之，涕泪滂沱者有之……

长安城疯狂了！

佛骨舍利在宫中供奉三日，与之零距离接触，使宪宗有洞中方三日，世上已千年的顿悟。佛祖释迦牟尼涅槃之后，天竺阿育王将佛祖遗骨分成八万四千份，分送世界，眼前佛骨犹如佛祖本尊。之前的膜拜是隔空凝眸，如今的膜拜如沐春风，能感觉到佛祖如握。

不是所有人都能这样幸运。佛骨舍利躺在宪宗的视线内，呈现出本真的面貌。大约寸许，管状样子，然而却玲珑晶莹，透着琥珀和玉质的微光，洁白无瑕。当目光与之对接的时候，宪宗清晰地听到目光跌落在光晕之外，它有完整的生命，只是目光山高水长，凡人难以企及。当阳光爬上窗棂，室内澄澈明净，在洁白的包围中，它却呈现出暗暗的色泽，底部发绿，有一种奇异的存在感。因为光线明亮，宪宗看见上面隐约的节纹，就像毛细血管布满全身。光线掌握着它的温度，血液成为它的亮度，在人所不及的色域内，有神秘的力量在悄悄掌控着一切。而天色暗下来的时候，四周开始沉重，它却开始轻盈。它的亮度一波一波传达，飘飘欲飞，却总不张开翅膀。它的光芒来自黑暗，它是黑色的供品。周围的复杂成就了它的简单，环境的喧哗谱写了它的静寂。它是世界的投影，却以透明作为自己的本色。也有完全黑暗的时候，这时人们看不到时间在走，却能看见它在运动。室内的黑色堆积着，远处有峰峦，近处有丘壑，齐齐向它压来，看不到往返，却在它这里消失。看不到它张口，却能感觉黑暗在减弱。它以奇异的样子彰显自己的存在。总之，它无处不在，无时不有，却不可探究。它以人的感知，存在于虚空之间，以佛骨的形象，完成奇异的使命。到了第三日，要把佛骨送出宫外，由长安城内百寺供奉瞻仰，但因为深度交流，宪宗已经完全看到真的释迦牟尼出现在自己面前了。

这样的血脉交流其微妙的感知外人难识，其丰富的内涵只有帝王才能觉悟。自太宗贞观五年（631）开迎佛骨以来，每三十年一请，迄今已有七届，已使数任前辈君王心愿得成。如今佛祖就在身旁，与佛结缘，他不仅幸福无比，也颇感自信。佛祖既能帮他完成平定四海的心愿，也一定能听到自己企望长寿的心声，况且佛祖如携己手，能看得见他的虔诚，相信他的专注，也一定会赐予他辽阔无疆的生命。

三天之后，宪宗跪送佛骨出宫的时候，真的看到了佛祖的笑容。

转身早朝，宪宗就收到了刑部侍郎韩愈的奏报。想起让韩愈描绘全城礼佛的念头，文未看，他便兀自笑了。

韩愈在佛骨迎入宫中的当天，感慨良多，夜不成寐，熬了一个通宵，写下了他的反佛力作——《论佛骨表》。

《论佛骨表》从几个方面，直刺当朝事佛礼佛的种种弊端：

一、佛自海外来，上古无此教，诸帝皆高寿，寿者不识佛。东汉佛教来，崇者国祚蹙，帝王寿命短，梁武有遗训。由是看佛教，国家甚无益，君寿受其损，何故受尊崇？

二、百姓工商农人士族，事佛盲目忘其根本，弃置生业不去生产，百工不作，经济凋敝，何以中兴？败坏世风，贻笑四方，何有华夏文明之邦？

三、如此礼佛，荒唐滑稽，费工耗时，墨费金钱，暴殄天物。佛骨乃“枯朽之骨，凶秽之余，岂宜令入宫禁”，应及早将其“投诸水火，永绝根本。断天下之疑，绝后代之惑”。

韩愈最后以决绝的口吻说：“佛如有灵，能作祸祟，凡有殃咎，宜加臣身。上天鉴临，臣不怨悔。”

现在，这篇犹如蓄有雷火的奏表却以温柔的想象出现在宪宗手上。

宪宗心怀预期，满面春风地拿起奏表览阅于案。礼佛后的余兴还没消退，他还在亢奋和喜悦之中。但是，看着看着，宪宗的笑容凝固了。

“岂有此理，岂有此理！”宪宗气得脸色铁青，双手颤抖，一把将奏表掷于地上，“大胆韩愈，竟敢上表咒朕，真乃十恶不赦！还以儒官自许，你们看看，哪有半点儿儒家之仪，又何曾有半点儿儒家之礼？此人与淮西吴元济没什么两样，同属乱臣贼子。来人，传旨下去，将韩愈革职查办，斩首于独柳树下！”

裴度与崔群忙跪下请恕。裴度说：“韩愈狂傲，实该惩治。念其初心，为江山社稷永固，维大唐朝纲永续，虽言辞激切，但内怀忠恳，不避刑责，全无私心。请陛下赦宥其罪，从轻发落！”

皇甫镈拾起奏表寻章摘句一番，说应该对韩愈予以严惩。他指着其中段落逐字逐句念起来：“‘……昔者黄帝在位百年，年百一十岁；少昊在位八十年，年百岁；颛顼在位七十九年，年九十八岁；帝喾在位七十年，年百五岁；帝尧在位九十八年，年百一十八岁。……汉明帝时，始有佛法，明帝在位才十八年耳，其后乱亡相继，运祚不长。宋、齐、梁、陈、元魏已下，事佛渐谨，年代尤促……事佛求福，乃更得祸……’这分明是说，陛下事佛礼佛，乃自召其祸，自损其寿。臣等为陛下长寿，宵衣旰食，荐柳泌，制圣丹，想方设法，为陛下增寿长生；而韩愈非但冷眼相向，反而咒命蛊运，忠奸两脉，不言自明。臣与韩愈等，可谓冰炭两重，水火难容。请陛下从重以惩，以平民愤，以暖臣心。”

崔群奏道：“韩愈有罪，但罪不当诛。陛下事佛，大觉大悟，愚如韩愈，岂能领略个中洞天？若处极刑，虽说快哉，但韩仍愚，不见超度之功，何谓佛光普照？再说佛祖慈悲，为佛事而开杀戒，古今未闻，料佛祖也不赞同。臣求陛下开恩，给韩愈一个改过自新的机会，让他也能感受佛祖的伟大与光荣。韩愈既为朝官，又乃文坛领袖，陛下宽恕，可宽言路，又不闭塞视听，又让韩愈以身示范，影响文苑，歌颂陛下之圣明，何乐而不为哉？”

宪宗稍为和缓下来了，但仍余怒未消，说道：“你们可问韩愈，孤亲自作序的《大乘本生心地观音经》他看过吗？如果看过，看过几遍？研究过吗？研究几回？他口口声声说忠君爱民，为什么把我的话当耳旁风？我诚意推荐此经，若是荒野村夫倒也罢了，而你韩愈号称学界领袖文坛盟主一代大儒，但你首先是一个臣子，朕的话实际上就是给他这样的人听的。若真学此经，他就可以澡雪私欲，清心杂念，少干些乱臣贼子的勾当！韩愈说朕奉佛太过，犹可宽容。然说事佛无益，又无辞理，既无深研大乘小乘，又不论经儒之长短，只气势上汹汹，如泼妇骂街，恶犬狂吠。更甚者刺我奉佛招损，国危帝殇，实乃可恨！如此狂妄，其命可赦，其罪必惩，速旨中使，流迁万里，永不返京！”

元和十四年（819）正月十四日，长安大雪飘飞。韩愈在风雪中接到了左迁潮州的圣旨。唐《假宁令》规定，官吏外授州县，根据远近给予“装束假”，似岭南以远，至少有三月假期，有田者甚至可等收获之后启程。然左降乃罪臣，装束假仅三五日。但玄宗之后，左降官便成了“即驰驿发遣”，也就是即刻上路，由宣读圣旨的使官监督，在他的视线里消失于京城。倘若无令回京，便是死罪。而左迁之家眷也不许在京滞留，由使官按册点验，男女老幼，一一具对。财产家私或封或存，只带细软行裹，寒暑衣服，便随即上路。此时若有亲属病死夭亡，即令父母，迁官也不能停留，因自宣诏后，他就是一个罪人，他的行止须有执法人控制，他已失去人身自由。再者，左迁官员每日行程有严格规定，按《公式令》言：“凡陆行之程，马日七十里，步及驴五十里，车三十里。”因此，一般迁官为了赶时间，均不与家人同行。韩愈家人口众多，除却自己夫人子女外，还有几个叔父家的子女、侄子老成的子女共三十多人，平时靠他护佑，现在突来横祸，一大家子又都受连累，这使韩愈心怀愧怍。特别是行前特地去与躺在病床上的四女儿告别，当他从小挐的眼睛里读出悲伤和绝望以及另一个世界的陌生感时，他不禁老泪纵横，心如刀割。他立时想起了自己在奏表里说的关于报应的狠话……

韩愈接到诏书时已将午时，这样，他第一天流徙的时辰便按减半计算。他骑马，这就是说，他必须出城走出三十五里方可歇息。由中使开具证明，之后站站监督，犹如接力。那个地方正是灞桥驿站，他当晚便栖身此处。左迁之官有流放的性质，贞观时，死罪减等，便以铰掉右趾为算。后又哀其毁伤，便又改为流刑。当韩愈骑马在风雪弥漫的大街上敲击出凄凉的“橐橐”音节时，作为前刑部侍郎，他对刑罪渊源了若指掌，因此，他在哀伤之余又有一些庆幸的部分。他不怕杀头，杀身可成仁，可以彰显他的名节，但他独怕断趾。试想将右趾活生生铰掉，将何以直立行走？当他一瘸一拐出现在人们的视野里，被人们背地里称之为“老跛子”的时候，这种屈辱如何诠释他不屈的意义？幸亏没有铰趾，他得以骑在马上，以郊游的姿态告别长安。他突然想起贾岛的诗：秋风生渭水，落叶满长安。现在可以改成“朔风生渭水，落雪满长安”了……

到了灞桥驿，已是酉时，天已黑了。张籍、周况等友聚集这里为他送行。雪夜中，用酒、眼泪和诗汇成一股暖流，让韩愈感到这个世界并没有完全抛弃他。

张籍席间写诗以赠：

同爱新春草，偏遇雪搅风。
携酒灞桥上，潇洒客舍中。
怒弹世俗韵，笑写胸间情。
唯有韩吏部，诗酒每相同。

第二天，韩愈与诸友洒泪以别，驰入雪幕中的南山。

南山以最严厉的姿态注视着一队匆忙的行旅。多年前，这队行旅中有个叫韩愈的人，恃才逞傲，写了一首流传甚广的《南山诗》，诗中写道：“初从蓝田入，顾眄劳颈脰。时天晦大雪，泪目苦矇瞀。峻涂拖长冰，直上若悬溜。褰衣步推马，颠蹶退且复。苍黄忘遐睎，所瞩才左右。杉篁咤蒲苏，杲耀攒介胄。专心忆平道，脱险逾避臭……”此公且以南山自喻，以完善人格自尊自爱自强独立云云，此诗为他赚来不少好名声，为此也害了不少人。现在，该是他自己重新走进诗句，复习他自己制造的险恶环境，直面残酷人生的时候了。让他咀嚼自己设计的苦难，并为自己创作的诗文付出代价吧！

当韩愈在风雪弥漫的蓝田关抖抖索索触摸山道的纹路时，他也触摸到了自己的软弱。这样的冰冻彻寒，风霜雪雨也要降临到自己的家眷身上。特别是病中的小女儿，她在朱门绮户的环境里尚且不堪，怎敌这霜刀雪剑的侵袭？她不能骑马，不能走路，只能在车上颠簸，让重病在身的她在这样的环境里赶路，实际上就是赴死亡之约。奶娘在世的时候，最喜欢这个小孙女，说她长得漂亮，人也乖巧；还说她生逢其时，其几个姐姐和哥哥常常流徙而童年失怙生活不幸，唯有她一出生就掉在了福窝里，不仅生活安定，又是官宦千金，别人该多羡慕她呀。因之常喟叹说：她是个多么有福的小姐姐呀！而如今，眼看如花小女初长成，却被父亲推进鬼门关！想起可以预知的不幸，韩愈仰天怒吼道："苍天呀！报应在我，何累小女耶？"

两年后，韩愈返京路过蓝田关，在荒野道旁找到了小女挐挐的坟墓。韩愈"预知的不幸"在这里成了现实。荒冢孤坟，野草黄花，星星点点，宛若泪痕。女儿的死，韩愈应是第一责任人，这是一个父亲难以推诿的过失。在锥心之痛中，韩愈写诗以祭——《去岁自刑部侍郎以罪贬潮州刺史乘驿赴任其后家亦遣逐小女道死殡之层峰驿旁山下蒙恩还朝过其墓留题驿梁》："数条藤束木皮棺，草殡荒山白骨寒。惊恐入心身已病，扶舁沿路众知难。绕坟不暇号三匝，设祭惟闻饭一盘。致汝无辜由我罪，百年惭痛泪阑干。"作为时代的良心，为此清名而不朽，唯其愿而献其身，似所得其所，亦无怨无恨。但事与愿违，为之死难者往往是自己的家人、至亲，斯所愿非彼所愿，斯所志非彼所志，然却让他们抛血撒骨死难人生，这是何等的凄惨和不幸！正是这样惨烈的代价，也由于太无辜和太无奈，成为绵亘在历代君臣之间的选择题。正如刘禹锡第二次贬迁时，柳子厚和裴度上言求情，说禹锡有八十岁老母要奉养，最好贬迁离故地近些。宪宗颇为不屑，说："他早干什么去了？作为人臣孝子，做事首先要考虑忠君孝亲，既然他忤悖常理，就必须付出代价！"

现在，不管是韩愈还是刘禹锡，都活在巨大的代价之中……

正忧愤时，一个人从雪幕里冲出，扑于马前跪下，韩愈风雪迷眼，难以分辨。来人连声喊道："叔公，叔公！孙儿韩湘来迟了，让您老人家吃苦了！"说着呜呜大哭起来。

见是侄孙韩湘，韩愈悲喜交集，泪水滚落，点滴成冰，一说话，胡须上叮当有声。原来韩湘在外地求学，因事发突然，赶回竟不见叔公，便连夜追来。韩湘的到来，使韩愈颇感慰藉。他天性豪爽，达观诙谐，有他陪伴，可少孤寂。老成死后，韩愈将韩湘兄弟二人接到身边抚养，视如己出。韩湘在宣城长大，到长安就学屡受欺凌，韩愈便送其至城西僧院里读书。韩湘聪慧异常，却也调皮捣蛋，经常被寺主告状，每当受到韩愈训斥的时候，韩湘就会做些奇怪的反应，反而能逗得叔公捧腹大笑，完全忘了生气的因由。一次，韩愈把韩湘训斥得大哭，眼见他眼泪如注，边哭边往牡丹花丛上浇淋，顷刻间白牡丹竟成红牡丹，让韩愈大惊失色。还有一次，韩愈训斥韩湘时说，再不听话，就用绳子把他绑起来报官，并让仆人真的把绳子拿来吓唬他。哪知韩湘二话不说，抓起绳子将一头掷向空中，绳子竟直立如笔，一节一节向上爬去，竟有三五丈高。韩湘对爷爷说，再训吾将爬绳而去！问其故，原来韩湘在寺中偷学一种幻术（魔术），此乃印度绳技也。或许是幻术绝技之故，后来韩湘之事传至江湖，便被后人附会为神仙故事中的"八仙"之一。而现实中的韩湘后来登长庆三年（823）进士第，官大理丞，此是后话。是夜，爷孙二人相拥蓝关，韩愈写《左迁至蓝关示侄孙湘》以记：

一封朝奏九重天，夕贬潮州路八千。
欲为圣明除弊事，肯将衰朽惜残年。
云横秦岭家何在？雪拥蓝关马不前。
知汝远来应有意，好收吾骨瘴江边。

第十一章

为了纪念韩愈驱鳄，后人将湫水相连之东江改称为『韩江』。亭前树子关何事？亦得天公赐姓韩。唯有勇哉韩夫子，敢向刀丛觅诗还。尽管境迁多多，但韩愈仍未停止寻找春桃

老先生与我并肩走在故乡的田间小路上。

小路之侧，京广铁路上不时飞来一趟趟高速火车。先生显然不习惯这闪电般的访客，常常端肩缩脖，显得心慌意乱。

“到底有完没完?”他气呼呼问道。

“什么有完没完?”我故意气他，“您是说当年的剿淮之战吗?”

“我是说这飞来飞去的东西，也不提前预知，太吓人啦!”

我笑弯了腰：“这可难了！即使如当年裴度那样的大官也难挡它飞去来!”

“算了！你说有叫裴城的村子就是当年裴相的大营，还说挨它不远，有大营生火做饭喝胡辣汤的地方，快前头带路!”

我指指不远处的孟庙小火车站道：

“火车站西边半里地，有片小树林，据说就是你们当年生火做饭的地方，余下的劈柴棒子长成了树，其中两棵银杏树，有磨盘那般粗细，现在只剩两个大坑，前些年才连根都挖了。”

老先生一听眼睛亮了，回头说道：“我在这里写有《晚秋郾城夜会联句》，不知当地人可否传诵?”

我摇摇头说：“联句太长了，我只记住先生写的几句：羁客方寂历，惊鸟时落泊。语阑壮气衰，酒醒寒砧作……所以您才亲自指挥火头军做胡辣汤取暖。”

说完笑起来。

这就来到那片小树林。

先生围着小树林走了几遭，前看后看，沉默不语。

恰是晚秋，辽阔田野一片褐色暖调，唯有这片林子抹着暗绿，像结痂的伤疤横陈视野。小树林稀稀拉拉，只有几十棵歪七扭八的槐树榆树和梓树，然后就是茂密的构桑树丛匍匐地面，还有荒草掩埋着的一堆堆坟头……

我突然有些难为情地说："应该勒石以记的……或许你们随着战事不时迁移，弄不准确切地点……"

先生立在树坑之左，苦笑道："他们不知道我要来。若是知道了，此地人好客，说啥也不会把树根刨掉。"说着停了停，扯着嗓子说："留个根儿，当土墩儿，端碗水儿，待客人儿!"

先生后面几句说的是中州古音，是地道的河南方言。

先生一生如此，甘苦自洽，宠辱不惊，真大英雄也。

我们便坐下说话。

我向先生发问："自淮西平叛，史料有记，先生有三不争。一是武袭蔡州与李愬不争，二是《平淮西碑》文与段文昌不争，三是震摄王承宗归顺之功与柏耆不争。敢问先生，这些事都是真的吗?"

"确有此事。"回答斩钉截铁。

"既然是真，为何不据理力争?"我不解。

"争功诿过，君子不为也。"先生抓住一根茅草，一节节扯下，扔之于地。

我为先生不平道："他人有记，说当年战淮西时这里是主战场，而李愬的西南方向不过是辅助战线。这里大战几十回，小战上百次，敌军被歼十之八九都在这里。谁知后来功劳全被李愬独占了……”

先生眯眼看天，神静气闲道：“这就叫时来天地皆同力，运去英雄不自由。再说，李愬那人也不差，此功给谁都一样。”

先生说了一件令人咋舌的秘事。

淮西叛军虽说被合围，但敌我双方着力点是在北，不在南。李愬乃名将之后，其妻又是皇上表妹，属皇亲国戚，能亲上战场，已属不易。因此，调兵遣将时，经我手要兵，说要精兵二千，帅营内众人皆笑，为何？原本就没打算用他说事。而北线当时敌我对峙，双方投入兵力十之八九，都有一决死战之势。我与裴帅商议，说敌兵力大都吸引于此，其腹心蔡州肯定空虚，此时若有一支千人轻骑，绕至背后突袭，定获吴元济之首。裴帅议准，说此计甚妙，便着我亲自指挥，暗中从李光颜部找来千人之骑。这千人突袭部队的营地就是此处。民间所传这里乃火头军做饭之地也不为错。

听到这里，我再看小树林，只见影影绰绰，像有人马异动。

士兵每日在这里训练，我均亲到现场。行军司马乃今日之军中参谋长也，不光要管胡辣汤，更要领兵上战场，尤其是作战事，必须亲为。我终日与兵们一起，看兵们格斗擒拿登城巷战短兵相接之技，并储备好软梯火镰料豆防滑蹄布等一应物品，夜里与军将研究接敌之策。我们打算从乌重胤部西华逍遥镇出发，沿贾鲁河岸向南至周家口，摆渡上岸后再向南至固始一带转头北上，神不知鬼不觉从平舆摸进吴元济老巢蔡州，可谓瓮中捉鳖也。因事关机密，一切都在暗中行动，大营与下辖四方兵马也无从联络。万事俱备，正待出发时，前方飞报李愬已雪夜入蔡州擒了吴元济。消息传来，轻骑兵将们莫不沮丧，裴帅也前来安抚大家，说谁打都一样，说明吴元济气数已尽。要说此功，也就是一天两天的差池，况这边功夫比李愬下得还大，只是运气差了那么一点，因此引众人为我饮恨。至于碑文与王承宗事，与此事大同小异，均是阴差阳错在须臾之间，与我内心得失关系不大，所以本人向无争辩之欲。

老先生说着起身，弹弹衫上草屑，对着荒野道："唯一遗憾的是，斯文了无迹，火头胜笔头。当年烧火做饭者都能留下行迹，我辈却空空如也，这也就是你说的烟火胜文章吧……"

"哈哈，老夫子，您却留下了许多传说。而且这些传说都说明了先生的本质——您是一个侠客！"

"这话我爱听！说说，尔等是怎么发现老夫如侠客的？"

"八大家中有一叫王安石的人，他在《再用前韵寄蔡天启》诗里有'扬雄尚汉儒，韩愈真秦侠'句，是说您文风如侠，但我却深知，先生您本人就是一个仗剑走天涯的侠客，而且是大侠中的大侠！"

先生风中凌乱起来，手舞足蹈道："大侠算不得，剑术算一流。俺的青云剑还是父兄传下的呢！"

我道："有一个画面常萦脑海，先生仗剑一骑，独闯真定王庭凑大营，在刀斧丛林中，眼睛不眨，神情自若，这不是侠士是什么？"

先生嘿嘿一笑。

我又道："先生出任河南令时，为查魏、郓、幽等州留邸蓄养士卒窝藏罪犯，公常昼伏夜出，黑衣独行，潜入东都各州留守处查证，孤胆如豪，堪为独行侠也。”

先生依然嘿嘿。

“今又得知，先生率千骑袭蔡州，偃旗息鼓，马衔草泥，单兵接敌，皆各自为战，先生无人照应，却仍一意孤行，此乃死士之侠也。”

先生笑道：“也就是胆大一点而已，当地话称俺‘憨（韩）大胆’”。

“‘十步杀一人，千里不留行。事了拂衣去，深藏身与名。’李白《侠客行》似乎就是为先生而写。恰好他当年曾盛赞过你父‘武昌令’，这也是天大的造化！”

我浮想联翩，为自己的发现得意。

“尔这样说倒也有些意思。想想父兄，再想想韩湘，似乎侠士之心一脉相承”。

我眼前浮出韩湘子的形象，那是韩园中很显眼的一尊雕像，韩湘子一袭黄袍（真丝绣袍，今人所赠），昂然而立，手擎竹笛，正乘兴吹奏。一时间，似乎满园鼓荡着金石啸响和澎湃乐音。雕像座侧刻有人物简介：韩湘，字北渚，孟州人。韩愈次兄韩介之长孙，韩老成（十二郎）之长子，韩愈之侄孙。韩湘于唐长庆三年（823）中进士，官至大理寺丞。一身正气，刚直不阿，后因不满朝政，弃官归隐。因行状多有侠士之风，被后人演义为八仙人物之韩湘子，满足了天下文人之心中所想。

我道：“只有我知道先生当年左迁潮州时，何以写诗示韩湘。文不成，武来救；世不正，侠客生。因此您才寄意韩湘。因为韩湘就是您的肋骨变的。”

先生激动起来，对着旷野吟诵道：“一封朝奏九重天，夕贬潮州路八千。欲为圣明除弊事，肯将衰朽惜残年。云横秦岭家何在？雪拥蓝关马不前。知汝远来应有意，好收吾骨瘴江边。”

我听得心酸，不由泪目道：“此诗乃先生一生之写照，也是古往今来有担当之文人的整体写照。”

先生过来向我致意，紧握着我的手久久不放……

出蓝田，过武关，次邓州。又在宜城换水路，夏口、岳阳、洞庭、湘江，过五岭，两月之后便到南粤地界。在韶州始兴江口，韩愈有诗《过始兴江口感怀》，用来纪念四十二年前儿童时代的那段残酷的记忆。那时他比四女儿年纪还小，跟着哥嫂贬迁韶州。就是在这里，大哥的突然病故，给了一个懵懂少年最黑暗的一年。他的少年时代就是在这里匆匆落幕的。或许自己挥之不去的厄运就是在这里抹上的底色，以致四十二年后的今日，命运的轮盘再次奇异地重复，与当年大哥的遭际惊人相似，他举家贬迁潮州，甚至比大哥当年还惨还远。他已经五十二岁，已比大哥多活了十年，以这个年龄，家族的先人们多数已撒手人寰，而按俗约，自己也该颐养天年，以河阳为归。谁能想到，偌大年纪，还发少年狂，让庙堂社稷君君臣臣儒学经卷国计民生充斥于心，上言进谏，引火烧身，才有今日之下场。而皇帝虽说免了自己的死罪，改为贬迁，却找了一个万里之外的潮州，实际上是让自己客死他乡，永不返朝……一路走来，栉风沐雨，饥寒交迫，韩愈均不在意。但独对皇帝何以仇韩百思不解。他一想到宪宗的目光，便周身发冷。都说南山冰雪彻骨冷，却不如宪宗目光寒。这才是世界上最为冷彻入骨的寒意。况且这寒意如此深重，今生无解，或数代也难消弭。一想到这些，韩愈心头就觉得五岭压来。最为费解的愁绪是比五岭还重的话题。韩愈因此对侄孙韩湘写道：“知汝远来应有意，好收吾骨瘴江边。”韩愈已知天命，知道此次贬官之旅将是沉重的黑色之旅，死亡之旅……

船到乐昌泷头，在渡口处，韩愈向此地乡吏问路。

韩愈作揖问道：“敢问大人，潮州离此地多远？几时能到那里？那里民风如何？”

泷头吏头戴官帽，身上却是民服，这种混搭让人忍俊不禁，但在天高皇帝远的岭南，却见怪不怪。泷头吏似是见多识广之人，见韩愈发问，便笑起来：“官人不会问也。此问立马暴露了你的身份及归处。”

韩愈有些纳闷儿，问道：“何以见得？”

泷头吏卖弄道：“从官人的问话下官可以得知你的个人信息。如果你是个现任京官，依你的年龄，依律该有四五个随从，用不着你亲自打问路径。但你分明是在打问路径，又是问潮州地界，且又问民情风俗，这就告诉了下官你的真实身份。你不问鱼汛不问樵音不问耕作只问民情风化，说明你是个从京城贬迁将要刺潮的官员。因为凡来岭南以南之人，不是罪迁就是流放……”

韩愈笑起来，汗水在襦衣间流淌，表情有些尴尬。与泷头吏问答，似乎是韶州思考的继续。

泷头吏又说道：“自此下游约三千里，就是潮州了，那里瘴毒常聚雷电常汹，鳄鱼大过小船，眼睛夜如灯笼。飓风常发飙，海啸不期来，是个可怕的地方。”

“如此说，潮州乃囚犯、官吏、百姓的囚室，是上天惩罚人们的地方？它让这些人同受其苦，同受其难。而不问原因，不讲来历，不分贵贱，亦不分优劣？”

“话不能这样说。普天之下莫非王土，皇天后土自有好处。而各色人等来此，都是有原因的，细察各有行迹。穷人下潮州，或因难过活；罪者下潮州，或因犯戒律；贬官下潮州，或因犯天子。其间原因，不好细说。

比如，你当官不谨慎，说话不自量，犯颜无忌，流放这里，均是你先前所为，你自己应该心中有数。既然犯事，就不要徘徊水边，一脸失意的样子。天下之大，各有活路，人有群分，三六九等，但都有适合自己的地方。就像大瓮小瓶，各有各的用处。不要以为你是大瓮就自满，也不要因瓶小就自怜。工农虽小人，事业各有守。身为官员，不管在朝在野，关键看有益国家不。”

韩愈听得酣畅，垂首俯耳，一脸恭敬。

泷头吏说得尽兴，指手画脚道：“即使去了潮州，天也不会塌下来。树挪死，人挪活，天无绝人之路。再说，为什么我说岭南之南皆罪官？这是老百姓总结出来的话，这是他们发现的秘密。罪官是谁定的罪？是朝廷谓之罪。而山野之人却不这么看。此地有一顺口溜曰：‘自古岭南流放地，直来直去不见虚。直官贬迁不要笑，天要潮人丰衣食。’而那些守在皇帝身边的朝官，不见得就比贬官灵秀，特别是那些阿谀奉承利欲熏心之人，‘得无虱其间，不武亦不文。仁义饰其躬，巧奸败群伦’。这样的奸臣即使在庙堂一万年，也永远是千夫所指之人。”

泷头吏说得韩愈泪光闪闪，他不知不觉跪下了，向着泷头吏和一天云水，深深地叩头致谢。他知道，正当他绝望之时，这是上天派来的慰问使者，也是岭南人用特殊的形式向他表达的敬意，更是对他入潮的欢迎致辞。

他突然想起，当年船过汨罗时，大哥曾说过屈原不会自沉的玩笑话，那实际是他不屈灵魂的自我写照呀！

他再次被这片山水深深感动了……

船至清远峡山，正值狂风来袭，只见浪涛于天，船如枯叶飘飞，两岸石壁千仞，树上落满鸡犬与人。惊心动魄之间，忽有大船驶来，有人高声呼喊：“请问船上可有韩退之大人？”

韩愈从船舱里露出脸来，循声望去，却不认识此人。

那人朗声叫道：“在下元集虚，在桂州观察使裴行立大人手下任职。

我乃柳州刺史柳子厚好友。子厚兄得知大人到潮州赴任，便托我在此迎候大人。”

韩愈立时泪水盈眶：“子厚曾写《送元十八山人南游序》，有‘河南元生者，其人闳旷而质直，物无以挫其志，其为学恢博而贯通’句，敢问说的可是元十八大人?”

“在下正是。”

于是就相携入城，来到广州。

在驿馆，元集虚吩咐手下人赶紧去煎中药，说这是柳子厚特地为韩愈准备的“入粤汤”。北方人到岭南来，肠胃、心脾等内脏均不适应，需要中药调适，加上潮汕地区常有瘴疠之气，需要固本正体，因此也要用药调剂。接着又拿来几册书籍，说是柳子厚为他准备的“消遣之用”。韩愈打开一看，原来是南粤各州县的方物志，潮州的湖山地理人情风俗介绍赫然其列……

为躲避大风，韩愈蛰伏于广州十余天。每天除了元集虚殷切关照外，就是天天必饮的药汤和书籍近身相伴了。柳子厚曾说，他刚至岭南时，因不适应，身体常常闹病，后来获得此方，经常饮之，才渐渐调适过来。这是一味类似饮品的药。淡黄色，微苦，甚至还有些酸涩的味道。或许是精神作用，韩愈做牛饮状时，总觉得柳子厚、刘禹锡、裴行立甚至张籍、白居易、元稹、裴度、崔群等就在身边陪伴，他们用目光鼓励着自己。原来心中最恐惧的瘴疠之气，似乎被这深厚友情渐渐消融，代之而来的是无所畏惧的力量感。

雨停了，韩愈与元集虚洒泪告别，并写诗以赠：

赠别元十八协律六首

……

吾友柳子厚，其人艺且贤。

吾未识子时，已览赠子篇。

寤寐想风采，于今已三年。
不意流窜路，旬日同食眠。
所闻昔已多，所得今过前。
如何又须别，使我抱悁悁？
势要情所重，排斥则埃尘。
骨肉未免然，又况四海人？
嶷嶷桂林伯，矫矫义勇身。
生平所未识，待我逾交亲。
遗我数幅书，继以药物珍。
药物防瘴疠，书劝养形神。
不知四罪地，岂有再起辰。
穷途致感激，肝胆还轮囷。
……

元和十四年（819）四月下旬，韩愈到达潮州。

上任之始，韩愈依例上书宪宗，谓之《潮州刺史谢上表》。虽然上表乃一定制度，文体有格，义有所束，语有成规，无非是检罪请恕汇以情状告知思想皇恩浩荡刳心以报，等等，但韩愈此表却写得别具一格，把一篇材料写成了经典。

开篇检讨曰："臣以狂妄戆愚，不识礼度，上表陈佛骨事，言涉不敬，正名定罪，万死犹轻。陛下哀臣愚忠，恕臣狂直，谓臣言虽可罪，心亦无他，特屈刑章，以臣为潮州刺史。既免刑诛，又获禄食，圣恩弘大，天地莫量，破脑刳心，岂足为谢。臣某诚惶诚恐，顿首顿首。"

接着说四海之内莫非王土，天子圣明百姓安定，以及流罪艰辛九死一生，而自己年老多病活不久长，望天子垂怜以求归乡。以己之长可述天子圣德，可歌辉煌大唐，而自己的文学才华，可胜古今当仁不让。望陛下常去宗庙之祭以永续福荫，去泰山极顶封禅以威加四方。文人可以纪封镂牒，可以歌诗颂扬，这些就是我等文人的用场。最后，文中盛赞大唐伟业，继高祖太宗，宪宗是天宝之后大治的天子，应该东巡泰山奏告皇天。自己追随圣主魂神飞扬，愿陛下哀怜则个，放老臣回故乡。

灞桥相送，张籍有诗曰："怒弹世俗韵，笑写胸间情。唯有韩吏部，诗酒每相同。"虽乃戏言，却是对韩愈最中肯的批评。作为文人族群，其形成年代不详，但将"说"与"写"，这样明白划分的，其功乃张籍也。所谓"怒弹"实谓"怒谈"也，也就是说，私下里文人们聚会闲聊清谈，可以激扬文字指地骂天，是谓"怒"。如当年竹林七贤聚于山野，吟风弄月长歌当哭，其最隐秘也最直截了当的月旦豪评是不入文字的。等到进入文字书写阶段，则是另一个面孔："笑写胸间情"，一个"笑"字，溢于言表。谈说是有圈子的，且那时不似现代有录音、录像记录，谈写的界限渐被打破，谈约等于写或就是写，而那时说完就完，大风刮过，雨水淋走，云白风清，转瞬即逝。也有告密者、邀赏者，但因言获罪者，从私密白至庙堂者，可谓少之又少。而到了文字层面，它生之就为传播而来，白纸黑字，且诗以言志，文以心声，循迹而察，一清二楚。因此，"说"与"写"，这是两个界面，是要分清的。时代黑暗，朝政腐败，君王暴戾，环境险恶，作为生物族群，文人自然要保护自己，于是就发明了"怒弹世俗韵，笑写胸间情"的手法。君王为天日，四季不同热，人子时时顾，循天换衣服。如此而已。但要命的是韩愈，身为文坛领袖，连这样的基本常识也不懂，弄不清"说"与"写"的界限，心口如一，口笔无差，襟怀坦荡，一览无余，自然会受到惩戒。

张籍是酒后赋其诗，当然会分得"说"与"写"之间的界限。读者所看到的诗句"怒弹世俗韵，笑写胸间情"已经过处理。诸如打碎、和泥、揉搓、压模、整型、雕饰、描眉、润色、入炉、煅烧、出炉等程序，与酒席上的原始对话、闲聊以及讽讥劝谕可谓大相径庭。倘若依据当时，或许还原，必然是以下一番情状——

张籍：老大！不是弟弟说你，佛骨事实在唐突也！百年定制，数代因袭，你能劝止？

韩愈：唯当朝靡费，千万累金，民脂民膏，人心凋敝，害我大唐也！

张籍：非你一人独醒也！耗财有财官，耗米有粮官，耗时有吏官，经营都比你清楚！事佛有太常，礼佛有祭祀，繁琐由他，心得由他，与你何干？

韩愈：人有至察，方得至文。世人皆醉，唯我独醒。身为人臣，岂能尸位素餐，放任不管？我不能眼睁睁任佛道景乱我华夏，涂炭生灵，毁我大唐！

张籍：注意！大唐不是你的，大唐姓李不姓韩，大唐是李家皇帝的！

韩愈：大唐固然姓李，但还有华夏，华夏是万民的，总要对天下百姓负责吧？

张籍：你负责？何谓天子？皇帝乃长天下万物子民百姓，他才是第一负责人！

韩愈：反正……我不能坐视不管……

张籍：你倒是管了，起作用了吗？

韩愈：……

张籍：你管了，洋洋洒洒，一吐为快。可结果呢？却要捉于独柳树下斩首示众。即使恕你，也流放于万里之外，实让客死他乡，以解天子心头之恨。这就是你管之后的下场。而顺其爱好者，不仅为礼佛大唱赞歌，还迎合其心遍寻长生不老之术。皇甫镈推荐方士柳泌，以制丹为由，而刺台州，他们升官发财享受荣华，而你却万里流落苦不堪言，且全家也跟着受罪……这是为什么？

韩愈此时流下泪来。

张籍：是你没发现问题吗？没洞悉实质吗？文章写得不好吗？观点不鲜明吗？缺少文采吗？都不是。你是大唐一流的文学家，你无愧为文坛领袖，你用你的文章捍卫了文学的尊严，你赢得了普天之下人们的尊敬。可是你却死了。你的亲人因你获罪，而沦为奴婢，从此陷入漫漫长夜……这些你想过吗？这是你要的吗？你为了自己的清名，让亲人受到万世的痛苦，你内心难道不受谴责吗？

韩愈呜呜哭出声来了。

张籍：你最大的问题就是心口如一，口无遮拦笔无禁忌，恃才傲物滥用才华。这如进考场不知考场规矩，身处大唐不知天子威仪。就好像你处华南酷暑之地不减冬衣，热死只能自己负责。这不能说明你有学问，你有才华，只能说你迂腐、愚蠢。“报汝慎勿语，一语堕泥涂。”你连“说”和“写”的界限都分不清楚，连生存能力都没有，自己不保，如何保亲人？自己不保，如何保文坛？自己不保，如何保天下社稷？

韩愈呜呜呜哭得更厉害了，他把张籍的话记心上了。

此后，张籍的选择一直存在下来，直到现在仍被文人们沿袭着，运用着。

在《潮州刺史谢上表》里，张籍的规劝发生了作用。

但韩愈就是韩愈，在姿态上，他可以把自己的身段放得很低，可以摇尾乞怜，可以不顾脸面、失去人格。他的潜台词是，作为人臣，在皇帝老子面前讲究什么人格呢？但在检讨自己的罪责时，却维护着自己的人格和尊严，不屈不挠，坚不退让。比如开篇就说自己万死犹轻，但涉及罪状时，他挖剖出来的却是：狂妄戆愚、不识礼度、言涉不敬、愚忠、狂直，等等，这样的罪状若被砍头岂不是滑天下之大稽？既然原罪非深，且又“心亦无他”，皇帝开罪自己，委实有些过了。而自己以文名世，古今不让，话语间充满自负。再说自己一到潮州，“与官吏百姓等相见，具言朝廷治平，天子神圣，威武慈仁，子养亿兆人庶，无有亲疏远迩。虽在万里之外，岭海之陬，待之一如畿甸之间、辇毂之下。有善必闻，有恶必见。早朝晚罢，兢兢业业。惟恐四海之内，天地之中，一物不得其所，故遣刺史而问百姓疾苦，苟有不便，得以上陈。国家宪章完具，为治日久，守令承奉诏条，违犯者鲜。虽在蛮荒，无不安泰。闻臣所称圣德，惟知鼓舞欢呼，不劳施为，坐以无事”。既扬天子圣德，亦不忘表扬自己，这样忠君爱民之人，不知宪宗若见韩愈，眼里还会有冰、心里还会有恨吗？

从史料上得知，元和十四年（819），潮州地区并没有什么特别的表现来欢迎韩愈的到来。相反，自春伊始，几月间淫雨如注竟日不停。当地农谚“水浸禾花，犹如抄家”，又春蚕因水至潮而不成茧，种种迹象表明，等待韩愈的将是一个灰头灰脸的年景。

韩愈马上做出反应——祭神。这个反应今天看似好笑，但当时却是勤政爱民之范例。

史料显示，韩愈在潮八月，祭湖神竟有五次。第一次因写上表，事不宜迟，便托人代祭；第二次亲率州县诸官祭拜，韩愈撰文以告：“稻既穟矣，而雨不得熟以获也；蚕起且眠矣，而雨不得老以簇也。岁且尽矣，稻不可以复种，而蚕不可以复育也。农夫桑妇，将无以应赋税继衣食也。”韩愈此举，其意不在政绩，而首当其要为民生着想，一枝一叶总关情，深刻于心的民本意识，是韩愈有别于同代迁官的原因。皇甫湜曾记述其事曰：“大官谪为州县，簿不治务。先生临之，若以资迁。洞究海俗，洞夷海獠，陶然遂生。”这就是说，韩愈与众不同，凡事皆亲力亲为，为民实务发自内心。韩愈面对湖神，也如对皇帝老子之法，放下身段，责其不是。他说：“非神不爱人，刺史失所职也。百姓何罪？使至极也？神聪明而端一听，不可滥以惑也。刺史不仁，可坐以罪；惟彼无辜，惠以福也。”韩愈把一切罪孽都大包大揽起来，只要风雨止息，艳阳高照月白风清，给老百姓以惠福，他一定再选牲置酒，以报灵德。如是者三，终于淫雨既霁，蚕谷以成。不仅如此，韩愈还发动沿海百姓，遍捉损害庄稼的鲎、蟹等海类，烧之以肴，焙之以馔，佐之以酒，成为潮州人最自豪的美味。说到做到，达成心愿之后，第四、五次祭神均有还愿性质，但韩愈均没有一丝懈怠，没有走过场，而是全神贯注，倾情而为。他拜庭跪坐，一丝不苟，他合掌乞告，将自己凝固成一尊雕像，为潮州百姓祈福，求上天神灵护佑，使潮州民众丰衣足食……

相传韩愈在潮州致力农桑，还有修堤凿渠之事。《海阳县志·堤坊》载：潮州磷溪镇砀山脚下千亩农田常受干旱侵袭，韩愈带领州县与村坊里正勘察日久，凿河引流，修了一道叫金沙溪的长渠。这条水渠至今仍滋润着两岸田畴。一条见过韩愈的水渠，从唐朝汩汩而来，又欢快地流向未来。

寻访中，闻听潮州郡西湫水有鳄鱼为害，便实地察验。果见湫水地方与江海相连，鳄鱼趁汛，或海或江，或溪或谷，临水而出，大者数丈，玄黄苍白，似龙无角，似蛇有足，卵化山间，其卵无数，少者为鳄，多者或为鼋鼍。鳄鱼性残忍，尤爱攻击人类，常狎于水底吞食，畜类也辄遇害。当地民众谈鳄色变。然江海难移，鳄鱼难除，此患难解，俗不能禁。韩愈即作《祭鳄鱼文》，令部下备好清酌庶馐祭品，先投之于恶溪，然后当场宣读，令其迁出潮州地界。“咒之夕，有暴风雷起于湫中，数日，湫水尽涸，徙于旧湫西六十里。自是潮人无鳄患。”

事隔千年，当时情状难以描摹。关于韩愈驱鳄事，究竟潮州鳄鱼是因文而逝，闻礼而退，还是先礼后兵，操强弓毒矢击杀而灭，似乎各有其说。但一个显而易见的事实就是“自是潮人无鳄患”。

或因潮州无鳄，或因《祭鳄鱼文》文章奇特，或是用天子威仪人类语言与鱼共语如对牛弹琴态度可笑，遂使后人浮想联翩，生出许多猜测。宋代王安石就认为《祭鳄鱼文》其意不在驱鳄而在“驱人”，是驱那些冥顽不服王化的土著。因此，王安石在《送潮州吕使君》诗中批评韩愈：“不必移鳄鱼，诡怪以疑民。”意思是宣传皇权王化，光明正大，堂而皇之，用得着假言托语那一套劳什子吗？清人《古文观止》编者吴楚材、吴调侯评其文时也说：“全篇只是不许鳄鱼杂处此土，处处提出天子二字、刺史二字压服他。如问罪之师，正正堂堂之师，能令反侧子心寒胆栗。”关于“反侧子”，韩愈曾在《送郑尚书序》有对蛮夷的评定“好则人，怒则兽”，因此，他们认为驱鳄是假说，驱“反侧子”才是真。

清人丁日昌所比更甚，他干脆把老百姓喻为鳄鱼。在其《过蓝关韩文公庙题壁》一诗里有这样句："云横雪拥出蓝关，邹鲁淳风变百蛮。谁使九原公再起，斯民今比鳄鱼顽。"

关于潮州鳄，史料上宋、明代尚有，之后才渐次消失。宋真宗咸平二年（999），陈尧佐通判潮州，闻鳄食人，命属下网捕巨鳄于泽——"辄止伏不能举，由是左右前后力者凡百夫，拽之以出，缄其吻，械其足，槛于巨舟，顺流而至。阖郡闻之，悉曰：'是必妄也，安有食人之鱼，形越数丈而能获之者焉？'既见之，则骇而喜……余始慎之，终得之，又意韩愈逐之于前，小子戮之于后，不为过也。"（陈尧佐《戮鳄鱼文》）由此可见，若潮州有鳄，且为害百姓，韩愈不仅以文为檄，继之以击，驱而赶之，聚而歼之，则是完全可能的，这一切可能，都基于他的民本思想。而"昔先王既有天下，列山泽，罔绳擉刃，以除虫蛇恶物为民害者，驱而出之四海之外"，同样是王化功德，驱鳄也算政绩，因此韩愈何苦假言诡疑呢？

潮州是韩愈眼中的潮州，是唐朝的潮州。大唐之前的潮州，还有千万年的人类活动，已知的就有象山人和陈桥人，等等，就文化形态来说有大坌坑文化、浮滨文化、南越文化和汉文化等，而南越文化和汉文化似乎都是典型的"外来文化"，浮滨文化已经有中原商文化的因素，而真正的本土文化——大坌坑文化的创造者，经考证，也不是韩愈时代潮汕地区的"俚人"和"蛮獠"，他们似乎已经消失。潮汕地区自秦汉以来成为战乱兵燹的避风港，晋隋士族衣冠南渡之终点。数代迁转流变，宿主早已不复相认。中原《隋书·南蛮传·序》说："南蛮杂类，与华人错居，曰蜒，曰獽，曰俚，曰獠，曰㐌。俱无君长，随山洞而居，古先所谓百越是也。其俗断发文身，好相攻讨，浸以微弱，稍属于中国，皆列为郡县，同之齐人，不复详载。"自唐以来，特别是高宗武后时，陈元光募兵五十八姓数年讨伐泉潮蛮獠，前仆后继，历时五十余年，至开元三年（715），降伏蛮獠，平息啸乱。自此汉蛮划地为界，汉民与土著各守本分，不相干扰。到韩愈刺潮，似乎也没有土著反弹的史料，至少与鳄鱼为害相比，蛮汉间题不是当务之急，因此，以韩愈的智慧，他也不会为蛮夷事横生枝节，而把影响民众安危的鳄害掩去而用春秋笔法影射什么“反侧子”。

若把蛮夷比鳄，就会有丁日昌所遇问题“邹鲁淳风变百蛮。”因此，丁日昌说“斯民今比鳄鱼顽”，也就是说老百姓也有可能变成鳄鱼。什么是蛮夷？就是不服王化无法无天蛮横无理。这也是从文化形态入手归类名状的一种解释。那么，这就与韩愈一贯对待民众思想的看法产生极大的对立。韩愈对待民众历来是民为根本，虽然他忠君爱民，但若二者相较，他宁可选择孟子的民贵君轻的思想，因此才有佛骨之祸。在他的心目中，老百姓永远是水，统治者才是舟和鱼之类的喻体。而这也是韩愈与后来者王安石、丁日昌们不同的地方。在王安石们看来，那些蛮夷不知礼教不懂王法形如鳄鱼，既为禽兽，当然可以毒矢刀砍坑灰沸汤歼而灭之。说韩愈永远不会将蛮夷比之鳄的最强有力的证据就是，淮西平叛时，在谈到对待三十年不知王化“斯民今比鳄鱼顽”的蔡州士卒子民们，韩愈上书时说：“蔡州士卒，为元济迫协，势不得已，遂与王师交战。原其本根，皆是国家百姓，进退皆死，诚可闵伤，宜明敕诸军，使深知此意，当战斗之际，固当以尽敌为心，若形势以穷，不能为恶者，不须过有杀戮，喻之圣德，放之使归，销其凶悖之心，贷以生全之幸，自然相率弃逆归顺。”（《论淮西事宜状》）对叛逆士卒百姓尚且如此，韩愈怎能对自己辖区里和平状态下的蛮獠“操强弓毒矢”“必尽杀乃止”呢？似乎有悖韩意。

将鳄鱼移为蛮夷说的人多依据韩愈曾对蛮夷说过的一句狠话来判定。长庆三年（823），礼部尚书郑权就任岭南节度时，韩愈为他介绍当地情况时写了《送郑尚书序》一文，其间韩愈说：“蛮夷悍轻，易怨以变。其南州皆岸大海，多洲岛，帆风一日踔数千里，浸漫不见踪迹。控御失所，依险阻，结党仇，机毒矢以待将吏，撞搪呼号以相和应，蜂屯蚁杂，不可爬梳。好则人，怒则兽。故常薄其征入，简节而疏目，时有所遗漏，不究切之，长养以儿子，至纷不可治。乃草薙而禽狝之，尽根株痛断乃止。”一些人将此段落的最后两句话这样断句：“故常薄其征入，简节而疏目，时有所遗漏，不究切之，长养以儿子。至纷不可治，乃草薙而禽狝之，尽根株痛断乃止。”这两句话他们这样理解：天朝征赋纳税时对蛮夷所征甚少，税目赋名也少许多，并且时常遗漏，也不追究，长期若养儿子。但一旦作乱则不可收拾，应该像快刀割草那样，务必斩草除根以绝后患。至此，“反侧子”其义定也。但纵观全文，笔者认为亦可以这样理解：蛮夷易变，“好则人，怒则兽”。天朝征赋纳税时对其所征甚少，税目赋名也少许多，且时常遗漏，也不追究，长期如父对儿子般关系，但其子却易变脸作乱不可救药。这就是“好则人，怒则兽”的详解。对待“怒则兽”的蛮夷应该怎么办？韩愈的答案是务必斩草除根以绝后患。因此时的蛮夷已“帆风一日踔数千里，浸漫不见踪迹。控御失所，依险阻，结党仇，机毒矢以待将吏，撞搪呼号以相和应，蜂屯蚁杂，不可爬梳”，已经变了性质，犹如海盗，犹如蟊贼，犹如叛匪，犹如战时状态，当然鸣鼓而歼之。这是对待蛮夷的态度之一种。而对“好则人”状态的另一种蛮夷该怎样呢？那就长养如儿子，关心之爱护之，有鳄害，将驱之。天朝的恩泽同样会降临到他们身上。因此，笔者认为“长养以儿子”和“至纷不可治”之间不应断句。这是一种事物的两个侧面，一个名词的两种属性，一个族群的两种类型，一分为二的一种思想方法。而那种将蛮夷不分青红皂白一概而论的做法，似乎难以接近当年的历史真实，也难以接近真实的韩愈。

另外，“好则人，怒则兽”何尝只谓蛮夷？正如丁日昌诗中所言“邹鲁淳风变百蛮”“斯民今比鳄鱼顽”，说出了一个族群的精神和意识层面呈不断变化的不稳定状态，它是流动的，液态的，不是固化的。而这一现象不光表现在族群、民族。反观人类的意识底层，哪一个人不具备“好则人，怒则兽”的特征呢？文明、文化、理性和社会关系化状态下的人就是“好则人”；而自然、原始、野蛮和动物性状态下就是“怒则兽”。虽然，随着漫长的人类进化期，动物性被理性和文明的尘埃掩埋到了潜意识的底层，但它仍旧没有消失。每有时机，月黑之夜，涨潮时分，它或许就会出现。这样的双性特征，人类再过一万年也不会消失。而对这种流变的思想状态采取固化的简单否定，似也难代表韩愈的思想水准。

对待蛮夷，唐代统治者是以征服者的视点思考问题的。蛮夷土著，主要有两脉，一脉乃俚人，多是秦汉时百越之一种，他们也是外来者；另一种曰獠人，是散居闽粤赣边界的土著，宋代以后称为畲族者。魏晋隋唐，汉人从北来，且经过世代征伐，这二脉俚獠渐渐被“引遁丛林邃谷中”，压至深山林莽，划地而治。但在一些官员的眼里，蛮夷如同奴隶，而奴隶是可以卖钱的，这是一笔巨大的收入。长安自隋以来就是全国最大的奴婢市场。高宗时，尤将奴婢市场与牲畜市场合并一市：“并此坊及大业坊之半立中市署，领口、马、牛、驴之肆，然偏遍处京城之南，交易者不便，后但出文符于署司而已，货鬻者并移于市。”（《唐西京城坊考·安善坊》）所谓“口”，就指奴婢。试想，将奴婢与骡马共处一市，其地位之悲惨可以想见。除了经济利益驱动之外，另有一个因由就是长安还是一个享乐和奢华的城市。

有唐一代，皇宫内的官奴就多达十万人。而公卿官宦之家，蓄养奴婢之风日盛。《旧唐书·冯盎传》披露，大官吏冯盎拥有“奴婢万余人”。唐代官僚尤喜岭南奴婢，俗称之“南口”。据《云麓漫钞》说，朝廷甚至颁文规定给达官贵人们定限使用：“敕南口给使，王公家不得过三十人，职事官一品不得过十人，三品不得过八人，四品不得过六人，五品不得过四人，文武清官六品七品不得过二人，八品九品不得过一人。”由此可见，唐人买卖岭南之奴，不仅合法，且规模极大。这种官方的限令一出，实际上是为蓄奴纳婢的争相“南口化”签署了动员令。而私下里，攀比之风也由此燃播，争相蓄奴的口子也愈撕愈大。由于内地和西东二京巨大的需求缺口，岭南成为贩卖人口最盛的地区，其中，尤以漳州、泉州、潮州为最。

奴婢有官奴和私奴两种，属所有者个人财产。唐初，通过远征高丽、蒙古及西域，其俘虏和平民成为填充官私奴婢的主要来源。武则天垂拱四年（688），唐朝军队攻占了朝鲜半岛，一次就带回二十万囚徒，大部沦为官奴。随着唐王朝的稳固，大规模的战争渐行渐远，靠外部战争奴役征服者的渠道已被岁月湮没。当内部的削藩战争占据历史舞台中央时，唐有明文规定，禁止买卖中国人，否则会受到唐律严惩。而此时，处于南中国的蛮夷因其身份的漂移，便成了长安城乃至内地庞大消费群落最青睐的消费品。查尔斯·本在《中国的黄金时代·唐朝的日常生活》里写道："保护人们不被绑架和贩卖为奴的法律不包括南部省份的土著，因此那些地区是唐朝奴隶的主要来源。奴隶贩子把这些地区的土著视为野蛮人，不属于中国文化的范围。朝廷和地方官员都无法阻止这种买卖。"尽管宪宗时鉴于岭南掠卖奴隶成风，致骨肉离析，良贱难分，田亩凋敝，赋税剧减，于是下令禁止，但地下走私的黑道并未断绝。不仅如此，另一脉的新"南口"又加入了奴婢队伍。这就是因"典质"而成的奴婢。所谓"典质"，就是穷人因种种缘由，为交租、纳税、还债而将自己的儿女典当给有钱人家，过期不赎，便沦为奴婢。而一旦为奴，就有可能被转卖北方，成为"南口"之一。韩愈去袁州后，统计过释放的"典质"奴隶七百三十一个。而潮州的"典质"奴估计比袁州更多。韩愈所刺的潮州，正是产生这两类奴婢的核心区域。潮州地区三千多平方公里，山岭台地面积占总面积百分之六十三，西北东北均山岭，海拔一千米以上之山峰二十余座，山高林密，为隐于土著创造了条件，但在一些官僚和奸人眼里，这里也是最好的奴婢集结地。

皇甫湜在《韩文公神道碑》中曾记述韩愈自潮州始就着手解决货买男女之事。对"典质"奴婢，韩愈从柳子厚等借来经验，"计庸以偿"，以赎奴婢。所谓"计庸"，就是人质为债主做工，以工抵债，当工值和债款相当时，人质便可放归。若借债巨大，工值甚微，官府便出面以钱赎回。人质放还，官府督促两者施以正式文书，以此为凭，不得反悔。而对于武力掠夺土著的另一种解决，则是剪断官府与涉黑团伙的合作关系。走私奴婢，有着巨大的利益驱动，也是边远官者一项隐形收入和经济补偿。因此，他们一般应是地下买卖奴婢的幕后主使。他们挑起纠纷，制造摩擦，逼良为匪，然后又武力以夺，亦官亦盗。这就是地下贩卖奴婢暗流禁而不竭的原因。自韩愈始，在潮汕地区的走私奴婢势头得到有效遏制。这与韩愈本人的善行德政不无关系。“帅海南者，京师权要多托买南人为奴婢”，可见，不仅经济上有好处，还可以以奴婢进献邀宠，在政治上获得好处。特别如韩愈，贬罪万里，若要回京，必以资献媚和依附权要，若此，依样画葫芦就是。但韩愈的善良本性和悲悯情怀，使他躬行德政，成就人伦，上任伊始就走了一条与众不同之路。他深入山林俚獠村寨，向他们“宣谕”，由官府注册籍典，归属王化，成为中国人，便从此受大唐法律保护。

自此，贩卖奴婢事在韩愈主政时基本断绝。

此一侧面也可证明韩愈乃大善之人，治下的土著可宣可驯，可入中国，他怎么会舍得将他们驱逐海外，使其沦为海盗异邦，成为敌对势力，不得不对其“斩草除根”呢？既然潮州治下的土著幸而能遇韩公，这样也就没有机会去做“反侧子”，因此，韩愈亦不会将其暗喻为鳄鱼。

《祭鳄鱼文》的初衷，应该是韩愈有意而为的“对牛弹琴”，也是对鳄类的公开宣战。他当然知道鳄鱼们听不懂人话，看不懂檄文，但是他的醉翁之意却是真为了人，当然不是王安石猜测的警示蛮夷，而是为了引导潮人。他在宣传，在导引。他第一次发表官方咨文，亮明态度：对为害人众的鳄类将坚决消灭毫不留情。而在过去，潮人面对鳄害，如对魔道鬼神，只能隐忍，只能屈从，只能任其肆虐。但韩愈来了，他代表皇朝王道赋予的神圣权力，大声向鳄鱼说不，以破除因袭民众的迷信枷锁。而这样的宣言，当然有火药味，有刀剑声，因此常被后人称为“移文”。韩愈的《祭鳄鱼文》之对潮汕，应该是古代最早的解放思想的宣言书。

关于韩愈驱鳄处，向无定论，一说是距城五里之“越王走马埒”，一说乃金山后的“石龟头”。二者均在今潮州西湖处。唐时潮州西湖，原是湫水（也称鳄溪，或恶溪）之一部分，其间还没筑堤分水。《祭鳄鱼文》后，潮人筑堤防鳄，也是驱鳄手段之一。后人《修堤策》里写得明白，

“堤筑自唐韩文公”，乃当年韩愈策马入江亲自画线，潮人依线筑堤，正好可以隔开东江与湫水之连，鳄鱼汛期就难入湫水。据史料称，“湖山，在府治西，前连鳄溪”，此地紧傍唐时州府所在地，环岸居民聚集，可谓潮州腹心之地。试想，倘在州府门前鳄鱼滋事，岂不是十万火急天大般的事件？正因如此，韩愈上任伊始便向鳄鱼问罪，拉开驱鳄大幕。

唐代张读作志怪小说《宣室志》，在其“韩愈驱鳄”条中如此描写：“命廷掾以牢醴陈于湫之傍且祝曰……是夕，郡西有暴风雷，声震山郭，夜分霁焉。明日，里民视其湫，水已尽。公命使穷其迹，至湫西六十里易地为湫，巨鳄亦随而徙焉。”张读系河北深州人，那里盛产水蜜桃，向无鳄鱼消息。其平生宦迹似未至南粤。大概乃韩文所启，凭空想象，或有民间传说所助，写了如上故事，以丰富事迹，传神文采，以向韩愈致敬。其书问世时，韩愈已辞世三十余载。或是王安石们看了这些怪诞故事，以信史对待，当韩愈故弄玄虚哗众取宠，才有“诡怪以疑民”之议。小说是虚构的艺术，散文与纪实作品是写实的艺术，这是两种分野清晰的文体，只有散文与纪实类作品才能入史，其提供的材料才可采信。或许是王安石们弄混了文体，把张读的小说当成了信史，才做出了错误的判断。

为了纪念韩愈驱鳄，后人将湫水相连之东江改称为“韩江”。

总之，“辟佛累千言，雪冷蓝关，从此儒风开海峤；到官才八月，潮平鳄渚，于今香火遍瀛州”，正如后人这句评语，韩愈驱鳄事迹千秋颂扬，至今不衰，就是其存在的意义。

这一天，韩愈带州县官员去北部凤凰山一带宣谕土著，按韩愈的要求，潮阳县令找了一个熟悉当地民风的人充当向导。

所谓宣谕，其意就是将愿归附的土著召集一处，由地方官员当场宣读皇命诏书，说尔等今后就是大唐子民，享受国家法律保护，但须承担责任义务云云。宣谕仪式异常顺利，于是就在半山野餐以庆。

凤凰山是俚獠割山而居的地带，此次参与宣谕者，竟有五六百土著之多，足见声势之大，官府影响力之强。土著们早听闻州府大人关心民瘼扶掖农桑汉蛮同待，便真心归唐。于是，他们便把归附之日当成了盛大节日。

山谷里，土著们在呼啸声中追逐野象。他们手拿梭镖弩机，企图把象群里的一头小象猎获。但大象似乎看出了人的用心，几头成年大象总是把小象护在中间。韩愈坐在半山，看得真切，便问身边的向导："他们捕获大象做何用场?"

向导说为了庆祝节日。

"庆祝非要捕杀大象吗?"韩愈又问。

向导说："吉日庚午，既差我马。兽之所同，麀鹿麌麌，漆沮之从，天子之所。"

韩愈眼睛瞪大了："原来此地吉庆如天朝，都有射猎的习俗呀!"

向导点头称是："既张我弓，既挟我矢。发彼小豝，殪此大兕。以此宾客，且以酌醴。"

韩愈如他乡遇故人，又问："烹调野味宴宾客，用豕鹿兔犬就是，何以非杀大象耶?"

向导说："以示郑重与驯服。大象乃山林之王，众兽莫敌，土著均比附自身，强大于异族。但一旦归顺，又有幸被韩刺史宣谕，无不欢欣鼓舞。于是便猎大象以献，烧制成一道名菜'象鼻炙'供大人品尝。"

韩愈心里疑惑："象鼻炙?"

"是的，将象鼻洗净塞入碎肉，放上盐、生姜、豆酱、胡椒粉等作料，插上竹子，放在篝火上烧烤，直到象鼻烤得焦黄酥香，然后一段段切食，其美味直逼传说中的龙肉……"

两个人正说得高兴，潮阳县令走过来介绍道："他叫赵德，是潮阳最有学问的人。"

于是，韩愈认识了"象鼻炙"，同时也认识了赵德。

赵德是潮州地区唯一经过乡试甚至会试而获得秀才功名的人。他的脱颖而出，得益于潮州兴学的奠基者——常衮。常衮是德宗朝以宰相身份而贬刺潮州的官员，在潮期间，“兴学教士，潮俗为之丕变”。史料显示，常衮刺潮的具体时间是大历十四年（779），那时韩愈刚过十岁，距韩愈入潮也已达四十年。赵德的祖父曾上过常衮兴办的州学，虽然这州学只办了几年便随常衮的迁转而倒闭，但他学完的《四书》《五经》等，还是如家传秘籍般传授给了赵德的父亲，父亲又不遗余力地传授给了他。及赵德一代，潮汕地区州学一事已成传说，因此，他在乡试会考中大有鹤立鸡群之概。后来，他可能还参加过会试，或许还经过选拔后远赴京城参加过科考。这些，对潮汕人来说，已经是莫大的荣誉了。可能是这些经历，在潮州的地方志史料里，涉及赵德的个人条目上有“大历十三年进士”这样的记载。但比对韩愈写的有关赵德的文字，似乎仅称其“秀才”，并无“进士”之说。韩愈一向严谨，加上有国子监治学和主持科考之经历，他会非常在意学子们的等级之阶，即使南粤有把进士称为秀才的习惯，他也会在诗文中加以注释的，更不会在介绍潮州学业情状时这样说：“进士明经，百十年间，不闻有业成贡于王庭、试于有司者。”但韩愈似乎并不在意赵德是不是进士和明经，而是看中了他的才学，于是他这样评价赵德：“心平而行高，两通诗与书。”在经过一番考察后，韩愈决定把潮州未来兴学的重任托付给此人。

在四处勘察州学校址时，韩愈和赵德多次在东山头上比肩而望，看东江来历，赏湖山格调，想无边心事。一次，韩愈把他的手杖遗失在山坡上，几天后再来此地，便见手杖上已长出树芽。所谓手杖，实际是韩愈从北方带来的一截橡木棍而已，因南国潮湿，雨水丰沛，木棍在积水处浸泡，竟钻出嫩芽，于是韩愈就顺手将其插于山道。

赵德见状，便笑道：“此木手插可活，乃幻术也！”

韩愈也笑道：“潮州在内地人看，乃世外异邦也。梦境之地，可创奇迹，如建校兴学事，将会蔚然成观也！”

赵德说：“果然奇特也，由大象结缘，又见橡木发芽，此乃吉兆也。

说明儒学北来，可在潮州生根发芽蔚然成林也。”

赵德自幼饱读诗书，深受儒家影响。但在潮州这样的格局里，他的想法充其量就是开馆授徒，多教几个私家弟子，以流布孔孟之学。他有几个北部山区的学生，因住在与土著杂糅的山地，平素间与俚獠蛮族的后代多有接触，游戏之余教他们识文断字，时日既久，竟引得他们的向往之心。赵德在北部山间俨如神明。斯时恰遇韩愈来潮。之前，赵德曾读过韩愈诸多著作，甚为折服，内心敬之若师。不想天降此人，可谓梦者一也。二是偏遇“宣谕”之事。想想此乃王化大业，自己又深孚土著信任，便从中说合，成就了潮州一方盛事。然事成之日，偏偏又与韩师相识，此梦境二也。三是相识之后，没想到能志同道合，可谓相见恨晚。连日来，二人游走潮州湖山，实为办学布局，没想到在东山凝眸间，韩公无心插木，转瞬间枯木发芽！此梦者三。“三”的读音就是生，生生不息，儒学可为，这不是吉兆又是什么呢?!

见橡木无端加之诸多冀望，反让韩愈有些担心。他找来一些蕉叶枯草堆在橡木上说：“南国骄阳似火，怕它撑不下去。再过几日看看，若叶片长大，说明它确实活了。”

又七八日，二人约好再来，但见橡木叶片碧绿碧绿，似乎又长了寸许!

二人相视而笑。

北方树种，无根无叶，半枯半干；插于南国，竟能创造生命奇迹。世界上，有诸多看似不可能的事，却真真切切发生了。韩愈赵德一齐在山顶大喊：“橡树活了，橡树活了……”

一棵橡树，瞬间长大——高约数丈，几人合抱，树冠如亭，郁郁葱葱。

他俩似乎都看到了那棵橡树傲然屹立于东山的情形。

回到州府，韩愈立即向上汇报，写了《潮州请置乡校牒》——

孔子曰："道之以政，齐之以刑，则民免而无耻。不如以德礼为先，辅以政刑也。"夫欲用德礼，未有不由学校师弟子者。此州学废日久，进士明经，百十年间，不闻有业成贡于王庭、试于有司者。人吏目不识乡饮酒之礼，耳未尝闻《鹿鸣》之歌。忠孝之行不劝，亦县之耻也。夫十室之邑，必有忠信，今此州户万有余，岂无不庶几者耶？刺史、县令不躬为之师，里闾后生，无从学耳。尔赵德秀才：沈雅专静，颇通经，有文章，能知先王之道，论说且排异端而宗孔氏，可以为师矣。请摄海阳县尉，为衙推官，专勾当州学，以督生徒，兴恺悌之风。刺史出己俸百千，以为举本，收其赢余，以给学生厨馔。

韩愈举荐赵德摄海阳县尉，专勾当州学，由本地人充当学官，可避免常衮之教训。常衮与韩愈均是外籍潮官，当地人称之为"过路客"，既是路人，早晚要走，人走茶凉，白忙一场。主客双方似乎均无长期之谋划，亦无持续发展之方略。韩愈有阳山办学之经验，因此，才有赵德之遇。而举荐赵德还有更深的考量，这就是赵德"有德"——"能知先王之道，论说且排异端而宗孔氏"。倘若兴办乡校仅仅是为生徒识文断字，将来以图修身治家，仅利一己之私，格局势必小弱。应该把培养人才的视点放到"平天下"的高处，何以平天下？这就需要用儒家学说先王之道占领乡序学堂，排除异端，只宗孔子。倘若把兴学与尊儒联系起来，就会激发人的事业心，只要把它当作事业来干，潮州乡校就会像东山之巅的那棵橡树一样永远长青。赵德无疑具备这样的德行。而实践证明，赵德也确实不负众望，将学校做成积习之所，赢得"海滨邹鲁"之美誉，其功甚大。

此两点，均是韩愈的过人处。

韩愈带头到乡校讲课，且拿出自己的俸禄百千，作为办学和补贴学生伙食的费用。"百千"几多？即十万钱也。据《新唐书·卷五十五食货五》载："开元二十四年，令百官防阁、庶仆俸食杂用以月给之，总称月俸：一品钱三万一千，二品二万四千，三品万七千，四品万一千五百六十七……”韩愈属四品下，每月约万钱左右，十万正合他十个月的俸银。官场历来有“三年清知府，十万雪花银”之说，这些好处似膏腴暗肥，理所应该得的。而韩愈至潮，实算八月，却为助学捐了十万钱。比对今古，韩愈之为学赤诚助力之切，可谓清风衣袂明月襟怀，让人叹服。

韩愈对南方人向无歧视，但独对其语言不无烦恼。他多次在诗文里说粤语是“鸟语”“夷言听未惯，越俗循犹乍”云云。因此，入潮办学时，他首倡语言规范化。据《永乐大典》卷五三四三引宋元《三阳志》称，韩愈在潮州曾“以正音为潮人诲”，即教学生和潮人学国音，提倡语言规范化。至今，潮汕地区还流传“孔子正”之说，即采用标准的读音来规范语言。如人字要读“仁”，经字要读成“京”，等等，读诗文要用“孔子正”，公堂对簿要用“孔子正”，大庭广众对话要用“孔子正”。有了“孔子正”，难懂拗口的潮汕话，变得古雅韵致了。如女人叫“姿娘”，男人叫“担布”，意思是女人纺织，男人担布去卖。美人叫“雅姿娘”，美男子叫“雅担布”。所谓的“孔子正”，就是当时的“普通话”，实际上则是由韩愈当年带来的中原古音。中原古音，由于当地风云激荡更迭频仍，在中原一带或早已消失，不想在南国一隅，还能依稀听闻它的遗响，韩愈功莫大焉。

更有韩愈带来的尊师重教和读书学习之风，世代相袭，代代相传，竟成潮人之习俗。宋人王十朋说：“至今潮阳人，比屋皆诗书。”苏东坡在《潮州韩文公庙碑》也言：“始潮人未知学，公命进士赵德为之师，自是潮之士皆笃于文行，延及齐民，至于今，号称易治——潮人之事公也，饮食必祭，水旱疾疫凡有求必祷焉。”明宣德年间潮州知府王源赞美韩愈：“学吞鲁生贤负伊鼎；文则变雅，行乃规物。其为政也毅以断，其律身也耿而刚……刺潮八月，兴学范民；存恤孤茕，逐远恶物；拨伪存真，剔腐除蠹，以兴典宪；进谏陈谋，秋霜凛冽。使君臣以位，父子以亲；家国致理，鬼神革奸；人道益明，儒道益尊。”（《增修韩祠之记》）千百年来，韩愈成了历代治潮者的行为师者为政典范，甚至奉若神明。由是潮人只奉韩文公。即便是孔子，其地位也在韩愈之下。而潮人尊韩，则不分学界农工，即便商人，也奉韩公。据康熙初年《潮州会馆记》云：“我潮州会馆……阔宏高敞，丹霞翠飞。敬祀灵佑关圣帝君、天后圣母、观音大士。已复买东西旁屋，别祀昌黎韩夫子。”若到潮汕，论说古代圣贤，韩愈无疑是知名度最高的人，没有之一。

潮州自韩愈兴学后，历代再无断绝，治者无不以韩愈为表率，以兴学为要务。至南宋一代，除州学、县学外，潮州已正式设立韩山、元公二所书院。当时潮州人口约有十四万余人，而每科参加考试的士子有时竟达一万多，比例达到十四比一。登第进士也从唐代的三名增至一百七十二名。记载这些情状的宋元版《潮州三阳志》以夸饰口吻说：“潮二书院，他郡所无；文风之盛，亦所不及也！”

韩愈手植的橡木果然成了参天大树！

南宋王大宝《韩木赞》曰：“潮东山有亭，唐韩文公游览所也。亭隅有木，虬干鳞文，叶长而旁棱……遇春则华，或红或白，簇簇附枝，如桃状而小。耆老相传公所植也，人无识其名，故曰韩木。”

据说韩木通灵。王大宝言：“绍圣四年丁丑开盛，花盛倾城赏之。未几捷报三人，盖比前数多也。继是榜不乏人，繁稀如之。最盛者崇宁五年、宣和六年也。今不花十有五载，人才未遇，或时运适然，未可知尔。”

诗人杨万里写诗咏木道：

笑为先生一问天，身前身后两般看。
亭前树子关何事？亦得天公赐姓韩。

许多事，始料不及。如贬罪潮州，如准备死，如遇淫雨，如驱鳄鱼，如宣谕蛮夷，如遇赵德，如立学建校，如插橡木成树，等等。单就橡树命名韩木，韩木竟承载几多故事，即使当年韩愈联想再丰富，怕也会始料不及……

刚来潮州，韩愈几为淫雨所累，有天听报，说有僧人求见。韩愈说公务多多，或许再约，便将僧人打发走了。几个月后，与赵德识，此时淫雨已退。突然想起前事，便问赵德，可知灵山寺大颠和尚？赵德说此乃潮汕佛界领袖，焉能不知？想起韩愈与佛界之过节，便笑说：“此大颠是否要度化先生？”

韩愈哈哈大笑道：“撼山易，撼退之者难也。我倒希望佛界真有高人度我，若不能为，怕反被我度耶。”说着又换了口吻，“不过札上有句话我倒记得真切：同为颍川人，相晤何快哉！正是这句话让我记挂也。”

便去灵山寺寻访大颠和尚。

然则未遇。回来，韩愈修书一封差人送至灵山寺。

信曰：“愈启。孟夏渐热，惟道体安和。愈弊劣无谓，坐事贬官到此，久闻道德，切思见颜。缘昨到来，未获参谒。倘能暂垂见过，实为多幸。已帖县令具人船奉迎，日久伫瞻。不宣。愈白。”

又不遇。

又写书札送去。

如是者三。

赵德恼怒，说：“这和尚岂有此理，竟敢辱没刺史大人，待我亲自去灵山寺理论！”

韩愈劝阻道：“是我先慢待于他。这不是佛儒之争，也不是此僧傲慢，而是地域性格。中原礼节有问礼之仪，那大颠乘兴而来，所带的是乡情，是礼道，亦是善意。不想我因公事繁忙，也因我的疏忽而慢待了他。他是用另一种形式来表达对失礼之人的惩罚。家乡对失礼之人的惩戒有一定的限数，叫事不过三。罚酒以三杯为量，请罪以三次为限，致歉以三次为诚，请人以三次为信。请拭目以待，而今三请已过，大颠和尚不日便来。”

翌日，大颠和尚果然不请自来。

两人一见如故。

大颠和尚比韩愈年长。虽然体型高大，一副北方人的身架，却已无中原口音。他只是在故乡许都度过了童年。正是这童年的经历，发育了他的大千世界。童年是他永远的话题。而只有在说起童年时依稀能听到他挂在唇齿间的乡音。

大颠绘声绘色说起童年趣事——

许久没见过雪了，真想念它呀。那种粉剂似的雪和鹅毛般的雪还有细盐粒样的雪我都见过。有一年，粉样的雪下了三天三夜，路呀河呀树呀房舍呀啥都被白色涂抹了，像捂了一床厚棉被，盖得严严实实。我从小就喜欢雪，是发自心底里的那种喜欢。雪一停，我就跑出去，想和小子们一块儿堆雪人玩。可是，刚出大门，头上就被什么东西砸了一下，像石块那样硬实，我一看，是只小鸟。天气太冷，它出来寻食，飞着飞着冻僵了，变成了冰坨子。我把它抱在手上，给它呵气，想给它点热量，想把它暖过来。我能感觉到生命就在我手上。生命既有重量也有形象，不过别人感觉不到它，只有经历过死亡的人才能心有所悟。小鸟在我的手掌里连着我的血脉，我觉得它一会儿轻了，一会儿重了，一会儿暖了，一会儿冷了。每种感觉后面都牵扯着死或者生的结论。感觉轻的时候，是生命回来了，生命充足，小鸟轻如一羽；死亡降临，生命飞去，小鸟还原肉身，就会感觉沉重。一切恍若一缕轻烟，又薄如一层蝉翼，我能看见生命的色彩，能听见生命流动的声音。我甚至看到小鸟的眼睑里闪动出一丝微光，羽毛下生命像蛇一样在游走。它的生命在我的指尖跳动，它很努力地将流失的东西再收回来，但它的能力不够了。我觉得它的生命就要真的飞走了，就急忙把它放怀里焐着。我让它贴在我的心窝，但它太小了，我感觉它蜷曲的爪子从我的领口处颤抖了一下，就像一只小鸟从悬崖往下试飞时受到上升气流的冲击一样。仍然是温暖恢复了它作为鸟类的尊严，它没像一块石头跌落，而是以鸟的姿态冲击了死亡。我感觉到了它的尖喙和爪子刺向皮肤时留给我的疼痛，似乎是向我揖别，亦是用鸟类的礼节向我致谢。我急忙回到家里，把它放到被窝儿里，甚至放到炭火旁边为它取暖，但是都没能阻止它的死亡。死亡从我的指缝间水一样一点儿一点儿流向远方，成为窗外奎星塔上风铃上的一抹啸响。斯时我才八岁，但我已经有了自己死亡的感觉。

一连几天，我都在忙着做一件事，为这只鸟送葬。我的父母远在潮汕，父亲是那里的州官，我出生在潮阳，那时父亲还是县令。三岁后父母送我回中原老家许都，让我陪伴爷爷奶奶，更是要我好好读书。我们家是颍川陈姓，乃当地望族。汉魏时，先祖陈宫曾救过曹阿瞒。到我爷爷这一辈，已是单传，至我已三代。我们家和颍川韩一样，世代官宦，书册就是我等的香火。至八岁，我已跟大儒爷爷读完“五经”，成了远近闻名的神童。但是，就在这年，冬天里的一场大雪改变了我。我遇上了一只鸟。这只鸟用石头一样的方式度化了我。它在血凝固前猝然俯冲，在万千人中选定了我，这是我前世修下的因缘。为了纯静和单一，为了蔽虑和寂灭，佛祖使万木肃杀人踪寂灭天地混沌白茫茫大地好干净，这一刻均是点化度我而备。世界上的所有事物要想获得真知，只能思其本原而不能虑其之后，只有本原能看见它的纹理，之后的万千只是涂抹的脂粉。正是这样的缘故，佛祖才用白雪统一我的视角，让我专注于这次相遇。多年之后，当我已经皈依佛门，每每想起佛当初度我的用心，这样耗资巨大的演出成本，就会热泪盈眶，不能自已。我同时也感激我的至亲，尤其是我的爷爷，他将我领进儒学的大门，为我认识世界奠定了基础。我的血液里有儒学的成分和基因，这就像我们颍川陈姓一样，其祖既有陈宫亦有陈玄奘，儒家和释家于我实则亲如一家，难以缕析，无法生分。当然，这些感言只是日后所得。而我当时一门心思就是为小鸟举行一场葬礼，倾尽我的全力，以了我的心愿。我让仆人做了一个木匣，里面铺上锦缎和棉絮，我把小鸟安放其中，盖上锦缎，让它如在安睡。还放了两个陶罐，一个装满了水，一个装满了小鸟爱吃的谷物。最后还放了一件我脖子上的玉佩。我把小鸟埋葬在一个桃林边，不远处就是颍河。为了不让人发现小鸟的墓葬，我在夜深人静时偷偷埋葬了它。

十二岁那年，爷爷奶奶去世，我回到父母身边。这时我才发现，不是我埋葬了小鸟，是小鸟埋葬了我。小鸟的灵魂已经附到了我的身上。小鸟的脑袋那么小，脑壳内的容量大小如一粒饱满的黄豆，而中型鸟的脑容量也只是一粒蚕豆大小，大型鸟的脑容量也不过如一枚鸽子蛋。但亿万年来，人何以与它比肩？它能和龙共同飞翔，人何以堪？鸟类思考的问题总是与生存和上升有关，且简洁、敏捷、精准而又深刻。我羡慕它，并追随它。我携带着一枚世界上最弱小的灵魂走上了皈依之路。父母三次从寺庙里把我抢出来，我又三次偷跑回去。

皈依佛门之后，我在岭南的万山丛中奔走跋涉，眼中已看不到其他颜色，只有茫茫一片白色大地。我感受不到强大宏阔，只能触及弱小柔细。我带着前世的手眼进入佛门，这使我的修行充满飞翔的痕迹。三十六岁时，我曾拜石头希迁为师，他是青原行思的弟子，而青原则是南禅六祖慧能的弟子。我听从我的内心，于一所缘，系念寂静，与“三界六道，唯自心生”“若达心地，所作无碍”“离心意识，应用无方”“应机随照，冷冷自用”的禅理心意自通。之后我返粤在罗浮山修大无畏法，又返潮州建灵山寺至今。

大颠说完后，向韩愈合十道：“老衲略发少年狂，笑话了。”

韩愈拱手道：“许多话要问大颠师。先拣最主要的，那是只什么鸟？”

大颠仍合十：“不是麻雀，不是翠鸟，也不是鹡鸰蜡嘴芙蓉鸟，更不是绶带鸟十二红喜鹊乌鸦。我至今还记得真真切切，它的喙与爪子是红色的，头部中间有棱，毛是金黄色，脖子却是黑色的。我再也没见过这样的鸟，似乎从没出现过一样。但只有我知道，它确实现过身，我至今还记得它的模样，真真切切。如长在我心里……”

韩愈说：“就像旅途上的一个人，他施恩于你，但转身再也不复相见。小鸟度汝，是因你有善缘。”

大颠合十：“儒学让我识慧，方得洞天。也当念念不忘也。”

两个人，一儒，一佛，却不谈自家那点事。这是高手间的奇异之处。

韩愈也说起他的童年，他说在洛阳和长安的冬天下雪时，经常见到落在雪地里的鸟类，但他从没想过它们是如何冻结自己的飞行的。更没有碰到被小鸟击中的事。虽然年纪尚小，但他已会以一个农人的眼睛去看雪。俗话说，雪盖三床被，小孩枕着馍馍睡，下雪与来年的收成有关。他也能看到雪的景致很美。但他绝对不会想到美是个很危险的字眼，美会夺走小鸟的性命。更不会以小鸟的视角思考问题。看来自己确实没有慧根。更有力的证据就是他在韶州三年，当时正是南宗大发展的时机，后来青原系下形成曹洞、云门、法眼三宗，南岳系下形成沩仰、临济两宗，世称“五家”，而韶州就是新禅宗的发祥地，被禅人称为禅学圣地。小小的韩愈也曾裹挟其中，听僧众设坛授法，对《六祖坛经》曾有涉猎。特别对其要义提倡心性本净，佛性本有，觉悟不假外求，不读经，不礼佛，不立文字，强调“以无念为宗”和“即心是佛”，“见性成佛”而称之“顿悟”，印象极其深刻，并影响至深。但却从没像大颠那样被人度化，或靠“顿悟”走进佛门。他甚至连想也没想过。大颠把儒学当成火把，照亮了走入佛门的路径；而自己是把禅宗的某些理念作为营养玉成了儒学的枝叶和花朵。根据儿时对禅学的好印象，他认为禅宗才是中国式的佛教，其诸多理念与儒学可谓款曲暗通互文相生……

韩愈和大颠说话的时候，赵德则在一旁沏功夫茶伺之，时而也插一些闲话。见大颠打坐时嘴不停嚅动，上下牙齿叩击有声，便问：“敢问大师，此术何益哉?”

大颠笑而不语。

韩愈笑道：“专治多言妄语者。”

赵德知是玩笑话，便说：“在下实不知此术疗治何疾，有何用途，愿闻其详。”

大颠合十道：“果如刺史之言，于我只是一种养生，也是一种提醒。此术乃道家所创，对固齿养津心脾肝胆皆有好处，简洁实用，随时可行。晨叩一百，夕叩一百，睡前一百。诵念言说前均对叩九数，以敬口舌。”

韩愈哈哈大笑道："你我均拜口舌之赐也。我多在国子监讲学传道，大颠师更要传经讲法。于我，张籍曾劝我谨言慎语，言多必失，此方可治妄语。另外，我已脱落数颗牙齿，余者也松动欲掉，此方甚好，可保牢齿，以慰肚腹。应先谢《抱朴子》，再谢大颠师！"

大颠张口伸出舌头说："诸位可看，余著《般若波罗蜜多心经释义》《金刚经释义》，手抄《金刚经》千五百卷，《法华维摩经》三十部，全要经过我的舌头运动将它们传达出去。而更多的是我曾宣讲佛禅法经千万次。你们看，经卷如石，生生把我的舌头磨薄了，磨小了。"

大颠伸出舌头，果然异于常人。偌大的嘴巴，舌头竟状如鸟舌，显得空空荡荡。韩愈大惊，突然想起他与神秘小鸟的故事，联想就有了惊惧的成分；再看赵德，却兀自低头理茶不语，只是将沸水一遍遍冲洗茶壶，竟忘了往里续持，再看端水的手臂，已微微哆嗦起来。

大颠会意，面无表情，只是口气更加神秘："拜石头希迁为师之前，我在潮阳西山跟惠照大师学禅，后又随师门众徒往来韶州。那时前来参拜石头希迁者百十上千，许多弟子都没入其法眼，唯有对我一见倾心。当晚我蒙召见，在后堂见到大师。大师一见我即说"欠汝一情，持汝一生"，我就是那块会飞的石头。再一看，大师手腕上正系着我童年陪葬小鸟的玉石项链。我当时就吓得说不出话来了……"

韩愈惊呼起来："出家人不打诳语的。石头，石头，石头希迁，他的前世是只……鸟。看来，世界上果真有这等事体呀！"

当晚歇息的时候，韩愈想：或许这正是儒佛不同的地方吧……

一连数日，韩愈陪大颠在州府清谈、品茗、抚琴、啸吟、打坐、叩齿等等，相聚甚欢，无话不谈。

这天，大颠就要返回灵山寺。

临别的时候，大颠颇为动情地说了一番话："退之贤弟，今日为兄就要回山。这一刻，我也不是和尚，你也不是刺史，我只按乡俗称呼，我比你大，所以喊你贤弟，算我高攀了。在潮汕，虽然你贵为朝廷命官，我只是佛界一僧，但我心里清楚，我无求于你，而你却有求于我。我知道你想接近我的真实目的。你是个有故乡情结的人，还有，你是个穷究至理之人，习学是你的性格。当今皇帝曾言，你并未深研佛理，却大言犯佛，以其昏昏，使人昭昭，此乃学子大忌。唯有此条能触动你的心思。你想让我给你深讲经卷，辨析佛理，但我一直讳言如深，小心规避。为什么？我看出了你的心思。若是别人，学佛是为了信佛，而你却不同，学佛是为了反佛。倘若你懂得越多，反佛的能量就越大。这样，当今皇帝就会更要置你于死地。这样对你不好。我不愿你不好，因此我避而不谈。另外，若究佛理，你少时所学，已然可佛。你是你自己的佛，你是潮州的佛，你是乡农蚕妇的佛，你是蛮夷的佛，你是乡校学子们的佛，你是一桩仁慈事件的佛，你是山水树木飞禽走兽们的佛。因此，佛如水和光，不分中外，只分对人有益和无益。有益即是佛，无益即是魔。正如儒学如是，倘儒学传到西界，就不成其真学，对人无益，而被称为邪说，想必你也不会高兴。一切祸福，咎由自取，切莫轻易论他人之短长。你几番贬迁，多是你同门中人毁损于你，佛家何曾言你半句？是你不了解自己。不了解自己，就无法了解别人。你不能天下独大，仅儒学可兴，余之尽为鱼鳖。你想，你儒家言仁、义、忠、信，我佛家讲常、乐、我、净，内容相同，义理若一，只是叫法不同，犹如你说十数，我称二五，如一山两峰，手心手背，阴阳两极。有何尊卑高下之分？须知，人之所以为人，不能仅有衣食，还要有精神生活。精神空间与宇宙同大，不能依一种思想充而塞之。你总说佛家不耕而食，不蚕而衣，不劳而获，你哪里想到，佛家青灯长诵，独坐晨昏，蓬头跣足，千传百回，流布经要，殚精竭虑，身心俱伤，也是一种劳作。佛家耕耘的是人的精神田畴。人心静然民族盛强，这就是佛家的果实。儒与佛，仅从形式上看，佛比儒更接近百姓。学儒需学‘五经’等，时日既长耗人日久，且学成以知识货售他人，且金且银，谈格论价；或进士及第，朝堂晋爵，以利其身。而入佛界，即刻成佛，不念经，不礼佛，不著文，即使不认识一字也能成佛。佛不分贵贱，无论聪明愚痴，也无世间万物之分野，凡属生命，皆应尊重。即如痴人，你做好自己，便就是佛。你是虫蚁，做好自己就入佛理。天地不仁，人有大爱，此乃佛之根本。此间无上慈悲，给人与自然万物以希望和温情，给每个物体以存在的理由。此等佛学，有何不可？请不要苛责于它。你所反之佛，与我说之佛，并不是一个佛。凡对天下苍生有益者曰佛，否则名佛实妖也。任何事体不能一概而论。你我挚友，当剖胆以奉赤诚，我知道无法改变你，唯一的希望是你此后再不要因佛而伤身。佛与儒一样，你损之荣之信之斥之都无所谓，它都在那里。但贤弟只身漂泊山高路远，愚兄从此为你祷告，愿贤弟吉祥安康，早日返京，以图大业。”

“阿弥陀佛，保重保重!”

韩愈拱手道：“乡兄肺腑之言，愈谨记在心。而今各别，愈当更独善其身，去做一个善人，一个善官，多做善良之事。此乃善良教是也!”

二人洒泪以别。

笔者关于大颠和尚的逸事种种，除却史料之外，还得益于智如和尚的惠助。笔者多年前在潮州采风韩祠时，智如斯时正在开元寺修持。与多数僧人不同，他的家乡在北方塞外，虽出身优越，却矢志佛国，并演释出如大颠般的心路故事，其情感之真，堪可比身。对俗界外人来说，能探究僧界个案及内心世界，智如和尚与我堪称良师益友。智如在开元寺七年之久，离开时，已是住持阶层，现为天津大悲院住持，是北方佛界的著名人物。

元和十五年（820）正月二十七日，宪宗误食金丹暴崩。闰正月初三，新皇穆宗即位。韩愈接到朝廷诏书，量移袁州。

别离潮州时，韩愈特意去灵山寺与大颠和尚辞别，并留衣为赠。

韩愈与大颠和尚的故事至今仍在潮汕地区传扬。潮州城南现有叩齿庵。红军时期，“八一”南昌起义部队曾入潮七天，俗称“七日红”。其时贺龙部队第三师政治部主任徐特立在叩齿庵办公居住。徐老此时并不老，但因此得此秘诀，新中国成立后活到九十多岁，成为真正的革命元老。另灵山寺现有留衣亭和舌镜塔以证传说故事。特别是舌镜塔之说尤为传神。说大颠和尚圆寂之后，灵山寺辟以墓塔，位置就在寺左。唐末，有人开启墓塔，进行修葺，发现和尚已经尸化，墓塔仅余一根舌头，赫然如生，只是此舌状如鸟舌，玲珑如响。便又将舌重新埋葬，命名为“瘗舌冢”。至宋至道年间，潮阳士绅郑士明开塔察看，舌头已羽化为一面古镜，于是郑士明遂又垒石筑塔，将古镜藏于塔内，又名“舌镜塔”。

不知为何，大颠独留一具舌头示人，又不知为何，舌头变成一面镜子。

其间深意，大概只有韩愈和大颠知道了。

韩愈是在转迁袁州的路上得到柳子厚病逝的消息的。

竟然能活着离开潮州，这是韩愈一年前未曾敢想之事。做梦都想回长安，虽是量移，但毕竟距梦近了。但若真要离别潮州，倒有些不舍。韩愈想，看来自己是爱上潮州了。行前，韩愈还曾动员赵德，能否与己同赴袁州？赵德谢其好意：“摆头笑且言，我岂不足欤？又奚为于北，往来以纷如？”二人扣舷而别。赵德后来一直致力于潮州乡学，还不遗余力推介韩文，曾编选七十二篇辑为《文录》，以倡古文，以播韩文，成了潮州著名的历史人物。

韩愈绕道韶州，去搬家眷。韶州是他少年故地，又是人文荟萃之邦，去年贬迁时，家眷便没再前行，而落脚于此。在韶州盘桓数日，待过完春节，韩愈便带领家人远赴袁州。

路过吉安时，友人孟简特意乘舸来看韩愈，并将他接至萧州。

孟简任司马闲官。贬此山高水长之地，仍不忘神秘之事。行至一湾秀水处，他指岸上林后一角飞檐说：“今约兄来，实有好事分享也。我从此观弄来秘制仙丹，可寿百年。今特邀老友尝试，若要羽化，岂能独飞，今与兄要遨游于九天之上也。”

韩愈当是玩笑，便说道：“若能如一粒麇鹿肉丸，能长四两力气，也是好的。”

孟简马上纠正道：“道士说了，当用枣肉和之服下，时在子夜，佐以仙露……”

韩愈摆摆手道：“我不相信真有长寿之法，若有，老子乃道家鼻祖，为什么我们见不到他？”

孟简说：“他骑青牛西去矣。回来众人谁能识？同代人均已作古，无人证明他是老子呀……”

韩愈笑得小船都晃悠起来：“老子无法证明自己就是老子，一生气，又骑青牛追寻孔子而去，是不是？哈哈……”笑声像鸟雀哄然四散，溅落在柳岸幽远处，岸上有犬声狺狺，隐约间，似有人往这里打望。

孟简突然小声问道：“听说你已皈依佛门，有无此事？”

韩愈一愣，复又浮出笑容说：“孟兄自有一双慧眼，看退之与昨有何不同？”

孟简打量一番，摇摇头道：“似无甚变化，倒是觉得比之前更丰腴些，敢情潮州鲍鱼海参吃了不少……对了，若入佛门，你该清癯如我才是。”

韩愈点头道：“年纪大了，信佛信不进去了。只是异旅遇乡友，逆境逢知音罢了。大颠和尚当是佛界精英，既睿且智，与之接触，颇受教益。我有不少僧道私友，如颖师，如元集虚，如大颠等，不妨碍我们成为友朋，但若让我入佛道之门，乃违我平生所愿也。”

孟简听到这里，拍着舷板说：“说起元集虚，正是他听人说你皈依佛门了。”

韩愈笑问：“集虚兄是个热心人。迎迓之情常溢满胸。他何时来此？”

“上个月刚刚来过。”

“我第一次在广州吃虾蟆，即是子厚兄托他转交。油炸虾蟆，美味非常。”

韩愈说着，不禁吟诵起当时所写《答柳柳州食虾蟆》诗来：

虾蟆虽水居，水特变形貌。
强号为蛙蛤，于实无所校。
虽然两股长，其奈脊皴皰。
跳踯虽云高，意不离泞淖。
鸣声相呼和，无理只取闹。
周公所不堪，洒灰垂典教。
我弃愁海滨，恒愿眠不觉。
叵堪朋类多，沸耳作惊爆。
端能败笙磬，仍工乱学校。
虽蒙勾践礼，竟不闻报效。
大战元鼎年，孰强孰败桡？
居然当鼎味，岂不辱钓罩？
余初不下喉，近亦能稍稍。
常惧染蛮夷，失平生好乐。
而君复何为？甘食比豢豹。
猎较务同俗，全身斯为孝。
哀哉思虑深，未见许回棹。

韩愈的声音在水面飘飞回转。

见孟简沉默不语，韩愈也沉吟道：“虽蒙勾践礼，竟不闻报效。又是五年未见，子厚兄仍在天涯漂泊，昨晚倒是梦见他穿了一身紫金袈裟，向我作别。我初时笑他说，看来传言有因，柳冠韩戴了。如兄之才华，入释当佛，入道当圣，谁知兄在儒又入庙堂，却山野漂流一生，天地不仁！天地不仁！不知为何，竟痛哭失声，弄得家人大骇，推我醒来，原知是梦……看来，子厚兄是想我了……”

孟简见韩愈如此说，便扯起韩愈衣袖，顷刻泪流满面。

韩愈不知所以，呆呆看着孟简，成了一截木头。

孟简顿足哭道：“集虚兄实为奔丧而来，子厚兄两个月前已在柳州任上去世了！”

袁州乃韩愈泪浸之地。

偌大袁州，成了韩愈怀念柳子厚的祭台。

柳子厚卒于去年十一月八日，生前已知韩愈量移袁州，于是，便托后事于两位好友，一是刘禹锡，另一个就是韩愈。柳子厚遗嘱上托付梦得料理自己的后事，托退之抚养自己的次子。刘禹锡是母丧扶柩北归时得到这一噩耗的：“途次衡阳，云有柳使，谓复前约，忽承讣书。”（《祭柳员外文》）想必“柳使”或许就是元集虚。而元集虚或许托付孟简，让其专候于吉安古道。刘禹锡得知柳子厚去世消息，悲号不绝，不能自已。五年前，当又一次贬迁时，圣旨上乃刘迁播州，是柳子厚以刘母年迈提出改迁，让其迁较近处，自己去远方，又经裴相协调，才得以互换。恩大莫过代己事孝。而今老母西去，恩友又失，刘禹锡形同崩溃，且又是丁忧之身，便将子厚丧事托付于韩愈，由他全权代理。

于是，柳子厚的棺椁由连州改经袁州，在袁州祭祀之后再回永济故里安葬。

一连数天，韩愈沉浸在悲痛的怀念中。

他与柳子厚是一篇文章的两个段落，彼此精彩，又彼此承接。却永不重合，各自傲立。

他们共同推动古文运动，并且终生高举这面旗帜，同心联手，不离不弃，至死不渝。

柳文冠绝于世。人物传记《种树郭橐驼传》《捕蛇者说》《段太尉逸事状》等，脍炙人口；山水游记如《永州八记》清新隽永自成一家，无人企比；时令小品《蝜蝂传》《临江之麋》《黔之驴》等，或警策世人，或讥刺时政，或嘲讽世相，均深刻精美，令人叫绝；他的诗高冷超迈，妙不可言。如：“千山鸟飞绝，万径人踪灭。孤舟蓑笠翁，独钓寒江雪。”

然而，这个遗世独立、独钓寒江的蓑笠翁，带着诸多遗憾和一世情怀就这样走了，走了……

韩愈在泪水和烛光里，为好友写了祭文和墓志铭。

《柳子厚墓志铭》曰：

子厚，讳宗元。七世祖庆，为拓跋魏侍中，封济阴公。曾伯祖奭，为唐宰相，与褚遂良、韩瑗俱得罪武后，死高宗朝。皇考讳镇，以事母弃太常博士，求为县令江南；其后以不能媚权贵，失御史；权贵人死，乃复拜侍御史；号为刚直，所与游皆当世名人。

子厚少精敏，无不通达。逮其父时，虽少年，已自成人，能取进士第，崭然见头角，众谓柳氏有子矣。其后以博学宏词，授集贤殿正字。俊杰廉悍，议论证据今古，出入经史百子，踔厉风发，率常屈其座人，名声大振，一时皆慕与之交。诸公要人，争欲令出我门下，交口荐誉之。贞元十九年，由蓝田尉拜监察御史。

顺宗即位，拜礼部员外郎。遇用事者得罪，例出为刺史。未至，又例贬永州司马。居闲，益自刻苦，务记览，为词章，泛滥停蓄，为深博无涯涘，而自肆于山水间。元和中，尝例召至京师；又偕出为刺史，而子厚得柳州。既至，叹曰："是岂不足为政邪?"因其土俗，为设教禁，州人顺赖。其俗以男女质钱，约不时赎，子本相侔，则没为奴婢。子厚与设方计，悉令赎归。其尤贫力不能者，令书其佣，足相当，则使归其质。观察使下其法于他州，比一岁，免而归者且千人。衡、湘以南为进士者，皆以子厚为师。其经承子厚口讲指画为文词者，悉有法度可观。其召至京师而复为刺史也，中山刘梦得禹锡亦在遣中，当诣播州。子厚泣曰："播州非人所居，而梦得亲在堂，吾不忍梦得之穷，无辞以白其大人，且万无母子俱往理。"请于朝，将拜疏，愿以柳易播，虽重得罪，死不恨。遇有以梦得事白上者，梦得于是改刺连州。呜呼！士穷乃见节义。今夫平居里巷相慕悦，酒食游戏相征逐，诩诩强笑语以相取下，握手出肺肝相示，指天日涕泣，誓生死不相背负，真若可信。一旦临小利害，仅如毛发比，反眼若不相识；落陷阱，不一引手救，反挤之，又下石焉者，皆是也。此宜禽兽夷狄所不忍为，而其人自视以为得计，闻子厚之风，亦可以少愧矣。

子厚前时少年，勇于为人，不自贵重顾藉，谓功业可立就，故坐废退。既退，又无相知有气力得位者推挽，故卒死于穷裔。材不为世用，道不行于时也。使子厚在台省时，自持其身，已能如司马刺史时，亦自不斥；斥时，有人力能举之，且必复用不穷。然子厚斥不久，穷不极，虽有出于人，其文学辞章必不能自力，以致必传于后如今无疑也。虽使子厚得所愿，为将相于一时，以彼易此，孰得孰失，必有能辨之者。

子厚以元和十四年十一月八日卒，年四十七。以十五年七月十日，归葬万年先人墓侧。子厚有子男二人，长曰周六，始四岁；季曰周七，子厚卒，乃生。女子二人，皆幼。其得归葬也，费皆出观察使河东裴君行立。行立有节概，重然诺，与子厚结交，子厚亦为之尽，竟赖其力。葬子厚于万年之墓者，舅弟卢遵。遵，涿人，性谨慎，学问不厌。自子厚之斥，遵从而家焉，逮其死不去。既往葬子厚，又将经纪其家，庶几有始终者。铭曰：是惟子厚之室，既固既安，以利其嗣人。

“不平则鸣”一直是韩愈重要的文学观念。在他心目中，孟郊、柳子厚、刘禹锡就是“不平则鸣”的最佳标本。特别是柳子厚，他以自己“斥久”“穷极”的一生为豪赌，孤注一掷，终于在文学上赢来卓越的成就，他的生命绝唱和文学实践，也由此成为“不平则鸣”最具说服力的注脚。

韩愈在《荆潭唱和诗序》中说：“夫和平之音淡薄，而愁思之声要妙；欢愉之辞难工，而穷苦之言易好也。”他认为文章是社会现实的产物，只有备受压抑摧残的人才能触摸到人生的温凉和社会的脉搏发出最真实的声音，写出最感人的作品。韩柳深谙其道，且尽瘁力行，因此被世人并称，有“唐世文章，道称韩柳”之说。

而今，韩愈撰写的这篇铭文被苏东坡书写后，因“韩文柳事苏书”被后人称之三绝碑，珍藏于柳州柳侯祠。三绝碑镶嵌于大门后左侧墙上。门两边一副对联写道：“才与稿难兼，贾傅以来，文字潮儋同万里；地因人始重，河东而外，江山永柳各千秋。”

柳子厚棺椁到达袁州后，韩愈率家人出城迎于道左，随之设坛相祭。三日之后，韩愈使韩湘代他扶棺北去，送老友归葬故里。柳子厚的次子周七依嘱留在他的身边，成为韩愈的又一个儿子。

经此遭际，韩愈顿觉自己成了一个老叟。

他觉得已经死过了一回。

在袁州的日子，除却他为民鞠躬尽瘁奉行潮汕之路外，韩愈还相继写了《举韩泰自代状》《祭柳子厚文》《柳子厚墓志铭》《柳州罗池庙碑》《袁州刺史谢上表》《慰国哀》《贺皇帝即位》《贺赦》《贺册皇太后》《袁州祭神文三首》《新修滕王阁记》《南海神庙碑》《祭湘君夫人文》《处州孔子庙碑》《祭滂文》《韩滂墓志铭》及诗歌多首。从春天至袁州，到秋天离别，掐头去尾足数半年，韩愈又将袁州当成偌大的书案，写下如火山喷发样的篇篇雄文，将滚滚的才思和文脉馈赠给了这个万山丛中的江南小城。

然而，袁州在韩愈眼里注定是个悲情城市。春天，他在这里祭别了好友，秋初时又失去了侄孙韩滂。韩滂是老成的二儿子，自老成死后，韩愈便把他的两个孩子接到身边抚养。如今，老大韩湘已经长大成才，然而韩滂却在颠沛间疏于照顾病死袁州。前年贬迁潮州，小女儿殁于蓝关后，又一个弱小的生命死在流迁路上。韩愈与夫人亲自酹酒“祭于二十三郎滂之灵”，不由得对天号哭：“天固生之邪，偶自生邪？天杀也邪，其偶自死邪？莫不归于死，寿何少多？铭以送汝，其悲奈何！”

九月二十二日，韩愈接到诏书，授命他为国子监祭酒。

十月初，韩愈领全家经洪州坐船西去。

老友王仲舒此时任洪州刺史，当时在连州时曾请韩愈作《燕喜亭记》，履洪州后又请韩愈写《新修滕王阁记》。听说韩愈去京就职，便来江边送行。此乃正是夕阳西下，晚霞与孤鹜齐飞时节。王仲舒见韩愈背后烟波凝紫暮山重叠，剪出一袭金辉流彩，便湿了双眼。二人都拱手不语，让江中流水作别，直到江天一色，混沌了人影。

韩愈倚在船首吟道：

凭高试回首，一望豫章城。
人由恋德泣，马亦别群鸣。
寒日夕始照，风江远渐平。
默然都不语，应识此时情。

元和十五年（820）十一月中旬，韩愈回到长安，就任国子监祭酒。

翌年七月，韩愈改任兵部侍郎。

是年，穆宗改国号为长庆元年。

事有凑巧，韩愈上任不久，北方即发生兵乱，短短几个月，便迅速蔓延至燕赵大地。

事情的起因是这样的：

三月里，卢龙节度使刘总上表朝廷，恳请辞官，愿削发为僧。穆宗准奏，并赐紫金袈裟，号大觉和尚。然而，这样一个表面禅意绵绵的锦绣故事，内里却包裹了一个血淋淋的罪恶。刘总为了统领幽州全境，秘密毒死了自己的上司父亲，又杖杀了自己的长兄刘绲。朝廷不明就里，接到具报后就授以刘总斧钺权杖，让其总领幽燕。不久又迁至检校司空，加同中书门下平章事。无奈刘总深夜独处时，总见其父兄左右伫立床榻，披血淋漓，恐怖至极。一连数天，夜夜惊心，刘总痛不欲生。为驱鬼父鬼兄，刘总请僧众百人，置于官署床侧，为他布道作法，然终无效果。又有人出主意说，太宗当年也曾夜不成寐，有秦琼和尉迟敬德夜里在门庭守卫，妖魔鬼魅不敢近前，方得太宗夜夜安稳。你可仿太宗故事，找人画出二位将军相貌，贴在门上。试过之后，仍无效果。即使白天，刘总也能看到父兄出没，致使他片刻不得安宁。无奈之下，冀以脱祸，方上表请辞。待获准回转，行至易水时，仍见父兄如荆轲故事，追杀不放，大叫一声，吐血身亡。刘总既死，朝廷以张皋为留后，以张弘靖为检校司空、同平章事，兼幽州、卢龙节度使。七月幽州兵乱，囚节度使张弘靖，拥兵马使朱克融为帅。与此同时，镇州又出兵乱，节度使田弘正并家属三百余口无一幸免，乱兵拥立前节度使王俊武之子衙将王庭凑为留后。八月，王庭凑又派兵攻占冀州，杀刺史王进岌。至此，河北全境又被乱军所控。

为平二州兵乱，十月，穆宗效宪宗当年故事，派裴度、杜叔良等充镇州深冀诸道四面行营都招讨使，对朱王乱军进行讨伐。当时朝议策略是赦朱诛王，因朱尽管叛乱，但只是囚禁了张弘靖，而王庭凑却肆意杀人，实为大逆无道。但此次官军讨伐却屡屡失利，至长庆二年（822）二月，前去讨伐的牛元翼甚至被王庭凑所困。朝廷不得已才采取绥靖政策，下诏授予王庭凑镇州长史、御史大夫，充成德军节度、镇冀深赵州观察使等职。

谁去宣谕于乱军阵前呢？

早已嗜血成性的王庭凑能否买账呢？

谁敢去刀丛剑林中走一遭呢？

穆宗把目光聚焦在韩愈身上。

因为韩愈是兵部侍郎，因为韩愈曾有过平淮经历，还因其有勇冠三军的勇气。

还有一条穆宗没说，韩愈曾是他当太子时的右庶官，对他忠心耿耿。

韩愈接旨后表示：“安有受君命而滞留自顾？”竟无半点儿犹豫，便带领副使吴丹即刻踏上宣谕之旅。

却说元稹听说韩愈要去河北宣谕，立即上朝面奏穆宗，言韩愈已经五十三岁，偌大年纪，怎能经得起鞍马劳顿？且叛军凶残，当年李怀光之乱，德宗命孔巢父前去宣谕，被乱军砍为肉泥。此去很可能九死一生，万一出了事情，韩愈乃当代文坛领袖，其损失不可挽回。穆宗点头称是，命元稹火速追赶韩愈，为确保韩侍郎安全，令其见机行事，不一定非要进入贼营宣谕。

元稹领旨，飞马追上韩愈，传达穆宗口诏，嘱其小心为是。韩愈感激皇上和元稹的盛情，但他似乎做好了死的准备，慷慨言道："止，君之仁；死，臣之义。"文人的名节似乎在远天召唤着他。元稹倚马黄河渡口，见韩愈一行隐入河东山岭方回京复命。

风光欲动别长安，春半边城特地寒。
不见园花兼巷柳，马头唯有月团团。

这首诗见证了韩愈披星戴月日夜兼程的姿态。河北正在动荡和不安中颤抖，这是他的好友张署的家乡。"燕赵多慷慨悲歌之士"，这句名言就源于韩愈手笔。而张署、崔群等河北诸友，即是这句话的写照。张署在平淮西时去世，韩愈虽然写了墓志铭，但因走得匆忙，竟来不及祭奠，这成了韩愈心中一个深刻的痛点。现在，老友或许正在他家乡墓地簌簌而抖，他怎么能不心急如焚呢？亿万苍生翘首以盼罢兵，他怎么能不急如星火呢？"日驰三百自嫌迟"，他身上兼有泰山一样重的和平使命，以一个苍老之身，换一个风和日丽的安生日子，有何惧哉？向北急行于陕晋的万山丛中，过了太原，过了广阳故关，再向东去，就是燕赵大地。当马头迎来一个个日月，山川河流如布景在身后变幻时，韩愈就会在心底里大喊：

河北，老夫来矣！

在一个山地驿站，韩愈遇到幽州兵变下来疗伤的官员，一打听，方知张彻也在此次战乱中被杀。张彻一直在潞州供职，张弘靖任幽州节度后，将其召之幕府，不想刚到幽燕之地，就死于非命。听官员说，张彻凛然赴节，死前历数乱兵之祸，闻者无不动容，刑者三换其人，才将其杀害。是夜，韩愈在驿站设灵堂祭之，诵念张彻诗文，血泪迸流，哀痛不已。

二月下旬，韩愈等赶到井陉裴度行营。裴度以老友的惯常热情迎接他的到来。三年前，二人并驾东征的情景犹在眼前；而今，似乎又如重温昔日故事。

“可是今非昔比呀！”在密室一角，烛光摇曳，裴度袒露心迹，“宪宗彼时是倚门之望，三军权杖系我一身。而今只是三足鼎之一足，且朝中又有李逢吉掣肘，如此情势，朝廷难聚一心，如何破敌？官军优势不再，只能施以怀柔了。”

“宪宗刚驾崩，河北就出新乱。倘不立即控制，势必会波及全国，斯时山河变色，我等情何以堪？”

韩愈对朝中如此复杂的官场纠葛无可奈何。他只能做好自己。

“是呀，此番由退之兄奉旨宣谕，我真有倚门之望的感触。若宣谕成功，整个朝廷都会感谢你！来，老友赋诗为赠！”

说着，当即抄写一首七绝于案：

渔阳鼙鼓动地来，山东瑟瑟寒月蓝。
唯有勇哉韩夫子，敢向刀丛觅诗还。

韩愈不禁动容，也赋诗助兴，即《奉使镇州，行次承天行营，奉酬裴司空相公》：

窜逐三年海上归，逢公复此著征衣。
旋吟佳句还鞭马，恨不身先去鸟飞。

韩愈与裴度，在官场可谓志同道合，似有手足之谊，但在别处，二人却经常相左。比如裴度对韩愈的诗文就常持批评态度，看不上他行文的汪洋恣肆，也欣赏不了他的以文为诗。他与韩愈开玩笑说，韩愈总是异想天开，诗文不按规矩，可谓怪力乱神。对韩愈的拒佛斥佛，裴度也不以为然，因为他信佛礼佛。平淮西前，他去洛阳福先寺发愿，平淮西之后，裴度受到宪宗的巨额奖赏，他把这笔奖金全部用来还愿，重修了福先寺。二人就是这样，虽各行其道，互不相扰，却仍亲如兄弟，同酬一心，实为佳话。

这就像小鸟一样飞到了王庭凑的军营里。

到了镇州，当全副武装的甲兵，个个刀出鞘、弓上弦，杀气腾腾列于道路两旁时，韩愈才想起自己不是小鸟了。这条道有半里多长，全是甲兵簇立。刚从马上下来，由于长途奔驰的缘故，下马后，腰腿痛得厉害，有站立不稳的感觉。副使吴丹提议，能否休整一下再去宣谕？韩愈说，这不是演出，也不是觐见，还要整衣冠，修眉目？这是代表朝廷宣谕，威仪和自信是第一位的，不关别事。便让吴丹留在城外等候，自己径直而来，几乎没有停顿。但谁也未曾想到，王庭凑为了给使者一个下马威，竟有这么长的路程留给韩愈。已是五十多岁的人了，要保证直立行走，不偏不倚端正有仪，似乎有些困难，他的腰腿必须适应一下才能灵活启用。他想起了孔子像鸟儿张着翅膀趋走的情形，不由得笑了。

引迎他的是一个年轻将官，是王庭凑的亲信。他在前面走着，见韩愈停下脚步，便好奇地打量着他。

韩愈转身对持弓搭箭的士兵说：“小伙子，知道我是谁吗？”

士兵无语，只将箭镞斜向别处。

韩愈看着士兵，关切地说：“你多大啦？读过《论语》没有？”说到这里，又招手让年轻将官过来。

年轻将官反身回来。

“你让兵士们散去吧，我已经见过啦。箭若放在弦上，有时不由自主就想拉开，拉开不由自主就想放箭。箭镞认生，特别是我这样的朝廷命官，一不小心，箭若离弦，神仙难追。那就会生灵涂炭，危也险哉！”

年轻将官见韩愈竟如先生来给学子上课，预期的效果没有丁点儿显现，便给头目说：“不要欢迎了，散去吧！”

队伍即刻散去。

韩愈腿脚轻松许多，很端正地来到府内。

王庭凑趋步将韩愈迎进客厅，见韩愈年迈，扶其臂恭送上座。

这是韩愈没有想到的，他竟然施以趋步之礼！由此细观，此人归附之心尚存，可以因势利导，完成安抚重任。

韩愈一落座就向王庭凑附耳道：“天子对你甚爱，说此番打出了一个将帅之才。”

见韩愈如此说，王庭凑颇觉受用，连忙摆手道：“得罪，得罪。”

韩愈又马上嗔怪道：“为何纵兵杀戮呢？”

王庭凑指着座下的将官说：“他们原是先父的旧部。曾为朝廷征伐朱滔出过大力。但却被田弘正虐待。于是群情激愤，便聚而杀之。事已至此，无可奈何，我只能顺从大家……”

众将官闻言也议论纷纷：“我们曾是先太师的部下，朱滔就败在我等的手下，现在太师的血衣尚在，却把我等当成了叛贼，为什么？”

韩愈示意大家安静，心平气和地说：“只要诸位能记住先太师的功勋，这就说明我们曾是光荣的战士。人们会记住你们的。但是，如果当了叛贼，像安禄山、史思明、朱滔、朱泚、李希烈、李怀光、吴元济、李师道等，谁还能记得他们呢？”

客厅里一片静寂。

“不要说他们自己本人，他们的家眷呢？他们的子孙呢？他们的亲戚呢？他们还有吗？还存在吗？”

众将官说：“没了，什么也没有了。”

“谁要这样的下场呢？”

大家又默然。

韩愈说："田弘正以魏博六州归顺朝廷，朝廷授其节度使。如果不遭其变，现仍享朝廷福佑。其例在先，皇恩浩荡，为何选择绝路呢?"

"田弘正刻薄，不得人心!"

众人嚷道。

"你们已经杀其全家，朝廷并没严苛尔等，你们还要怎样呢?"韩愈说着站起来，"我此番就是代表朝廷向各位表明，只要继续如先太师那样效忠朝廷，皇上不会辜负大家的!"

人们的情绪被点燃了，大家一下子围住了韩愈，问长问短起来。

韩愈见已水到渠成，忙给王庭凑使了一下眼色。王庭凑会意，便将众人支走。

韩愈见人四散，对王庭凑说："我今天特意为将军贺喜而来。"

王庭凑不解。

韩愈一本正经地说："令尊曾托我，言及你原是马上封侯之命。只因你名'凑'字旁有两点水，一上一下，一顺一逆，或为分水，顺则为臣，逆则为匪。若无两点，少却灵动和依凭。他嘱我若你有不轨之事，立即驰来，以上天之水，中而和之，再加一点，即可成全他的梦想——封爵成侯。"

王庭凑是至孝之人，一听此言大惊："真的吗?"

韩愈又说："你还要答应我，立即解牛元翼深州之围。"

王庭凑说："若朝廷宽宥于我，一切听公所愿!"

韩愈这才拱手道："今天实为将军大喜之日。我带来朝廷圣旨，任命你为三州观察使，充成德军节度使。令尊之愿从此达成!"

于是设案宣谕，正式任命王庭凑为封疆大吏。

宣谕之后，韩愈执王之手于侧室言："方才一幕，将军梦里可曾想过?"王庭凑说果然想过。韩愈说："适才我说的一番话均为将军梦想而言。但现在已经不同，你已是封疆大吏，你身负皇帝的重托，还有你家族的兴衰，老夫也有识人之责，望将军真切地负起责任，不辱使命!"

王庭凑喜不自胜，感激涕零，立时设宴款待韩愈一行。

处于战争前沿的镇州及河北诸地，犹如一艘正在惊涛里挣扎的大船，突然驶进了风平浪静的港湾，立时被和平的气氛所笼罩……

韩愈回到长安后，正值桃李花开。

韩愈赋诗以记曰：

别来杨柳街头树，摆弄春风只欲飞。

还有小园桃李花，留花不发待郎归。

此时韩愈尚未回府。即使没有回家，他也能想象自家桃李开花的样子。

韩愈有多首咏花诗，其热烈和瑰丽，犹如鬼神之牵动幽明，神秘而不知出处。比如《梨花》《杏花》《感春》《李花二首》《闻梨花发赠刘师命》《梨花下赠刘师命》等，在诸多咏花诗中似对梨花关注多多，而在青睐梨花的同时又独对李花一往情深。比如《李花二首》之一："平旦入西园，梨花数株若矜夸。旁有一株李，颜色惨惨似含嗟。问之不肯道所以，独绕百匝至日斜。……泫然为汝下雨泪，无由反旆羲和车。东风来吹不解颜，苍茫夜气生相遮。冰盘夏荐碧实脆，斥去不御惭其花。"

一株李，隐于林。如果不是心中早有李树的预设，甚至多年情感的贮蓄，在梨花怒放的日子，寻常人是绝难发现其花不扬的李树的。对于韩愈来说，他少有耒耜之作，又无果圃劳形，平白关注李梨花事，又能分辨其萼片形状，可见用情之深，非同一般。正是有了这样感情的积累，韩愈才在梨花盛开的缤纷中，能一眼认出愁眉不展面容惨淡的李树，且上前执礼问候，嘘寒问暖。韩愈甚至对它的前世今生充满兴趣，那些被他忽略的往事，那些挂在树上像记忆一样的李花，呈现出让他永恒着迷的诱惑。他无端地对它流泪，甚至绕树百匝，追寻过往。他把自己当成了一条咬着尾巴转圈的狗狗，每次寻觅，只为落英，尾巴尖上花粉的气味就是飘扬的旗帜。李树开花时，他未曾省录，错过了观赏的花期。这不是花不解语，而是人误所至。这样的疏忽才是李树“惨惨似含嗟”的根本原因。这正是韩愈的痛点，他每每想来，便“泫然为汝下雨泪”，不能原谅自己。然而李树的宿命就是如此。尽管“东风来吹不解颜，苍茫夜气生相遮”，横生枝节把真实的一切全遮盖了，但它却独自芬芳着，又独自结出累累果实奉献给人。但由于羞愧，韩愈从不食用。

传说李姓与李树有关。韩愈的乳母就姓李，号正真。史料上，有关韩愈乳母的信息仅存百字，发布者乃韩愈本人。“愈生未再周月孤，失怙恃，李怜不忍弃去，视保益谨，遂老韩氏。”这区区二十四字的墓铭，便概括了她的一生。韩愈只说自己生下来就“失怙恃”，生母是谁，何样家世，均被有意隐去。这对一向爱刨根问底的韩愈来说是不正常的。而不正常的还有乳母李氏。她入韩家，并非是韩愈生后而来，既说“不忍弃去”，绝对是生前而入，是一年半载？或是仅仅周月？不得而知。但有一点可以确信，她是韩愈生母身世的知情人。作为知情人，面对一个爱追寻的韩愈，她一定会满足他的种种设问。但事实上，有关生母的一切，在韩愈的所有文字里仍无片言表述。一切疑问会导致一个判断，韩愈的生母不是别人，正是李正真——这个被韩愈称为乳母的人。

元和六年（811）三月十八日，李氏于洛阳辞世，终年六十四岁。斯时韩愈正在河南令上，四十四岁。李氏生韩愈时，年方二十。这就是说，她与韩愈的父亲相遇时，或许是个十七八岁的妙龄女子。

古之官宦人家可谓妻妾成群，且受法律保护。“诸侯一娶九女”“大夫一妻二妾”之说，均有典籍可凭。至有唐一代，《唐律》及《户婚律》则更有明确规定：“亲王，孺人二人，媵十人；二品，媵八人；国公及三品，媵六人；四品，媵四人；五品，媵三人……”“士一妻一妾，不备侄娣”。所谓“不备侄娣”，就是说士子娶新娘时，新娘的妹妹和侄女可以不随嫁。而言外之意，有官阶者，多有随嫁而入郎家。这些随嫁而来的妻妹侄女，就是“媵”。媵因与妻有血缘关系，地位如副妻，也是明媒正娶而来，自然比妾的地位要高。媵既是妻的亲友团，也是其娘家门第的象征。据史载，春秋时晋公子娶秦伯女儿时，陪嫁的娣侄竟多达七十人。从唐代公布的法律文本来看，此时“媵”的位置也比“妾”要显赫许多。古人云：“聘则为妻，奔则为妾。”（《礼记·内则》）“奔”就是接的意思，《汇苑》言：“妾，接也，言得接见君子而不得为伉俪也。”即不行婚仪之礼。妾之来源，一是女奴，二是罪人之妻女，三是用钱买来，“以其贱同于公物”。妾的弱势身份与媵无法相比。而在韩愈父亲所处的年代，其婚姻生活，特别是他那样的官员，既当过武昌令，又上调朝中秘书省任秘书郎，五品的阶位，一妻三媵的“规格”，似乎也正好和他相配。这就是说，他面对的最大可能是一妻三媵而不是三妾。

李氏与韩仲卿相遇时，韩已年近半百。李氏青春美貌，她能获得韩仲卿的青睐，并与之鹊桥暗渡，以至怀孕生子，似乎都很自然。但要想在韩家获得地位，却非易事。首先她要过国家法律这一关，即“一妻三媵”的限制。如果名额已满，再续便是违法。《唐律》第一八六条规定，诸监临之官“枉法娶人妻妾者，各以奸论加二等。为亲属娶者，亦同”。《疏》：“议曰：有事之人，或妻若妾，而求监临官司曲法判事，娶其妻妾及女者，以奸论加二等。”而查阅唐典，在此问题上触犯律条的官员，大都受到严惩，革职或查办。无论哪一条，对韩氏家族来说都是难以接受的。何况韩仲卿乃是颇重政声之人，当然不敢逾规。这是造成李氏悲剧的第一个原因。另外的原因就是家庭内部的关卡。从掌握的史料看，韩愈与其兄韩会相差三十岁，不是一个母亲的可能性可谓百分之百。韩会母亲与三媵在史料中虽说均无出现，但在现实生活中却必定存在。只字不提的最大原因，或许当年她们曾结成统一战线，激烈反对过李氏成为韩家的成员。在名额满员的情况下，要想获得妾的身份，就必须把三媵中的一个休掉，这对有血缘关系的共同体来说，其反抗之状可以想见。若是妾们就不会有这样的联盟。或许就是这样两个原因，造成李氏无法名正言顺地进入韩家的事实，于是李氏只能忍气吞声地悄悄在韩府生下韩愈，对外假言生母已死。而由此生出仇恨，双方誓不两立，以致影响到韩愈的思想感情，向无表述韩会母亲的丁点儿信息就是明证。而韩父死后，韩愈被托付韩会抚养，实际上李氏也一并而来，仍未离开韩家，是谓“遂老韩氏”。

这是那个社会强加于李氏的悲剧，亦是对韩愈苦难人生的馈赠。

而作为韩愈，一个官宦人家出生的人，有些事他本人奈何不得。他一出生就既成事实，他必须承受。还有他本人亲自参与的部分，比如当他知道事实真相之后，为了讲究血统、门第、出身等，为了不影响自己的声名，他必须继续撒谎，继续掩盖。

而李氏则更苦更悲。

过去社会只是抹杀了她作为母亲的权利，而亲生儿子的谎言则如块块石头压身，她将付出生命的代价。

但李氏无疑是美丽的。她是韩愈少儿时期最亲近的女性。她那时正值芳龄，体态婀娜，星眼闪动，长发及腰，妩媚动人。韩愈认为母亲李氏是世界上最美的女人，他的关于美人的标准是根据母亲的形象建立的。母亲一生操劳甚于牛马，任劳任怨默默无言，却连获得母亲的资格也被剥夺，这更让他崇敬热爱母亲。

每每想到这里，无比痛苦矛盾的韩愈便不能自已，任何与母亲有关的物什都会搅动他内心的波澜。特别是春天百花盛开的时候，他会移情到李花的身上。李花也是花，李花如妈妈。他认为李树这个物种代表了母亲身上的所有品质。它就是母亲的化身。

“旁有一株李，颜色惨惨似含嗟。”发生在母亲身上的那些隐秘的往事，当然使她愁容不展。所谓“问之不肯道所以”，所谓“不见玉枝攒霜葩”，母亲的前世今生，母亲的临风玉貌，如人醉酒时不得解颐，无缘参透。但对母亲太阳般的温暖，她默然承受屈辱，依然奉献的品德，他却感同身受，并常让他为之潸然泪下。“东风来吹不解颜，苍茫夜气生相遮。”那些戕害自然生灵的“苍茫夜气”笼罩着他的认亲之路，真相生生被遮掩了。他面对现实，无奈又自责。他知道，“冰盘夏荐碧实脆”，那些果实是母亲屈辱的生命换来的，他唯一的抗争，就是“斥去不御”，坚不品尝。

一些学者历来认为此诗乃韩愈自言其志之作，笔者却认为此诗有韩愈另外的诉求。李花之一，就是献给他苦命母亲——李氏的诗篇。

而第二首中也有“静濯明妆有所奉，顾我未肯置齿牙”句，与前诗“斥去不御惭其花”相似，但却个中别有风情。“长姬香御四罗列，缟裙练帨无等差”，说李花如美女尽穿绢裙，系白丝带，美不胜收。但文字下面，也可以理解为：他似乎遇到了很像母亲那样的一个美人，但出于禁忌和敬畏，他谢绝了女方的邀约，激励自己“清寒莹骨肝胆醒，一生思虑无由邪”。

也由此说明，从河南令时期起，韩愈的情感世界就开始“杂多”。

去镇州宣谕凌晨，春桃把一首诗抄在手帕上，泪眼婆娑地放在韩愈的贴身处。

这是刘梦得的绝句《望夫山》：

终日望夫夫不归，化为孤石苦相思。
望来已是几千载，只似当年初望时。

韩愈“日驰三百自嫌迟”时，曾有诗曰：“风光欲动别长安，春半边城特地寒。不见园花兼巷柳，马头唯有月团团。”所谓“马头惟有月团团”，即有春桃泪眼召唤之意。

这个春桃，是韩愈心里的宝。

春桃是他的学生。他第四次进国子监时，朝廷下诏，以图精进，有十名宫内预选女学士专习《论语》等。贞元四年（788），昭义节度使上表具奏，有贝州清河女宋若昭姊妹五人经艺诗赋无不精通，可召入宫以充教习。德宗亲召宋若昭五姐妹入宫：“试以诗赋，兼问经史中大义，深加赏叹。德宗能诗，与侍臣唱和相属，亦令若莘姊妹应制。每进御，无不称善。”由于后宫特殊的需要，师资方面极需女子身份，女学士一职便成定制。女学士不是宫女，不受后宫约束，却能接近权力中心和人间胜境，地位自是非同寻常。“自宪、穆、敬三帝，皆呼为先生，六宫嫔媛、诸王、公主、驸马皆师之，为之致敬。”（《旧唐书·后妃列传》）到宪宗时，女学士已俨然宫中学官，天下才女无不趋之若鹜。而若进女学士队伍，要经中书省、中央文馆多方考察方能入选预备班。自有女学士就教以来，宋若昭曾著《女论语》等十数篇文章，引为教材。虽说《女论语》等文实乃《论语》等儒学的释解版，但仍被一些大儒诟病。到了宪宗朝，但凡女学士讲课之前，要先来国子监受教一段时日，业满成学，方可进宫执教。

春桃就是这个时候来到国子监的。

第一次见春桃时，韩愈正患牙疾，腮赤目昏，不忍正视。见名册上有春桃名字，便捂着半边脸说艳若桃花，赤若丹霞，此乃我的痛处也。意思是半边脸红肿若桃。说着，便往座下打量，说谁是春桃？只见众女子围住一个女孩儿哧哧而笑。那女孩儿就站起来行礼，再看时，却也是捂着半边脸。

韩愈问道：“这就奇了，莫非我也成了你的痛？哪个牙齿？”

春桃捂着脸说：“两天前还好好的，说到国子监来就开始疼。从左边犬牙始，到今天已半边全痛起来。难不成牙痛也能风染否？”说着，把手放下来，将一张俏脸伸给韩愈看。

天下之大，无奇不有，也是两天前突患牙疾，也是左边犬牙开始疼痛。这种巧合，发生在一个女孩儿和一个老叟身上，也是文不对题了。韩愈想着，心里想笑。及女孩儿张脸设问，韩愈这才定睛看去。只一眼，便不禁心跳加快：世上竟有这样标致的美人？这样想着，眼睛里就有些光亮不经意闪烁出来：“这么说，国子监本先生也是你的痛处喽？好啦好啦，你我扯平，互不相欠了。”

说完“嚯嚯”笑起来，因齿冷，脸有些抽搐。

“学女岂敢与先生同恙，高攀高攀……”

话音未落，室内飞起一片笑声。

韩愈脸上的肌肉又抽搐起来，针刺一般。但心里是愉悦的。他不由得喊了一句：“真是个花面丫头！”

“不过，听说先生要来上课，我想这下或许好了。”

“为何？”韩愈不解。

“先生大名‘愈’，字‘退之’，若遇先生，岂能不愈？牙疾岂能不退？”

众女子哄一声笑得房顶要炸了。

“这小丫，倒把我当成郎中了。”

韩愈笑得更厉害了，腮帮子针灸一样急剧抽搐。奇怪的是，再摸摸牙床，反倒不太痛了……

这就把春桃记在心里了。

接着又聊《关雎》。

一些女子谈的都是所知之事，无非是以男眼为视，以贺婚歌云云。而春桃则语出惊人，说此乃怨女之作也。

室内顿时静下来，听得见大明宫上空鸽哨的啸响。

春桃说，此诗乃国风首篇，采诗当成于周康王时期。此时讥刺时政引为美誉，因而篇首应是溢时之美，而非成人之美。全首统为想象之辞，唯一实处是在床上，辗转反侧，夜不成寐，因而，诗的作者应该是一个女人。因为独处，因为寂寞，当然也因为伤感。

韩愈引颈细听，觉得有趣。见春桃向他洒来目光，像是探询对错，便轻轻颔首，示意她说下去。

春桃又接着说：在想象的世界里，文字描述与现实的物象是有距离的。比如“关关雎鸠”句，“关关”乃拟声而设，即“呱呱”如鸟的鸣叫，雎鸠则是河边觅鱼之鱼鹰。实际上，“关关”应该是虾蟆的叫声，鱼鹰的叫声是“咕咕”，类似斑鸠的叫声。我真的去河边分辨过它们的声音。而且鱼鹰早已被人驯化，所谓在河之洲，已没有此鸟的身影，它们多随人在船上过夜。河边青青草，蛙声若春潮。把“关关”错搭在“雎鸠”身上，把虾蟆事放在雎鸠身上，因为是想象之语，一切仍入情理，因为情感真实，人们便不理会。于是诗中说，在这样的背景里，我这个苗条美丽的女子，曾经被那个人真心实意地追求过。因为是想象，回忆是片断的，且没有具体的时间刻度，却只有具体的物象，比如雎鸠、沙洲、河边、男人女人、荇菜，以及声音和形状等。在这首诗里，荇菜这个物种出现最多：“参差荇菜，左右流之。”“参差荇菜，左右采之。”“参差荇菜，左右芼之。”可见，荇菜在此诗中所占笔墨之多。古之男人打猎力田，女人从事桑麻衣食劳作，所涉范围有别，而荇菜自然在小女子视域。由此推断，此诗作者只能是女子也。作者不仅与荇菜相熟，也以荇菜自许。她把自己比附成“荇菜”。我乃琅琊小女，自小生活在沂河岸边，我见过真正的荇菜。我们当地叫它金莲花。花瓣似莲，形若制钱，金黄七瓣，环绕其蕊，一基数朵，若莲而小，七月盛开，金色一旺，煞是好看。四月，荇菜生长，叶浮水面，亭亭玉立，鲜茎可食。诗中荇菜，三种姿态，又给了我们三个时段的隐形线索；而诗中所言“左右流之”“左右采之”“左右芼之”，则又形容了女人的三种状态。左右流之是说女子及笄之年，若风中杨柳婀娜多姿，如鲜菜可食；而花盛之日，金灿一旺，全面可采，使君开怀；及婚之后，望钟鼓乐之，待之以礼，不要辜负初心。由此看来，此女是三个阶段都曾君临，因此体味尤厚。而实际上，女人常被辜负，此诗隐隐有劝讽之意，或许现实生活中，她已经被冷遇，被弃之，故有如此深咏之叹。

春桃话音未落，有一叫红云的女生便接话道：“这我倒没想到，敢情咱们女子可作荇菜之比？哈哈，春桃，莫非你也是谁谁的荇菜不成？”说着，向她扮着鬼脸。

春桃马上道：“你乱说些甚？”说完就脸红起来。

韩愈对众人说道：“一首好诗，本来就如一处胜景，可以解读几多形色，万千内容。春桃的话，有些即令我也没有想过。有人曾言此诗乃讽刺周康王之诗，且有人说此乃王后所作，看来均有一定道理。虽说春桃之谈还有可商榷之处，但就开新思路醒人耳目来讲，实为带了一个好头……”

自此，韩愈更对春桃另眼相看了。

她不仅人长得美，且天资聪慧。

他喜欢有才华的女子。

这就使人送去一包未煎的草药与春桃，另纸附言曰：同病可相怜，齿冷唇尚暖。

须臾，差人将一包干果送于案头，也有一纸素笺写有娟秀蝇书：投桃报以李，赐尔五倍子。

韩愈看后哈哈大笑，心里顿生暖意。他之前有“齿冷唇尚暖”句，乃随意化典，以“唇”喻“春”，以表达关切，同时也隐含爱慕。而春桃则心有灵犀，立时捕捉到这一讯息，同样也化俗为用，表示她很享受这份爱，为了这份情，她将一种干果“五倍子”——南方瑶民治牙病的偏方回报他，而“五倍子”又有“五倍”和“五辈子”的谐音，意思是会赐给他无边无际的幸福，大有海誓山盟之意。

韩愈依差人学来的吩咐，将几枚五倍子用水煎服，果然牙痛减轻许多，连服几日，竟然痊愈了。

韩愈又使人给春桃送去一盒点心，附言以谢：有尔五倍子，从此无思邪。

这次，差人置于案头的竟是一束金莲花，洁白的手帕上用红线绣了四个字：琴瑟和之。

这个鬼灵精，她将“友”改为“和”，一字之易，却有了从属关系，借以表明自己的心迹。

韩愈一下子年轻了许多，腰板挺得直直的，走路又轻又快，案头上的那把铜镜被他不停地擦拭，竟一尘不染。

无人的时候，他会像大哥那样用京腔吟咏起《关雎》来：“参差荇菜，左右采之。窈窕淑女，琴瑟友之……”

他知道，出大事了。发生在一个老叟和一个少女身上的巧合，不再是文不对题了。但他也为此而惶惑：上天为什么要将这份感情降临到自己头上呢？

春桃才十六岁，韩愈已经五十四岁，两个人相差三十八岁。两个人相处的时候，年龄会奇怪地消失。春桃自己也感到奇怪，他的胡须呢，他的漏风的牙齿呢？他的稀疏的头发呢？他那苍老的面容和腆着肚子的肥胖身躯呢？这些横亘在二人之间的距离和时间哪儿去了？她看见的只是他眼里的光，它们像火苗一样会灼灼燃烧，还有他的带有磁性的声音，他的奇思妙想和一肚子学问，之外还有他的善良，和善良之上的善解人意。和他在一起，他和这个世界的关系你会看得清清爽爽，他虽然饱经风霜，却并不世故，相反，在亲近的微光里，你会看到他清晰的边缘轮廓。温润而光滑，璀璨而明亮，却没有强者的粗粝和尖锐。他甚至有些温柔，有一种对母爱的渴望——对了！和他在一起，他会激发十六岁的春桃担当起母性的角色。尽管他这是玉石的特质，但你仍然会想把这块玉石放在用倾世温柔织成的锦囊中。

比如她有牙病，韩愈就教她练叩齿功。告诉她学会打坐，凝神静心，摒除杂念，两唇轻合，两齿相叩，铿然而击。先叩臼齿，次叩门齿，再迭次叩击犬齿。早、中、晚各一百下，与佛徒的早诵同步，偕中天丽日而习，以牧童晚归为歇。每练自觉有气体充斥于脑，舌下津液点滴送入丹田。春桃大叫：“什么鬼？我才十六岁呀！那是你们老人家练的功好不好？去去去，不练不练不练！”韩愈用倾世温柔的语调说：“小姐姐，黄泉路上无老少也，在上天眼里，人是没有年龄的，只有生灭和有无。人有病，无论多么年轻都会死亡，人健康，活过百岁依然有生机。叩齿功乃道家所创，释家传我，今又经我儒生赠你，其中必有因缘联结。这叩齿不仅能治姐姐牙疾，还能保你花不失容。看姐姐脸颊上因牙病而出的一颗红痘，你若练过五七日，我保你完好如初，更加妩媚……”

这就不能不依他。

韩愈想起了大颠和尚。大颠和尚对他说了那么多的话，总的意思就是，让韩愈发现了自己，不仅发现了自己，还发现了自己的身后，而通常自己的背面是看不见的，这些看不见的部分就要由别家去印证和经营，这就是儒道释何以并存的理由。现在，韩愈又发现了另外的自己，一个无法解释的自己。

这就是和春桃的关系。

他无法明白自己是在成长还是在后退。

若是没有遇到大颠和尚，有没有像春桃这样的事情呢？特别是自己身为国子监最高行政长官，特别是对自己的学生，特别是她还将会成为给宫中嫔妃皇族施教的女学士……怕是之前想都不敢想吧？

但为什么一遇到她就有无以名状的快乐感呢？

还有自己的存在感和价值感。好像有了她就有了辞章、歌诗和文学，她就是整个世界。失去了她，这官位勋爵似都无有意义，无她就失去了一切……

为什么会这样？这些东西是自己身上原本就有的吗？还是一直潜伏忽然而兴？

他百思不得其解，就去找张籍释怀。

张籍正与沈亚之清谈，见韩愈来，大呼曰：“说先生，先生到。亚之刚说一梦，甚奇，牵扯你我，纠缠不清。”韩愈大笑道：“亚之今日又来蹭饭乎？有人说你常改小子诗文，将‘伐木丁丁，鸟鸣嘤嘤’改为‘丁丁伐木，嘤嘤鸟鸣’，然后就坐等请赏，‘东行西行，又饭又羹’。”说完大笑不止。

亚之便把梦又说一遍：我游至京西一处客舍，回头一望，长安顿失，客舍却是秦宫。有人牵衣入内，说是要见秦穆公。正纳闷儿间，忽见车辇仪仗，箫鼓而迎，穆公从车上下来，亲执我手说，你就是可知前后八百年之沈亚之呀？我掐指而算，似乎差可，便点头默认。穆公问计河西，我便以史书纪事为凭，娓娓道来，穆公喜不自胜，遂让我率兵将以伐。不出史书范围，果然连下五城。眼看兵至河阳，突然想到这是恩师故乡，便犯踌躇，于是撤兵回秦。

韩愈笑着打断话头，说此时先祖尚未去河阳，或许仍在颍川新郑盘桓。早收晚收，反正一统，国事为重，就别考虑师生私谊了。

亚之笑笑又接着说："班师回朝，穆公执手相迎说：'晋五城非寡人有，得之全赖大夫耳，寡人有幼女弄玉尚未婚配，欲与汝备洒扫可否？另赐金二百斤以赠。目下河阳三城可图，还要足下出力为是。'我一想坏了，河阳何时秦吞，似无典可考，若无凭借，盲人瞎马，夜半临池，其势危哉！于是就说：'赐金可收，公主断不敢纳。'穆公惊问其故再三，无奈只得将恩师推出，说自己前知八百，后知八百，均是一位叫韩愈的先生所教，请将公主赐他，河阳三城唾手可得。只是韩师正统，不知他能否承恩。穆公笑道：'什么正统？正统到哪儿？还不是统到寡人这里？你看寡人后宫嫔妃如云，佳丽三千，他是想这样正统吗？再说，他的孔孟之道，不就是小小的鲁国一个落魄先生的世事感言吗？后人执政者如我，借来御人御事所用，人们怎知帝王之思？又怎知孔子所想呢？这个世界，从来就是圣哲有思，君者有享，草民有劳，弱者有泪，难道不是这样吗？你们怎知孔子对女子的想法？孔子周游列国，在蔡让子路向少妇借水挑逗，之后载文粉饰，你们何以知道孔子就没有非分之想呢？孔子是人，既有肉身，就该有欲，何以流布的尽是鬼神之举呢？子非鱼，安知鱼之乐邪？'一番话让我哑口无言。穆公当即恩准，命内官草拟急诏，让我引路即刻宣谕。为表诚意，特命公主随车辇带着彩礼仪仗，出秦宫向长安东城而去。公主年方二八，美目流盼，粉白黛黑，妩媚动人。只是因患牙疾，只用袖掩着脸，手里拿一束金莲花，见我只把蛾眉高扬，理也不理。到了长安城，守城将士如临大敌，剑拔弩张，不让进城。使者下马，拿出圣旨宣谕，我一看，竟是宰相李逢吉，而守城将官不是别人，正是张籍大人。我刚要招呼，李逢吉回首从圣旨里抽出一根棍子，一下子把我敲醒了……醒来摸摸脑袋，果真有个枣一样的痛处……”

说着拿起韩愈的手让他摸头。

果然有一个大包。

这下韩愈笑得不太自然了。

张籍说：“亚之怎么会做这样奇特的梦呢？说公主手拿金莲花，好一个金莲花，古书上又称金灯花，一日九形，花叶不相见，又名无义草。只是对谁无义，却语焉不详。还有，李逢吉和我都出现了，却最终没有把公主送到韩府，惜哉憾哉！”

韩愈有些心惊，便借故匆匆离去。

这是个什么鬼梦呢？他百思不得其解。沈亚之从未到过国子监，自己也从未对外人提起过荇菜之恋，他何以梦得如此蹊跷呢？

但是，韩愈已经箭在弦上了。他爱上了春桃，即使这个女人是个妖怪，即使她要杀了他，他也不在乎了。

金莲花开，金色一旺。是年（821）七月，韩愈从国子监任上改为兵部侍郎。只是前脚刚走，国子监里关于他和春桃的风言风语就传播开来。

到了去镇州宣谕的时候，春桃已经成了韩愈的又一个爱妾。虽然还没有正式成亲，但春桃为了他，主动放弃了学业，也丢掉了女学士的前程。韩愈在春桃的身上，享受到了无边的爱意。

这也是他能去镇州搏命宣谕的动力之一。

但是，等韩愈回到家中，才得知“留花不放待郎归”的春桃，不知何故，竟了无踪影了。

关于春桃失踪的消息，有多种说法……

丫鬟碧玺——

头天晚上掌灯时分，我伺候小姐入睡，见她正伏于案头疾书。小姐闻听是我，头也未回便说：“我晓得了，你将热水放下就是，有事我再叫你。”于是我就回房歇息。一夜无事。第二天卯时我伺候小姐起床，叫了几声，却无人应，进来一看，却无小姐身影，急忙去问门人可曾见过，门人竟说没有，我便大哭起来……

韩愈看春桃遗墨，竟是那首桃花诗：

去年今日此门中，人面桃花相映红。
人面不知何处去，桃花依旧哭春风。

还是以往风格，仍是改了一字，也果然此处是泪。

红云——

什么？春桃不见了？学女半月前曾与她相聚过一次，是在宫市弄玉轩吃茶。春桃姐见我就要业满，特请我叙旧。我将在国子监里听到的风言风语告诉了她。有人说她起意有邪，以误韩公名声。而有人则射祭酒，说其表相道貌正大，实则诱引学女，为害皇家公学，纯属大逆不道……谁说的？似乎有许多人传呢，就连负责学士班的直讲也非常气愤，站出来维护祭酒名节。春桃姐听完泣泪如雨，说她是真心，上天可鉴。你说荇菜事？呀，俺是说过“你是谁的菜”这句话，只因之前春桃姐曾被父亲逼婚，春桃姐誓死不从，听说那人曾助春桃入学。此人好像是弘文馆直学，具体何人，学女却不知情……

李直讲——

我是骂过人不假，因为这话语太歹毒。祭酒大人官秩三品，可以收数房媵妾，此乃唐律皇令天经地义，代代使然，别人使得，韩大人为何使不得？何曾有条文讲过不许纳女学为妾？再则，人家已然退学，就是寻常女子，为何说出这番扯上纲常的浑话？韩公是个情重厚义之人，以我这样丑陋之人，大人也未曾嫌弃，进膳时，即使学子不愿与我同桌用餐，您却特意找我同食，且与学子讲，男人贵在人品与学养，李直讲谦谦君子又才华四溢，众人何以不喜呢？斯乃世故也。小人终生铭记祭酒大人抬爱之恩！

大人高节，与众不同，君子之选，曲高和寡。但我相信大人！我查找过浑话的出处，几个学女均说是秋雁所传，我找秋雁打问，她说是听在弘文馆任直学的哥哥所讲……

长庆二年（822）九月三日，穆宗下诏任命韩愈为吏部侍郎。长庆三年（823）六月为京兆尹，十月五日复为兵部侍郎，二十日又改任吏部侍郎。

尽管境迁多多，但韩愈仍未停止寻找春桃。

张籍——

一年换诏四次，先生多福。那天与裴相寒叙，问先生何故多变，转辗多次又复原点，何耶？裴相笑而不言。见无他人，方秘语示我，说皇上几次谈及淮西、成德、镇州戡乱，均有韩卿之功，说兄实乃为国尽忠，鞠躬尽瘁者也，曾有意拜先生为相。但不意数遭李逢吉贬恶，说先生难自约束，有辱斯文，任祭酒时竟与学女私通且强占为妾，扰乱纲常危害人伦，此等人怎能拜相？裴相说李逢吉为人阴鸷，他所言之事，均是谋划日久。或许他早料知韩必入阁，若裴韩联结，他将势殆也，因此早有预谋。或许春桃就是他手里的一个棋子。虽说女学士本身人微言轻，但在阴谋家眼里，却十分重要。一是她能进入禁宫，影响皇室；二是她或许会被皇室看中，册封贵妃命妇，潜势巨大；三能与宦官接近，有内外通联之便。因此，女学士个个都是千挑万选之人，而被有权势者掌控，或更有可能。如果春桃没有背景，其父一区区私馆儒师，在京城难以为继才又复回老家琅琊，仅凭春桃美质，青楼中比比皆是，她何以能独跃龙门？想必李逢吉早有染指。要不，他堂堂首相，怎知国子监鸡毛蒜皮之事？九九归一，李逢吉在此等候韩退之多时啦！

如此，我劝先生暂且停止寻觅。如若裴公所言，春桃即使找回，你们还能初心如前吗？

门丁——

那天我起得早，因天气冷，门厅内又没有炭火，就想活动活动手脚。

我把大门开了，抄起一把扫帚，里里外外打扫，一是为洁净，二是为暖身子。扫完大门内外，又扫院落，等扫完大院又扫西院，不知不觉，身上就冒出热气来。等我回到门口，屁股还没暖热，就见西房院里的丫头跑来发问，我说哪里见着人影了？若是小姐出去，岂不要备车马？既没见吩咐，又无见外来车马来接，难道她能飞走不成？

柳絮——

老爷，我说个事你可别不信。咱们韩府大院，要论与春桃妹妹的关系，我是说几个姐妹之间，恐怕没人能超过我了。我是真心喜欢春桃妹妹。因为我喜欢才女。如她冰雪丽质，且又乖巧，能遇老爷，也是她几世修来的福报。我们俩无话不谈，连你这老不正经与她温存的事她都给我说。有一天，俺姐儿俩正在一起吃茶笑闹，突然有阴风刮来，如烟如缕，且如有人语。春桃手端茶杯，瞬间脸色凝止，仿佛变了一个人，只见她蛾眉高耸，星眼含冰，高傲之状不可仰视。她看也不看就将茶杯往虚空一放，谁知茶杯却被人接住一般，徐徐飘浮，又止于茶几。我如泥坯般不敢言语。春桃妹横目立眉，用古语大声斥责，意思是她乃大秦公主，岂能随意更改初衷？韩公恩重，不可辜负，说完即令接者立走。见不去，凭空跃起，追逐梁椽间厮打，空中凌波蹈步，如古之侠客剑士。这时，似听有人叹息一声而去。须臾，听窗外似有车马启动，辚辚汇入高空风声……等我回过神来，见春桃脸色苍白似大梦初醒，一笑了之，又端起茶杯继续喝茶说笑，好像无事一般……

小妹（卢夫人）——

你这些天常犯晕病，动辄晕倒，即使远贬潮州，也没见你身体坏到这一步。春桃失踪，阖府着急，若是传扬出去，实为家丑，辱没名声。因之只能暗暗找寻。如今已半年过去，似仍无有着落。春桃无福，老爷有情，不见是缘分已尽，命该如此。老爷身体要紧，找人之事可托亲友缓而觅之。

韩湘——

我早知道小叔婆非寻常人也。我被人盛传为“八仙”之一，无非是一些幻术与技术而已。比如，我把眼睛蒙上，能在百步之内，将散落地上的铜钱穿在我手中的铁条上。我说我能将白牡丹染色五彩等。但是若是小叔婆在场，我一样也难做成。她好像有千年功力和五岳之重，她在，会扰乱我的气场……她好像是聂隐娘和红线女变的……我能找到她。若她在长安，五里之外我就能感觉她的存在。叔公放心吧，你好好养病，我一定能找到她！

李绅——

先生于我有举荐之恩，李绅当没齿不忘。现在想想，你我纠葛，传遍京城的所谓“台参之争”，实则是受人蛊惑，被人利用了。先生任京兆尹，又兼任御史大夫，奏请皇上免于“台参”，之前又有先例，我何苦执拗如此呢？最后弄得两败俱伤，我甚悔矣！我任御史中丞，凡官员见，理应参谒，但节度使与三品可免。李逢吉下诏时对我讲，韩夫子倚老卖老，说即使没有皇旨，我见李绅也不会“台参”。还说：论长幼，我老他小；论序秩，我是先生，他是学生；论官职，我是三品京兆尹，又兼御史大夫，御史中丞在我手下，李绅不过区区四品中丞，为何要我参拜？李绅应该参拜我才是。我一听便火冒三丈，说“台参”不是我李绅所制，这是皇家制定，你不“台参”，是你蔑视唐律，倚老凌尊。李逢吉料我不能善罢甘休，便又说：韩老夫子近日失一爱妾，正在气头上，你不要再火上加油了！我更火了，家事国事孰轻孰重？好，你不是兼御史大夫吗？我把御史台审鞠囚犯都送你京府堂上，让你审讯去吧！于是“台参之争”波及长安。我没想到这竟是李逢吉的计谋！他见你我名望日重，有入阁为相之可能，便布下棋局，让你我互斗，他坐观其变，最后你我均不能拜相，达到了他的目的。唉！学生有罪，学生有罪呀！

裴度——

兄去镇州宣谕时，有一事我不便与尔透露。勇士赴死，方有此举，我怕泄了你的一腔热忱。河北新乱，表面在三镇，实乃在庙堂也。皇家一直忌我功高名重，怕我结党营私，自淮西平定后便一直心有顾虑，因此宁可倚重宦臣，宁可扶持与我对立之人。这就是我在相位几上几下之原委。皇家把我当成鸟了。怕我在一个窝里待久了，会下出蛋来，会坐大。今上新立，天下不稳，用我也是权宜之计，内心同样彷徨无定。庙堂不稳，宰臣迭换，就会吸引一些沽名钻营之人，以窃国柄为己私，熙熙攘攘，皆为利来。因此，中央乱，才有地方之乱也。一些高士名臣，看出个中端倪，便选择不与我为伍之策略；更聪明者，则与我为敌以图锐进。这也是我在相位时不断有人与我不睦处处掣肘之原因。李逢吉本自奸佞，不消说也。元稹文人是也，诗文名朝，锦绣于野，与我并无私怨。但他靠宦官得幸，竟也拜相，却让人实难恭维。我与之隙痕由此而来。但不想他竟与所谓奇士勾连，让这些人与贼党暗通款曲，以谋“反间计”。他不仅提供资金支持，还贿赂兵部吏部，讨来二十人空白告身，准备在贼党内以许官爵。成事之后，他好在朝中加重自己的政治砝码。因此，他极力主张罢兵、赦免王庭凑等。按说，他如此用心，去镇州宣谕非他莫属，但他却隐在身后，反而鼓动皇上让年老体衰老他许多的你出使河北，固然和平为贵，但背后的目的却大不相同。当兄以使者身份出现在我面前时，我真想和盘托出今番这些话，但我却不能说，因为和平毕竟比真相更重要。再说，我也被兄的一身襟怀和忠诚国士的赴死精神所感动，不是谁都有为国赴难的机会的，尤其是兄这样的全人，上天应该成全你！因此我没有阻拦你。

至于寻妾之事，我认为你是对的。人活着为什么？你我都是过来人，我们过去都是为别人活，唯有为爱才是为自己活。既然如此，愿兄早一天找到自己的真爱！

刘禹锡——

我听说兄与李绅有台参之芥，又有失妾之恨，梦得感同身受，因之特致此函以慰吾兄。关于李绅兄，请原谅他的褊狭。他为人正派刚直，只是有些小心眼儿罢了，兄既是他的师长，怎能跟学生一般见识？关于寻人一事，我给兄讲一些线索，也由此能看出浑浊清白，人的品性就是标识，春桃可能又一次丢失在某人的设计中了。我在和州任上时，有次回京偶遇李绅，李因慕我清名便邀第中，厚设饮馔。酒酣耳热之时，绅兄让歌妓出来助兴，命“妙妓”歌以送之。一曲唱罢，致我泪流不禁，于是便赋诗一首云：

高髻云鬟宫样妆，春风一曲《杜韦娘》，
司空见惯浑闲事，断尽苏州刺史肠。

李绅兄见我伤感不能自持，好言相抚，又将此歌妓赠我。此乃李绅质品感人处也。似这样人，妾嬖不会陷于此人家也。而我何以感伤？也有故事讲与兄听：我有小妾，姿容甚丽，我深爱之。不期被李逢吉知道，便约我回京述职时一定带回，与另外朝贤宠嬖会聚，以饱春光。我不知是计，便携小妾盛装赴约。到了皇城宴楼，我与李逢吉下车相见，小妾自然被他门人引至另室等候。李逢吉与众宾客寒暄一会儿，假言有恙，竟离席而去，实则强会家妾是也。他有家姬四十余人，说均不及我之妾也。等他再回，与我不提小妾一字。座中客面面相觑，都知道刘郎此番被人算计，但也只能吞声了。小妾就这样被李逢吉夺走了！我只得愤懑而归。回后我曾企望能再找回旧爱，有《四愁》诗以记，其中两首曰：

其一

玉钗重合两无缘，鱼在深潭鹤在天。
得意紫鸾休舞镜，传言青鸟罢衔笺。
金盆已覆难收水，玉轸长抛不续弦。
若向靡芜山下过，遥将红泪洒穷泉。

其四

三山不见海沉沉，岂有仙踪更可寻。
青鸟去时云路断，姮娥归处月宫深。

纱窗遥想春相忆，书幌谁怜夜独吟。
料得夜来天上镜，只应偏照两人心。

我曾将诗投于李逢吉，不想他只回三个字与我：大好诗！再不提夺妾之事。似这等人，才是美之陷阱。兄家小妾，必貌美如花，又富才学，于京城可谓众目睽睽也，他应该早有心为之，不期然被兄捷足先登，他阴而谋之也未可知。总之，虽说偌大长安，想想可隐处却无几。春桃非贫贱之人，亦无出家之想，匪盗青楼贫巷处均无印迹，余之只有侯门深海，可以泥牛了。侯门分君子与小人两脉。君子不为，留下就是李逢吉辈了。想想事急，特投函提醒。若此事乃真，不想你我兄弟，竟都有此遭际，不胜唏嘘！望兄珍重珍重！

张籍——

先生，我和贾岛就是你的左腿和右腿。你一直在寻找春桃，你把腿累坏了。从今年（长庆四年，824）春天开始，你的腿就开始疼痛，足踵溃肿，已经走不动了。昨天，我和贾岛陪你游走城南庄，你躺在担床上，我和贾岛一左一右充当你的双腿——虽然担床是仆人们抬着，但脚下与土地的接触感觉他们是捕捉不了的。尘道、沙碛、泥浆、草屑、石砾、藤蔓、田野、土地，以及一颗心与自然的距离，等等，我们都及时向先生禀报。你说你摸到春天了。现在，我把你在途中口占的诗誊写出来，念几首请先生听听——

足弱不能步，自宜收朝迹。
羸形可舆致，佳观安可掷？
即此南坂下，久闻有水石。
拖舟入其间，溪流正清激。
随波吾未能，峻濑乍可刺。
鹭起若导吾，前飞数十尺。

亭亭柳带沙，团团松冠壁。
归时还尽夜，谁谓非事役？

贾岛——

先生躺好。张籍兄说他是你的左腿，我是你的右腿。现在我把左腿和右腿的诗分别念给先生听听，你看对哪条腿更有信心——

同韩侍郎南溪夜赏

喜作闲人得出城，南溪两月逐君行。
忽闻新命须归去，一夜船中语到明。

和韩吏部泛南溪

溪里晚从池岸出，石泉秋急夜深闻。
木兰船共山人上，月映渡头零落云。

韩愈虽不能走，但心仍年轻。他拍着左腿和右腿，三个人哈哈大笑。

又一日，三人正泛舟游玩，韩愈见人影在岸丛间晃动，定睛一看，竟是李观。李观执器正在棘木中挖掘着什么，他身边似乎立有一女，因背对碧水，看不到面目，似见她抱着与人等高的一管毛笔，正配合着李观掘土的动作。韩愈突然想到，此处正是当年他与李观掩埋砚石处。那砚被李观仆人刘胤不慎坠地而废，李观心疼至极，韩愈由是作《瘗砚铭》以祭。几人来到此处，见山明水秀，乃上佳之地，便焚香诵文，将其葬之。虽然此举有戏谑成分，但文房宝物，与文人多年悲欢相伴，穷泰不舍，情感上却真如友如亲，亦真实不虚。记得曾诗曰："土乎质陶乎成器，复其质非生死类。全斯用毁不忍弃，埋而识之仁之义。"不想多年过去，葬砚处竟成南庄之邻，而又忽见友人，竟是多年未见之李观！正要张手鼓呼时，却见李观似乎也发现了他，停下忙碌，向船上遮凉而窥，背对他的女子也好奇地回头观望，当韩愈与其女四目相对时，韩愈不由得脱口而出：

“春桃!”

韩愈一声大叫，吓得张籍与贾岛差点儿从船上跳将起来。回看韩愈，见他半躺在船，闭着眼睛，仍手足舞之。忙问其故，醒来的韩愈老泪纵横，说：“我见了春桃，她正与李观为我的笔下葬……”

张籍说：“李观已死多年，她怎么会和李观在一起?”

贾岛说：“梦里何论生与死?”

张籍忙点头赞同，说：“梦死乃生，说明春桃姑娘还活在世上……”

韩愈泪又溢满双目，他嘱咐张籍、贾岛说：“依梦所言，把那支御笔找来，替我埋葬它吧。我当年写有《毛颖传》，算是它的祭文，末尾有‘赏不酬劳，以老见疏，秦真少恩哉!’算是它的悼词，与李观的废砚合葬一处，也算阴阳相得，成就笔者的心愿吧。”

当日，张籍、贾岛差人找来那支笔，与李观的废砚葬在了一起……

又几日，韩愈对张籍说：“人未死，笔先弃，士之不吉，我可能不久于人世了。想想家族的前辈先贤，他们大都才高德重，但都不如我多寿。我疏愚浅陋，职位做到吏部侍郎，寿命活到五十七岁，又有幸不失大节，倘到阴间去见先人，甚为荣光了。我死后，不要做佛道法事，把我拉回河阳，放在故里高岭上，在我身边栽上几棵树，听着鸟鸣，看着黄河，有清风明月为伴，多惬意呀!”

长庆四年（824）十二月初二日凌晨，韩愈嘱咐张籍在其遗言后签名作证，说完便要作遗书。张籍说：“还是等兄病愈再写吧，厥时会更从容些。遗书不一定就是寿终之音，且可慢慢计议，或许写得更妥帖些。”韩愈笑说：“突然就想写了，就像一篇文章，酝酿了五十七年，准备的时间够长了。我的祖辈们似乎少有这样长的寿限。现在水到渠成了，再不写，水就漫漶书页，写不好了……”张籍又说：“为什么非是五十七呢?或许是五十八、五十九、六十岁呢?寿愈长，文愈辣。还是再等等吧!”然而还是到书案前寻觅笔墨去了。韩愈环视着屋内景物说："我知道的，就是五十七年。我刚才看到了孟东野骑着毛驴踽踽而来，柳河东站在松下向我招手。李长吉早已在白玉堂上等待我的到来，还有张署和张彻也在云端延颈以望。兄、嫂、乳母和老成侄子包好了扁食正准备下锅，灶间弥漫的热气似乎扑到了我的鼻尖。我看到餐案上已放好我的碗箸，为了照顾我的体形，他们特意打造了一只宽大的杌凳。小挐已经长大，她在另一个房间正细细密密赶制我的新衣……而春桃已经回来，此刻正向我走来，只是逆光披影，面目看不真切，但我能听到她娇喘的鼻息，能触摸到她滚烫的泪水……"待张籍将笔墨纸张备好，回头一看，曙光里，却见韩愈安然而逝。终年五十七岁。

韩愈卒后，敬宗李湛赠其礼部尚书，谥曰"文"，世称韩文公。存《昌黎先生集》通行本四十卷，《外集》十卷，遗文一卷。

宝历元年（825）三月二十九日，葬河南府河阳（今河南孟州市）金山之阳，黄河北岸。

韩愈之后，百代推崇，如星斗辉耀神州。《新唐书·韩愈传赞》曰："自愈没，其言大行，学者仰之，如泰山北斗云。"《艺概》一书称其"韩文起八代之衰，实集八代之成"。晚唐皮日休提出请韩愈配飨太学："文中之道，旷百祀而得室授者，惟昌黎文公焉……身行其道，口传其文，吾唐以来一人而已。不得在二十二贤之列，则未已乎典礼为备，伏请命有司，定其配飨之位。则自兹以后，天下以文化，未必不由夫是也。"有宋一代，神子厚丰七年（1084）诏封韩愈为昌黎伯配享庙祀。此后诸代，均袭列圣贤之位。宋人石介称："伏羲氏、神农氏、黄帝氏、少昊氏、颛顼氏、高辛氏、唐尧氏、虞舜氏、禹、汤氏、文、武、周公、孔子者，十有四圣人，孔子为圣人之至。孟轲氏、荀况氏、扬雄氏、王通氏、韩愈氏，五贤人，吏部为贤人而卓。不知更几千万亿年，复有孔子；不知更几千百数年，复有吏部。"宋人柳开言："吾之道，孔丘、孟轲、扬雄、韩愈之道也；吾之文，孔丘、孟轲、扬雄、韩愈之文也。"由韩愈柳子厚倡导的古文运动在宋代得以光大，欧阳修崇尚韩文，亲自编校韩愈文集，在其影响下，苏洵、曾巩、王安石、苏轼、苏辙等人均成古文大家。更有苏东坡在《韩文公庙碑》里盛评韩文公之言脍炙流传：“匹夫而为百世师，一言而为天下法，是皆有以参天地之化，关盛衰之运。……自东汉以来，道丧文弊……历唐贞观、开元之盛……而不能救。独韩文公起布衣，谈笑而麾之，天下靡然从公，复归于正……文起八代之衰，而道济天下之溺……此岂非参天地、关盛衰，浩然而独存乎？”至明代，学者茅坤将八人作品编辑成书，命名为《唐宋八大家文钞》，韩愈位列八大家之首。

有清一代，乾隆手书《盘古考》碑文，对韩文予以嘉表。曾国藩称颂韩愈：“天不丧文，蔚起巨唐。诞降先生，掩薄三光。非经不效，非孔不研。一字之惬，通于皇天。上起八代，下垂千纪。民到于今，恭循成轨。……”中华民国三年（1914）二月二十日，大总统孙文公布制定崇圣典例之命令中第四条二款中规定：先儒韩子等后裔世袭奉祀官各一员。

尾声与补记

文本将了时，一日偶遇系里吴先生，说起韩愈先生“真秦侠”之叹谓。吴老笑道，依你所言，我亦可说韩愈真小说家也。你想唐宋传奇小说，直把元稹之《莺莺传》列为该系之首，依我说，韩退之的《毛颖传》《圬者王承福传》也当列其中。鲁迅先生在《中国小说史略》里有言，说它们都是幻设为文，以寓言为本，兼用传奇、史传笔法，具备了小说的诸多要素，所以称韩老夫子为小说先驱也实至名归。而陈寅恪先生言，韩退之表面驱佛，而内里却是一个禅者。他言：退之从其兄会谪居韶州，虽年颇幼小，又历时不甚久，然其所居之处为新禅宗之发祥地，复值此新学说宣传极盛之时，以退之幼年颖悟，断不能于此新禅宗学说浓厚之环境气氛中无所接受感发，然则退之道统之说表面上虽由孟子卒章之言所启发，实际上乃因禅宗教外别传之说所造成，禅学于退之之影响亦大矣哉！所以有人说韩退之是因与大颠关系密切而生向佛之变，实则因他原本就有禅心在先也！凡事要从根本处寻觅，这就找到了根由。洪迈的《容斋随笔》言，韩文公自御史贬阳山，史上都以其坐论官市事，实际上是为老百姓说话而得罪了上庭。韩公《赴江陵途中》有记：是年京师旱，田亩少所收。有司恤经费，未免烦诛求。传闻闾里间，赤子弃渠沟。我时出衢路，饿者何其稠。适会除御史，诚当得言秋……皇甫湜作韩公《神道碑》说，关中大旱饥荒，饿殍遍地，官吏苛刻盘剥百姓以邀恩宠，先生上疏列举治理天下的根本，百姓遭灾如此严重，请求朝廷放宽徭役免除田租，“专政者恶之，遂贬。”综上所述，你说韩愈是一个大侠，我说韩公是一个小说家，陈寅恪说韩夫子是一个禅者，似都可融入洪迈先生的题旨里——韩愈先生一生可用“先天下之忧而忧，后天下之乐而乐”概而括之，用现在的话说，这就是古代文人之“人民性”！

当我俩侃兴正浓时，我看到老先生倏忽闪过，冲我回眸一笑，又转眼消失在熙攘喧哗的校园人流中……

二〇一四年十月十五日，习近平总书记主持召开文艺座谈会时说："苏东坡称赞韩愈'文起八代之衰，而道济天下之溺'，讲的是从司马迁之后到韩愈，算起来文章衰弱了八代。韩愈的文章起来了，凭什么呢？就是'道'，就是文以载道。我们要通过文艺作品传递真善美，传递向上向善的价值观，引导人们增强道德判断力和道德荣誉感，向往和追求讲道德、尊道德、守道德的生活。只要中华民族一代接着一代追求真善美的道德境界，我们的民族就永远健康向上、永远充满希望。"

韩愈——一个至今仍让人难以忘怀的人，他的诗文和情怀，至今还能汇入一个伟大民族的追求和梦想，怕是他做梦也难以想到吧！

二〇二二年十一月十五日二稿于京

附录一　韩愈年表简编

唐代宗大历三年（768）一岁

生于河阳（今河南孟州）。

大历五年（770）　三岁

父亲韩仲卿去世，韩愈三岁而孤，被长兄韩会抚养。

大历九年（774）　七岁

兄韩会入京师任起居舍人（从六品），韩愈随兄嫂举家迁往长安。

大历十二年（777）　十岁

韩会被贬韶州，韩愈随兄迁至韶州。

大历十四年（779）　十二岁

兄韩会病逝，韩愈随嫂郑夫人扶榇归河阳。

建中二年（781）　十四岁

因兵乱，随嫂及族人迁至宣城（今安徽宣州）韩家别业。

贞元二年（786）　十九岁

离开宣城，只身前往长安参加科试。欲投奔族兄韩弇，恰逢韩弇前往河中，后遇难。

韩愈遂投至韩弇上司北平王马燧门下，后作《猫相乳》感其德。

贞元五年（789）　二十二岁

三度参加科举考试，屡不中。

贞元八年（792） 二十五岁

第四次参加科举，登进士第。

贞元九年（793） 二十六岁

参加吏部博学宏词科考试，不中。嫂郑夫人去世，回河阳守丧五个月。

贞元十年（794） 二十七岁

再到长安，二应吏部试，又不中。

贞元十一年（795） 二十八岁

三应吏部试，再不中。其间曾三度上书宰相（《上宰相书》《后十九日复上书》《后廿九日复上书》）。

贞元十二年（796） 二十九岁

追随董晋至汴州幕府，为其做文秘事类。

贞元十四年（798） 三十一岁

任董晋幕僚（观察推官）。主持汴州地区贡士选拔考试时，首荐张籍等一干后进，并与孟郊、李翱等文友常齐聚乡野。

贞元十五年（799） 三十二岁

董晋病逝，韩愈投靠徐泗濠节度使张建封。

贞元十六年（800） 三十三岁

五月，张建封卒，韩愈离徐回洛闲居，与一干文友赋诗作文，寄情山水。是年冬，韩愈第四次参加吏部考试。

贞元十七年（801）　三十四岁

通过铨选。是时著《答李翊书》，阐述其将古文运动和儒学复古运动紧密结合的主张，是其发起开展古文运动的代表作。秋末，被任命为国子监四门博士。任职四门博士期间，韩愈积极推荐文学青年，敢为人师，广授门徒，世人称其门生为“韩门弟子”。

贞元十九年（803）　三十六岁

著《师说》，系统提出师道的理论。冬，晋升为监察御史。为体恤民情，忠于职守，上书《论天旱人饥状》，遭权臣谗害，贬官连州阳山令。任上，韩愈深入民间，参加山民耕作和渔猎活动，爱民惠政德礼文治，与青年学子吟诗论道，诗文著作颇丰。并修改完善过去著述的《原道》等文，构成韩学重要论著“五原”学说。

贞元二十一年（805）　三十八岁

夏秋之间，离开阳山，八月任江陵法曹参军。

元和元年六月（806）　三十九岁

奉召回长安，官授权知国子博士。

元和三年（808）　四十一岁

改真博士。

元和四年（809）　四十二岁

改授都官员外郎分司东都兼判祠部。翌年冬被降职调为河南令，以后相继任职方员外郎、国子博士。

元和八年（813） 四十六岁

晋升为比部郎中史馆修撰，完成《顺宗实录》著名史书编写。

元和九年（814） 四十七岁

任考功郎中知制诰。

元和十年（815） 四十八岁

晋升为中书舍人。

元和十二年（817） 五十岁

协助宰相裴度，以行军司马身份，平定淮西叛乱，因军功晋授刑部侍郎。

元和十四年（819） 五十二岁

宪宗皇帝派遣使者迎佛骨入长安，韩愈毅然上《论佛骨表》痛斥之。宪宗得表，龙颜震怒，幸宰相裴度及朝中大臣极力说情，韩愈方免一死，被贬为潮州刺史。潮州任上，韩愈驱鳄鱼，办乡校，计庸抵债，释放奴隶，兴修水利，排涝灌溉，使潮州成为具有个性特色的礼仪之邦和文化名城，千年以降，颂韩之声不绝于耳。

元和十五年（820） 五十三岁

正月，调任袁州刺史，虽然仅九个月，却办了一件“禁隶”的大好事，当地人为了感激韩愈，建了昌黎书院（今存）表示纪念。九月，韩愈诏内调为国子祭酒。

长庆元年（821）　五十四岁

七月，转任兵部侍郎。

长庆二年（822）　五十五岁

千里走单骑，赴镇州宣慰乱军，史称“勇夺三军帅”，不费一兵一卒，化干戈为玉帛，平息镇州之乱。九月转任吏部侍郎。

长庆三年（823）　五十六岁

六月，晋升为京兆尹兼御史大夫。后相继调任兵部侍郎、吏部侍郎。

长庆四年（824）　五十七岁

因病告假，十二月二日，因病卒于长安，享年五十七岁。

附录二　参考文献

1. 杜士铎主编，《北魏史》，北岳文艺出版社。

2. 赖瑞和著，《唐代基层文官》，中华书局。

3. (美) 查尔斯·本著，《唐朝的日常生活》，经济科学出版社。

4. 杜文玉著，《唐代宫廷史》，百花文艺出版社。

5. 彭炳金著，《唐代官吏：职务犯罪研究》，中国社会科学出版社。

6. 宁欣著，《唐史识见录》，商务印书馆。

7. 董劭伟著，《唐代吏部尚书研究》，中国社会科学出版社。

8. 吴夏平著，《唐代中央文馆制度与文学研究》，齐鲁书社。

9. 孙昌武选注，《韩愈选集》，上海古籍出版社。

10. 张清华、韩存仁编，《韩愈大传》，中州古籍出版社。

11. 韩愈著，《韩昌黎全集》，中国书店。

12. 郭预衡主编，《唐宋八大家散文总集》，河北人民出版社。

13. 李建东主编，《刘禹锡诗文详注》，中国文史出版社。

14. 周振甫选注，《李商隐选集》，上海古籍出版社。

15. 毛晓雯著，《唐诗风物志》，广西师范大学出版社。

16. 黄挺著，《潮汕文化源流》，广东高等教育出版社。

17. 黄挺、陈占山著，《潮汕史》，广东人民出版社。

18. 曾楚楠编著，《韩愈在潮州》，文物出版社。

19. 杨丕祥主编，《韩愈文化论坛文选》，香港国际炎黄文化出版社。

20. 河阳柳著，《大唐泰斗韩愈》，中州古籍出版社。

21. 梁文照主编，《孟州文物》，孟州市政协文史资料研究会。

22. 洪流著，《情满南疆：韩愈三度入粤纪实》，中国社会出版社。

23. 杨丕祥主编，邢怀忠、王长青编著，《韩愈的传说故事》，香港国际炎黄文化出版社。

24. （宋）洪迈著，王彝主编，《容斋随笔（新版白话本）》，北京燕山出版社。

25. （宋）司马光编著，（元）胡三省音注，《资治通鉴》，中华书局。

26. 《冯梦龙全集》，《太平广记钞》上、下集，江苏古籍出版社。

27. 周锡保著，《中国古代服饰史》，中国戏剧出版社。

28. 公木、赵雨著，《诗经全解》，长春出版社。

29. 周振甫著，《诗词例话》，中国青年出版社。

30. 苏克明、杨世荣主编，“中国吉祥文化系列丛书”，四川人民出版社。

31. 程相麟、尚振明主编，《韩愈传》，孟州市韩愈研究中心内部资料。